一流本科专业一流本科课程建设系列教材

财 务 会 计

主　编　郑　蓉

副主编　易永珍　斯　烨　刘浩宇

参　编　胡　伟　曾维君　石洪萍　唐玉丽

机 械 工 业 出 版 社

本书以最新《企业会计准则》为主要依据，全面、系统地阐述了财务会计的基本理论，以及财务会计要素确认、计量和报告的基本原理与方法。

本书在具体章节内容的编排顺序和方式上采用了螺旋式排列。根据学习内容的繁简、深浅程度，对具体章节内容和知识点采用逐步扩展的编排方式，从而使初学者可以循序渐进地学习新知识，并通过前后知识点的承接和相通实现知识的触类旁通。

本书适合作为本专科院校会计学及相关专业"财务会计"课程的教材，同时也可作为 MBA 学员、MPAcc 学员"财务会计"课程的教材，还可作为经济管理从业人员、在职会计人员的继续教育用书。

图书在版编目（CIP）数据

财务会计／郑蓉主编 . —北京：机械工业出版社，2022.12

一流本科专业一流本科课程建设系列教材

ISBN 978-7-111-72188-8

Ⅰ.①财…　Ⅱ.①郑…　Ⅲ.①财务会计–高等学校–教材

Ⅳ.①F234.4

中国版本图书馆 CIP 数据核字（2022）第 231908 号

机械工业出版社（北京市百万庄大街 22 号　邮政编码 100037）

策划编辑：常爱艳　　　　　　责任编辑：常爱艳　马新娟

责任校对：张亚楠　张　薇　　封面设计：鞠　杨

责任印制：李　昂

唐山三艺印务有限公司印刷

2023 年 4 月第 1 版第 1 次印刷

184mm×260mm · 24.25 印张 · 587 千字

标准书号：ISBN 978-7-111-72188-8

定价：73.80 元

电话服务　　　　　　　　网络服务

客服电话：010-88361066　机　工　官　网：www.cmpbook.com

　　　　　010-88379833　机　工　官　博：weibo.com/cmp1952

　　　　　010-68326294　金　书　网：www.golden-book.com

封底无防伪标均为盗版　　机工教育服务网：www.cmpedu.com

　　会计总是随着经济的发展而发展，并为推动经济发展服务。随着全球经济一体化和我国社会主义市场经济发展的进一步深化，会计改革也日新月异。自2005年我国明确将与国际会计准则趋同作为制定中国会计准则的基本目标起，就拉开了我国《企业会计准则》与《国际财务报告准则》持续趋同的历程。我国在2006年建立新会计准则体系之后，随着《国际财务报告准则》的新一轮变革，我国先后在2014—2021年间修订或新增了一系列《企业会计准则》。准则的持续修订与完善为企业会计工作带来了新的机遇和挑战。为满足新形势下财务会计工作和教学之需，我们编写了本书。

　　本书共分为十五章。第一章总论部分介绍了财务会计的基本理论及企业会计准则；第二~十二章从会计要素出发，分别介绍各会计要素项目的确认、计量和会计核算方法，第十三章为财务报告，系统介绍了财务报告的基本理论与编报方法；最后，在第十四章和第十五章介绍了资产负债表日后事项及会计政策、会计估计变更和前期差错调整。

　　财务会计作为会计学专业的核心课程，在会计学科体系中占有非常重要的地位。掌握财务会计的内容，对于立志于学习会计知识的学生来说是非常重要的。在本书的编写过程中，我们力争突出以下特色：

　　1）内容新颖、全面。本书以最新会计准则为依据，围绕最新会计准则的相关内容，结合会计要素的特点，对企业常见的会计核算内容都有所阐释，体现了新颖性和全面性的特点。

　　2）理论与实务相结合。本书一方面广泛吸收近几年国内优秀财务会计教材中的精华，另一方面充分借鉴和参考初级、中级及注册会计师考证教材及辅导书籍中的优秀案例。在每一章的编写中，尽可能全面地将相关理论知识的介绍贯通于具体会计核算业务的讲解之中，并在案例与练习题的设计上兼顾不同层次使用者的需求差异，从而为广大读者在课程的理论学习与职业实践间架起一座桥梁，使本书有更高的实用价值。

　　3）由浅入深的内容编排。本书在具体章节的编排顺序和方式上采用了螺旋式排列。根据学习内容的繁简、深浅程度，对具体章节内容和知识点采用逐步扩展的编排方式，从而使初学者可以循序渐进地学习新知识，并通过前后知识点的承接和相通实现知识的触类旁通。

　　4）便捷的教学资源。为方便教学，本书配有教学课件、教学大纲、课后练习题及其解析，读者可登录机械工业出版社教育服务网（www.cmpedu.com）索取。

　　本书具体编写分工如下：第一、八章由郑蓉编写；第二章由曾维君编写；第三、七、十一章由易永珍编写；第五章由胡伟编写；第六、十二章由斯烨编写；第四、九、十章由刘浩宇编写；第十三章由石洪萍编写；第十四、十五章由唐玉丽编写。全书由郑蓉拟定编写大纲并统稿。

　　会计改革依然在不断深入和摸索之中。在本书编写过程中，我们学习和参考了大量文献资料，吸收和借鉴了同行的相关成果，在此谨向有关作者表示深深的感谢！由于时间仓促，编者的水平有限，书中存在错误或遗漏之处在所难免，敬请广大师生及其他读者批评指正！

编　者

2023年4月1日

第一章

总 论

学习目标

1. **掌握**：财务会计的特征和目标；财务会计的基本前提、基本要素、会计信息的质量要求。
2. **理解**：会计计量的属性。
3. **了解**：企业会计准则产生与发展的基本背景。

第一节 财务会计的性质

一、财务会计的概念与特征

现代企业会计按照服务对象可以划分为财务会计与管理会计两大分支。管理会计是以提高经济效益、强化企业内部经营管理为目标，从传统的会计系统中分离出来的一个企业会计分支，其产生与发展还是近几十年的事。而本书要讨论的财务会计起源较早，它是运用填制与审核凭证、登记账簿、计算成本和编制报表等专门方法，着重对企业已经发生的交易和其他经济事项进行反映和控制的一种管理活动。与管理会计相比，企业财务会计主要有以下特征：

1）从主要的服务对象来看，财务会计不仅服务于企业内部管理，还以财务报告的形式为企业外部的利益相关方提供会计信息。

2）从提供信息的时态和跨度来看，财务会计主要定期反映企业作为一个整体在过去的财务状况、经营成果以及现金流量情况。

3）从信息加工的约束依据来看，财务会计要受外在统一的会计规范（如会计准则）的约束。

4）从信息加工与处理的程序和方法来看，财务会计有一套比较科学、统一、定型的会计处理程序与方法，如填制凭证、登记账簿、编制报表等。

二、财务会计的目标

企业财务会计的目标是指财务会计要达到的最终结果。1976年，美国财务会计准则委员会（FASB）发布的《概念框架研究项目的范围与含义》奠定了财务会计的目标在财务会计概念结构的最高层次地位。现行的财务会计概念框架体系以财务会计的目标为逻辑起点，依次确定：会计信息使用者，信息使用者的信息需求，会计信息质量特征，财务报表的要素，要素确认、计量和列报的原则。因此，财务会计的目标是财务会计概念框架体系的理论基础和逻辑主线。财务会计的目标可分为基本目标和具体目标，财务会计作为一个经济信息和管理控制系统，其基本目标就是"提供反映企业经济活动的信息，以满足有关方面的信息需求"。而对财务会计的具体目标，会计学界主要形成了两种观点：受托责任观和决策有用观。

受托责任观主要形成于公司制企业发端与盛行时期。在公司制企业下，公司财产所有权与经营权分离，财产所有者将财产投入公司后不再直接干预公司的具体经营，而是委托给公司管理层，由公司管理层作为受托人对财产进行妥善保管使其增值，并通过相关的法律、合约、管理机制等来激励和约束受托人的行为；受托人接受委托人的委托后，获得了财产的自主经营权和处置权，但负有定期向委托人以适当的方式有效地反映其受托责任及其履行情况的义务，这就是基于公司制的受托责任观。在受托责任观下，财务会计的目标就是以适当的方式有效地反映受托人的受托责任及其履行情况。在受托责任观下，会计信息的使用者更关注资本的保值增值以及经营业绩和现金流量等信息。受托责任观更强调信息的可靠性，会计计量主要采用历史成本。

决策有用观主要源于资本市场的发展。随着公司制企业的发展，股权的交换和流通显得越来越迫切，而资本市场的发展为其提供了交易的平台，顺应了形势发展的需要。在资本市场发展的前提下，公司的股权进一步分散，分散的投资者在关心公司资产保值增值的同时，更关心公司的价值创造和股票的涨跌，投资者关注的核心从公司财产本身更多地转向公司价值管理和资本市场股票的表现。如果公司管理层管理不善、业绩不佳，投资者往往不是直接更换公司管理层，而是"用脚投票"，通过卖出股票来直接行使相关的权利。为此，公司财务报告需要向投资者提供与其投资决策相关的信息，这就是基于资本市场的决策有用观。它是因资本市场的发展，导致资源所有者对受托资源的有效管理关注程度降低，转而更加关注被投资企业在资本市场上的风险和报酬的产物。在决策有用观下，财务会计的目标就是向会计信息的各类使用者提供有用的决策信息，尤其是提供与企业财务状况、经营成果、现金流量等相关的信息，从而有助于使用者评价公司未来现金流量的金额、时间和不确定性。决策有用观更强调会计信息的相关性，即要求信息具有预测价值、反馈价值和时效性。如果采用其他计量属性能够提供更加相关的信息，会较多地采用除历史成本之外的其他计量属性。

其实，受托责任观和决策有用观并不是矛盾的或排斥的，两者之间具有某些交集。在受托责任观下，根据代理人提供的财务报告决定是否继续聘任或就此解聘本身就是一项决策；在而决策有用观下，通过股票市场持有或抛售特定公司的股票本身也可以看作是一种受托责任决策，是一种间接行使受托责任关系权利的体现。如果以一种更为广义的角度去理解受托责任概念或受托责任观，可以发现，受托责任观和决策有用观不仅并不矛盾或排斥，而且决策有用观往往体现为受托责任发展到一个特定历史横截面上的特例。我国对财务会计目标的表述就采取了两者结合的方式：财务会计的目标是向财务报告使用者提供与企业财务状况、经营成果和现金流量等有关的会计信息，反映企业管理层受托责任履行情况，帮助财务报告使用者做出经济决策。

第二节 企业会计准则

一、西方国家会计准则产生的社会经济背景

会计准则不是人们主观意志的产物，而是社会生产发展到一定阶段的必然结果，体现了社会生产对会计的客观要求。会计准则最早出现于西方国家，下面以具有代表性的美国为例，说明西方国家会计准则产生与发展的过程。

在美国，19 世纪下半叶资本主义经济得到迅速发展，企业规模日益扩大，股份公司这种企业组织形式逐步发展起来；20 世纪初，股份公司成为资本主义企业的典型形式，企业的所有权与经营权分离，形成投资者、债权人、政府税务机关、企业管理当局等各种与企业有利害关系的利益集团。它们为了维护各自的利益，要求企业定期提供真实可靠的会计报表，正确反映企业的财务状况与经营成果，以便做出正确的经济决策。同时，企业为获取有保障的资金来源，必须不断提高报表质量，以满足投资者与债权人的决策需要。总之，社会经济的发展客观上提出了会计信息（会计报表）社会化、标准化的要求。

1917 年，美国联邦储备理事会和联邦贸易委员会一致决定，对企业向银行申请贷款而编制的资产负债表进行标准化，并委托当时的美国会计师协会（AIA）提供一份关于统一与标准会计程序的备忘录，在经过评审之后，于 1917 年 4 月作为联邦储备公报正式发表。这是美国统一规范会计处理方法程序的早期尝试。

1929 年"大萧条"客观上起到了推动会计准则制定进程的作用。这次经济危机之后，美国公众对会计报表缺乏信任，纷纷指责会计实务处理的随意性，这种状况严重破坏了金融市场，妨碍了资本市场的形成，迫切需要加强会计实务的规范化，提高会计信息质量。1933 年和 1934 年，美国国会先后通过了《证券法》和《证券交易法》，规定所有上市企业都必须执行统一的会计程序与方法，并授权证券交易委员会（SEC）负责制定统一的会计准则。

1934 年，美国会计师协会批准了 6 条会计原则为"认可的会计原则"，并以《公司会计资料的审计》为名，以小册子的形式发表。尽管证券交易委员会是美国国会授权负责制定统一会计准则的机构，但该委员会于 1937 年发布了第 1 号《会计处理文集》之后，很快将制定会计准则的权限转授予美国会计师协会这一职业团体。美国会计师协会于 1936 年成立了会计程序委员会（CAP），负责制定会计准则，成为美国公认会计原则正式形成的起点。

二、会计准则的发展变化

（一）会计准则制定导向的发展变化

会计准则产生是经济社会发展到一定阶段的必然结果，其发展也受各国经济社会环境变化的影响与制约，会计准则制定的规则导向、原则导向与目标导向模式便是会计准则在各国会计实践发展的结果。

所谓的规则导向是指在制定会计准则时，除了给出某一对象或交易、事项的会计处理

和财务报告所必须遵循的原则外，还力图考虑到原则适用的所有可能情况，并将这些情况下对原则的运用具体化为可操作的规则。规则导向会计准则的主要特点是：①有太多的"界线检验"和"启动机制"，它们最终会被财务工作者作为依据，使会计人员仅仅遵循这些字面的东西，而不去注重准则的精神实质。例如，合并财务报表的标准是控股权益比例在 50% 以上，特殊目的主体合并则要求 3%，这些检验界限在便于理解和操作的同时，也可能被滥用于回避对特定准则要求的遵循，如母公司在实质控股的前提下有意使控股比略低于 50%，从而达到回避合并报表等目的。②有众多的原则例外，包括范围例外、应用例外和过渡例外，这导致会计处理不注重交易的实质。③更加要求庞大详细的应用、操作指南，容易造成准则应用中的复杂性和对于准则应用的不确定性。如以原则导向为代表的是国际会计准则理事会（IASB），它发布的准则和解释公告数量远远低于以规则导向为代表的美国。最为典型的是 SFAS No. 133，它除了在第 9~11 段列出 9 项范围例外之外，有关衍生金融工具的全部指南竟达 800 多页。这不仅为会计人员进行操作应用制造了困难，而且为一些会计造假提供了平台。

原则导向的会计准则是指在准则制定时，仅针对某一对象或交易事项的会计处理和财务报告提出原则性规范，同时也包括以原则为基础的一些规则，但并不力图回答所有问题或对每种可能情况均提供详细规则。对于原则导向会计准则的特征，SEC 在《对美国财务报告体系采用以原则为基础的会计模式的研究》报告中所做的描述是：①不存在或者只有极少的例外；②运用资产负债观进行确认和计量；③没有所谓的"界线检验"和"启动机制"；④仅有少量的补充指南。原则导向下的准则虽然更易于理解和执行，但必须借助更多的职业判断才能更好地反映交易和事项的实质，而这在实际工作中可能导致职业判断的滥用，也提高了监管的难度。当然，更少的例外能增强财务信息的可比性。

规则导向和原则导向各有利弊，同时其形成与发展有其深刻的经济与政治动因。在会计准则体系全球国际趋同化的背景下，我国于 2006 年发布的《企业会计准则》的量化标准明显减少，较为原则的表述明显增多，这表明我国的会计准则制定从过去的规则导向模式转而向国际会计准则的原则导向模式靠近。与我国的选择不同的是，美国的 SEC 在经历"安然"事件后，为了防止过分强调原则所带来的负面效应，从一个极端走向另一个极端，他们提出了对原则导向和规则导向的折中方案——目标导向模式。该方案并不是对原则导向的否定，而是反映出美国的会计准则制定部门在经历了一系列财务欺诈丑闻冲击后的谨慎态度，其实质仍是在原则和规则之间寻找一个最优平衡点，它使美国的公认会计准则（GAAP）容易与 IASB 的《国际财务报告准则》（IFRS）趋同。

准则制定的目标导向是指在制定会计准则时，强调某项业务的会计处理应达到的目标，如反映交易或事项的经济实质、提高会计信息对信息使用者的决策有用性等，让企业管理层对财务报告中是否准确报告了交易的实质承担责任，允许其根据所要实现的主要会计目标来选择具体准则并受之制约。目标导向的会计准则的基本特征是：①对大量的会计原则进行简明的描述；②会计目标以适当的方式包括在准则的整体之中；③很少例外事项或不一致的概念包括在准则中；④应当提供特定性质交易和事项的适当数量的实施指南；⑤避免界限检验；⑥应当同连贯的概念框架一致并由概念框架衍生而来。目标导向清楚地要求管理当局必须承担在财务报告中披露交易或事项的经济实质的责任，它向管理当局提供了应用准则的足够详细的概念框架，或者说提供了比规则导向或原则导向的两种极端制定方式进行职业判断的更详细的概念框架,有助于其遵循准则的意图。目标导向的准则提高了准则制定过程本身的质量、一致性与及时性,也降低了投资人和分析人员理解准则的成本。

(二) 我国会计准则的发展变迁

新中国成立以后,特别是改革开放以来,在国内政治、经济、法律和国际环境等因素共同作用下,我国会计准则进入了快速发展变化的阶段。具体而言,1992 年,当党的十四大提出由计划经济体制迈向社会主义市场经济体制后,政治、经济体制的改革以及外商的投资直接诱导了"两则"(《企业会计准则》和《企业财务通则》)与"两制"(13 项行业会计制度和 10 项行业财务制度)的出台。其后,随着市场经济的深入发展,逐渐暴露出的会计制度的差异导致会计信息缺乏可比性的缺陷。1999 年,修订的《中华人民共和国会计法》提出了"统一会计制度"的目标,并发布了《企业财务会计报告条例》。这些因素共同促使了 2001 年会计准则体系的变迁。其后,中国正式加入世界贸易组织(WTO)。截至 2005 年,不仅澳大利亚、新西兰、欧盟与俄罗斯等国家和地区开始采用《国际财务报告准则》,美国 FASB 也与 IASB 开始对话和实施准则趋同的工作。正是世界经济一体化与会计准则的国际趋同大环境促使 2006 年与国际会计准则接轨的《企业会计准则——基本准则》和 38 个具体准则的正式发布。其后,根据会计准则国际趋同的思想,财政部又陆续对 2006 年的《企业会计准则》进行了一系列的修订、增补与完善。

随着会计准则国际趋同工作的推进和应用,我们进一步认识到趋同不是准则制定的最终目的,我国还要争取获得准则等效的确认。根据这一指导思想,财政部分别在 2014 年、2017 年对 2006 年制定的《企业会计准则》进行了大规模的修订、完善和补充。其中,2014 年财政部对《企业会计准则——基本准则》中原公允价值的定义进行了修改,从而使其与其他具体准则的规定保持一致。同时发布了修订的 5 项具体准则和新制定的 3 项具体准则,具体包括《企业会计准则第 2 号——长期股权投资(修订)》《企业会计准则第 9 号——职工薪酬(修订)》《企业会计准则第 30 号——财务报表列报(修订)》《企业会计准则第 33 号——合并财务报表(修订)》《企业会计准则第 37 号——金融工具列报(修订)》《企业会计准则第 39 号——公允价值计量》《企业会计准则第 40 号——合营安排》《企业会计准则第 41 号——在其他主体中权益的披露》。

2017 年,我国对《中华人民共和国会计法》进行了修订,修订后的《会计法》将遵守职业道德和专业能力提到了同等重要的位置。与此同时,财政部又进行了一次大规模的准则修订与补充。新增了 1 项会计准则:《企业会计准则第 42 号——持有待售的非流动资产、处置组和终止经营》,并修订了 6 项会计准则:《企业会计准则第 14 号——收入》《企业会计准则第 16 号——政府补助》《企业会计准则第 22 号——金融工具确认和计量》《企业会计准则第 23 号——金融资产转移》《企业会计准则第 24 号——套期会计》《企业会计准则第 37 号——金融工具列报》。至此,我国已经形成了由 1 项基本准则和 42 项具体准则构成的企业会计准则体系。其后,随着国家经济改革的不断深入,财政部于 2018 年修订了《企业会计准则第 21 号——租赁》,2019 年修订了《企业会计准则第 7 号——非货币性资产交换》和《企业会计准则第 12 号——债务重组》,2020 年修订了《企业会计准则第 25 号——保险合同》。随着国际国内制度环境的变化,我国的会计准则今后仍会不断地修订、完善，以更好地服务于我国社会主义市场经济的建设和发展。

三、我国企业会计准则体系

中国现行企业会计准则体系由基本准则、具体准则、应用指南和解释组成。

（一）基本准则

基本准则主要规范了以下内容：财务报告目标、会计基本假设、会计基础、会计信息质量要求、会计要素分类及其确认、计量原则和财务报告。基本准则在企业会计准则体系中发挥着十分重要的作用，主要包括：

1）统驭具体准则的制定。基本准则规范了包括财务报告目标、会计基本假设、会计信息质量要求、会计要素的定义及其确认、计量原则、财务报告等在内的基本问题，是制定具体准则的基础，对各具体准则的制定起着统驭作用，可以确保各具体准则的内在一致性。我国《企业会计准则——基本准则》第三条明确规定："企业会计准则包括基本准则和具体准则，具体准则的制定应当遵循本准则。"在企业会计准则体系的建设中，各项具体准则也都明确规定按照基本准则的要求进行制定和完善。

2）为会计实务中出现的、具体准则尚未规范的新问题提供会计处理依据。在会计实务中，由于经济交易事项的不断发展、创新，一些新的交易或者事项在具体准则中尚未规范但又急需处理，这时，企业不仅应当对这些新的交易或者事项及时进行会计处理，而且在处理时应当严格遵循基本准则的要求，尤其是基本准则关于会计要素的定义及其确认与计量等方面的规定。因此，基本准则不仅扮演着具体准则制定依据的角色，也为会计实务中出现的、具体准则尚未做出规范的新问题提供了会计处理依据，从而确保了企业会计准则体系对所有会计实务问题的规范作用。

（二）具体准则

具体准则是指在基本准则的指导下，对企业各项资产、负债、所有者权益、收入、费用、利润及相关交易事项的确认、计量和报告进行规范的会计准则。

（三）应用指南

应用指南是对具体准则相关条款的细化和有关重点难点问题提供的操作性指南，有利于会计准则的贯彻落实和指导实务操作。

（四）解释

解释是指对具体准则实施过程中出现的问题、具体准则条款规定不清楚或者尚未规定的问题做出的补充说明。2011年10月18日，财政部发布了《小企业会计准则》。《小企业会计准则》规范了适用于小企业的资产、负债、所有者权益、收入、费用、利润及利润分配、外币业务、财务报表等会计处理及其报表列报等问题。《小企业会计准则》适用于在中华人民共和国境内依法设立的、符合《中小企业划型标准规定》所规定的小型企业标准的企业，但股票或债券在市场上公开交易的小企业、金融机构或其他具有金融性质的小企业、属于企业集团内的母公司和子公司的小企业除外，自2013年1月1日起在所有适用的小企业范围内施行。《小企业会计准则》的发布与实施，标志着我国涵盖所有企业的会计准则体系的建成。

第三节 财务会计的基本前提和会计基础

财务会计的基本前提，是指组织和开展财务会计工作必须具备的前提条件，也是财务会计的理论基础，离开这些前提条件，就不能构建财务会计的理论体系。财务会计的基本前提是从会计实践中抽象出来的，其最终目的是保证会计信息的有用性。根据我国《企业会计准则——基本准则》的规定，财务会计的基本前提可以概括为会计主体、持续经营、会计分期、货币计量。

▶▶ 一、会计主体

会计主体，是指会计工作服务的特定对象，是企业会计确认、计量和报告的空间范围。明确会计主体，才能划定会计所要处理的各项交易或事项的范围。在会计工作中，只有那些影响企业本身经济利益的各项交易或事项才能加以确认、计量和报告。不能将会计主体的交易或事项与会计主体所有者的交易或者事项，或是与其他会计主体的交易或者事项混淆起来。例如，企业向股东分配现金股利，这一事项对企业和股东的影响是完全不同的。在会计主体假设下，为了向财务报告使用者反映企业财务状况、经营成果和现金流量，提供与其决策有用的信息，企业应当对其本身发生的交易或事项进行会计确认、计量和报告，会计核算和财务报告的编制也应当集中于反映特定对象的活动，并将其与其他经济实体区别开来。明确界定会计主体是开展会计确认、计量和报告工作的重要前提。

在界定会计主体时还应注意两点：①会计主体的规模并无统一的标准，可大可小。它可以是一个独立核算的经济实体，也可以是不进行独立核算的内部单位、班组。但是，从财务会计的角度来看，会计主体应是一个独立核算的经济实体，特别是需要单独反映财务状况与经营成果、编制独立的财务会计报告的实体。②会计主体不同于法律主体。一般来说，法律主体必然可以作为一个会计主体，但会计主体不一定是法律主体。例如，独资企业、合伙企业等，它们不具有法人资格，但作为独立核算的经济实体，它们均可以成为一个会计主体。再如，一个跨国集团本身并不是一个法律主体，但由于集团的母公司对于子公司拥有控制权，为了全面反映整个集团的财务状况、经营成果和现金流量，就有必要将集团作为一个会计主体或报告主体编制财务报告。正是基于此，企业应对其管理的每项基金进行会计确认、计量和报告。

▶▶ 二、持续经营

在明确认定会计主体之后，接下来就需要判断企业是否处于持续经营的状况，以便据以确定会计核算的基础。

持续经营，是指在可以预见的将来，企业将会按当前的规模和状态继续经营下去，不会停业，也不会大规模削减业务。在持续经营的前提下，会计确认、计量和报告应当以企业持续、正常的生产经营活动为前提。企业是否持续经营，在会计原则、会计方法的选择上有很大差别。

一般情况下，应当假定企业将会按照当前的规模和状态继续经营下去。明确这个基本假设，就意味着会计主体将按照既定用途使用资产，按照既定的合约条件清偿债务，会计人员就可以在此基础上选择会计原则和会计方法。如果判断企业会持续经营，就可以假定企业的固定资产会在持续经营的生产经营过程中长期发挥作用，并服务于生产经营过程，固定资产就可以根据历史成本进行记录，并采用适当的折旧方法将折旧成本分摊到各个会计期间，或计入相关产品的成本中。如果判断企业不具备持续经营的前提条件，而是已经或即将停止营业、进行清算，此时若再对固定资产采用历史成本记录并按期折旧则不能客观地反映企业的财务状况、经营成果和现金流量，会误导会计信息使用者的经济决策。处在非持续经营状况的企业应采用清算基础，清理其全部债权债务，着眼于清算资产和清算损益的核算。

▶▶ 三、会计分期

根据持续经营的基本前提，可持续经营的企业在可以预见的将来会按当前的规模和状态继续经营下去，不会面临停业清算，但企业不可能等到其经营活动结束之时才对外提供财务报告。为了及时向利益相关方提供决策信息，企业需要定期报告企业的财务状况和经营成果，于是就需要清楚划分会计期间。

会计分期，是指将一个企业持续经营的生产经营活动划分为一个个连续的、间隔相同的期间。在会计分期这个基本前提下，企业应当划分会计期间，分期结算账目和编制财务报告。我国《企业会计准则——基本准则》规定，会计期间分为年度和中期。

当会计期间为一年时，则被称为会计年度。我国一直采用统一的与公历年度起止日期相同的历年制会计年度，这主要是为了使财政年度、纳税年度、计划年度和统计年度保持一致，从而适应计划管理和汇总会计报表的要求，最终便于国家的宏观经济管理。但世界各国企业的会计年度起讫日期并不统一，如有的企业以本年的 7 月 1 日至下年的 6 月 30 日为一个会计年度，有的企业以本年的 4 月 1 日至下年的 3 月 31 日为一个会计年度。从理论上讲，将会计年度的起讫点定在企业经营活动的淡季（如果有的话）比较适宜，因为在企业经营活动的淡季，各项会计要素的变化较小，便于对会计要素进行计量，特别是便于计算确定本会计年度的盈亏。而且淡季的经济业务较少，会计人员有较为充裕的时间办理年度结算业务，便于及时编制财务会计报告。西方国家许多企业的会计年度结算日就处于营业活动的淡季。然而，将会计年度的起讫日定在营业活动的淡季也有其局限性，这主要表现在淡季资产负债表所反映的年末财务状况往往缺乏代表性，如年末所反映的短期偿债能力有可能比年中其他时间的结果要好。

中期，是指短于一个完整的会计年度的报告期间，如月度、季度、半年度等。相较于年度报告，中期报告可以为报告使用者提供相对更为及时的信息。

明确会计分期基本前提意义重大，由于会计分期，才产生了当期与以前期间、以后期间的差别，才使不同类型的会计主体有了记账的基准，进而出现了折旧、摊销等会计处理方法。

▶▶ 四、货币计量

财务会计主要提供定量的财务信息或会计信息，因此，要进行会计记账或编表，必须先选择恰当的计量尺度。

会计计量尺度的选择涉及以下层次的问题：

1）在众多计量尺度中选择货币作为主要计量尺度提供会计信息。企业的经济活动多种多样、错综复杂，要综合反映企业的各种经济活动，就必须选择一个统一的计量尺度。货币是商品的一般等价物，是衡量一般商品价值的共同尺度，具有价值尺度、流通手段、贮藏手段和支付手段等职能。其他计量单位，如重量、长度、面积、容积，以及物品的个数、台数、件数等，只能从一个侧面反映企业的生产经营情况，均无法在量上进行汇总和比较。只有选择货币尺度进行计量，才能更好地满足会计计量和经营管理的需求。所以，《企业会计准则——基本准则》规定会计确认、计量和报告选择货币作为计量单位。

2）选择某种具体的货币作为会计本位币。会计本位币是指会计记账或编表时作为统一计量尺度的货币。会计本位币以外的货币称为外币。企业在日常经营活动中可能运用多种货币。在这种情况下，必须选择某种货币作为统一计量尺度，否则会计信息的可比性等问题仍然无法解决。在我国，原则上应以人民币作为会计本位币。会计本位币可以分为记账本位币与报告本位币。记账本位币是会计记账时作为统一计量尺度的货币，报告本位币则是会计编表时作为统一计量尺度的货币。一般情况下，记账本位币与报告本位币是一致的，但按照《中华人民共和国会计法》的规定，二者也可能不一致。在企业的经济业务涉及多种货币的情况下，需要确定一种货币为记账本位币；涉及非记账本位币的业务，需要采用某种汇率折算为记账本位币登记入账。在编制合并财务报表时如果涉及外币财务报表，需要首先将以外币反映的财务报表折算为以报告本位币反映的财务报表，然后进行合并。

3）要选择会计本位币的具体计量尺度是名义货币还是不变购买力货币。以货币作为统一计量尺度，为会计计量提供了方便，同时也带来了问题。货币作为一种特殊的商品，其购买能力会随着经济的通货膨胀或紧缩而发生变化。但如果企业账面的资产价值必须随货币购买力的变化而不断地调整，会计则难以提供相对可靠的、稳定的、具有可比性的会计记录和报告。因此，为了简化会计计量，也便于会计信息的使用，在币值变动不大的情况下一般不考虑币值的变动。然而，当出现通货膨胀，尤其是持续的通货膨胀使历史成本明显地背离了资产的实际价值，会计信息不能给使用者带来真实的数据时，便产生了通货膨胀会计。

货币计量的前提还会在特定情形下影响会计信息披露的充分性和有效性。某些影响企业财务状况和经营成果的因素，如企业经营战略、研发能力、市场竞争力、人力资源等，往往难以用货币来计量，但这些信息对于使用者决策来讲也很重要。为此，企业可以在财务报告中补充披露有关非财务信息来弥补上述缺陷。

五、会计基础

会计基础，是指会计确认、计量和报告的基础，主要包括权责发生制和收付实现制。开展企业财务会计工作，特别是进行会计确认必须正确运用会计基础。在实务中，企业交易或者事项的发生时间与相关货币收支时间有时并不完全一致，如款项已经收到，但销售并未实现；或者款项已经支付，但并不是为本期生产经营活动而发生的。由此就引出了一个问题，即相关交易或事项究竟应在何时入账？而会计确认就是解决交易或事项能否进入会计系统以及何时进入会计系统的问题，这里所说的会计系统包括账务系统和报表系统。可见，要开展财务会计工作，在明确会计主体、准确判断主体状态、清楚划分会计期间和恰当选择计量尺度后，还必须正确运用会计基础。

权责发生制也称为应计制，它要求对会计主体在一定期间内发生的各项业务，以是否取得经济权利（是否导致经济利益净流入，最终导致所有者权益增加）、是否承担经济责任（是否导致经济利益净流出，最终导致所有者权益减少）为标准，决定资产、负债、收入和费用的确认。权责发生制是会计要素确认的共同基础，但重点是收入与费用。对于收入与费用的确认而言，权责发生制不以款项是否收到为确认标准。凡符合收入确认标准的本期收入，不论其款项是否收到，均应作为本期收入处理；凡符合费用确认标准的本期费用，不论其款项是否付出，均应作为本期费用处理。反之，凡不符合收入确认标准的款项，即使在本期收到，也不能作为本期收入处理；凡不符合费用确认标准的款项，即使在本期付出，也不能作为本期费用处理。

收付实现制是与权责发生制相对应的一种会计基础，它是指以现金的实际收付为标志来确定本期收入和支出的会计核算基础。在我国，政府会计由预算会计和财务会计构成。其中，预算会计采用收付实现制，国务院另有规定的，依照其规定；财务会计采用权责发生制。

显然，权责发生制所反映的经营成果与现金的收付是不一致的。与收付实现制相比，权责发生制通过把各期的收入与其相关的费用、成本相配比，能更加真实、公允地反映特定会计期间的财务状况和经营成果。我国的《企业会计准则——基本准则》第九条规定，"企业应当以权责发生制为基础进行会计确认、计量和报告。"

第四节　会计要素及其确认计量

▶▶ 一、会计确认

会计确认，是指会计根据一定的标准，对会计主体所产生的经济活动和有关的经济数据能否进入会计信息系统、何时进入会计信息系统以及如何进行报告的过程。会计确认包括确认标准和确认时点。会计确认几乎涉及会计信息的整个加工处理过程，是财务会计程序中必不可少的一个重要内容。

企业在经营过程中会发生各种各样的经济活动，有些属于会计核算的内容，如企业日常发生的产品生产与购销。还有些经济活动及其所产生的经济数据并不属于会计核算的内容：如企业职工的构成与管理人员素质的变化等，由于不能用货币形式进行可靠的计量，故不属于会计核算的内容。又如企业与客户签订下年度的销货合同，由于合同所记录的内容尚未实际发生，因而也不属于会计核算的内容。因此，在实际进行会计核算之前，需要对企业所发生的经济活动及其所产生的经济数据进行分析，把非会计核算内容排除在外，而对于会计核算的内容，则要进一步明确其性质，即具体影响的是什么要素或应对何种要素予以记录并报告。可见，从交易事项的分析，到填制审核凭证、编制提供报告，会计确认无不贯穿于其中。

为解决会计确认的相关问题，在"效益大于成本"和"重要性"两大原则的前提下，FASB提出了所有要素的所属项目的确认标准：

1）可定义性。应予确认为某一要素的所属账户或项目应符合该要素的定义。

2）可计量性。具有可用货币金额计量的属性并保证充分可靠。

3）相关性。有关信息对使用者的决策至关重要。

4）可靠性。信息的反映真实、可稽核且公允无偏向。

会计确认可以分为进入会计系统时的确认与退出会计系统时的确认，前者可以进一步分为入账环节的确认与入表环节的确认。纳入账务系统的确认（入账环节的确认）要同时考虑管理的要求与对外提供财务报告的要求。入表环节的确认则应当严格遵循《企业会计准则》的规定。换一种表达方式，会计确认可以分为初始确认、后续确认与终止确认。

初始确认是指对输入会计核算系统的原始经济信息（原始凭证）进行确认。会计的初次确认是从审核原始凭证开始的，对经济业务产生的原始凭证从其发生时间、地点、经济业务种类、数量、单价、金额等方面进行具体的识别、判断、选择等，以便对其进行正式的记录。通过初始确认，筛选出有用的原始数据，运用复式记账法编制会计凭证，将经济数据转化为会计信息，并登记有关账簿。

后续确认是指对会计核算系统输出的、经过加工的会计信息进行确认。经过初始确认的原始数据，借助会计核算方法转化为账簿资料。为了便于管理者使用，账簿还需要依照管理者的需要，继续加工、提炼，或加以扩充、重新归类、组合，这就是会计的后续确认。因此，后续确认是根据管理者的需要，确认账簿资料中的哪些内容应列入财务报表，或是在财务报表中应揭示多少财务资料和何种财务资料。

终止确认就是从主体财务状况表中移除全部或部分已确认的资产或负债。终止确认通常发生在一个项目不再符合资产或负债定义时。终止确认的结果通常体现在三个方面：一是主体不再确认原已确认的资产或负债；二是一项导致终止确认的交易，可能导致主体重新确认其他资产和负债；三是终止确认原已确认的资产或负债、确认新的资产或负债可能产生损益。

▶▶ 二、会计要素及其确认

会计要素是指根据交易或者事项的经济特征所确定的财务会计对象及其基本分类。会计要素按照其性质分为静态会计要素与动态会计要素。其中，静态会计要素也称为资产负债表要素，是反映会计主体在某一特定时点下的财务状况的要素，包括资产、负债、所有者权益；动态会计要素也称为利润表要素，是资金运动的动态表现，是反映会计主体在某一会计期间的经营成果，包括收入、费用、利润。

（一）资产要素及其确认

1. 资产要素的定义及特征

资产是指企业过去的交易或者事项形成的、由企业拥有或者控制的、预期会给企业带来经济利益的资源。根据资产的定义，资产具有以下几个方面的特征：

（1）资产预期会给企业带来经济利益　资产预期会给企业带来经济利益，是指资产直接或者间接导致现金和现金等价物流入企业的潜力。这种潜力可以来自企业日常的生产经营活动，也可以是非日常活动；带来的经济利益可以是现金或者现金等价物，或者是可以转化为现金或者现金等价物，或者是可以减少现金或者现金等价物流出。资产预期能否为企业带来经济利益是资产的重要特征。例如，企业采购的原材料、购置的固定资产等可以用于生产经营过程、制造商品或者提供劳务，对外出售后收回货款，货款即为企业所获得的经济利益。如果某一项目预期不能给企业带来经济利益，那么就不能将其确认为企业的资产。前期已经确认为资产的项目，如果不能再为企业带来经济利益，也不能再确认为企业的资产。

（2）资产应为企业拥有或者控制的资源　资产作为一项资源，应当由企业拥有或者控制，具体是指企业享有某项资源的所有权，或者虽然不享有某项资源的所有权，但该资源能被企业所控制。企业享有资产的所有权，通常表明企业能够排他性地从资产中获取经济利益。通常在判断资产是否存在时，所有权是考虑的首要因素。在有些情况下，资产虽然不为企业所拥有，即企业并不享有其所有权，但企业控制了这些资产，同样表明企业能够从资产中获取经济利益，符合会计上对资产的定义。如果企业既不拥有也不控制资产所能带来的经济利益，就不能将其作为企业的资产予以确认。

（3）资产是由企业过去的交易或者事项形成的　资产应当由企业过去的交易或者事项所形成，过去的交易或者事项包括购买、生产、建造行为或者其他交易或事项。换句话说，只有过去的交易或者事项才能产生资产，企业预期在未来发生的交易或者事项不形成资产。例如，企业有购买某存货的意愿或者计划，但是购买行为尚未发生，就不符合资产的定义，不能因此而确认存货资产。

2. 资产的确认条件

将一项资源确认为资产，需要符合资产的定义，还应同时满足以下两个条件：

（1）与该资源有关的经济利益很可能流入企业　从资产的定义可以看到，能否带来经济利益是资产的一个本质特征，但在现实生活中，由于经济环境瞬息万变，与资源有关的经济利益能否流入企业或者能够流入多少实际上带有不确定性。因此，资产的确认还应与经济利益流入的不确定性程度的判断结合起来，如果根据编制财务报表时所取得的证据，与资源有关的经济利益很可能流入企业，那么就应当将其作为资产予以确认；反之，不能确认为资产。例如，某企业赊销一批商品给某一客户，因满足收入确认等相关条件从而形成了对该客户的应收账款，由于企业最终收到款项与销售实现之间有时间差，而且收款又在未来期间，因此带有一定的不确定性，如果企业在销售时判断未来很可能收到款项或者能够确定收到款项，企业就应当将该应收账款确认为一项资产；如果企业判断在通常情况下很可能部分或者全部无法收回，则表明该部分或者全部应收账款已经不符合资产的确认条件。

（2）该资源的成本或者价值能够可靠地计量　财务会计系统是一个确认、计量和报告的系统，其中计量起着枢纽作用，可计量性是所有会计要素确认的重要前提，资产的确认也是如此。只有当有关资源的成本或者价值能够可靠地计量时，资产才能予以确认。在实务中，企业取得的许多资产都是发生了实际成本的，如企业购买或者生产的存货、企业购置的厂房或者设备等，对于这些资产，只要实际发生的购买成本或者生产成本能够可靠计量，就视为符合了资产确认的可计量条件。在某些情况下，企业取得的资产没有发生实际成本或者发生的实际成本很小，如企业持有的某些衍生金融工具形成的资产，对于这些资产，尽管它们没有实际成本或者发生的实际成本很小，但是如果其公允价值能够可靠计量的话，也被认为符合了资产可计量性的确认条件。

（二）负债要素及其确认

1. 负债的定义

负债是指企业过去的交易或者事项形成的、预期会导致经济利益流出企业的现时义务。根据负债的定义，负债具有以下几个方面的特征：

（1）负债是企业承担的现时义务 负债必须是企业承担的现时义务，它是负债的一个基本特征。其中，现时义务是指企业在现行条件下已承担的义务。未来发生的交易或者事项形成的义务，不属于现时义务，不应当确认为负债。这里所指的义务可以是法定义务，也可以是推定义务。其中，法定义务是指具有约束力的合同或者法律法规规定的义务，通常在法律意义上需要强制执行。例如，企业购买原材料形成应付账款，企业向银行贷入款项形成借款，企业按照税法规定应当缴纳的税款等，均属于企业承担的法定义务，需要依法予以偿还。推定义务是指根据企业多年来的习惯做法、公开的承诺或者公开宣布的政策而导致企业将承担的责任，这些责任也使有关各方形成了企业将履行义务解脱责任的合理预期。例如，某企业多年来制定有一项销售政策，对于售出商品提供一定期限内的售后保修服务，预期将为售出商品提供的保修服务就属于推定义务，应当将其确认为一项负债。

（2）负债预期会导致经济利益流出企业 预期会导致经济利益流出企业也是负债的一个本质特征，只有企业在履行义务时会导致经济利益流出企业的，才符合负债的定义，如果不会导致企业经济利益流出的，就不符合负债的定义。在履行现时义务清偿负债时，导致经济利益流出企业的形式多种多样，例如，用现金偿还或以实物资产形式偿还，以提供劳务形式偿还，以部分转移资产、部分提供劳务形式偿还，将负债转为资本等。

（3）负债是由企业过去的交易或者事项形成的 负债应当由企业过去的交易或者事项所形成。换句话说，只有过去的交易或者事项才形成负债，企业将在未来发生的承诺、签订的合同等交易或者事项，不形成负债。

2. 负债的确认条件

将一项现时义务确认为负债，需要符合负债的定义，还需要同时满足以下两个条件：

（1）与该义务有关的经济利益很可能流出企业 从负债的定义可以看到，预期会导致经济利益流出企业是负债的一个本质特征。在实务中，履行义务所需流出的经济利益带有不确定性，尤其是与推定义务相关的经济利益通常需要依赖于大量的估计。因此，负债的确认应当与经济利益流出的不确定性程度的判断结合起来。如果有确凿证据表明，与现时义务有关的经济利益很可能流出企业，就应当将其作为负债予以确认；反之，如果企业承担了现时义务，但是会导致企业经济利益流出的可能性很小，就不符合负债的确认条件，不应将其作为负债予以确认。

（2）未来流出的经济利益的金额能够可靠地计量 负债的确认在考虑经济利益流出企业的同时，对于未来流出的经济利益的金额应当能够可靠计量。对于与法定义务有关的经济利益流出金额，通常可以根据合同或者法律规定的金额予以确定，考虑到经济利益流出的金额通常在未来期间，有时未来期间较长，有关金额的计量需要考虑货币时间价值等因素的影响。对于与推定义务有关的经济利益流出金额，企业应当根据履行相关义务所需支出的最佳估计数进行估计，并综合考虑有关货币时间价值、风险等因素的影响。

（三）所有者权益要素及其确认

1. 所有者权益的定义

所有者权益是指企业的资产扣除负债后，由所有者享有的剩余权益。公司的所有者权益又称为股东权益。所有者权益是所有者对企业资产的剩余索取权，它是企业资产中扣除债权人权益后应由所有者享有的部分，既可反映所有者投入资本的保值增值情况，又体现了保护债权人权益的理念。

2. 所有者权益的来源构成

所有者权益的来源包括所有者投入的资本、直接计入所有者权益的利得和损失（其他综合收益）、留存收益等，通常由股本（或实收资本）、资本公积（含股本溢价或资本溢价、其他资本公积）、盈余公积和未分配利润构成。商业银行等金融企业在税后利润中提取的一般风险准备，也构成所有者权益。

所有者投入的资本，是指所有者投入企业的所有资本，它既包括构成企业注册资本或者股本部分的金额，也包括投入资本超过注册资本或者股本部分的金额，即资本溢价或者股本溢价，这部分投入资本在我国企业会计准则体系中被计入了资本公积，并在资产负债表中的资本公积项目下反映。

直接计入所有者权益的利得和损失，是指不应计入当期损益、会导致所有者权益发生增减变动的、与所有者投入资本或者向所有者分配利润无关的利得或者损失。其中，利得是指由企业非日常活动所形成的、会导致所有者权益增加的、与所有者投入资本无关的经济利益的流入。损失是指由企业非日常活动所发生的、会导致所有者权益减少的、与向所有者分配利润无关的经济利益的流出。直接计入所有者权益的利得和损失主要包括其他权益工具投资的公允价值变动额、现金流量套期中套期工具公允价值变动额（有效套期部分）等。

留存收益，是指企业历年实现的净利润留存于企业的部分，主要包括累计计提的盈余公积和未分配利润。

3. 所有者权益的确认条件

所有者权益体现的是所有者在企业中的剩余权益，因此，所有者权益的确认主要依赖于其他会计要素，尤其是资产和负债的确认；所有者权益金额的确定也主要取决于资产和负债的计量。例如，企业接受投资者投入的资产，在该资产符合企业资产确认条件时，就相应地符合了所有者权益的确认条件；当该资产的价值能够可靠计量时，所有者权益的金额也就可以确定了。

（四）收入要素及其确认

1. 收入的定义

收入是指企业在日常活动中形成的、会导致所有者权益增加的、与所有者投入资本无关的经济利益的总流入。根据收入的定义，收入具有以下几方面的特征：

（1）收入是企业在日常活动中形成的　日常活动是指企业为完成其经营目标所从事的经常性活动以及与之相关的活动。例如，工业企业制造并销售产品、商业企业销售商品、保险公司签发保单、咨询公司提供咨询服务、软件企业为客户开发软件、安装公司提供安装服务、商业银行对外贷款、租赁公司出租资产等，均属于企业的日常活动。明确界定日常活动是为了将收入与利得相区分，因为企业非日常活动所形成的经济利益的流入不能确认为收入，而应当计入利得。

（2）收入是与所有者投入资本无关的经济利益的总流入　收入应当会导致经济利益的流入，从而导致资产的增加。例如，企业销售商品，应当收到现金或者在未来有权收到现金，才表明该交易符合收入的定义。但是在实务中，经济利益的流入有时是所有者投入资本的增加所导致的，所有者投入资本的增加不应当确认为收入，应当将其直接确认为所有者权益。

（3）收入会导致所有者权益的增加　与收入相关的经济利益的流入应当会导致所有者权益的增加，不会导致所有者权益增加的经济利益的流入不符合收入的定义，不应确认为收入。例如，企业向银行借入款项，尽管也导致了企业经济利益的流入，但该流入并不导致所有者权益的增加，反而使企业承担了一项现时义务。企业对于因借入款项所导致的经济利益的增加，不应将其确认为收入，应当确认为一项负债。

2. 收入的确认条件

企业应当在履行了合同中的履约义务，即在客户取得相关商品或服务控制权时确认收入。取得相关商品控制权，是指能够主导该商品的使用并从中获得几乎全部的经济利益，也包括有能力阻止其他方主导该商品的使用并从中获得经济利益。收入确认的具体条件详见本书第十二章。

（五）费用要素及其确认

1. 费用的定义

费用是指企业在日常活动中发生的、会导致所有者权益减少的、与向所有者分配利润无关的经济利益的总流出。根据费用的定义，费用具有以下几方面的特征：

（1）费用是企业在日常活动中形成的　费用必须是企业在其日常活动中所形成的，这些日常活动的界定与收入定义中涉及的日常活动的界定相一致。因日常活动所产生的费用通常包括销售成本（营业成本）、职工薪酬、折旧费、无形资产摊销费等。将费用界定为日常活动所形成的，目的是将其与损失相区分，企业非日常活动所形成的经济利益的流出不能确认为费用，而应当计入损失。

（2）费用是与向所有者分配利润无关的经济利益的总流出　费用的发生应当会导致经济利益的流出，从而导致资产的减少或者负债的增加（最终也会导致资产的减少）。其表现形式包括现金或者现金等价物的流出，存货、固定资产和无形资产等的流出或者消耗等。鉴于企业向所有者分配利润也会导致经济利益的流出，而该经济利益的流出显然属于所有者权益的抵减项目，不应确认为费用，应当将其排除在费用的定义之外。

（3）费用会导致所有者权益的减少　与费用相关的经济利益的流出会导致所有者权益的减少，不会导致所有者权益减少的经济利益的流出不符合费用的定义，不应确认为费用。

2. 费用的确认条件

费用的确认除了应当符合定义外，也应当满足严格的条件，即费用只有在经济利益很可能流出企业从而导致企业资产减少或者负债增加，且经济利益的流出额能够可靠计量时才能予以确认。因此，费用的确认至少应当符合以下条件：一是与费用相关的经济利益应当很可能流出企业；二是经济利益流出企业的结果会导致资产的减少或者负债的增加；三是经济利益的流出额能够可靠计量。

（六）利润要素及其确认

1. 利润的定义

利润是指企业在一定会计期间的经营成果。通常情况下，如果企业实现了利润，表明企业的所有者权益将增加，业绩得到了提升；反之，如果企业发生了亏损（即利润为负数），表明企业的所有者权益将减少，业绩下滑了。因此，利润往往是评价企业管理层业绩的一项重要指标，也是投资者等财务报告使用者进行决策时的重要参考。

2. 利润的来源构成

利润包括收入减去费用后的净额、直接计入当期利润的利得和损失等。其中，收入减去费用后的净额反映的是企业日常活动的业绩，直接计入当期利润的利得和损失反映的是企业非日常活动的业绩。直接计入当期利润的利得和损失，是指应当计入当期损益、最终会引起所有者权益发生增减变动的、与所有者投入资本或者向所有者分配利润无关的利得或者损失。企业应当严格区分收入和利得、费用和损失，以更加全面地反映企业的经营业绩。

3. 利润的确认条件

利润反映的是收入减去费用、利得减去损失后的净额的概念，因此，利润的确认主要依赖于收入和费用以及利得和损失的确认，其金额的确定也主要取决于收入、费用、利得和损失金额的计量。

三、会计计量

在明确企业经济活动所影响的会计要素之后，要进一步确定其影响的程度即确定特定的经济活动对有关会计要素的数量增减变化会产生多大的影响，这一过程通常被称为会计计量。

会计计量是建立在过去或现在观察和按规则记录的基础上，对一个企业的过去、现在或未来经济现象予以数字分配的活动。会计计量有两个组成部分，一个是计量单位，另一个是计量属性。对于计量单位的选择，当一个国家或地区的物价相对稳定，就可以在假定货币的购买力不变或基本不变的前提下，以该国或该地区的名义货币作为计量单位。但当某国或某地区出现恶性通货膨胀，则计量单位就可能要改为不变购买力货币。

会计计量与会计确认是紧密联系的。企业在将符合会计要素确认条件的金额登记入账并列报于会计报表的同时，应当针对计量对象的某种计量属性进行选择，确定其金额。我国《企业会计准则——基本准则》规定的会计计量属性主要包括以下五种。

（一）历史成本（historical cost）

历史成本即取得或制造某项财产物资时所实际支付的现金或者其他等价物，是取得时点的实际成本。它之所以被称为历史成本，是因为，首先该成本一般用于购置资产，是资产的购置成本（简称成本）。其次，该成本是由过去的市场或交换价格转化而来，只要企业持有该项资产而不予处置，其成本即不随该资产的市场变化而变化。既然交易（事项）产生于过去，成交的价格也属于过去，此后又不必随市价变动而变动，所以称为历史（过去）成本。

在历史成本计量下，资产按照购置时支付的现金或者现金等价物的金额，或者按照购置资产时所付出的对价的公允价值计量。负债按照因承担现时义务而实际收到的款项或资产的金额，或者承担现时义务的合同金额，或者按照日常活动中为偿还负债预期需要支付的现金或现金等价物的金额计量。

【例1-1】 甲公司在2022年12月31日有一笔长期借款。该借款系2021年12月31日借入，期限为5年，到期连本带息需要偿还银行2 000万元，实际收到款项1 800万元，则该笔长期借款的历史成本（历史流入）为1 800万元。

历史成本的最大的优点是其可靠性和能够如实反映，另一个优点则是节约信息再加工成本。因为凡按历史成本计价的资产，只要企业继续持有，它可以不必随市场变动而改变，即不必在后续每个会计期间进行新起点计量，无须确认由此产生的未实现的持有利得或损失，这将大大节约交易成本。

当然，历史成本也有不容忽视的局限性：其一是它面向过去，仅反映企业的投入，而不能预测未来，特别是有关产出的信息，不利于为使用者的经济决策服务；其二是由于它只反映过去交易或事项发生时点的信息，不仅不能反映未来，而且同市场价格的变动毫无联系，这在一定程度上降低了会计信息的相关性与有用性。现在的财务会计信息之所以主要提供历史信息，原因之一是以过去的交易和事项为会计处理的基础，原因之二就是主要采用历史成本为主要的计量属性。

（二）重置成本（replacement cost）

重置成本又称现行成本，是指按照当前市场条件，重新取得同样一项资产所需支付的现金或现金等价物金额。在重置成本计量下，资产按照现在购买相同或者相似资产所需支付的现金或者现金等价物的金额计量。负债按照现在偿付该项债务所需支付的现金或者现金等价物的金额计量。

【例1-2】 甲公司2022年12月31日有一台设备，该设备于2020年12月31日购入，当时的成本为500万元，预计使用寿命为10年，采用直线法计提折旧。2022年12月31日该设备的折余价值为400万元。如果2022年12月31日重新购入一台全新的设备需要花费600万元，则该设备的重置成本为

$$600×(10-2)÷10=480(万元)$$

【例1-3】 甲公司2022年12月31日有一项应付票据，面值为1 000万元，该应付票据系2021年12月31日出具，期限为3年，年利率为6%，当时实际收到银行存款900万元，该票据在2022年12月31日的账面价值为1 060万元。假定在该公司现有的信用状况下（即没有这项借款的情况下），重新向银行申请面值为1 000万元、期限为3年的应付票据贴现借款，可以借到款项850万元，则该借款在2022年12月31日的重置成本为850万元。

（三）可变现净值（net realizable value）

可变现净值是指在正常生产经营过程中，以预计售价减去进一步加工成本和销售所必

需的预计税金、费用后的净值。在可变现净值计量下，资产按照其正常对外销售所能收到现金或现金等价物的金额扣减该资产至完工时估计将要发生的成本、估计的销售费用以及相关税费后的金额计量。存货的计量通常采用可变现净值，具体请见本书第三章。

（四）现值（present value）

现值是指对未来现金流量以恰当的折现率进行折现后的价值，是考虑货币时间价值因素等的一种计量属性。在现值计量下，资产按照预计从其持续使用和最终处置中所产生的未来净现金流入量的折现金额计量。负债按照预计期限内需要偿还的未来净现金流出量的折现金额计量。

现值计量属性的运用有两种情况：第一，合同现金流量的现值，如债权投资按实际利率法摊销利息调整金额，就意味着该投资是按合同现金流量的现值计量；第二，预计未来现金流量的现值，例如在确定固定资产的可收回金额时所计算的现值是一种预计未来现金流量的现值，而不是合同现金流量的现值。显然，合同现金流量的现值比较可靠，而预计未来现金流量的现值带有较大的主观性。

（五）公允价值（fair value）

公允价值是指市场参与者在计量日发生的有序交易中，出售一项资产所能收到或者转移一项负债所需支付的价格。企业应用于相关资产或负债公允价值计量的有序交易，是在计量日前一段时期内该资产或负债具有惯常市场活动的交易，不包括被迫清算和抛售。

公允价值与历史成本的主要区别在于：①公允价值需要估计与判断（选择）。特别是当公允价值的计量处于第三层次，即同类或相似的资产和负债都没有活跃的、可观察的市场价格，而只能运用市场法、收益法或成本法确定资产或负债的公允价值时，不仅需要考虑利用市场信息进行适当的调整，还要认真评估其可信性。②由于公允价值不是现实交易的价格，而是意欲交易的双方达成（主要通过估计）现行交易的估计价格，因此，与历史成本相比，历史成本是过去的、现实的市场价格，以交易双方已完成的交易和事项为基础，而公允价值是未来将会采用的现行交易的价格，交易的双方只有交易的意图，应通过契约来使交易意图肯定下来，使双方各自承担契约规定的权利与义务。因此公允价值靠的是估计与判断，存在着很大的风险和不确定性。

公允价值虽与某些创新业务的决策具有较大的相关性，但由于它建立在估计的基础上，就难以科学地预测风险和不确定性，其可靠性总是令人担忧，而且在应用的对象上也有差别。因此，根据我国当前的国情，《企业会计准则——基本准则》第四十三条规定，企业在对会计要素进行计量时，一般应当采用历史成本，采用重置成本、可变现净值、现值、公允价值计量的，应当保证所确定的会计要素金额能够取得并可靠计量。

第五节　会计信息的质量要求

会计信息的质量要求是对企业财务报告中所提供会计信息质量的基本要求，是使财务报告中所提供会计信息对投资者等使用者决策有用应具备的基本特征，它主要包括可靠性、相关性、可理解性、可比性、实质重于形式、重要性、谨慎性和及时性等。

▶▶ 一、可靠性

可靠性要求企业应当以实际发生的交易或者事项为依据进行确认、计量和报告，如实反映符合确认和计量要求的各项会计要素及其他相关信息，保证会计信息真实可靠、内容完整。会计信息的有用必须以可靠为基础，如果财务报告所提供的会计信息是不可靠的，就会给投资者等会计信息使用者的决策产生误导甚至损失。为了贯彻可靠性要求，企业应当做到：

1）以实际发生的交易或者事项为依据进行确认计量，将符合会计要素定义及其确认条件的资产、负债、所有者权益、收入、费用和利润等如实反映在财务报表中，不得根据虚构的、没有发生的或者尚未发生的交易或者事项进行确认、计量和报告，确保信息的真实性。

2）在符合重要性和成本效益原则的前提下，保证会计信息的完整性，其中包括应当编报的报表及其附注内容等应当保持完整，不能随意遗漏或者减少应予披露的信息，与使用者决策相关的有用信息都应当充分披露。

3）包括在财务报告中的会计信息应当是中立的、无偏的。如果企业在财务报告中，为了达到事先设定的结果或效果，通过选择或列示有关会计信息以影响决策和判断，这样的财务报告信息就不是中立的。

▶▶ 二、相关性

相关性要求企业提供的会计信息应当与投资者等财务报告使用者的经济决策需要相关，有助于投资者等财务报告使用者对企业过去、现在或未来的情况做出评价或者预测。

会计信息是否有用，是否具有价值，关键是看其与使用者的决策需要是否相关，是否有助于决策或者提高决策水平。首先，相关的会计信息具有反馈价值，因为它应当能够有助于使用者评价企业过去的决策，证实或修正过去的有关预测。其次，相关的会计信息还应当具有预测价值，有助于使用者根据财务报告所提供的会计信息预测企业未来的财务状况、经营成果和现金流量。例如通过对收入和利得、费用和损失、流动资产和非流动资产、流动负债和非流动负债的区分，以及适度引入公允价值等可以提高会计信息的预测价值，进而提升会计信息的相关性。最后，相关的会计信息会随着企业内外环境的变化而变化，这要求企业在确认、计量和报告会计信息的过程中，充分考虑使用者的决策模式和信息需要的发展变化。例如在高度集中的计划经济体制下，会计信息的相关性主要与其满足国家对企业进行直接管理服务的程度有关。但随着社会主义市场经济的建立和不断完善，会计信息的外部使用者已不再局限于国家，而扩大到其他投资者、债权人等与企业有经济利益关系的群体。与此同时，企业自主权的扩大使会计信息在企业内部经营管理中发挥着更大的作用。因此，会计信息的相关性就变为满足投资者、债权人等企业利益相关者的决策和管理需求。

尽管有学者提出了会计信息在相关性与可靠性选择上的矛盾[⊖]，但财务会计信息仍应当同时满足可靠性和相关性的要求。因为，如果可靠性出现问题（不论是过失还是故意），

⊖ 斯科特. 财务会计理论［M］. 陈汉文，夏文贤，陈靖，等译. 北京：机械工业出版社，2006.

再相关的项目的相关性也会化为乌有⊖。不过，绝对地可靠不仅存在技术上的难度，也没有必要⊜。相关性是以可靠性为基础的，两者之间并不矛盾。不应将两者对立起来。也就是说，会计信息在可靠的前提下，尽可能地做到相关，以满足投资者等财务报告使用者的决策需要。

▶ 三、可理解性

可理解性要求企业提供的会计信息应当清晰明了，便于投资者等财务报告使用者理解和使用。

企业编制财务报告、提供会计信息的目的在于使用，而要让使用者有效地使用会计信息，应当能让其了解会计信息的内涵，弄懂会计信息的内容，这就要求财务报告所提供的会计信息应当清晰明了、易于理解。只有这样，才能提高会计信息的有用性，实现财务报告的目标，满足向投资者等财务报告使用者提供决策有用信息的要求。

会计信息毕竟是一种专业性较强的信息产品，在强调会计信息的可理解性要求的同时，还应假定使用者具有一定的有关企业经营活动和会计方面的知识，并且愿意付出努力去研究这些信息。对于某些复杂的信息，如交易本身较为复杂或者会计处理较为复杂，但与使用者的经济决策相关的，企业就应当在财务报告中予以充分披露。

▶ 四、可比性

可比性要求企业提供的会计信息应当相互可比。可比性主要包括以下两层含义：

1）纵向可比，即同一企业不同会计期间的信息相互可比。为了便于投资者等财务报告使用者了解企业财务状况、经营成果和现金流量的变化趋势，比较企业在不同时期的财务报告信息，全面、客观地评价过去、预测未来，从而做出决策，会计信息应当相互可比。会计信息质量的可比性要求同一企业在不同时期发生的相同或者相似的交易或事项，应当采用一致的会计政策，不得随意变更。但是，满足会计信息的可比性要求，并非表明企业不得变更会计政策，如果按照规定或者在会计政策变更后可以提供更可靠、更相关的会计信息，可以变更会计政策。比如由于当地市场房地产交易环境的变化，以公允价值计量企业持有的投资性房地产能为投资者提供更相关可靠的信息，因而企业将其投资性房地产由成本模式转为公允价值模式，这一做法就并不违背可比性原则。不过，当企业因确有必要而改变会计政策时，应当将会计政策变更的理由、变更的内容、变更的累积影响数，以及累积影响数不能合理确定的理由等，在会计报表附注中予以说明。

2）横向可比，即不同企业相同会计期间的会计信息相互可比。在会计核算中，相同的业务往往存在着多种会计处理方法，如固定资产的直线折旧法和加速折旧法，产品成本有品种法、分批法和分步法，长期股权投资后续计量的权益法与成本法等。不同企业相同或相似的交易或事项采用完全不同的方法进行处理时，即使两个企业原本的财务状况或经营成果相同或相似，也可能因一些重要交易或事项上选择处理方法的不同而变得面貌迥异，让投资者无法做出客观正确的评价。因此，为了便于投资者等财务报告使用者评价不

⊖ 葛家澍，徐跃. 论会计信息相关性与可靠性的冲突问题［J］. 财务与会计，2006（12）：18-20.
⊜ 夏冬林. 财务会计信息的可靠性及其特征［J］. 会计研究，2004（1）：20-27.

同企业的财务状况、经营成果和现金流量及其变动情况，会计信息质量的可比性要求不同企业同一会计期间发生的相同或者相似的交易或事项，应当采用相同或相似的会计政策，确保会计信息口径一致、相互可比，以使不同企业按照一致的确认、计量和报告要求提供有关会计信息。

强化可比性的要求，可以在一定程度上防止某些企业或个人通过会计处理方法的变动，人为地操纵企业的资产、负债、收入、费用、利润等会计指标，从而实现粉饰企业财务状况和经营成果的目的。

五、实质重于形式

实质重于形式要求企业应当按照交易或者事项的经济实质进行会计确认、计量和报告，而不仅仅以交易或者事项的法律形式为依据。

企业发生的交易或事项在多数情况下，其经济实质和法律形式是一致的。但在某些特定情况下两者出现不一致时，必须正确地区分交易或事项的经济实质和法律形式，并按交易或事项的经济实质进行会计处理。例如当商品已经售出，但企业为确保到期收回债款而暂时保留商品的法定所有权时，该权利通常不会对客户取得对该商品的控制权构成障碍，在满足收入确认的其他条件时，企业确认相应的收入。再如，回购价格高于原售价的售后回购。从法律形式上看，在货物已出售并购回之前，由于已经办理了有关资产划转手续，货物的所有权已经转移给了购货方，依照法律形式可以确认相应的销售收入与成本。但从经济实质上分析，由于补充协议规定了出售方在未来某个时间必须以高于原售价的价格购回所出售的商品，这表明该商品所有权上的主要风险和报酬实质上并未转移给购货方，所谓的售后回购不过是企业以将产品先出售后购回的方式而实现其融资目的的一种手段。如果仅按法律形式确认相关的收入和成本，将导致企业的利润虚增，只有按其经济实质确认为一项融资交易才能真实反映该笔交易对企业的实际影响。

六、重要性

重要性要求企业提供的会计信息应当反映与企业财务状况、经营成果和现金流量有关的所有重要交易或事项。在实务中，如果会计信息的省略或者错报会影响投资者等财务报告使用者的决策判断，该信息就具有重要性。重要性的应用需要依赖职业判断，企业应当根据其所处环境和实际情况，从项目的性质和金额大小两方面加以判断。

企业在保证尽可能全面、完整地反映企业的财务状况与经营成果的前提下，要根据一项交易或事项是否会对会计信息使用者的决策产生重大影响来决定对其反映的精确程度，以及是否需要在会计报表上予以单独反映。凡是对会计信息使用者的决策有较大影响的交易或事项，应作为会计确认、计量和报告的重点；对不重要的经济业务，则可以采用简化的会计处理程序和方法，也不必在会计报表上详细列示。

强调会计信息的重要性质量要求，在很大程度上是出于对会计信息的效用与加工会计信息的成本这两个方面的考虑。如果把企业纷繁复杂的经济活动事无巨细地进行详细记录与报告，不但会提高会计信息的加工成本，而且会使会计信息使用者无法有所侧重或有针对性地选择所需的会计信息，反而不利于做出正确的经济决策。

▶▶ 七、谨慎性

谨慎性要求企业对交易或者事项进行会计确认、计量和报告应当保持应有的谨慎，不应高估资产或收益、低估负债或费用。

在市场经济环境下，企业的生产经营活动面临着许多风险和不确定性，如应收款项的可收回性、固定资产的使用寿命、无形资产的使用寿命、售出存货可能发生的退货或返修等。会计信息质量的谨慎性要求企业在面临不确定性因素的情况下做出职业判断时，应当保持应有的谨慎，充分估计到各种风险和损失，既不高估资产或收益，也不低估负债或费用。如要求企业对可能发生的资产减值损失计提资产减值准备、对售出商品可能发生的保修义务等确认预计负债等，就体现了会计信息质量的谨慎性要求。

谨慎性的应用不允许企业设置秘密准备。如果企业故意低估资产或收益，或者故意高估负债或费用，则不符合会计信息的可靠性和相关性要求，损害会计信息质量，扭曲企业实际的财务状况和经营成果，从而对会计信息使用者的决策产生误导，这是不符合会计准则要求的。

▶▶ 八、及时性

及时性要求企业对于已经发生的交易或事项，应当及时进行确认、计量和报告，不得提前或延后。会计信息的价值在于帮助所有者或其他方面做出经济决策，具有时效性。即使是可靠、相关的会计信息，如果不及时提供，就失去了时效性，对于使用者的效用就大大降低，甚至不再具有实际意义。

在会计确认、计量和报告过程中贯彻及时性包括三方面的要求：①要求及时收集会计信息，即在经济交易或事项发生后，及时收集整理各种原始单据或者凭证；②要求及时处理会计信息，即按照《企业会计准则》的规定，及时对经济交易或事项进行确认、计量并报告；③要求及时传递会计信息，即按照国家规定的有关时限，及时地将编制的财务报告传递给财务报告使用者，便于其及时使用和决策。及时性不仅要求本期的经济业务应当在本期内进行处理，不能延至下一个会计期间或提前至上一个会计期间，还要求财务报告应该在会计期间结束后规定的日期内呈报给有关单位或个人。及时收集处理信息与及时传递信息是紧密联系的两个方面。及时收集处理信息是及时报告和传递信息的前提，及时传递是会计信息时效性的重要保证。

在实务中，为了及时提供会计信息，可能需要在有关交易或事项的信息全部获得之前进行会计处理，这样虽然满足了会计信息的及时性要求，但可能会影响会计信息的可靠性；反之，如果企业等到与交易或事项有关的全部信息获得之后再进行会计处理，这样的信息披露虽然提高了信息的可靠性，但可能会由于时效性问题，对投资者等财务报告使用者决策的有用性将大大降低。这就需要在及时性和可靠性之间做相应权衡，以投资者等财务报告使用者的经济决策需要为判断标准。

第二章

货币资金

🔍 **学习目标** •————

1. **掌握**：库存现金、银行存款和其他货币资金的核算；银行存款余额调节表的编制。
2. **理解**：货币资金内部控制的主要内容。
3. **了解**：银行账户管理的基本内容；主要银行结算方式。

第一节　货币资金概述

▶▶ 一、货币资金的性质

货币资金（monetary fund）是指企业生产经营过程中处于货币形态的资产，企业可以立即投入流通，用以购买商品或劳务，或者用以偿还债务的交换媒介，是以货币形态表现的资金。

在流动资产中，货币资金的流动性最强，并且是唯一能够直接转化为其他任何资产形态的流动性资产，也是最能够代表企业现时购买力水平的资产。为了确保生产经营活动的正常进行，企业必须拥有一定数量的货币资金，以便购买材料、缴纳税费、发放工资、支付利息及股利或进行投资等。企业所拥有的货币资金量是分析和判断企业偿债能力与支付能力的重要指标。

▶▶ 二、货币资金的范围

货币资金一般包括企业存于银行或其他金融机构的存款，以及本票和汇票存款等可以立即支付使用的资金。凡是不能立即支付使用的（如银行冻结存款等），一般不能视为货币资金。就其具体内容看，货币资金一般包括库存现金、银行存款和其他货币资金。

▶▶ 三、货币资金内部控制制度

（一）货币资金内部控制制度的基本要求

内部控制制度是企业重要的内部管理制度，是指处理各种业务活动时，依照分工负责的原则在有关人员之间建立的相互联系、相互制约的管理体系。货币资金内部控制制度是企业最重要的内部控制制度之一，其主要特征是：要求货币资金收支与记录的岗位分离，收支凭证经过有效复核或核准，收支及时入账且收支分开处理，建立严密的清查和核对制度，做到账实相符，制定严格的现金管理及检查制度等。

（二）货币资金内部控制制度的主要内容

企业建立货币资金内部控制制度的具体内容因企业的规模大小和货币资金的收支量多少而有所不同，但一般应包括以下五项主要内容：

1）货币资金收支业务的全过程分工完成、各负其责。
2）货币资金收支业务的会计处理程序制度化。
3）货币资金收支业务与会计记账分开处理。
4）货币资金收入与货币资金支出分开处理。
5）内部稽核人员对货币资金实施制度化的检查。

▶▶ 四、与货币资金相关的主要会计科目

不同形式的货币资金有不同的管理方式和管理内容，为了适应货币资金管理的需要，一般设置"库存现金""银行存款""其他货币资金"等科目。"库存现金"科目用来核算企业的库存现金，但不包括企业内部周转使用的备用金。"银行存款"科目用来核算企业存入银行或其他金融机构的各种存款，但不包括企业的外埠存款、银行本票存款和银行汇票存款等。"其他货币资金"科目用来核算企业的外埠存款、银行汇票存款、银行本票存款等。有外币现金或存款的企业，一般还应按币种设置相应的明细账进行明细核算。

第二节 库 存 现 金

库存现金是指留存于企业、用于日常零星开支的现钞，由出纳人员经管的货币。库存现金是企业流动性最强的资产，企业应当严格遵守国家和企业的相关现金管理制度，正确进行现金收支的核算，监督现金使用的合法性与合理性。

▶▶ 一、库存现金管理制度

根据国务院发布的《现金管理暂行条例》，企业现金管理制度主要包括以下内容。

（一）库存现金的使用范围

企业可用现金支付的款项有：①职工工资、津贴；②个人劳务报酬；③根据国家规定颁发给个人的科学技术、文化艺术、体育比赛等各种奖金；④各种劳保、福利费用以及国家规定的对个人的其他支出；⑤向个人收购农副产品和其他物资的价款；⑥出差人员必须随身携带的差旅费；⑦结算起点（1 000 元）以下的零星支出；⑧中国人民银行确定需要支付现金的其他支出。

除企业可以现金支付的款项中的第⑤项、第⑥项外，开户单位支付给个人的款项，超过使用现金限额的部分，应当以支票或者银行本票等方式支付；确需全额支付现金的，经开户银行审核后，予以支付现金。

（二）库存现金的限额

现金的限额是指为了保证单位日常零星开支的需要，允许单位留存现金的最高数额。这一限额由开户银行根据单位的实际需要核定，一般按照单位 3~5 天日常零星开支所需确定。边远地区和交通不便地区的开户单位的库存现金限额，可按多于 5 天，但不得超过

15 天的日常零星开支的需要确定。经核定的库存现金限额，开户单位必须严格遵守，超过部分应于当日终了前存入银行。需要增加或者减少库存现金限额的，应当向开户银行提出申请，由开户银行核定。

（三）库存现金日常收支的管理

开户单位库存现金日常收支的管理的主要内容如下：

1）企业库存现金收入应当于当日送存开户银行，当日送存确有困难的，由开户银行确定送存时间。

2）企业可以从本单位库存现金限额中支付或从开户银行提取，不得从本单位的现金收入中直接支付（即坐支）。因特殊情况需要坐支现金的，应当事先报经开户银行审查批准，由开户银行核定坐支范围和限额。坐支单位应当定期向开户银行报送坐支金额和使用情况。

3）开户单位从开户银行提取现金时，应当写明用途，由本单位财会部门负责人签字盖章，经开户银行审核后，予以支付。

4）因采购地点不确定，交通不便，生产或市场急需，抢险救灾以及其他特殊情况必须使用现金的，开户单位应向开户银行提出申请，由本单位财会部门负责人签字盖章，经开户银行审核后，予以支付现金。

二、库存现金账目管理

企业必须建立健全库存现金账目，除设置库存现金总分类账户对现金进行总分类核算以外，还必须设置库存现金日记账进行库存现金收支的明细核算，逐笔登记现金收入和支出，做到账目日清日结、账款相符。

（一）库存现金的账务处理

为了反映和监督企业库存现金的收入、支出和结存情况，企业应当设置"库存现金"账户。借方登记企业库存现金的增加，贷方登记企业库存现金的减少，期末借方余额反映期末企业实际持有的库存现金的金额。企业内部各部门周转使用的备用金，可以单独设置"备用金"账户进行核算。

为了全面、连续地反映和监督库存现金的收支和结存情况，企业应当设置库存现金总账和库存现金日记账，分别进行库存现金的总分类核算和库存现金日记账的序时核算。有外币现金的企业，还应按币种进行明细核算。库存现金日记账一般采用三栏式订本账格式，由出纳人员根据审核以后的原始凭证或现金收款凭证、现金付款凭证逐目逐笔序时登记，每日营业终了计算当日现金收入合计额、现金支出合计额及现金结存款，并与库存现金实存数核对相符，保证账款相符。月度终了，库存现金日记账余额应与库存现金总账余额核对一致，做到账账相符。

（二）库存现金的收付

企业的库存现金收入主要包括从银行提取现金、收取不足转账起点的小额销货款、职工交回的多余出差借款等。企业收到现金时，应根据审核无误的会计凭证，借记"库存现金"科目，贷记有关科目。

企业的库存现金支出包括现金开支范围内的各项支出。企业实际支付现金时，应根据审核无误的会计凭证，借记有关科目，贷记"库存现金"科目。

（三）库存现金的清查

为了加强现金管理并确保账实相符，应对库存现金进行清查。库存现金清查主要包括两种情况：一是出纳人员每日清点库存现金实存数，并与库存现金日记账的账面余额相核对，这是出纳人员所做的经常性的现金清查工作；二是由专门的清查小组对库存现金进行定期或不定期清查。在清查盘点之前，出纳人员应先将现金收、付凭证全部登记入账，并结出余额。盘点时，出纳人员必须在场，库存现金由出纳人员进行盘点，清查人员监督盘点。库存现金清查采用账实核对法。

对库存现金实存额进行盘点，必须以现金管理的有关规定为依据，不得以白条抵库，不得超限额保管现金。对库存现金进行账实核对，如发现账实不符，应立即查明原因，及时更正。发生的长款或短款，应查找原因，并按规定进行处理，不得以今日长款弥补他日短款。库存现金清查和核对后，应及时编制现金盘点报告表，列明现金账存额、现金实存额、差异额及其原因，对无法确定原因的差异，应及时报告有关负责人。

库存现金清查中发现的长款或短款，应根据盘点结果填写"库存现金盘点报告表"，并由盘点人员和出纳人员签名确认。现金盘点中如果发现有白条抵库和库存现金超过限额等情况，应在备注中予以说明，以便做出适当的处理。现金长款、短款一般通过"待处理财产损溢——待处理流动资产损溢"科目进行核算，待查明原因后，再根据不同原因及处理结果，将其转入有关科目。

对库存现金短缺进行处理的一般原则：

1）属于由责任人赔偿的部分，借记"其他应收款——应收现金短缺款——××个人"或"库存现金"等科目，贷记"待处理财产损溢——待处理流动资产损溢"科目。

2）属于应由保险公司赔偿的部分，借记"其他应收款——应收保险赔款"科目，贷记"待处理财产损溢——待处理流动资产损溢"科目。

3）属于无法查明的其他原因，根据管理权限，经批准后处理，借记"管理费用——现金短缺"科目，贷记"待处理财产损溢——待处理流动资产损溢"科目。

对现金溢余进行处理的一般原则：

1）属于应支付给有关人员或单位的，应借记"待处理财产损溢——待处理流动资产损溢"科目，贷记"其他应付款——应付现金溢余——××单位或个人"科目。

2）属于无法查明原因的现金溢余，经批准后，借记"待处理财产损溢——待处理流动资产损溢"科目，贷记"营业外收入——现金溢余"科目。

【例2-1】 某企业根据发生的有关现金清查业务，分别编制相关会计分录。

（1）企业进行库存现金清查，发现长款200元，原因待查。

借：库存现金　　　　　　　　　　　　　　　　　　　　　　　　　　200
　　贷：待处理财产损溢——待处理流动资产损溢　　　　　　　　　　　　　200

（2）经反复核查，仍无法查明长款200元的具体原因，经单位领导批准，将其转为企业的营业外收入。

借：待处理财产损溢——待处理流动资产损溢　　　　　　　　　　　　200
　　贷：营业外收入——现金溢余　　　　　　　　　　　　　　　　　　　　200

（3）库存现金清查中发现有无法查明具体原因的现金短款100元。

借：待处理财产损溢——待处理流动资产损溢　　　　　　　　　　100

　　贷：库存现金　　　　　　　　　　　　　　　　　　　　　　　　100

（4）经核查，上述现金短款系出纳人员失责造成，应由出纳员××赔偿，向出纳人员发出赔偿通知书。

借：其他应收款——应收现金短缺款——出纳员××　　　　　　　　100

　　贷：待处理财产损溢——待处理流动资产损溢　　　　　　　　　　100

需要说明的是，企业清查的库存现金损溢，一般应于期末前查明原因，并根据企业的管理权限，报经股东大会、董事会、经理（厂长）会议或类似机构批准后，在期末结账前处理完毕。如果清查的现金损溢在期末前尚未批准的，在对外提供财务报告时先按上述原则进行处理，并在财务报表附注中做出说明；如果其后经批准处理的金额与已处理的金额不一致的，再按资产负债表日后事项的处理原则调整财务报表相关项目的年初数。

第三节　银行存款

▶▶ 一、银行存款的管理

银行存款（cash in bank）是指企业存放在银行或其他金融机构的货币资金。按照国家有关规定，凡是独立核算的单位都必须在当地银行开设账户。企业在银行开设账户以后，除按规定可以通过现金进行款项收支以外，都应通过银行存款进行收支结算，企业超过限额的现金也必须存入银行。任何单位都必须按规定进行银行存款管理。银行存款管理主要包括银行存款开户管理和银行存款结算管理两个方面。

▶▶ 二、银行存款开户管理

在我国，企业在银行开立人民币存款账户，必须遵守中国人民银行《人民币银行结算账户管理办法》及《人民币银行结算账户管理办法实施细则》的各项规定。

企业开立账户，依其不同的用途可以分为基本存款账户、一般存款账户、专用存款账户和临时存款账户等。

1）基本存款账户，是存款人因办理日常转账结算和现金收付需要开立的银行结算账户。基本存款账户是存款人的主办账户，存款人日常经营活动的资金收付及其工资、奖金和现金的支取，应通过该账户办理。单位银行卡账户的资金也必须由其基本存款账户转账存入。

2）一般存款账户，是存款人因借款或其他结算需要，在基本存款账户开户银行以外的银行营业机构开立的银行结算账户。一般存款账户用于办理存款人借款转存、借款归还和其他结算的资金收付，该账户可以办理现金缴存，但不得办理现金支取。

3）专用存款账户，是存款人按照法律、行政法规和规章，对特定用途资金进行专项管理和使用而开立的银行结算账户。专用存款账户用于办理各项专用资金的收付，但不得办理现金收付业务。

4）临时存款账户，是存款人因临时需要而开立的在规定期限内使用的银行结算账户。

临时存款账户用于办理临时机构以及存款人临时经营活动发生的资金收付。临时存款账户的有效期最长不得超过 2 年。临时存款账户支取现金，应按照国家现金管理的规定办理。

中国人民银行对单位基本存款账户、临时存款账户（因注册验资和增资验资开立的除外）、预算单位专用存款账户、合格境外机构投资者在境内从事证券投资开立的人民币特殊账户和人民币结算资金账户（简称 QFII 专用存款账户），实行核准制度。

▶▶ 三、银行存款结算管理

现金开支范围以外的各项款项收付，都必须通过银行办理转账结算，但不同国家和地区以及不同的经济业务，采用的转账结算方式是有差别的。

在我国，企业办理转账结算必须遵守《中华人民共和国票据法》和中国人民银行的《支付结算办法》的各项规定。账户内必须有足够的资金保证支付，必须以合法、有效的票据和结算凭证为依据。不准签发没有资金保证的票据或远期支票套取银行信用；不准签发、取得和转让没有真实交易和债权债务的票据套取银行及他人资金；不准无理由拒付款项而任意占用他人资金；不准违反规定开立和使用账户。必须遵守"恪守信用，履约付款""谁的钱进谁的账，由谁支配""银行不垫款"的支付结算原则。企业应根据业务特点，采用恰当的结算方式办理各种结算业务。

▶▶ 四、银行结算方式

在我国，企业发生货币资金收付业务可以采用银行汇票、商业汇票、银行本票、支票、信用卡、汇兑、托收承付、委托收款和信用证等结算方式。企业应按照《支付结算办法》及《中华人民共和国票据法》等的有关规定办理各项结算业务。

（一）银行汇票

银行汇票是出票银行签发的，在见票时出票银行需按照实际结算金额无条件支付给收款人或者持票人的票据。银行汇票的出票银行为银行汇票的付款人。在我国，单位和个人办理各种款项结算时，均可使用银行汇票。银行汇票可以用于转账，填明"现金"字样的银行汇票也可以用于支取现金。

汇款单位（即申请人）使用银行汇票，应向出票银行填写"银行汇票申请书"，填明收款人名称、汇票金额、申请人名称、申请日期等事项并签章，签章是其预留银行的签章。出票银行受理银行汇票申请书，收妥款项后签发银行汇票，并用压数机压印出票金额，将银行汇票和解讫通知一并交给申请人。申请人应将银行汇票和解讫通知一并交付给汇票上记明的收款人。收款人受理申请人交付的银行汇票时，应在出票金额以内，根据实际需要的款项办理结算，并将实际结算的金额和多余金额准确、清晰地填入银行汇票和解讫通知的有关栏内，到银行办理款项入账手续。收款人可以将银行汇票背书转让给被背书人。银行汇票的背书转让以不超过出票金额的实际结算金额为准。未填写实际结算金额或实际结算金额超过出票金额的银行汇票，不得背书转让。银行汇票的提示付款期限为自出票日起一个月，持票人超过付款期限提示付款的，银行将不予受理。持票人向银行提示付款时，必须同时提交银行汇票和解讫通知，缺少任何一联，银行不予受理。

银行汇票丧失，失票人可以凭人民法院出具的其享有票据权利的证明，向出票银行请求付款或退款。

银行汇票流程如图 2-1 所示。

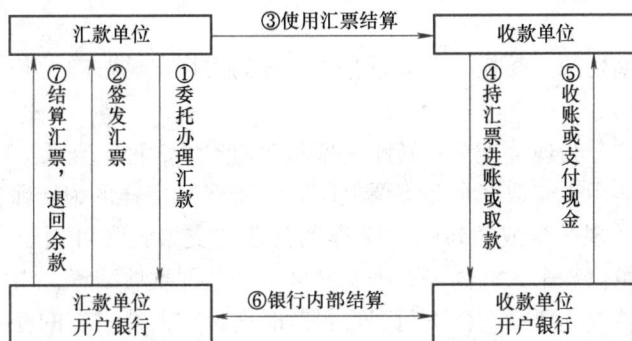

图 2-1　银行汇票流程

(二) 商业汇票

商业汇票是出票人签发的，委托付款人在指定日期无条件支付确定的金额给收款或者持票人的票据。商业汇票分为商业承兑汇票和银行承兑汇票。商业承兑汇票由银行以外的付款人承兑 (付款人为承兑人)，银行承兑汇票由银行承兑。在我国，开立存款账户的法人以及其他组织之间必须具有真实的交易关系或债权债务关系，才能使用商业汇票。

符合条件的商业汇票的持票人可持未到期的商业汇票连同贴现凭证向银行申请贴现。贴现银行可持未到期的商业汇票向其他银行转贴现，也可以向中国人民银行申请再贴现。贴现、转贴现和再贴现的期限从其贴现之日起至汇票到期日止。实付贴现金额按票面金额扣除贴现日至汇票到期前一日的利息计算。

(三) 银行本票

银行本票 (bank cashier order) 是银行签发的，承诺自己在见票时无条件支付确定金额给收款人或者持票人的票据。在我国，单位和个人在同一票据交换区域需要支付各种款项，均可以使用银行本票。银行本票可以用于转账，注明"现金"字样的银行本票可以用于支取现金。

银行本票分为不定额本票和定额本票两种。定额本票面额为 1 000 元、5 000 元、10 000元和 50 000 元。银行本票的提示付款期限自出票日起最长不得超过 2 个月。在有效付款期内，银行见票付款。持票人超过提示付款期限付款的，银行不予受理。

申请人使用银行本票，应向银行填写银行本票申请书。申请人或收款人为单位的，不得申请签发现金银行本票。出票银行受理银行本票申请书，收妥款项后签发银行本票，在本票上签章后交给申请人。申请人应将银行本票交付给本票上记明的收款人。收款人可以将银行本票背书转让给被背书人。

申请人因银行本票超过提示付款期限或其他原因要求退款时，应将银行本票提交到出票银行并出具单位证明。根据银行盖章退回的进账单第一联，借记"银行存款"科目，贷记"其他货币资金——银行本票"科目。出票银行对于在本行开立存款账户的申请人，只能将款项转入原申请人账户；对于现金银行本票和未到本行开立存款账户的申请人，才能退付现金。

银行本票丧失，失票人可以凭人民法院出具的其享有票据权利的证明，向出票银行请求付款或退款。

（四）支票

支票是出票人签发的，委托办理支票存款业务的银行在见票时无条件支付确定金额给收款人或持票人的票据。

支票按照用途，分为现金支票、转账支票和普通支票3种。支票上印有"现金"字样的为现金支票，只能用于支取现金。支票上印有"转账"字样的为转账支票，只能用于转账。支票上未印有"现金"或"转账"字样的为普通支票，既可用于支取现金，也可用于转账。在我国，单位和个人在同一票据交换区域的各种款项结算，均可以使用支票。

支票的出票人签发支票的金额不得超过付款时在付款人处实有的存款金额，禁止签发空头支票。

（五）汇兑

汇兑（exchange）是汇款人委托银行将其款项支付给收款人的结算方式。单位和个人的各种款项的结算，均可使用汇兑结算方式。在我国，汇兑分为信汇和电汇两种。信汇是指委托银行通过邮寄方式将款项划给收款人。电汇是指汇款人委托银行通过电报或其他电子方式将款项划给收款人。

（六）托收承付

托收承付是根据购销合同，收款单位发货后委托银行向异地付款人收取款项，由付款人向银行承认付款的结算方式。在我国，使用托收承付结算方式的收款单位和付款单位，必须是国有企业、供销合作社以及经营管理较好并经开户银行审查同意的城乡集体所有制工业企业。办理托收承付结算的款项，必须是商品交易以及因商品交易而产生的劳务供应的款项。代销、寄销、赊销商品的款项，不得办理托收承付结算。

收款人按照签订的购销合同发货后，委托银行办理托收。付款人开户银行收到托收凭证及其附件后，应当及时通知付款人。托收承付货款分为验单付款和验货付款两种，由收付双方协商选用，并在合同中明确规定。

（七）委托收款

委托收款是收款人委托银行向付款人收取款项的结算方式。单位和个人凭已承兑商业汇票、债券、存单等付款人的债务证明办理款项的结算，均可以使用委托收款结算方式。委托收款在同城和异地均可以使用。

（八）信用证

信用证是开证银行应申请人（买方）的要求并按其指示向受益人开立的载有一定金额、在一定期限内凭符合规定的单据付款的书面保证文件。信用证起源于国际贸易结算。在国际贸易中，进口商不愿意先支付货款，出口商也不愿意先交货。在这种情况下，需要两家买卖双方的开户银行作为买卖双方的保证人代为收款交单，实际上是以银行信用代替商业信用。在这种支付方式下，银行充当了进出口商之间的中间人和保证人，一面收款，一面交单，并代为融通资金。银行在这一活动中所使用的工具就是信用证，由此产生了信用证结算方式。

五、网络银行支付

网络银行，又称网上银行或在线银行，是种以信息技术和互联网技术为依托，通过互联网平台向用户开展和提供开户、销户、查询对账、行内转账、跨行转账、信贷、网上证券、投资理财等各种金融服务的新型银行机构与服务形式，为用户提供全方位、全天候、便捷、实时的快捷金融服务系统。网络银行（网银）支付是指在银联在线支付平台通过输入用户名和密码的方式登录到网络银行，并完成支付的方式。

六、银行存款的收付与核对

为了详细反映银行存款的收付及结存情况，企业除设置"银行存款"科目进行总分类核算外，还必须设置"银行存款日记账"，按照业务发生顺序逐日逐笔连续记录银行存款的收付，并随时结出余额。银行存款应按银行和其他金融机构的名称和存款种类进行明细核算。有外币存款的企业，还应分别按人民币和外币进行明细核算。

"银行存款日记账"一般由出纳人员根据收付款凭证进行登记，定期与"银行存款"总账核对。月末，应与银行对账单进行核对。

（一）银行存款收付

企业收入银行存款，应根据银行存款收款单回单或银行收账通知及有关单证，及时编制记账凭证，借记"银行存款"科目，贷记有关科目，并经审核无误后，登记银行存款日记账及总账。

企业支付银行存款，应根据支票存根、办理付款结算的付款通知及有关单证，及时编制记账凭证。借记有关科目，贷记"银行存款"科目，并经审核无误后，登记银行存款日记账及总账。

（二）银行存款核对

企业每月至少应将银行存款日记账与银行对账单核对一次，即将本单位的银行存款日记账的账簿记录与开户银行转来的对账单逐笔进行核对，以检查银行存款收付及结存情况。企业进行账单核对时，往往出现银行存款日记账余额与银行对账单同日余额不符的情况。原因主要有3个方面：①计算错误；②记账错漏；③未达账项。

计算错误是指企业或银行对银行存款结存额的计算发生运算错误；记账错漏是指企业或银行对银行存款的错记或漏记；即使无计算错误，双方也无记账错误，企业的银行存款日记账余额与银行对账单余额也往往不一致，这种不一致一般是由于未达账项导致的。所谓未达账项，是指企业与银行之间对同笔款项收付业务因记账时间不同而发生的，一方收到凭证并已入账，另一方未收到凭证而未能入账的款项。未达账项不外乎4种情况：

1）企业已经收款入账，银行尚未收款入账的款项。

2）企业已经付款入账，银行尚未付款入账的款项。

3）银行已经收款入账，企业尚未收款入账的款项。

4）银行已经付款入账，企业尚未付款入账的款项。

银行存款日记账余额与银行对账单余额不符，必须查明原因。在会计实务中，银行存款调节后余额的平衡关系是做出这一判断的主要依据。如果调节后余额一致，表明账户内结存额计算无误。如果调节后余额仍不一致，表明账户内结存额计算一定有误，应立即查明错误所在。属于银行方面的原因，应及时通知银行更正；属于本单位原因，应按错账更正办法进行更正；属于记账错漏的，应予以及时更正。

在编制银行存款余额调节表时，一般将所有未核对一致的项目均视为未达账项，对于出现的各种未达账项，应进行认真审核，确属未达账项的，应督促有关人员办理结算手续或记账手续；银行存款余额调节表有多种编制方法，会计实务中一般采用余额调节法。其基本原理是：假设未达账项全部入账，银行存款日记账及银行对账单的余额应相等。其编制方法是：在双方现有余额基础上，各自加上对方已收、本方未收账项，减去对方已付、本方未付账项，计算调节双方应有余额。用公式表示如下：

银行存款日记账余额+银行已收企业未收账项-银行已付企业未付账项=银行对账单余额+企业已收银行未收账项-企业已付银行未付账项

【例 2-2】 某企业 2021 年 12 月 1 日至 12 月 31 日银行存款日记账及银行对账单相关数据见表 2-1 和表 2-2。

表 2-1　银行存款日记账

账号：2021＊＊＊＊＊＊＊＊1234　　　　　　　　　　　　　　　　　　　　　　　　第 5 页

2021		凭证		摘要	结算凭证		对应科目	借方	贷方	余额
月	日	字	号		种类	号数				
12	1			期初结余						13 260.00
12	5	银付	12	付材料款	支票	5528	材料采购		1 000.00	12 260.00
12	12	银付	18	预收款	工行		预收账款	2 000.00		14 260.00
12	16	银付	25	支付运费	支票	5529	材料采购		800.00	13 460.00
12	21	银付	30	付广告费	支票	5530	销售费用		2 000.00	11 460.00
12	26	银付	40	收到欠款			应收账款	3 000.00		14 460.00
12	30	银付	48	付办公费	支票	5531	管理费用		1 500.00	12 960.00
12	31			月结				15 000.00	15 300.00	12 960.00

表 2-2　银行对账单

账号：2021＊＊＊＊＊＊＊＊1234　　　　　　　　　　　　　　　　　　　　　　　　第 1 页

2021		摘　要	结算凭证		借　　方	贷　　方	余　　额
月	日		种类	号数			
12	1	期初结余					13 260.00
12	5	支付农行款	支票	5528	1 000.00		12 260.00
12	12	收入支票存入款	交行			2 000.00	14 260.00
12	15	结算水电费			1 200.00		13 060.00
12	16	支票转账	支票	5529	800.00		12 260.00
12	21	收到前欠款				600.00	12 860.00
12	30	收到货款				1 500.00	14 360.00
12	31	月结			13 200.00	13 900.00	14 360.00

根据以上数据资料，核对出未达账项，并编制银行存款余额调节表见表2-3。

表2-3 银行存款余额调节表

2021 年 12 月 31 日　　　　　　　　　　　　　　　　　　　　　　　　　　单位：元

项　目	金　额	项　目	金　额
银行存款日记账余额	12 960.00	银行对账单存款余额	14 360.00
加：银行已收，企业未收账		加：企业已收，银行未收账	
1. 收到货款	1 500.00	1. 收到欠款	3 000.00
2. 收到前欠款	600.00	减：企业已付，银行未付	
减：银行已付，企业未付账		1. 支票 5330 支付广告费	2 000.00
1. 支付水电费	1 200.00	2. 支票 5531 支付办公费	1 500.00
调节后存款余额	13 860.00	调节后存款余额	13 860.00

调节后余额相符，表明该企业账号为 2021＊＊＊＊＊＊＊＊＊1234 的银行存款发生额及余额正确无误。核对未达账项时需要注意的是，"银行存款余额调节表"只是为了核对账目，不能作为调整企业银行存款账面记录的依据；未达账项应是自开户至核对日止的累计未达账项，不能仅根据当月的未达账项进行调整，因为属于上个月的未达账项，站在本月角度看可能就不属于未达账项了。

第四节　其他货币资金

一、其他货币资金的性质及其范围

（一）其他货币资金的性质

其他货币资金（other cash）是指除库存现金、银行存款以外的其他各种货币资金。其他资币资金与库存现金和银行存款一样，是企业可以作为支付手段的货币，但也有其特殊的存在形式和支付方式，在管理上也有别于库存现金和银行存款，因此应单独进行会计核算。

（二）其他货币资金的范围

其他货币资金主要包括外埠存款、银行汇票存款、银行本票存款、信用卡存款、信用证保证金存款和存出投资款等。

外埠存款是指到外地进行临时或零星采购时，汇往采购地银行并在采购地银行开立采购专户的款项。银行汇票存款是指企业为取得银行汇票，按规定用于银行汇票结算而存入银行的款项。银行本票存款是指企业为取得银行本票，按规定用于银行本票结算而存入银行的款项。信用卡存款是指企业为取得信用卡以办理信用卡结算而按规定存入银行的款项。信用证保证金存款是指企业为取得信用证按规定存入银行的款项。存出投资款是指企业已存入证券公司但尚未进行短期投资的款项。

二、其他货币资金收付业务的会计核算

其他货币资金通过"其他货币资金"科目进行核算，并按其他货币资金的内容设置明细科目进行明细核算，同时按外埠存款的开户银行、银行汇票或本票、信用证的收款单位等设置明细账对其收付情况进行详细记录，办理信用卡业务的企业应当在"信用卡"明细

科目中按开出信用卡的银行和信用卡种类设置明细账对其收付情况进行详细记录。

1. 外埠存款

企业在外埠开立临时采购账户，需将款项汇往外地时，应填写汇款委托书，委托开户银行办理汇款。汇入地银行以汇款单位名义开立临时采购账户，该账户的存款不计利息、只付不收、付完清户，除了采购人员可从中提取少量现金外，一律采用转账结算。

企业将款项汇往外地开立采购专用账户，根据汇出款项凭证编制付款凭证时，借记"其他货币资金——外埠存款"科目，贷记"银行存款"科目；收到采购人员转来供应单位发票账单等报销凭证时，借记"材料采购""原材料""库存商品""应交税费——应交增值税（进项税额）"等科目，贷记"其他货币资金——外埠存款"科目；采购完毕收回剩余款项时，根据银行的收账通知，借记"银行存款"科目，贷记"其他货币资金——外埠存款"科目。

【例2-3】 根据企业发生的有关收付业务，编制相关会计分录。

1）企业2021年12月5日在外埠开立临时采购账户，委托银行将200 000元汇往来购地。

借：其他货币资金——外埠存款   200 000
    贷：银行存款   200 000

2）采购员以外埠存款购买材料，材料价款150 000元，增值税19 500元，货款共计169 500元，材料已验收入库。

借：原材料   150 000
    应交税费——应交增值税（进项税额）   19 500
    贷：其他货币资金——外埠存款   169 500

3）外埠采购结束，将外埠存款清户，收到银行转来收账通知，余款30 500元收妥入账。

借：银行存款   30 500
    贷：其他货币资金——外埠存款   30 500

2. 银行汇票存款

企业办理银行汇票，需将款项交存开户银行，填写银行汇票申请书、将款项交存银行时，借记"其他货币资金——银行汇票"科目，贷记"银行存款"科目；企业持银行汇票购货、收到有关发票账单时，借记"材料采购""原材料""库存商品""应交税费——应交增值税（进项税额）"等科目，贷记"其他货币资金——银行汇票"科目；采购完毕收回剩余款项时，借记"银行存款"科目，贷记"其他货币资金——银行汇票"科目。

销货企业收到银行汇票、填制进账单到开户银行办理款项入账手续时，根据进账单及销货发票等，借记"银行存款"科目，贷记"主营业务收入""应交税费——应交增值税（销项税额）"等科目。

对于逾期尚未办理结算的银行汇票，应按规定及时转回（借记"银行存款"科目，贷记"其他货币资金——银行汇票"科目），未用的汇票存款也应及时办理退款。

【例2-4】 企业根据发生的有关银行汇票存款收付业务，编制相关会计分录。

1）企业2021年12月10日申请办理银行汇票，将银行存款50 000元转为银行汇票存款，用以购买原材料。

借：其他货币资金——银行汇票   50 000

    贷：银行存款   50 000

2）收到收款单位发票等单据，采购材料付款 45 200 元，其中，材料价款 40 000 元，增值税 5 200 元。材料已验收入库。

借：原材料   40 000

    应交税费——应交增值税（进项税额）   5 200

    贷：其他货币资金——银行汇票   45 200

3）收到多余款项退回通知，将余款 4 800 元收妥入账。

借：银行存款   4 800

    贷：其他货币资金——银行汇票   4 800

3. 银行本票存款

企业办理银行本票时，需填写银行本票申请书。将款项交存银行时，借记"其他货币资金——银行本票"科目，贷记"银行存款"科目；企业持银行本票购货、收到有关发票账单时，借记"材料采购""原材料""库存商品""应交税费——应交增值税（进项税额）"等科目，贷记"其他货币资金——银行本票"科目。

销货企业收到银行本票、填制进账单到开户银行办理款项入账手续时，根据进账单及销货发票等，借记"银行存款"科目，贷记"主营业务收入""应交税费——应交增值税（销项税额）"等科目。

本票存款实行全额结算，本票存款额与结算金额的差额一般采用支票或其他方式结清。对于逾期尚未办理结算的银行本票，应按规定及时转回（借记"银行存款"科目，贷记"其他货币资金——银行本票"科目），其账务处理与银行汇票存款基本相同。

【例 2-5】 企业根据发生的有关银行本票存款收付业务，编制相关会计分录。

1）企业为增值税一般纳税人，2021 年 12 月 11 日向银行填交银行本票申请书，申请办理银行本票，将银行存款 20 000 元转入银行本票存款。

借：其他货币资金——银行本票   20 000

    贷：银行存款   20 000

2）收到收款单位发票等单据，采购材料付款 11 300 元，其中，材料价款 10 000 元，增值税 1 300 元。材料已验收入库。

借：原材料   10 000

    应交税费——应交增值税（进项税额）   1 300

    贷：其他货币资金——银行本票   11 300

3）收到收款单位退回的银行本票余款 8 700 元，存入银行。

借：银行存款   8 700

    贷：其他货币资金——银行本票   8 700

4. 信用证保证金存款

企业办理信用证结算，应填写信用证申请书，将信用证保证金交存银行时，应根据银行盖章退回的信用证申请书回单，借记"其他货币资金——信用证保证金"科目，贷记"银行存款"科目；企业接到开证行通知，根据供货单位信用证结算凭证及所附发票账单，借记"材料采购""原材料""库存商品""应交税费——应交增值税（进项税额）"等科目，贷记"其他货币资金——信用证保证金"科目；将未用完的信用证保证金存款余额转回开户银行时，借记"银行存款"科目，贷记"其他货币资金——信用证保证金"科目。信用证保证金的核算主要包括缴纳保证金和支付货款两部分。

【例2-6】 企业根据发生的信用证结算有关业务，编制相关会计分录。

1）企业为增值税一般纳税人，2021年12月12日申请开证并向银行缴纳信用证保证金30 000元。

借：其他货币资金——信用证保证金　　　　　　　　　　　　　　30 000
　　贷：银行存款　　　　　　　　　　　　　　　　　　　　　　　　30 000

2）接到开证行交来的信用证来单通知书及有关购货凭证等，以信用证方式采购的材料已到货并验收入库，货款全部支付。货款总计113 000元。其中，材料价款100 000元，增值税13 000元。

借：原材料　　　　　　　　　　　　　　　　　　　　　　　　100 000
　　应交税费——应交增值税（进项税额）　　　　　　　　　　　　13 000
　　贷：其他货币资金——信用证保证金　　　　　　　　　　　　　30 000
　　　　银行存款　　　　　　　　　　　　　　　　　　　　　　　83 000

5. 存出投资款

存出投资款是指企业为购买股票、债券、基金等根据有关规定存入证券公司指定银行开立的投资款专户的款项。

企业向证券公司划出资金时，应按实际划出的金额，借记"其他货币资金——存出投资款"科目，贷记"银行存款"科目；购买股票、债券、基金等时，借记"交易性金融资产"等科目，贷记"其他货币资金——存出投资款"科目。

企业对于存出投资款的核算主要包括资金划出和使用两部分。

【例2-7】 企业根据发生的短期投资业务，编制相关会计分录。

1）将银行存款500 000元划入某证券公司准备进行短期股票投资。

借：其他货币资金——存出投资款　　　　　　　　　　　　　　500 000
　　贷：银行存款　　　　　　　　　　　　　　　　　　　　　　　500 000

2）将存入证券公司款项用于购买股票并已成交（暂不考虑交易费用），购买股票的成本为200 000元，作为交易性金融资产进行管理。

借：交易性金融资产　　　　　　　　　　　　　　　　　　　　200 000
　　贷：其他货币资金——存出投资款　　　　　　　　　　　　　　200 000

▶▶ 三、货币资金在财务报表上的列示

为了总括反映企业货币资金的基本情况，一般企业的资产负债表只列示"货币资金"项目即可，不按货币资金的组成项目单独列示或披露。但金融企业（如商业银行）可根据需要按"现金及存放中央银行款项""存放同业及其他金融机构款项""拆出资金"等项目分别列示其货币资金情况，并披露现金及存放中央银行款项的详细信息，以提供可靠且更相关的货币资金信息。

第三章

存 货

学习目标 •

1. 掌握：原材料的取得与发出；委托加工物资的核算；存货的期末计价。
2. 理解：周转材料、库存商品的核算。
3. 了解：存货的分类；存货的清查。

第一节 存货概述

▶ 一、存货的概念及分类

（一）存货的概念

存货是指企业在日常活动中持有的，以备出售的产成品、商品，处在生产过程中的在产品，在生产过程或提供劳务过程中耗用的材料、物料等。

存货区别于固定资产等非流动资产的最基本的特征是，企业持有存货的最终目的是出售，包括可供直接出售的产成品、商品等以及需经过进一步加工后出售的原料等。例如房屋建筑物，如果企业是将房屋建筑物作为车间或办公楼等自用目的，则房屋建筑物是企业的固定资产；而房地产开发企业作为商品房开发的房屋建筑物，目的是出售，那就不是房地产开发企业的固定资产，而是存货。

（二）存货的分类

企业的存货种类繁多，可以按照不同的标准对存货进行分类，便于更好地理解和把握存货。

1. 按经济内容分类

（1）原材料　原材料是指企业在生产过程中经加工改变其形态或性质并构成产品、主要实体的各种原料及主要材料、辅助材料、外购半成品（外购件）、修理用备件（备品备件）、包装材料、燃料等，例如家具厂的木板材、油漆。为建造固定资产等各项工程而储备的各种物资，虽然同属于材料，但是由于用于建造固定资产等各项工程不符合存货的定义，因此作为企业的工程物资进行核算。

（2）在产品　在产品是指企业正在制造尚未完工的产品，包括正在各个生产工序加工的产品和已加工完毕但尚未检验或已检验但尚未办理入库手续的产品。

（3）半成品　半成品是指经过一定生产过程并已检验合格交付半成品仓库保管，但尚未制造完工成为产成品，仍需进一步加工的中间产品。

（4）产成品　产成品是指工业企业已经完成全部生产过程并验收入库，可以按照合同规定的条件送交订货单位或者可以作为商品对外销售的产品。企业接受外来原材料加工制造的代制品和为外单位加工修理的代修品，制造和修理完成验收入库后，应视同企业的产成品。

（5）商品　商品是指商品流通企业外购或委托加工完成验收入库用于销售的各种商品。

（6）周转材料　周转材料是指企业能够多次使用、但不符合固定资产定义的材料，例如为了包装本企业商品而储备的各种包装物，各种工具、管理用具、玻璃器皿、劳动保护用品以及在经营过程中周转使用的容器等低值易耗品和建造承包商的钢模板、木模板、脚手架等其他周转材料，包括低值易耗品和包装物。但是，周转材料符合固定资产定义的，应当作为固定资产处理。

（7）委托代销商品　委托代销商品是指发出材料委托其他单位加工成原材料、周转材料或可以直接出售的商品，但尚未加工完成的存货。

2. 按存货的存放地点分类

1）库存存货是指存放在企业仓库中的存货，这是存货主要的存放方式。

2）在途存货是指在运输途中尚未到达企业仓库或已到达但尚未验收入库的存货，例如在途物资。

3）在制存货是指在生产加工过程中尚未完工入库的存货，例如在产品和委托加工物资。

4）发出存货是指已经从仓库发出但由于不满足收入确认条件尚未结转销售成本的存货，例如委托代销商品、发出商品等。

3. 按存货的取得方式分类

存货按取得方式，可以分为外购存货、自制存货、委托加工存货、投资者投入的存货、接受捐赠取得的存货、接受抵债取得的存货、非货币性交易换入的存货、盘盈的存货等。

▶▶ 二、存货的确认条件

存货必须在符合定义的前提下，同时满足两个条件，才能予以确认。

（一）与该存货有关的经济利益很可能流入企业

资产最重要的特征是预期会给企业带来经济利益。如果某一项目预期不能给企业带来经济利益，就不能确认为企业的资产。存货是企业的一项重要的流动资产，因此，对存货的确认，关键是判断其是否很可能给企业带来经济利益，或其所包含的经济利益是否很可能流入企业。通常，拥有存货的所有权是与该存货有关的经济利益很可能流入本企业的一个重要标志。一般情况下，根据销售合同已经售出（取得现金或收取现金的权利），所有权已经转移的存货，因其所含经济利益已不能流入本企业，即使该存货尚未运离企业，也不能再作为企业的存货进行核算。企业在判断与该存货有关的经济利益能否流入企业时，通常应结合考虑该存货所有权的归属，而不应当仅仅看其存放的地点等。

（二）该存货的成本能够可靠计量

成本或者价值能够可靠计量是资产确认的一项基本条件。存货作为企业资产的组成部分，要予以确认就必须能够对其成本进行可靠计量。存货的成本能够可靠计量必须以取得的确凿证据为依据，并且具有可验证性。如果存货成本不能可靠计量，则不能确认为一项存货。例如企业签订的订货合同，由于合同尚未履行，购买行为尚未发生，无法取得证实其成本的确凿、可靠的证据，因此就不能确认为企业购买的存货。

▶▶ 三、存货的初始计量

企业取得存货应当按照成本进行计量。存货成本包括采购成本、加工成本和使存货达到目前场所和状态所发生的其他成本 3 个组成部分。由于存货的取得方式多种多样，在不同的取得方式下存货的具体构成内容并不完全相同，因此，存货的取得成本应结合存货的取得方式分别确定，并作为存货入账的依据。

（一）外购存货的成本

企业外购存货主要包括外购原材料和商品，工业企业的外购存货主要为外购原材料，商品流通企业的外购存货主要为商品。外购存货的成本即存货的采购成本，采购成本是指企业存货从采购到入库前所发生的全部支出，包括购买价款、相关税费、运输费、装卸费、保险费以及其他可归属于存货采购成本的费用。

商品流通企业在采购商品过程中发生的运输费、装卸费、保险费以及其他可归属于存货采购成本的费用等进货费用，应计入所购商品成本。在实务中，企业也可以将发生的运输费、装卸费、保险费以及其他可归属于存货采购成本的费用等进货费用先进行归集，期末按照所购商品的存销情况进行分摊。对于已销售商品的进货费用，计入主营业务成本；对于未售商品的进货费用，计入期末存货成本。商品流通企业采购商品的进货费用金额较小的，可以在发生时直接计入当期销售费用。

（二）加工取得存货的成本

企业通过进一步加工取得的存货，主要包括产成品、在产品、半成品、委托加工物资等，其成本由采购成本和加工成本构成。某些存货还包括使存货达到目前场所和状态所发生的其他成本，例如可直接认定的产品设计费用等。通过进一步加工取得存货的成本中采购成本是由所使用或消耗的原材料采购成本转移而来的，因此，计量加工取得的存货成本，重点是要确定存货的加工成本。

存货的加工成本由直接人工和制造费用构成，其实质是企业在进一步加工存货的过程中追加发生的生产成本，因此，不包括直接由材料存货转移来的价值。其中，直接人工是指企业在生产产品过程中，直接从事产品生产的工人的职工薪酬。直接人工和间接人工的划分依据通常是生产工人是否与所生产的产品直接相关（即可否直接确定其服务的产品对象）。制造费用是指企业为生产产品和提供劳务而发生的各项间接费用。制造费用是一项间接生产成本，包括企业生产部门（如生产车间）管理人员的职工薪酬、折旧费、办公费、水电费、机物料消耗、劳动保护费、季节性和修理期间的停工损失等。

（三）其他方式取得存货的成本

企业取得存货的其他方式主要包括：接受投资者投资，非货币性资产交换、债务重组、企业合并，存货盘盈等。

1. 投资者投入存货的成本

投资者投入存货的成本，应当按照投资合同或协议约定的价值确定，但合同或协议约定价值不公允的除外。在投资合同或协议约定价值不公允的情况下，以该项存货的公允价值作为其入账价值。

2. 通过非货币性资产交换、债务重组、企业合并等方式取得的存货的成本

企业通过非货币性资产交换、债务重组、企业合并等方式取得的存货，其成本应当分别按照《企业会计准则第 7 号——非货币性资产交换》《企业会计准则第 12 号——债务重组》和《企业会计准则第 20 号——企业合并》等的规定确定。但是，其后续计量和披露应当执行《企业会计准则第 1 号——存货》（简称《存货准则》）的规定。

3. 盘盈存货的成本

盘盈的存货应按其重置成本作为入账价值，并通过"待处理财产损溢"科目进行会计处理，按管理权限报经批准后，冲减当期管理费用。

在确定存货成本的过程中，应当注意，下列费用不应当计入存货成本，而应当在其发生时计入当期损益：

（1）非正常消耗的直接材料、直接人工及制造费用应计入当期损益，不得计入存货成本　企业超定额的废品损失以及由自然灾害而发生的直接材料、直接人工及制造费用，由于这些费用的发生无助于使该存货达到目前的场所和状态，因此不应计入存货成本，而应计入当期损益。

（2）仓储费用　仓储费用是指企业在采购入库后发生的储存费用，应计入当期损益。但是，在生产过程中为达到下一个生产阶段所必需的仓储费用则应计入存货成本。例如，某种酒类产品生产企业为使生产的酒达到规定的产品质量标准而必须发生的仓储费用，就应计入酒的成本，而不是计入当期损益。

（3）其他支出　不能归属于使存货达到目前场所和状态的其他支出，不符合存货的定义和确认条件，应在发生时计入当期损益。

（4）广告营销费用　企业采购用于广告营销活动的特定商品，向客户预付货款但未取得商品时，应作为预付账款进行会计处理，待取得相关商品时计入当期损益（销售费用）。企业取得广告营销性质的服务比照该原则进行处理。

第二节　存货取得的核算

存货取得的方式有多种，本节主要以外购方式取得原材料并以实际成本进行阐述。周转材料和库存商品等其他存货取得的核算与原材料类似，不再赘述。

▶▶ 一、会计科目设置

1. 原材料

"原材料"科目用于核算原材料的收发与结存情况。在原材料按实际成本计价核算时，本科目的借方登记入库材料的实际成本，贷方登记发出材料的实际成本；余额在借方，表示库存材料的实际成本。本科目可按材料的保管地点（如仓库）、材料的类别、品种和规格等进行明细核算。

2. 在途物资

"在途物资"科目用于核算企业购入但尚未到达或已到达但尚未验收入库的各种物资（即在途物资）的采购和入库情况。本科目的借方登记企业购入的在途物资的实际成本，贷方登记验收入库的在途物资实际成本；余额在借方，表示在途物资的实际成本。

3. 应交税费

"应交税费——应交增值税（进项税额）"科目核算一般纳税人购进货物、加工修理修配劳务、服务、无形资产或不动产而支付或负担的且经过税务机关认证可以在当月抵扣的增值税额，本科目借方登记一般纳税人采购的货物、购进农产品或接受的应税劳务和应税服务，取得的增值税扣税凭证上按税法规定符合抵扣条件可在本期申报抵扣的进项税额。

4. 应付账款

"应付账款"科目核算企业因购买材料、商品和接受劳务等经营活动应支付的款项。本科目的贷方登记企业因购买材料、商品和接受劳务等尚未支付的款项，借方登记支付或转出而减少的应付账款；期末余额一般在贷方，反映企业期末尚未支付的应付账款。

5. 应付票据

"应付票据"科目核算企业因购买材料、商品和接受劳务等开出、承兑的商业汇票，包括商业承兑汇票和银行承兑汇票。本科目贷方登记开出、承兑汇票的面值，借方登记支付票据或转出的金额；余额在贷方，反映企业尚未到期的商业汇票的票面金额。

二、外购取得原材料的会计处理

原材料是指企业在生产过程中经加工改变其形态或性质并构成产品主要实体的各种原料及主要材料、辅助材料、外购半成品（外购件）、修理用备件（备品备件）、包装材料、燃料等。

企业外购的原材料，应以实际发生的采购成本作为入账价值。原材料的采购成本是指企业原材料从采购到入库前所发生的全部支出，一般包括购买价款（购货发票所列买价）、运杂费（运输费、装卸费、保险费）、运输途中的合理损耗（原材料在运输途中发生的一定程度的合理损耗）以及入库前的挑选、整理费用（原材料在入库前发生的加工、整理、挑选费用包括检验人员薪酬、检验药剂、检验设备折旧等）。

企业外购材料时，由于结算方式和采购地点不同，材料入库和货款的支付在时间上可能存在不同步的情况，因此其会计处理也各不相同。

（一）款付货到

款付货到是指结算凭证已到、货款已支付，材料已验收入库。

按照确定的原材料的入账价值借记"原材料"科目，按可以抵扣的增值税额借记"应交税费——应交增值税（进项税额）"科目，按不同的支付方式贷记"银行存款""应付票据""其他货币资金"等科目。

【例3-1】 甲公司系一般纳税人，5月20日购入一批原材料，结算凭证已到，增值税专用发票注明价款为200 000元，增值税税额为26 000元；另支付运费3 000元，增值税270元；运输保险费400元，增值税24元；全部款项为229 694元，已通过转账支票支付；原材料已验收入库。请做出甲公司原材料采购入库的会计分录。

【解析】 本例中可以计入"原材料"采购成本的包括购买价款和支付的运费、保险费，增值税额都可以抵扣，应计入"应交税费——应交增值税（进项税额）"。

原材料的采购成本＝200 000+3 000+400＝203 400（元）

应交税费＝26 000+270+24＝26 294（元）

甲公司编制的会计分录如下：

借：原材料　　　　　　　　　　　　　　　　　　　203 400

　　应交税费——应交增值税（进项税额）　　　　　 26 294

　　贷：银行存款　　　　　　　　　　　　　　　　　229 694

【例3-2】 某公司为增值税一般纳税企业，购入A材料100 000kg，增值税专用发票上注明的A材料买价为30元/kg，增值税率13%，款项以银行承兑汇票支付。该批A材料在运输途中的合理损耗率为1%，实际验收入库99 200kg，在入库前发生挑选整理费用20 000元，以现金支票支付。请做出该公司采购A材料的会计分录。

【解析】 本例中如果不考虑合理损耗，原材料的总成本＝3 000 000+20 000＝3 020 000（元），单位成本＝3 020 000÷100 000＝30.20（元/kg），原材料的合理损耗＝100 000×1%＝1 000（kg），实际损耗100 000-99 200＝800（kg），全部属于合理损耗，成本全部计入验收入库的A材料的成本。

则99 200kg的总成本＝3 000 000+20 000＝3 020 000（元）

单位成本＝3 020 000÷99 200＝30.44（元/kg）

会计分录为

借：原材料　　　　　　　　　　　　　　　　　　3 020 000

　　应交税费——应交增值税（进项税额）　　　　　390 000

　　贷：应付票据——银行承兑汇票　　　　　　　　3 390 000

　　　　银行存款　　　　　　　　　　　　　　　　　20 000

如果本例中实际验收入库98 500kg，共损耗了1 500kg，其中合理损耗1 000kg的采购成本和入库前的挑选整理费由入库材料承担，超过合理损耗500kg的采购成本，则按照运输合同由保险公司或承担运输业务的单位承担。

超额损耗的成本＝500×30＝1 500（元）

入库材料的总成本＝3 020 000-1 500＝3 018 500（元）

此时入库材料的单位成本＝3 018 500÷98 500＝30.64（元/kg）

会计分录为

借：原材料　　　　　　　　　　　　　　　　　　3 018 500

　　应交税费——应交增值税（进项税额）　　　　　390 000

　　其他应收款——保险公司等　　　　　　　　　　　1 500

　　贷：应付票据——银行承兑汇票　　　　　　　　3 390 000

| | 银行存款 | 20 000 |

暂未考虑超额损耗原材料的进项税额转出。

（二）单到货未到

单到货未到是指货款结算凭证已到，但材料尚未到达。企业应根据结算凭证、发票账单等确定的材料实际成本，借记"在途物资"科目，根据取得的增值税专用发票上列明的增值税税额，借记"应交税费——应交增值税（进项税额）"科目，按照实际支付或应支付的款项，贷记"银行存款""应付账款""应付票据"等科目。待材料到达验收入库后，再根据收料单按材料实际成本，借记"原材料"科目，贷记"在途物资"科目。

【例3-3】 5月8日甲公司从外地采购的原材料，结算凭证已到，增值税专用发票上列明购买价格为100 000元，增值税税额为13 000元，对方垫付的运输费5 000元，增值税税额450元，全部款项118 450元，已采用面额为120 000元的银行汇票支付，未用的余款已转回银行账户，但材料尚未到达。5月12日，原材料到达并验收入库。请做出甲公司收到结算凭证和材料入库的会计分录。

【解析】 本例中，甲公司5月8日收到结算凭证共计118 450元，用于支付的银行汇票面额120 000元，余额1 550元收存银行。由于材料未到达，采购成本105 000元（买价100 000元+运输费5 000元）先通过"在途物资"科目核算。5月12日材料验收入库时，再从"在途物资"科目转入"原材料"科目。

甲公司编制的会计分录如下：

1）5月8日，收到结算单证。

借：在途物资		105 000
应交税费——应交增值税（进项税额）		13 450
银行存款		1 550
贷：其他货币资金——银行汇票		120 000

2）5月12日，原材料验收入库。

借：原材料		105 000
贷：在途物资		105 000

（三）货到单未到

货到单未到是指材料已到并验收入库，但发票账单等结算凭证未到，货款尚未支付。这种情况的基本原则是

1）月中待收到结算凭证时，再按照前述第一种情况直接进行会计处理。

2）在月末时，应对结算凭证尚未到达但已验收入库的原材料按暂估价格入账，以保证原材料的账实相符。借记"原材料"科目，贷记"应付账款——暂估应付账款"科目。

3）下月初红字冲回。借记"原材料"科目（红字），贷记"应付账款——暂估应付账款"科目（红字）。

4）再等结算凭证到达时，按正常程序进行会计处理。

【例3-4】 甲公司采用委托收款结算方式购入一批K材料，6月15日材料已验收入库，但6月30日发票账单尚未收到也无法确定其实际成本，合同暂估价为50 000元。请做出甲公司货到单未到的相关会计分录。

【解析】 甲公司应编制的会计分录如下：

1）6月30日暂估入账。

借：原材料   50 000
    贷：应付账款——暂估应付账款   50 000

2）7月1日以红字冲回。

借：原材料   50 000
    贷：应付账款——暂估应付账款   50 000

如果该批材料的结算凭证于7月5日到达，购买价格为51 000元，增值税税额为6 630元，全部款项为57 630元，已通过银行支付。

3）7月5日支付价款。

借：原材料   51 000
    应交税费——应交增值税（进项税额）   6 630
    贷：银行存款   57 630

第三节　存货发出的核算

存货发出的计价分为按实际成本计价和按计划成本计价两种，企业应当根据各类存货的实物流转方式、企业管理的要求、存货的性质等实际情况，合理地选择发出存货成本的计算方法，以合理确定当期发出存货和结存存货的实际成本。

▶ 一、按实际成本计价

1. 计价方法

由于各种存货是分次购入或分批生产形成的，同一项目不同批次的存货的单价或单位成本往往不同，要确定发出存货的成本，就要选择一定的计价方法。目前《存货准则》规定的计价方法有先进先出法、加权平均法、个别计价法等。加权平均法又分为月末一次加权平均法和移动加权平均法。对于性质和用途相似的存货，应当采用相同的成本计算方法确定发出存货的成本，企业在确定发出存货的成本时，可以采用先进先出法、月末一次加权平均法、移动加权平均法和个别计价法等方法。

（1）先进先出法　先进先出法是以先购入的存货应先发出（销售或耗用）这样一种存货实物流转假设为前提，对发出存货进行计价的一种方法。采用这种方法，先购入的存货成本在后购入的存货成本之前转出，据此确定发出存货和期末存货的成本。采用先进先出法，存货成本是按最近购货确定的，期末存货成本比较接近现行的市场价值，优点是把计价工作分散在月内进行，且月末结存原材料的成本为较晚购进原材料的成本，接近其近期市场价格；缺点是工作量比较烦琐，对于存货进出量频繁的企业更是如此。

【例3-5】　乙公司2021年6月1日结存A材料500kg，单位实际成本为8元/kg；6月8日、20日和30日分别购入该材料300kg、600kg和200kg，单位实际成本分别为9元/kg、10元/kg和11元/kg；6月14日和28日分别发出该材料600kg和400kg。按先进先出法计价，计算发出和结存材料的实际成本，则A材料明细账见表3-1。

表 3-1　A 材料明细账（先进先出法）

| 2021年 | | 凭证 | 摘要 | 购　入 | | | 发　出 | | | 结　存 | | |
月	日			数量(kg)	单价(元/kg)	金额(元)	数量(kg)	单价(元/kg)	金额(元)	数量(kg)	单价(元/kg)	金额(元)
06	01		期初							500	8	4 000
	08		购入	300	9	2 700				500	8	4 000
										300	9	2 700
	14		发出				500	8	4 000			
							100	9	900	200	9	1 800
	20		购入	600	10	6 000				200	9	1 800
										600	10	6 000
	28		发出				200	9	1 800			
							200	10	2 000	400	10	4 000
	30		购入	200	11	2 200				400	10	4 000
										200	11	2 200
	30		合计	1 100		10 900	1 000		8 700	600		6 200

本月发出 A 材料的成本＝500×8+100×9+200×9+200×10＝8 700（元）

本月结存 A 材料的成本＝400×10+200×11＝6 200（元）

在先进先出法下，当物价处于上涨趋势时，会高估企业当期利润和库存存货价值；反之，会低估企业当期利润和库存存货价值。

（2）月末一次加权平均法　月末一次加权平均法，是指以当月全部进货数量加上月初存货数量作为权数，去除当月全部进货成本加上月初存货成本，计算出存货的加权平均单位成本，以此为基础计算当月发出存货的成本和期末存货的成本的一种方法。其计算公式如下：

$$原材料平均单位成本＝\frac{月初原材料成本+本月入库原材料成本}{月初原材料数量+本月入库原材料数量}$$

本月发出原材料成本＝本月发出原材料数量×原材料平均单位成本

月末结存原材料成本＝结存原材料数量×原材料平均单位成本

这个公式中的单位成本如果有除不尽等情况时，算出的成本不准确，会差点尾数甚至编制报表不平。此时可以采用以下公式计算：

月末结存原材料成本＝月初原材料成本+本月入库原材料成本−本月发出原材料成本

【例 3-6】以【例 3-5】的数据计算月末一次加权平均法下 A 材料的发出成本和结存成本，A 材料明细账见表 3-2。

表 3-2　A 材料明细账（月末一次加权平均法）

| 2021年 | | 凭证 | 摘要 | 购　入 | | | 发　出 | | | 结　存 | | |
月	日			数量(kg)	单价(元/kg)	金额(元)	数量(kg)	单价(元/kg)	金额(元)	数量(kg)	单价(元/kg)	金额(元)
06	01		期初							500	8	4 000
	08		购入	300	9	2 700				800		

(续)

2021年		凭证	摘要	购　入			发　出			结　存		
月	日			数量 (kg)	单价 (元/kg)	金额 (元)	数量 (kg)	单价 (元/kg)	金额 (元)	数量 (kg)	单价 (元/kg)	金额 (元)
	14		发出				600			200		
	20		购入	600	10	6 000				800		
	28		发出				400			400		
	30		购入	200	11	2 200				600		
	30		合计	1 100		10 900	1 000	9.31	9 310	600	9.32	5 590

原材料加权平均单位成本 = (4 000+10 900)÷(500+1 100)≈9.31(元/kg)

本月发出 A 材料的成本 = 1 000×9.31 = 9 310(元)

本月结存 A 材料的成本 = 4 000+10 900−9 310 = 5 590(元)

月末一次加权平均法的优点：平时不需要对发出原材料计价，能简化会计核算工作。

月末一次加权平均法的不足：

1）大量的计算工作都集中在月末进行，影响成本计算工作的及时性。

2）平时存货明细账内无法反映结存存货成本，不利于日常管理工作。

3）全月一次加权平均法仅适用于手工记账，计算机系统由于平日发出原材料时均需要计价，无法采用这种方法。

（3）移动加权平均法　移动加权平均法，是指以每次进货的成本加上原有库存存货的成本，除以每次进货数量与原有库存存货的数量之和，据以计算移动平均单位成本，作为在下次进货前计算各次发出存货成本的依据。其计算公式如下：

$$移动平均单位成本 = \frac{原有原材料成本+本次入库原材料成本}{原有原材料数量+本次入库原材料数量}$$

$$本次发出原材料成本 = 本次发出原材料数量×移动平均单位成本$$

【例 3-7】　仍以【例 3-5】的数据计算移动加权平均法下 A 材料的发出成本与结存成本，计算结果见表 3-3。

第 1 次购入后的单位成本 = (4 000+2 700)÷(500+300)= 8.38（元/kg）

第 2 次购入后的单位成本 = (1 672+6 000)÷(200+600)= 9.59（元/kg）

第 3 次购入后的单位成本 = (3 836+2 200)÷(400+200)= 10.06（元/kg）

表 3-3　A 材料明细账（移动加权平均法）

2021年		凭证	摘要	购　入			发　出			结　存		
月	日			数量 (kg)	单价 (元/kg)	金额 (元)	数量 (kg)	单价 (元/kg)	金额 (元)	数量 (kg)	单价 (元/kg)	金额 (元)
06	01		期初							500	8	4 000
	08		购入	300	9	2 700				800	8.38	6 700
	14		发出				600	8.38	5 028	200	8.38	1 672
	20		购入	600	10	6 000				800	9.59	7 672
	28		发出				400	9.59	3 836	400	9.59	3 836
	30		购入	200	11	2 200				600	10.06	6 036
	30		合计	1 100		10 900	1 000		8 864	600	10.06	6 036

本月发出 A 材料的成本 = 5 028+3 836 = 8 864（元）

本月结存 A 材料的成本 =（4 000+10 900）-8 864 = 6 036（元）

移动加权平均法的优点：原材料计价工作可以分散在月内随时进行，原材料明细账内能够及时反映结存原材料成本，便于日常管理工作。

移动加权平均法的缺点：每购进一次原材料，就要重新计算一次原材料平均单位成本，每发出一次原材料，就要计算一次发出原材料总成本，因而原材料的计价工作量较大。

（4）个别计价法 个别计价法，亦称个别认定法，采用这种方法要求原材料的成本流转与实物流转完全一致，逐一辨认各批发出存货和期末存货所属的购入批别或生产批别，分别按其购入或生产时所确定的单位成本计算各批发出存货和期末存货的成本，即把每一种存货的实际成本作为发出存货成本和期末存货成本的计算基础。

采用个别计价法，成本计算准确，符合实际情况；但采用这种方法，要求对每一批存货进行详细记录，不得以假定的批次代替实际的批次，不得随意调节发出存货的成本。适用于容易识别、存货品种数量不多、单位成本较高的存货计价，如房产、船舶、飞机、重型设备、珠宝、名画等贵重物品。在实际工作中，越来越多的企业采用计算机信息系统进行会计处理，个别计价法可以广泛应用于发出存货的计价，并且该方法确定的存货成本最为准确。

2. 原材料发出的会计处理

由于企业日常的材料领用业务频繁，为了简化日常核算工作，平时一般只登记材料明细分类账，反映各种材料的收发和结存金额，月末根据实际成本计价的发料凭证，按领用部门和用途，汇总编制发料凭证汇总表，据以登记总分类账，进行材料发出的总分类核算。

对于生产经营及管理需要领用的原材料，按照其用途分别借记"生产成本""制造费用""管理费用""销售费用"等科目，贷记"原材料"科目。工程项目领用材料，按实际成本借记"在建工程"等科目；对外出售的材料，按材料实际成本，借记"其他业务成本"科目，贷记"原材料"科目。

【例 3-8】 甲公司 6 月材料发出的汇总表见表 3-4，请写出甲公司应编制的会计分录。

表 3-4 原材料发出汇总表 单位：元

领用部门或用途	A 材料	B 材料	合 计
生产车间生产产品	1 580 000	600 000	2 180 000
生产车间一般消耗	36 000	0	36 000
管理部门一般消耗	20 000	0	20 000
工程项目领用	120 000	0	120 000
出售	30 000	0	30 000
合计	1 786 000	600 000	2 386 000

【解析】 甲公司应编制发出材料的会计分录如下：

```
借：生产成本                                           2 180 000
    制造费用                                              36 000
    管理费用                                              20 000
    在建工程                                             120 000
    其他业务成本                                          30 000
    贷：原材料——A 材料                                1 786 000
            ——B 材料                                    600 000
```

二、按计划成本计价

计划成本法既是一种成本核算方法，也是一种预算管理方法。企业根据管理要求和存货的历史成本情况预先确定计划成本，等待实际成本确定以后再计算实际成本与计划成本的差异，据以分析成本超支或节约的原因，考核和评价成本执行情况。

在计划成本法下，存货的购入、发出和结存均采用计划成本进行日常核算，计划成本和实际成本的差异反映在"材料成本差异"科目中，月末计算出发出存货和结存存货应分摊的成本差异，从而将发出存货和结存存货的计划成本调整为实际成本。实行计划成本法有利于对存货的采购和使用进行控制；其缺点是材料成本计算的准确性相对差一些。

计划成本法一般适用于规模较大、存货品种繁多、收发频繁的企业，例如大中型企业中的各种原材料、周转材料等。自制半成品、产成品品种繁多的，或者在管理上需要分别核算其计划成本和实际成本差异的，也可采用计划成本法核算。

下面以原材料为例介绍计划成本的核算方法。

1. 科目设置

（1）"原材料"科目　本科目用于核算库存各种材料的收发与结存情况。在原材料按计划成本计价核算时，本科目的借方登记入库材料的计划成本，贷方登记发出材料的计划成本；期末余额在借方，反映企业库存材料的计划成本。

（2）"材料采购"科目　本科目借方登记采购材料的实际成本，贷方登记入库材料的计划成本。借方大于贷方表示超支，从本科目贷方转入"材料成本差异"科目的借方；贷方大于借方表示节约，从本科目借方转入"材料成本差异"科目的贷方。期末为借方余额，反映企业未入库（即在途物资）的实际成本。为便于学生学习掌握，也可以在材料入库时贷方登记材料采购的实际成本，实际成本与计划成本的差额直接计入相关差异科目。这样每次入库结转以后，本科目余额为零。

（3）"材料成本差异"科目　本科目反映企业已入库各种材料的实际成本与计划成本的差异，借方登记超支差异，贷方登记节约差异及发出材料应负担的差异（分摊超支差异用蓝字，分摊节约差异用红字），期末借方余额反映企业库存材料（包括原材料、周转材料）的超支差异；贷方余额反映企业库存材料（包括原材料、周转材料）的节约差异。本科目的借方余额与"原材料"的借方余额相加即可得到期末存货的实际成本（大于计划成本），"原材料"的借方余额减去本科目的贷余额就得到期末存货的实际成本（小于计划成本）。

2. 购入原材料的会计处理

在计划成本法下，由于结算方式和采购地点不同，采购仍然存在材料入库和货款的支付在时间上可能不同步的情况，因此其会计处理也应像实际成本采购一样分为以下几种情况：

（1）款付货到 是指结算凭证已到、货款已支付，材料已验收入库的情况。

【例3-9】 沿用【例3-1】的资料。甲公司购入一批原材料，结算凭证已到，增值税专用发票注明价款为200 000元，增值税税额为26 000元；另支付运费3 000元，增值税270元；运输保险费400元，增值税24元；全部款项为229 694元，已通过转账支票支付；原材料已验收入库，如果本次采购的原材料计划成本为210 000元。做出甲公司原材料采购和入库的会计分录。

【解析】 甲公司编制的会计分录如下：

1）采购材料时。

借：材料采购   203 400
    应交税费——应交增值税（进项税额）   26 294
    贷：银行存款   229 694

2）材料入库时。

借：原材料   210 000
    贷：材料采购   210 000

同时结转差异，实际成本203 400元，计划成本210 000元，节约6 600元，计入材料成本差异的贷方。

借：材料采购   6 600
    贷：材料成本差异   6 600

或者将2）、3）合并做分录：

借：原材料   210 000
    贷：材料采购   203 400（这样每次入库结转后，余额均为零）
    材料成本差异   6 600

在计划成本法下，无论付款同时材料是否验收入库，均需要通过"材料采购"科目核算采购实际成本。

（2）单到货未到 单到货未到是指货款结算凭证已到，但材料尚未到达的情况。企业应根据结算凭证、发票账单等确定的材料实际成本，借记"材料采购"科目，根据取得的增值税专用发票上列明的增值税税额，借记"应交税费——应交增值税（进项税额）"科目，按照实际支付或应支付的款项，贷记"银行存款""应付账款""应付票据"等科目。待材料到达验收入库后，再比照【例3-9】编制分录。

【例3-10】 5月8日甲公司从外地采购的原材料，结算凭证已到，增值税专用发票上列明购买价格为100 000元，增值税税额为13 000元，对方垫付的运输费5 000元，增值税税额450元，全部款项118 450元，已采用银行汇票支付，金额120 000，未用的余款已转回银行账户，但材料尚未到达。5月12日，原材料到达并验收入库，计划成本100 000元。做出甲公司收到单证和材料入库的会计分录。

【解析】 甲公司编制的会计分录如下：

1）5月8日，收到结算单证。

借：材料采购   105 000

应交税费——应交增值税（进项税额）		13 450
银行存款		1 550
贷：其他货币资金——银行汇票		120 000

2）5月12日，原材料验收入库，实际成本105 000元，计划成本100 000元，超支5 000元，计入材料成本差异的借方。

借：原材料	100 000
材料成本差异	5 000
贷：材料采购	105 000

（3）货到单未到　货到单未到是指材料已到并验收入库，但发票账单等结算凭证未到，货款尚未支付的情况。与按实际成本计价类似，平时暂时不做处理；如果月末账单仍未收到，以计划成本暂估入账；下月初以红字冲回，再按前述情况处理。

3. 发出原材料

月末，根据领料单等编制发料凭证汇总表，按计划成本，借记"生产成本""制造费用""销售费用""管理费用"等科目，贷记"原材料"科目。

按计划成本核算，还须结转发出材料应负担的成本差异，这样才能反映各项成本费用耗费原材料的实际成本。

首先计算材料成本差异率：

$$材料成本差异率=\frac{月初材料成本差异额（节约额用负数）+本月入库的材料成本差异额（节约额用负数）}{月初材料计划成本+本月入库材料计划成本}\times100\%$$

发出材料应负担的成本差异=发出材料的计划成本×材料成本差异率

结存材料应负担的成本差异=月初材料成本差异+本月入库材料成本差异-发出材料应负担的成本差异

> **注意**
>
> 　　计算差异率时一般不考虑暂估入账的原材料计划成本，因为无法确定相应的差异额。

【例3-11】 沿用【例3-9】和【例3-10】。6月30日，原材料发出汇总表列明：生产车间生产产品领用原材料240 000元，车间管理部门领用原材料4 000元，厂部管理部门领用原材料6 000元，销售部门领用原材料2 000元，出售原材料3 000元。月初材料计划成本为30 000元，月初材料成本差异为-100元。做出计划成本法下发出材料的相关分录。

【解析】 甲公司应编制会计分录如下：

1）发出材料，首先按计划成本结转各项成本费用。

借：生产成本	240 000
制造费用	4 000
管理费用	6 000
销售费用	2 000
其他业务成本	3 000
贷：原材料	255 000

2）计算发出材料应负担的材料成本差异。

上笔分录结转以后计入生产成本、制造费用等科目里的材料费只反映了计划成本，还应该分摊相应的差异额才能反映实际的材料耗费。

$$材料成本差异率 = \frac{-100 + (-6\ 600 + 5\ 000)}{30\ 000 + 210\ 000 + 100\ 000} \times 100\% = -0.5\%$$

发出材料应负担的差异 = 255 000 × (-0.5%) = -1 275（元）

3）编制分摊差异的会计分录。

借：生产成本 [240 000×(-0.5%)]   -1 200

    制造费用 [4 000×(-0.5%)]   -20

    管理费用 [6 000×(-0.5%)]   -30

    销售费用 [2 000×(-0.5%)]   -10

    其他业务成本 [3 000×(-0.5%)]   -15

    贷：材料成本差异 [255 000×(-0.5%)]   -1 275

结存材料应负担的差异 = -6 600 + 5 000 - 100 - (-1 275) = -425（元）

结存材料的实际成本 = (210 000 + 100 000 + 30 000 - 255 000) + (-425) = 84 575（元）

经过材料成本差异的分配，本月发出材料应分配的成本差异从"材料成本差异"账户转出之后，属于月末库存材料应分配的成本差异425元仍保留在"材料成本差异"账户的贷方，作为原材料的调整项目，编制资产负债表时，存货项目中的原材料，应当列示加上"材料成本差异"账户的借方余额（或减去贷方余额）后的实际成本。

材料成本差异的结转，一般在月份终了时进行，不得在季末或年末一次计算。发出材料应负担的成本差异，除委托外单位加工发出材料可按上月的差异率计算外，其他都应使用当月的实际差异率；如果上月的成本差异率与本月成本差异率相差不大的，也可按上月的成本差异率计算。计算方法一经确定，不得任意变动。

第四节 其他存货的核算

一、周转材料

周转材料是指企业能够多次使用、不符合固定资产的定义、逐渐转移其价值但仍保持原有形态、不确认为固定资产的材料，包括包装物和低值易耗品。

（一）包装物

1. 包装物概述

包装物是指企业在生产经营活动中为包装本企业产品而储备的各种包装容器，例如桶、箱、瓶、坛、袋等。

包装物按其具体用途，可分为：①生产过程中用于包装产品作为产品组成部分的包装物；②随同商品出售不单独计价的包装物；③随同商品出售单独计价的包装物；④出租或出借给购买单位使用的包装物。

下列各项不属于包装物核算的范围：①各种包装材料，例如纸、绳、铁丝、铁皮等，这些属于一次性使用的包装材料，应作为材料进行核算；②用于储存和保管产品、材料而不对外出售的包装物，这类包装物应按其价值的大小和使用年限的长短，分别作为固定资产或低值易耗品管理和核算；③计划上单独列作企业商品产品的自制包装物，应作为产成品进行管理和核算。

2. 包装物的核算

为了反映和监督包装物的增减变化及其价值耗损、结存等情况，应设置"周转材料——包装物"账户，借方登记取得包装物的增加的成本，贷方登记发出包装物减少的成本；余额在借方，反映期末结存的包装物成本。对包装物采用计划成本进行计价的企业，包装物的收发和应负担的成本差异，也应通过"材料成本差异"科目核算。

企业购入、自制、委托外单位加工完成验收入库的包装物的核算，与原材料收入的核算相同，可以比照原材料的核算方法进行核算，此处主要阐述发出包装物的核算。

企业发出包装物，应按发出包装物的不同用途分别进行处理。

（1）生产领用包装物　企业生产部门领用的用于包装产品的包装物，构成了产品的组成部分，因此应将包装物的成本计入产品生产成本，借记"生产成本"科目，贷记"周转材料——包装物"科目。按计划成本核算的，月末还应结转领用包装物应负担的成本差异。

【例3-12】 甲公司是一般纳税人，本月生产产品领用了包装物50 000元。做出甲公司的会计分录。

【解析】 甲公司应编制如下会计分录：

借：生产成本　　　　　　　　　　　　　　　　　　　　　　　50 000
　　贷：周转材料——包装物　　　　　　　　　　　　　　　　　　　50 000

（2）随同商品出售但不单独计价的包装物　随同商品出售但不单独计价的包装物，应于包装物发出时，将其实际成本计入销售费用中，借记"销售费用"科目，贷记"周转材料——包装物"科目。

【例3-13】 甲公司本月随同商品出售了一批包装物，但不单独计价，计划成本30 000元，材料成本差异率为2%。做出甲公司的会计分录。

【解析】 甲公司应编制如下会计分录：

借：销售费用　　　　　　　　　　　　　　　　　　　　　　　30 600
　　贷：周转材料——包装物　　　　　　　　　　　　　　　　　　　30 000
　　　　材料成本差异　　　　　　　　　　　　　　　　　　　　　　　　600

（3）随同商品出售但单独计价包装物　随同商品出售时包装物如果要单独计价，应反映其销售收入与销售成本。因此，应于销售发出时，视同材料销售处理，借记"其他业务成本"科目，贷记"周转材料——包装物"科目。

【例3-14】 甲公司本月随同商品销售了一批包装物，实际成本为6 000元，该包装物单独计价，出售收入为7 000元，增值税税额为910元，收到转账支票存入银行。做出甲公司的会计分录。

【解析】 甲公司应编制如下会计分录：

借：银行存款　　　　　　　　　　　　　　　　　　　　　　　7 910

贷：其他业务收入	7 000
应交税费——应交增值税（销项税额）	910
借：其他业务成本	6 000
贷：周转材料——包装物	6 000

（4）出租、出借包装物　用于出租、出借的包装物，由于包装物收回后还要出租或出借，需要在"周转材料——包装物"科目下设"库存未用包装物""库存已用包装物""出租（或出借）包装物"等明细科目，分别反映库存未用、库存已用和出租出借包装物的成本。包装物成本的结转有一次摊销法和分次摊销法。分次摊销法详见低值易耗品的会计处理，此处以一次摊销法为例。

其核算一般有发出包装物（出租或出借）、收取押金和租金、退还押金、收回包装物和没收押金等几个环节。

【例 3-15】　甲公司销售部门向仓库领用 20 个库存未使用的油桶，每个实际成本 50 元，用于出租。出租包装物的期限为 1 个月，合同约定租金 791 元（含税）；包装物采用一次摊销法，出租包装物的押金 1 130 元已收存银行；1 个月后按期收回出租的油桶 18 个，扣除应收取的租金和没收 2 个油桶的押金后，其余押金通过银行转账退回。收回的油桶中发现有损坏不能使用而报废的油桶 2 个，收回残料价值 20 元。做出甲公司出租包装物的相关会计分录。

【解析】　甲公司应编制会计分录如下：

1）发出包装物用于出租时。

借：周转材料——包装物——出租包装物	1 000
贷：周转材料——包装物——库存未用包装物	1 000

包装物如按计划成本核算，材料成本差异率为 2%，则还要结转相应的材料成本差异。此时的会计分录为：

借：周转材料——包装物——出租包装物	1 020
贷：周转材料——包装物——库存未用包装物	1 000
材料成本差异	20

2）收取押金时。

借：银行存款	1 130
贷：其他应付款——包装物出租押金	1 130

3）1 个月到期收回包装物时，除去没收 2 个的押金 113 元和确认租金收入 791 元，应退还押金 226 元。

借：其他应付款——包装物押金	226
贷：银行存款	226

4）确认租金收入。

借：其他应付款——包装物押金	791
贷：其他业务收入	700
应交税费——应交增值税（销项税额）	91

5）结转包装物成本。

借：其他业务成本（出借则计入销售费用）	1 000

    贷：周转材料——包装物——出租包装物   1 000

 6）没收押金。

 借：其他应付款   113

   贷：其他业务收入   100

     应交税费——应交增值税（销项税额）   13

 7）由于包装物采用的一次摊销法，收回的包装物不需要再做会计分录，但应该备查登记。报废的残值冲减其他业务成本。

 借：原材料   20

   贷：其他业务成本   20

  如果包装物采用分次摊销法，则收回的包装物也应该入账，详见低值易耗品的会计处理。

（二）低值易耗品

  低值易耗品是指使用年限较短、不能作为固定资产管理的各种用具物品，如工具、管理用具、玻璃器皿，以及在生产经营过程中周转使用的容器等。

1. 科目设置

  为了反映和监督各种低值易耗品的收发和结存情况，企业应设置"周转材料——低值易耗品"科目，对低值易耗品进行总分类核算。"周转材料——低值易耗品"科目属于资产类科目，其借方登记企业购入、自制、委托加工完成、盘盈等原因而增加的低值易耗品的成本，贷方登记企业领用、摊销以及盘亏等原因减少的低值易耗品成本；期末余额在借方，反映库存低值易耗品的实际成本或计划成本。企业应按低值易耗品的品种规格进行数量和金额的明细分类核算。

  采用分次摊销法核算低值易耗品的企业，还需在"周转材料——低值易耗品"科目下设置"在库""在用""摊销"三个明细科目，其中"摊销"是"在用"或"在库"的备抵调整账户。每次摊销时，按实际摊销的金额借记相关成本费用科目，贷记"周转材料——低值易耗品——摊销"，借方登记报废等原因减少的低值易耗品时与"在用"或"在库"明细对冲的金额，期末余额在贷方。

2. 会计处理

  企业通过外购等方式取得低值易耗品时，参照原材料的核算方法进行处理，此处主要介绍低值易耗品发出的会计核算。

  低值易耗品既可按实际成本计价核算，也可按计划成本计价核算，其摊销方法有一次摊销法和分次摊销法。

  分次摊销法是根据低值易耗品的预计使用期限、次数，将其实际成本分次摊入成本、费用的方法。这种方法适用于使用期限较长、使用次数多、单位价值较高或一次领用数额较大的低值易耗品。还有一种五五摊销法，五五摊销法是一种特殊的分次摊销法，分摊次数只有两次：一次是领用时摊销一半，报废时摊销剩下的一半。

  【例 3-16】 某企业 4 月生产车间领用专用工具一批，实际成本 12 000 元，不符合固定资产定义，采用分次摊销法进行摊销。该专用工具的估计使用次数为 3 次。该批用具于 12 月底报废，报废时残料计价 600 元交材料库。根据有关低值易耗品领用和报废凭证，请做出该企业应编制的会计分录。

【解析】 该企业应编制如下会计分录：

1）4月领用时。

借：周转材料——低值易耗品——在用 12 000

　　贷：周转材料——低值易耗品——在库 12 000

2）第一次摊销。

借：制造费用 4 000

　　贷：周转材料——低值易耗品——摊销 4 000

第二次和第三次摊销分录相同。

3）12月经批准报废时，冲销已报废低值易耗品留存在其明细账上的在用数和摊销数。

借：周转材料——低值易耗品——摊销 12 000

　　贷：周转材料——低值易耗品——在用 12 000

4）报废的残料回收入库。

借：原材料 600

　　贷：制造费用 600

二、委托加工物资

（一）委托加工物资概述

委托加工物资是指企业委托外单位加工的各种材料、商品等物资，其实际成本一般包括加工中耗用物资的实际成本、支付的加工费用、往返运杂费及相关税费等。

核算委托加工物资，应设置"委托加工物资"科目。该科目属于资产类科目，借方登记发出到外单位加工的材料物资的实际成本、加工费用、应负担的税金和运杂费等；贷方登记加工完成验收入库和转回剩余材料物资的实际成本；期末余额在借方，反映尚未加工完成物资的实际成本。"委托加工物资"科目应按加工合同、受托加工单位以及加工物资的品种等设置明细科目，进行明细核算。

委托加工物资也可以采用计划成本法进行核算，其方法与原材料相似；也可以采用售价金额核算法，参照库存商品进行处理。

（二）账务处理

1. 发出材料物资委托加工

企业发出到外单位加工的材料物资，应按其实际成本，借记"委托加工物资"科目，贷记"原材料"等科目；如果采用计划成本或售价金额核算的，还应同时结转材料成本差异或商品进销差价，贷记或借记"材料成本差异"科目，或借记"商品进销差价"科目。

【例3-17】 甲公司委托乙公司加工一批W产品，发出A材料的实际成本30 000元。请写出甲公司应编制的会计分录。

【解析】 甲公司应编制如下会计分录：

借：委托加工物资——乙公司——W产品 30 000

　　贷：原材料——A材料 30 000

2. 支付加工费、增值税及应承担的往返运杂费

支付加工费、运杂费和增值税时，借记"委托加工物资""应交税费——应交增值税

（进项税额）"科目，贷记"银行存款"等科目。

【例3-18】承【例3-17】以银行存款支付的加工费5 000元和增值税650元，往返运杂费800元及增值税72元。请写出甲公司应编制的会计分录。

【解析】

借：委托加工物资——乙公司——W产品 5 800
　　应交税费——应交增值税（进项税额） 722
　　贷：银行存款 6 522

3. 支付给受托方代收代缴的消费税

支付给受托方代收代缴的消费税，按以下原则处理：

1）委托加工物资收回后以不高于受托方的计税价格出售的，以及用于非消费税项目的，应将受托方代收代交的消费税计入委托加工物资成本，借记"委托加工物资"科目，贷记"应付账款""银行存款"等科目。

【例3-19】承【例3-18】委托加工的是需要缴纳消费税的物资，加工完成后收回的W产品直接出售。以银行存款支付了乙公司代收代缴的消费税3 580元。请写出应编制的会计分录。

【解析】由于加工完成的W产品用于直接出售，支付的消费税应该计入"委托加工物资"的成本。甲公司应编制如下分录：

借：委托加工物资——乙公司——W产品 3 580
　　贷：银行存款 3 580

2）委托方以高于受托方的计税价格出售的则不属于直接出售，以及收回后用于连续生产应税消费品的，按规定准予抵扣支付给受托方代收代交的消费税，借记"应交税费——应交消费税"科目，贷记"应付账款""银行存款"等科目，见【例3-21】。

4. 加工完成及剩余材料物资的处理

加工完成验收入库的材料和剩余材料，应按其实际成本，借记"原材料""库存商品"等科目，贷记"委托加工物资"科目。采用计划成本或售价核算的企业，按计划成本或售价记入"原材料"或"库存商品"科目，实际成本与计划成本或售价之间的差异，记入"材料成本差异"或"商品进销差价"科目。

【例3-20】承【例3-19】，加工完成，收回W产品，验收入库。写出应编制的会计分录。

【解析】甲公司应编制如下会计分录：

借：库存商品——W产品 39 380
　　贷：委托加工物资——乙公司——W产品 39 380

【例3-21】丙企业委托丁企业加工用于连续生产的应税消费品。丙、丁企业均为增值税一般纳税人，适用的增值税税率为13%，适用的消费税税率为10%。丙企业对材料采用计划成本进行核算。丙企业发出材料的计划成本为80 000元，材料成本差异率为-3%；按合同规定，丙企业用银行存款支付丁企业加工费3 400元，增值税额442元以及相应的消费税；加工完成后的材料计划成本为85 000元，用银行存款支付了往返运输费3 000元，增值税税率9%，材料已验收入库。请写出丙企业应编制的会计分录。

【解析】本例中，丙企业的材料采用的计划成本核算，发出材料委托加工时应分摊

3%的节约差异2 400（80 000×3%）元，因而计入委托加工物资的实际材料费就是77 600（80 000-2 400）元。丙企业应编制如下会计分录：

1）发出材料时。

借：委托加工物资——丁企业   77 600
  贷：原材料   80 000
    材料成本差异   2 400

2）支付加工费、增值税和消费税。

$$消费税 = 组成计税价格 \times 消费税税率 = \frac{材料的实际成本+加工费}{1-消费税税率} \times 消费税税率$$

$$\frac{[80\,000\times(1-3\%)]+3\,400}{1-10\%} \times 10\% = 9\,000（元）$$

借：委托加工物资——丁企业   3 400
  应交税费——应交增值税（进项税额）   442
      ——应交消费税   9 000
  贷：银行存款   12 842

3）支付运输费及增值税。

借：委托加工物资——丁企业   3 000
  应交税费——应交增值税（进项税额）   270
  贷：银行存款   3 270

4）加工物资验收入库。

借：原材料   85 000
  贷：委托加工物资——丁企业   84 000
    材料成本差异   1 000

三、库存商品

（一）库存商品概述

库存商品是指企业已完成全部生产过程并已验收入库、合乎标准规格和技术条件，可以按照合同规定的条件送交订货单位，或可以作为商品对外销售的产品以及外购或委托加工完成验收入库用于销售的各种商品。

库存商品具体包括库存产成品、外购商品、存放在门市部准备出售的商品、发出展览的商品、寄存在外的商品、接受来料加工制造的代制品和为外单位加工修理的代修品等。可以降价出售的不合格品，也属于库存商品，但应当与合格商品分开记账。已完成销售手续但购买单位在月末未提取的产品，不应作为企业的库存商品，而应作为代管商品处理，单独设置"代管商品备查簿"进行登记。

（二）库存商品的核算

为了反映和监督库存商品的增减变动及其结存情况，企业应当设置"库存商品"账户，借方登记验收入库的库存商品成本，贷方登记发出的库存商品成本；期末余额在借方，反映各种库存商品的实际成本或计划成本。本账户应按商品的种类、品种和规格设置明细账户进行明细核算。

1. 库存商品入库的核算

工业企业产品生产完工，根据验收入库产成品的实际成本，借记"库存商品"科目，贷记"生产成本"等科目；也可以采用计划成本核算，按计划成本借记"库存商品"科目，按实际成本，贷记"生产成本"等科目，按计划成本与实际成本的差异，借记或贷记"产品成本差异"科目。商品流通企业通过外购和委托加工等方式取得的商品，验收商品入库时应比照工业企业取得的原材料进行处理。

【例3-22】 甲公司本月"产品入库表"列明本月验收入库A产品200件，单位成本5 600元；B产品500件，单位成本35 000元。请写出甲公司应编制的会计分录。

【解析】 甲公司应编制会计分录如下：

借：库存商品——A产品 1 120 000
　　　　　　 ——B产品 17 500 000
　　贷：生产成本——基本生产成本——A产品 1 120 000
　　　　　　　　　　　　　　　　——B产品 17 500 000

2. 发出库存商品的核算

发出库存商品主要是对外销售，按已销售、发出的库存商品的实际成本，借记"主营业务成本""发出商品"等科目，贷记"库存商品"科目；如果原已对库存商品计提存货跌价准备，在结转已销产品成本时，应将相应的存货跌价准备一并转出。

库存商品发出的计价方法，可以比照原材料采用实际成本法、计划成本法等结转出库商品的成本。

【例3-23】 甲公司本月"发出商品汇总表"列明，发出销售了A产品180件，单位成本5 600元；B产品450件，单位成本35 000元；C产品30件，单位成本28 000元，每件C产品计提了300元的存货跌价准备。请写出甲公司应编制的会计分录。

【解析】 甲公司应编制会计分录如下：

借：主营业务成本 17 589 000
　　存货跌价准备——C产品 9 000
　　贷：库存商品——A产品 1 008 000
　　　　　　　　 ——B产品 15 750 000
　　　　　　　　 ——C产品 840 000

商品流通企业发出商品还可以采用毛利率法和售价金额核算法进行核算。

（1）毛利率法 毛利率法是指根据本期销售净额乘以上期实际（或本期计划）毛利率，计算出销售毛利，并据以计算发出商品和期末库存商品成本的一种方法。其计算公式如下：

$$毛利率 = 销售毛利 \div 销售额 \times 100\%$$
$$销售净额 = 销售收入 - 销售退回 - 销售折让$$
$$本期商品销售成本 = 销售净额 - 销售毛利 = 销售净额 - 销售净额 \times 毛利率$$
$$= 销售净额 \times (1 - 毛利率)$$
$$期末存货成本 = 期初存货成本 + 本期购货成本 - 本期商品销售成本$$

这一方法是商品流通企业，尤其是商业批发企业常用的计算本期商品销售成本和期末库存商品成本的方法。由于经营商品的品种繁多，如果分品种计算商品成本，工作量将大大增加。由于商品流通企业同类商品的毛利率大致相同，采用这种存货计价方法既能减轻工作量，也能满足对存货管理的需要。

【例3-24】　某商品流通企业采用毛利率法计算发出存货成本。该企业8月份实际毛利率为20%，9月1日的存货成本为2 000万元，本月购货4 500万元，销售收入为6 000万元，销售退回为100万元。计算该企业9月份的商品销售成本和月末结存商品成本。

【解析】
$$销售毛利=(6\,000-100)\times20\%=1\,180(万元)$$
$$本月商品销售成本=5\,900-1\,180=4\,720(万元)$$
$$月末商品结存成本=2\,000+4\,500-4\,720=1\,780(万元)$$

（2）售价金额核算法　售价金额核算法是指平时商品的购入、加工收回、销售均按售价记账，售价与进价的差额通过"商品进销差价"科目核算，期末计算进销差价率和本期已销售商品应分摊的进销差价，并据以调整本期销售成本的一种方法。从事商品零售业务的企业（如百货公司、超市、书店等），由于经营的商品种类、品种、规格等繁多，而且要求按商品零售价格标价，采用其他成本计算结转方法均较困难，因此广泛采用售价金额核算法。计算公式如下：

$$商品进销差价率=\frac{期初库存商品进销差价+本期购入商品进销差价}{期初库存商品售价+本期购入商品售价}\times100\%$$

$$本期销售商品应分摊的商品进销差价=本期商品销售收入\times商品进销差价率$$

$$本期销售商品的成本=本期商品销售收入-本期销售商品应分摊的商品进销差价$$
$$期末结存商品的成本=期初库存商品的进价成本+本期购进商品的进价成本-本期销售商品的成本$$

"商品进销差价"账户是商品零售企业用来核算商品售价（含税）与进价（不含税）之间差额（毛利+销项税额）的专门账户，借贷方登记内容见表3-5。

表3-5　商品进销差价

① 当取得商品的进价大于售价时两者的差额（较少发生） ② 月终分摊商品进销差价	当企业购进商品的售价大于其进价时两者的差额
反映库存商品进价大于售价时两者的差额（较少发生）	反映库存商品进价小于售价时两者的差额（正常情况应为贷方余额）

【例3-25】　某商场为增值税一般纳税人，库存商品采用售价金额核算法进行核算。本月初，库存商品的进价成本为80万元，含税售价总额为108.48万元。5日，购进商品的进价成本为200万元，增值税进项税额为26万元，全部款项已用银行存款支付。10日，商品验收入库，含税售价总额为271.2万元。当月实现含税销售收入为339万元，款项未收。计算本月发出商品的成本和月末结存商品的实际成本，并写出会计分录。

【解析】　该商场应编制会计分录如下：

1）购入商品时。

借：在途物资　　　　　　　　　　　　　　　　　　　2 000 000
　　应交税费——应交增值税（进项税额）　　　　　　 260 000
　　贷：银行存款　　　　　　　　　　　　　　　　　　　 2 260 000

2）验收入库时。

借：库存商品   2 712 000

  贷：在途物资   2 000 000

    商品进销差价   712 000

3）因零售业务频繁，平时一般直接按售价确认销售收入，按同样的金额结转销售成本。

如本月 12 日实现零售收入 452 000 元，则当日做如下会计分录：

借：银行存款   452 000

  贷：主营业务收入   452 000

借：主营业务成本   452 000

  贷：库存商品   452 000

4）月末调整销售收入和销售成本。

① 因平时按零售价确认的销售收入是含税收入，月末应将含税销售收入调整为不含税销售收入。

如本例中全月含税销售额 3 390 000 元，即主营业务收入共计入了 3 390 000 元，月末进行价税分离，从"主营业务收入"科目转入"应交税费——应交增值税（销项税额）"科目，将收入还原为不含税收入。

  不含税收入＝含税收入÷(1+增值税税率)＝3 390 000÷(1+13%)＝3 000 000(元)

    销项税额＝不含税收入×增值税税率＝3 000 000×13%＝390 000(元)

借：主营业务收入   390 000

  贷：应交税费——应交增值税（销项税额） 390 000

② 平时按零售价结转的销售成本包含了已销商品的进价成本和进销差价，因此月末进行差价从已计的销售成本中调整出来。

首先计算商品进销差价率，并结转已销商品应承担的进销差价。

商品进销差价率＝[(284 800+712 000)÷(1 084 800+2 712 000)]×100%＝26.2537%

  已销商品应分摊的商品进销差价＝3 390 000×26.2537%＝890 000(元)

然后计算本期的商品销售成本和结存成本。

    本期销售商品的成本＝3 390 000-890 000＝2 500 000(元)

    月末结存商品的实际成本＝800 000+2 000 000-250 000＝300 000(元)

商品进销差价的会计分录如下：

借：商品进销差价   890 000

  贷：主营业务成本   890 000

本月库存商品余额 406 800 元，商品进销差价贷方余额 106 800 元，库存商品实际结存成本为 300 000 元。

第五节　存货清查

▶▶ 一、存货清查的概念

存货清查是指通过实地盘点等方法，确定存货的实有数，并与账面记录核对，从而确定存货实存数与账存数是否相符的一种专门方法。

存货是企业流动资产的重要组成部分，由于不断销售或耗用，可能因为计量差错、计算错误、自然损耗、损坏变质等，发生账实不符的情况。为了维护存货的安全完整，企业应当定期或不定期地对存货的实物进行盘点和抽查，并与账面记录进行核对，确保存货账实相符。企业至少应当在编制年度财务会计报告之前，对存货进行一次全面的清查盘点。

二、存货的盘存制度

存货的盘存制度有实地盘存制和永续盘存制两种。

(一) 实地盘存制

实地盘存制又称定期盘存制，是指企业平时只在账簿中登记存货的增加数，不记减少数，期末将清点所得的实存数作为账存数，倒算出本期存货的发出数的一种存货盘存方法。其计算公式为

$$本期减少数 = 期初结存数 + 本期增加数 - 期末结存数$$

使用这种方法平时的核算工作比较简便，验收入库时登记增加数，发出时不登记，因而也不能随时得出结存数。由于不能随时反映各种存货的发出和结存情况，也就不能随时结转成本，并可能把存货的自然和人为短缺数隐含在发出数量之内。此种盘存方法通常仅适用于一些单位价值较低、自然损耗大、数量不稳定、进出频繁的特定存货。

(二) 永续盘存制

永续盘存制又称账面盘存制，是指企业设置各种数量金额式的存货明细账，根据有关凭证，逐日逐笔登记材料、产品、商品等的收发领退数量和金额，随时结出账面结存数量和金额。采用永续盘存制，可随时掌握各种存货的收发、结存情况，有利于存货管理。其计算公式为

$$期末结存数 = 期初结存数 + 本期增加数 - 本期减少数$$

永续盘存制通过对存货的实物盘点，得出实存数，并编制盘点表，将账面结存数与实际盘点数进行核对。无论是盘盈还是盘亏，都应及时查明原因并根据企业的管理权限，报经股东大会或董事会，或经理（厂长）会议或类似机构批准后，在期末结账前处理完毕。

与实地盘存制相比，永续盘存制日常核算工作量较大，但使用这种方法能随时得到存货的发出数和实存数，有利于对存货的控制，且能够有效地保护企业财产物资的安全与完整，因此，存货的数量核算一般采用永续盘存制。但不论采用何种方法，前后各期应保持一致。

三、存货清查的会计处理

为了核算存货清查过程中查明的各项存货盘盈或盘亏、毁损等情况，企业应设置"待处理财产损溢"账户，借方登记发生的各种财产物资的盘亏金额和批准转销的盘盈金额，贷方登记发生的各种财产物资的盘盈金额和批准转销的盘亏金额，其下可分设两个明细科目："待处理财产损溢——待处理固定资产损溢"和"待处理财产损溢——待处理流动资产损溢"。期末企业应将本账户清查处理完毕，没有余额。

(一) 存货盘盈

存货盘盈是指存货的实存数量超过账面结存数量的差额，多是企业日常收发计量或计

算有差错等原因造成的。企业发生存货盘盈，应分两步处理。第一步，应及时调整存货的账面数额，应按照盘盈金额及时登记入账，借记"原材料""库存商品"等科目，贷记"待处理财产损溢"科目；第二步，查明盘盈的原因，按管理权限报经有关部门批准后，转销待处理存货盘盈，借记"待处理财产损溢"科目，贷记"管理费用"科目。

【例3-26】 甲公司在财产清查中盘盈 A 材料 3 000kg，实际单位成本 12 元/kg，经查属于材料收发计量方面的差错。请写出甲公司应编制的会计分录。

【解析】

1）调整账面记录，确保账实相符。

借：原材料——A 材料　　　　　　　　　　　　　　　　　　　36 000

　　贷：待处理财产损溢——待处理流动资产损溢　　　　　　　　　　36 000

2）根据差异原因经批准处理。

借：待处理财产损溢——待处理流动资产损溢　　　　　　　　　36 000

　　贷：管理费用　　　　　　　　　　　　　　　　　　　　　　　36 000

（二）存货盘亏

存货盘亏是指存货的实存数量少于账面结存数量的差额。存货发生盘亏，在批准处理前，为确保账实相符，应将其账面成本及时转销。应借记"待处理财产损溢——待处流动资产损溢"科目，贷记"原材料""库存商品"等科目。因非正常损失导致的存货盘亏或毁损，按规定不能抵扣的增值税进项税额应当予以转出。非正常损失是指因管理不善造成被盗、丢失、霉烂变质等造成的损失，以及因违反法律法规造成存货被依法没收、销毁、拆除的情形。待查明原因报经批准处理后，根据造成盘亏的原因，分别以下情况进行会计处理：①属于定额内自然损耗的短缺，计入"管理费用"科目；②对于应由保险公司和过失人的赔款，计入"其他应收款"科目；③属于收发计量差错和管理不善等原因造成的短缺或毁损，应将扣除可收回的过失人和保险公司赔款以及残料价值后的净损失，计入"管理费用"科目；④属于自然灾害或意外事故造成的毁损，将扣除可收回的保险公司和过失人赔款以及残料价值后的净损失计入"营业外支出"科目。

【例3-27】 甲公司在财产清查中发现毁损 B 材料 500kg，实际单位成本 60 元/kg，经查因管理不善导致的损失，其进项税额为 3 900 元。报经批准后由保管员承担 10 000 元，残料已办理入库手续，价值 5 000 元。因管理不善等原因导致的非正常损失，其进项税额要予以转出。请写出甲公司应编制的会计分录。

【解析】 甲公司应编制如下会计分录：

借：待处理财产损溢——待处理流动资产损溢　　　　　　　　　33 900

　　贷：原材料——B 材料　　　　　　　　　　　　　　　　　　30 000

　　　　应交税费——应交增值税（进项税额转出）　　　　　　　　3 900

将净损失转入管理费用。

借：其他应收款——应收赔偿款　　　　　　　　　　　　　　　10 000

　　原材料——B 材料　　　　　　　　　　　　　　　　　　　　5 000

　　管理费用　　　　　　　　　　　　　　　　　　　　　　　18 900

　　贷：待处理财产损溢——待处理流动资产损溢　　　　　　　　　33 900

第六节　存货的期末计价

一、存货的期末计价原则

在资产负债表日，存货应当按照成本与可变现净值孰低法计量。

成本与可变现净值孰低法是指期末存货按照成本与可变现净值两者之中较低者计量，即当成本低于可变现净值时，存货按成本计量；当成本高于可变现净值时，存货按可变现净值计量，同时应当计提存货跌价准备，计入当期损益。成本是指存货的历史成本，如果企业在存货成本的日常核算中采用计划成本法、售价金额核算法等核算方法，成本应加上或减去"材料成本差异""商品进销差价"。可变现净值是指在日常活动中存货的估计售价减去至完工时估计将要发生的成本、估计的销售费用以及相关税费后的金额。

成本与可变现净值孰低法的理论基础主要是使存货符合资产的定义：当存货的可变现净值下跌至成本以下时，表明该存货给企业带来的未来经济利益低于其账面成本，因而应将这部分损失从资产价值中扣除，计入当期损益；如果仍然以其成本计量，就会出现虚增资产的现象。

二、确定存货可变现净值应考虑的因素

企业在确定存货的可变现净值时，应当以取得的确凿证据为基础，并且考虑持有存货的目的、资产负债表日后事项的影响等因素。

（一）确定存货的可变现净值应当以取得的确凿证据为基础

确定存货的可变现净值必须建立在取得确凿证据的基础上，这里所讲的确凿证据是指对确定存货的可变现净值和成本有直接影响的客观证明。

可以将存货的采购成本、加工成本、其他成本和以其他方式取得存货的成本，应当以取得的外来原始凭证、生产成本账簿记录等作为存货成本的确凿证据。

存货可变现净值的确凿证据是指对确定存货的可变现净值有直接影响的确凿证明，例如产成品或商品的市场销售价格、与产成品或商品相同或类似商品的市场销售价格、销货方提供的有关资料和生产成本资料等。

如有确凿证据表明存货存在下列情形之一的，通常表明存货的可变现净值低于成本：

1）该存货的市场价格持续下跌，并且在可预见的未来无回升的希望。

2）企业使用该项原材料生产的产品成本大于产品的销售价格。

3）企业因产品更新换代，原有库存原材料已不适应新产品的需要，而该原材料的市场价格又低于其账面成本。

4）因企业所提供的商品或劳务过时或消费者偏好改变而使市场的需求发生变化导致存货的市场价格逐渐下跌。

5）其他足以证明该项存货实质上已经发生减值的情形。

存货存在下列情形之一的，通常表明存货的可变现净值为零：

1）已霉烂变质的存货。

2）已过期且无转让价值的存货。

3）生产中已不再需要，并且已无使用价值和转让价值的存货。

4）其他足以证明已无使用价值和转让价值的存货。

（二）考虑持有存货的目的

企业持有存货的目的不同，其可变现净值的确定也不同。

（1）用于出售　产成品、商品和用于出售的材料等直接用于出售的存货，应当以该存货的估计售价减去估计的销售费用和相关税费后的金额，确定其可变现净值，具体又分为有合同约定的存货和没有合同约定的存货。

（2）用于再加工　需要经过加工的材料存货，应当以所生产的产成品的估计售价减去至完工时估计将要发生的成本、估计的销售费用和相关税费后的金额，确定其可变现净值。

（三）考虑资产负债表日后事项的影响

资产负债表日后事项应当能够确定资产负债表日存货的存在状况。确定存货的可变现净值时，应当根据资产负债表日存货所处状况估计的售价为基础，资产负债表日后事项期间发生的有关价格波动，如果有确凿证据表明是对资产负债表日的存货存在状况提供进一步证明的，在计算可变现净值时应当考虑资产负债表日后事项的影响。

▶▶ 三、存货可变现净值的确定

对于企业持有的各类存货，在确定其可变现净值时，最关键的问题是确定估计售价。企业应当区别以下几个确定存货的估计售价及可变现净值的情况。

1. 为执行销售合同或者劳务合同而持有的商品产品

为执行销售合同或者劳务合同而持有的商品产品，通常应当以产成品或商品的合同价格作为其可变现净值的计算基础。如果企业与购买方签订了销售合同（或劳务合同，下同），并且销售合同订购的数量大于或等于企业持有存货的数量，在确定与该项销售合同直接相关存货的可变现净值时，应当以销售合同价格作为其可变现净值的计算基础，即以合同价减去估计的销售费用和相关税费后的金额，作为其可变现净值。如果企业销售合同所规定的标的物还没有生产出来，但持有专门用于该标的物生产的原材料，其可变现净值也应当以合同价格作为计算基础。

【例3-28】　2021年10月2日，甲公司与乙公司签订了一份不可撤销的销售合同。双方约定，2022年3月15日，甲公司应按500 000元/台的价格向乙公司提供B设备12台。2021年12月31日，甲公司B设备的账面价值（成本）为300万元，数量为10台，单位成本为300 000元/台，销售运杂费等1 500元/台，税费500元/台。2021年12月31日，B设备的市场销售价格为290 000元/台，估计的销售费用2 000元/台，税费450元/台。

在本例中，根据甲公司与乙公司签订的销售合同，甲公司该批B设备，有销售合同约定，并且其库存数量小于销售合同订购的数量。在这种情况下，10台B设备的可变现净值均以合同价为基础确定，以合同价减去与合同相应的销售费用和相关税费得到B设备的可变现净值。

即

B 设备的可变现净值 =（500 000－1 500－500）×10 = 4 980 000（元）

2. 没有销售合同或合同数量小于库存数量的商品产品

如果销售合同或劳务合同订购的数量小于企业持有的存货数量，应分别确定其可变现净值，并与其相对应的成本进行比较，分别确定存货是否跌价及跌价的金额。超出合同部分的存货的可变现净值，应当以一般销售价格为计算基础，其可变现净值则是市场价格减去估计的销售费用和相关税费。没有销售合同时，存货的可变现净值一般全部以销售价格为计算基础，其可变现净值则等于市场价格减去估计的销售费用和相关税费。

【例 3-29】　资料如【例 3-28】，假定没有签订销售合同，其他数据相同。

由于 10 台 B 设备均没有签订销售合同，每台估计售价就是市场销售价格 290 000 元。

B 设备的可变现净值 =（290 000－2 000－450）×10 = 2 875 500（元）

【例 3-30】　资料如【例 3-28】，如果合同只签订了 8 台，小于库存的 10 台。则签订合同的 8 台 B 设备以合同价减去合同销售情况下的销售税费计算可变现净值，而剩余 2 台应该以市场销售价格减去一般销售情况下的销售税费计算可变现净值。

8 台 B 设备的可变现净值 =（300 000－1 500－500）×8 = 2 384 000（元）

2 台 B 设备的可变现净值 =（290 000－2 000－450）×2 = 575 100（元）

3. 用于出售的材料

用于出售的材料，通常以市场价格作为其可变现净值的计算基础。这里的市场价格是指材料等市场销售价格。如果用于出售的材料存在销售合同约定，应按合同价格作为其可变现净值的计算基础。

4. 需要经过加工的材料存货

需要经过加工的材料存货，在正常生产经营过程中，应当以所生产的产成品的估计售价减去至完工时估计将要发生的成本、估计的销售费用和相关税费后的金额，确定其可变现净值。

将原材料加工成产成品过程中将要发生的除原材料以外的各种耗费，包括职工薪酬、固定资产折旧费、无形资产摊销费以及生产产品发生的其他各项耗费，这些耗费需要在估计售价中补偿，应进行合理估计。

计算公式为

可变现净值 = 产成品估计售价 - 继续加工至可销售状态还需发生的成本 - 销售费用 - 相关税费

【例 3-31】　甲公司库存一批乙材料，实际成本 120 万元，不含税售价 100 万元，拟全部用于生产 1 万件 C 产品。将该批材料加工成 C 产品尚需投入的成本总额为 30 万元。由于乙材料市场价格持续下降，C 产品每件不含税的市场价格由原 180 元下降为 120 元。估计销售该批 C 产品将发生销售费用及相关税费合计为 2 万元。不考虑其他因素，请确定甲公司该批乙材料的账面价值。

【解析】　　　　C 产品的成本 = 120＋30 = 150（万元）

C 产品的可变现净值 = 120－2 = 118（万元）

由于产品发生了减值，所以判断材料也发生减值。

乙材料的材料成本 = 120（万元）

乙材料的可变现净值 = 120－30－2 = 88（万元）

所以该批乙材料的账面价值为 88 万元。

四、存货跌价准备的会计处理

资产负债表日，如果存货成本低于可变现净值，存货报表项目金额以成本列示；如果成本高于可变现净值，企业就应该按差额计提存货跌价准备，存货报表项目应按可变现净值列示。

（一）存货跌价准备的计提方法

1. 单项比较法

单项比较法亦称逐项比较法或个别比较法，是指对库存的每一种存货的成本与可变现净值逐项进行比较，每项存货均取较低数确定期末存货的账面价值的计提方法。这种计提方法是最稳健的计提方法，虽然工作量大，但计提的准备最充足。单项比较法能够充分反映会计信息质量中谨慎性的要求，企业应首选单项比较法计提存货跌价准备。

2. 分类比较法

分类比较法亦称类比法，是指按存货类别的成本与其可变现净值进行比较，每类存货取其较低数确定为存货的期末账面价值的计提方法。适用于存货类别很多且单位价值不高的企业。这种方法的谨慎程度低于单项比较法，因为类内存货可变现净值高于成本和低于成本的差额将会相互抵销，降低存货跌价损失的数额。

3. 综合比较法

综合比较法亦称总额比较法，是指按全部存货的总成本与可变现净值总额相比较，以较低数作为全部存货的期末账面价值。与前两种方法相比，这种方法可能会将减值金额抵销一部分，从而导致计提的存货跌价准备最低，这种方法的谨慎性最差。

【例 3-32】 企业期末成本与可变现净值见表 3-6。

表 3-6　存货跌价准备计算表　　　　　　　　　　　　　单位：元

存货项目	成　本	可变现净值	存货跌价准备计提额		
			单项比较法	分类比较法	综合比较法
甲类存货					
A 产品	80 000	95 000	0		
B 产品	280 000	210 000	70 000		
小　计	360 000	305 000		55 000	
乙类存货					
C 产品	125 000	156 000	0		
D 产品	48 000	45 000	3 000		
小　计	173 000	201 000		0	
合　计	533 000	506 000	73 000	55 000	27 000

由表 3-7 可知，A 产品和 C 产品的可变现净值高于成本，在采用单项比较法时不计提这两种存货跌价准备，B 产品和 D 产品分别计提 70 000 元和 3 000 元的存货跌价准备，合

计73 000元，此时期末存货的总价值最低，为460 000元；分类比较法下甲类存货中A产品的可变现净值比成本高15 000元，抵销了单项比较法下15 000元的跌价准备，只计提55 000元，乙类存货中3 000元的D产品跌价准备被C产品的可变现净值抵销了，计提额为零，两类存货合计计提存货跌价准备55 000元；同样的道理，综合比较法下全部存货的成本533 000元与可变现净值506 000元相比较，只减值了27 000元，因而只计提27 000元的存货跌价准备。

可见单项比较法所确定的均为各项存货的最低价，据此计算的结果比较准确，但这种方法的工作量大，存货品种繁多的企业更甚；综合比较法虽然比其他两种方法简单，但过于粗糙；分类比较法介于两者之间。

（二）存货跌价准备的计提

1. 账户设置

企业应当设置"存货跌价准备"科目来反映存货跌价准备的情况，该科目是资产的备抵类科目。贷方登记可变现净值低于成本而计提的跌价准备，借方登记因计提了跌价准备的存货减少而相应转出的跌价准备和冲减多计提的跌价准备，余额一般在贷方，反映为期末存货计提的跌价准备。该科目可按存货的类别或品种设置明细科目。

2. 存货跌价准备计提的核算

企业通常应当在每一个资产负债表日按照单个存货项目计提存货跌价准备，将每个存货项目的成本与其可变现净值逐一进行比较，按较低者计量存货，并且按成本高于可变现净值的差额，计提存货跌价准备；对于数量繁多、单价较低的存货，可以按照存货类别计提存货跌价准备；与在同一地区生产和销售的产品系列相关、具有相同或类似的最终用途或目的，且难以与其他项目分开计量的存货，可以合并计提存货跌价准备。存货具有相同或类似的最终用途或目的，并在同一地区生产和销售，意味着存货所处的经济环境、法律环境、市场环境等相同，具有相同的风险和报酬。因此，在这种情况下，可以对该存货进行合并，再计提存货跌价准备。

【例3-33】 资料如【例3-32】，根据表3-3分别做出单项比较法、分类比较法和综合比较法下的会计分录。

【解析】 分别做三种方法下的会计分录：

1）单项比较法下企业应编制如下会计分录：

借：资产减值损失　　　　　　　　　　　　　　　　73 000
　　贷：存货跌价准备——B产品　　　　　　　　　　　　70 000
　　　　　　　　　　——D产品　　　　　　　　　　　　 3 000

2）分类比较法下企业应编制如下会计分录：

借：资产减值损失　　　　　　　　　　　　　　　　55 000
　　贷：存货跌价准备——甲类存货　　　　　　　　　　 55 000

3）综合比较法下企业应编制如下会计分录：

借：资产减值损失　　　　　　　　　　　　　　　　27 000
　　贷：存货跌价准备　　　　　　　　　　　　　　　　 27 000

(三) 存货跌价准备的转回

(1) 资产负债表日，企业应当确定存货的可变现净值　企业确定存货的可变现净值，应当以资产负债表日的状况为基础确定，既不能提前确定存货的可变现净值，也不能延后确定存货的可变现净值，并且在每一个资产负债表日都应当重新确定存货的可变现净值。

(2) 企业的存货在符合条件的情况下，可以转回计提的存货跌价准备　存货跌价准备转回的条件是以前减记存货价值的影响因素已经消失，而不是在当期造成存货可变现净值高于成本的其他影响因素。

(3) 每一会计期末，比较成本与可变现净值计算出应计提的跌价准备，然后与"存货跌价准备"科目的余额进行比较　若应提数小于已提数，应在原已计提的存货跌价准备的金额内转回，冲减部分已计提数。即在对该项存货、该类存货或该合并存货已计提的存货跌价准备的金额内转回。转回的存货跌价准备与计提该准备的存货项目或类别应当存在直接对应关系，但转回的金额应以将存货跌价准备余额冲减至零为限。

【例 3-34】 2020 年 12 月 31 日，甲公司的 H 产品成本 800 万元，由于该产品的市场价格下跌，预计可变现净值 750 万元，为此，甲公司计提了 50 万元的存货跌价准备。

假定：

1) 2021 年 6 月 30 日，该产品的成本仍然是 800 万元，但市场价格有所回升，预计可变现净值为 780 万元。

2) 2021 年 12 月 31 日，该产品成本仍然是 800 万元，市场价格继续回升，可变现净值为 850 万元。

请做出甲公司 6 月 30 日与 12 月 31 日与存货跌价准备相关的会计分录。

【解析】 甲公司应根据发生的如下经济事项编制会计分录：

1) 2021 年 6 月 30 日，由于 H 产品市场价格回升，其可变现净值有所恢复，应计提的存货跌价准备为 20 (800-780) 万元，而"存货跌价准备——H 产品"已经有贷方余额 50 万元，则当期应冲减已计提的存货跌价准备 30 (50-20) 万元。30 万元小于已计提的存货跌价准备 50 万元，因此应转回的存货跌价准备为 30 万元。

会计分录为

借：存货跌价准备——H 产品　　　　　　　　　　　　　　　300 000
　　贷：资产减值损失　　　　　　　　　　　　　　　　　　　　　　300 000

也可用红字做与计提同方向的分录。

借：资产减值损失　　　　　　　　　　　　　　　　　　　　300 000
　　贷：存货跌价准备　　　　　　　　　　　　　　　　　　　　　　300 000

2) 2021 年 12 月 31 日，H 产品的市场价格继续回升，可变现净值继续有所恢复，应冲减存货跌价准备为 50 万元 (800-850) 万元，但是对 H 产品已计提的存货跌价准备的余额为 20 万元，因此，当期应转回的存货跌价准备为 20 万元而不是 50 万元 (以将对 H 产品已计提的"存货跌价准备"余额冲减至零为限)。

会计分录为

借：存货跌价准备——H 产品　　　　　　　　　　　　　　　200 000
　　贷：资产减值损失　　　　　　　　　　　　　　　　　　　　　　200 000

（四）存货跌价准备的结转

企业计提了存货跌价准备，如果其中有部分存货已经销售，则企业在结转销售成本时，应同时结转对其已计提的存货跌价准备。对于因债务重组、非货币性资产交换转出的存货，也应同时结转已计提的存货跌价准备。如果按存货类别计提存货跌价准备的，应当按照发生销售、债务重组、非货币性资产交换等而转出存货的成本占该存货未转出前该类别存货成本的比例结转相应的存货跌价准备。一般来说，生产领用存货不用逐笔结转存货跌价准备，而是在期末一并计算调整。

【例3-35】甲公司月初A产品300台，单位成本5万元，"存货跌价准备"账户余额为50万元，本月入库60台，单位成本5万元。销售其中240台A产品，月末A产品库存120台，单位成本为5万元。其中80台已经确定了销售合同，合同售价每台5.2万元，预计每台销售税费0.35万元；40台没有销售合同，市场价格每台5.1万元，每台预计销售税费0.5万元。请计算甲公司销售A产品时应结转的存货跌价准备金额并做出会计分录；计算月末A产品的可变现净值与需要补提的存货跌价准备，并做出会计分录。

【解析】甲公司编制会计分录如下：

1）甲公司销售240台A产品时，应同时结转已计提的跌价准备。

结转的跌价准备=50×240÷300=40（万元）。

借：主营业务成本	12 000 000
贷：库存商品	12 000 000
借：存货跌价准备	400 000
贷：主营业务成本	400 000

也可以合并做分录。

借：主营业务成本	11 600 000
存货跌价准备	400 000
贷：库存商品	12 000 000

2）月末120台A产品成本=120×5=600（万元）。

计算可变现净值时，有销售合同的80台以合同价格为基础，减去相关销售税费得到这部分的可变现净值；没有销售合同的40台应按市场价格减去相应销售税费计算可变现净值。

则120台A产品的可变现净值计算如下：

80台有合同A产品的可变现净值=(5.2-0.35)×80=388（万元）。

40台无合同A产品的可变现净值=(5.1-0.5)×40=184（万元）。

有合同A产品的可变现净值388万元小于成本400万元，跌价12万元；无合同A产品的可变现净值184万元小于成本200万元，跌价16万元；合计跌价28万元。由于"存货跌价准备"还有余额10（50-40）万元，因此，月末尚需补提18万元跌价准备。

借：资产减值损失	180 000
贷：存货跌价准备——A产品	180 000

第四章

固定资产

学习目标

1. 掌握：外购的固定资产、自行建造的固定资产核算；固定资产折旧；固定资产后续支出资本化核算；固定资产处置的核算；固定资产的减值。

2. 理解：固定资产后续支出费用化核算；固定资产的清查；存在弃置义务的固定资产的核算。

3. 了解：固定资产的特征、分类、计价，接受捐赠固定资产的核算。

第一节　固定资产概述

一、固定资产的定义与特征

1. 固定资产的定义

固定资产是指为生产商品、提供劳务、出租或经营管理而持有的，使用寿命超过一个会计年度的有形资产。

2. 固定资产的特征

（1）为生产商品、提供劳务、出租或经营管理而持有　企业持有固定资产的目的是生产商品、提供劳务、出租或经营管理，即企业持有的固定资产是企业的劳动工具或手段，而不是用于出售的产品。其中出租的固定资产，是指企业以经营租赁方式出租的机器设备类固定资产，不包括以经营租赁方式出租的建筑物，后者属于企业的投资性房地产，不属于固定资产。

（2）使用寿命超过一个会计年度　固定资产的使用寿命，是指企业使用固定资产的预计期间，或者该固定资产所能生产产品或提供劳务的数量。通常情况下，固定资产的使用寿命是指使用固定资产的预计期间，比如自用房屋建筑物的使用寿命表现为企业对该建筑物的预计使用年限。对于某些机器设备或运输设备等固定资产，其使用寿命表现为以该固定资产所能生产产品或提供劳务的数量。例如，汽车或飞机等，按其预计行驶或飞行里程估计使用寿命。

（3）固定资产是有形资产　固定资产具有实物特征，这一特征将固定资产与无形资产区别开来。有些无形资产可能同时符合固定资产的其他特征，例如无形资产为生产商品、提供劳务而持有，使用寿命超过一个会计年度，但是由于其没有实物形态，因此不属于固定资产。

二、固定资产的确认条件

一项资产要作为固定资产加以确认，首先需要符合固定资产的定义，其次还要符合固定资产的确认条件。固定资产的确认条件是与该固定资产有关的经济利益很可能流入企业，同时该固定资产的成本能够被可靠地计量。

企业出于安全或环保的要求购入设备等，虽然不能直接给企业带来未来经济利益，但有助于企业从其他相关资产的使用中获得未来经济利益，也应确认为固定资产。例如为净化环境或者满足国家有关排污标准的需要而购置的环保设备，这些设备的使用虽然不会为企业带来直接的经济利益，但有助于提高企业对废水、废气、废渣的处理能力，有利于净化环境，企业为此将减少未来由于污染环境而需支付的环境治理费或者罚款，应将这些设备确认为固定资产。

固定资产各组成部分具有不同使用寿命或者以不同方式为企业提供经济利益，适用不同折旧率或折旧方法的，应当分别将各组成部分确认为单项固定资产。例如飞机的引擎，如果其与飞机机身具有不同的使用寿命，则企业应当将其单独确认为一项固定资产。

三、固定资产的分类

根据不同的管理需要和核算要求以及不同的分类标准，可以对固定资产进行不同的分类，主要有按经济用途分类与按经济用途和使用情况等综合分类这两种分类方法。

1. 按经济用途分类

固定资产按经济用途分类，可以分为房屋及建筑物、机器设备、运输设备、动力传导设备、工具器具和管理用具等。

2. 按经济用途和使用情况等综合分类

按固定资产的经济用途和使用情况等综合分类，可把企业的固定资产划分为七大类：

1）生产经营用固定资产。
2）非生产经营用固定资产。
3）不需用固定资产。
4）未使用固定资产。
5）过去已经估价单独入账的土地。
6）租出的固定资产（指的是企业在经营租赁方式下出租给外单位使用的固定资产）。
7）租入的固定资产（指的是企业通过短期租赁和低价值资产租赁租入的固定资产，否则该资产在租赁期内，作为使用权资产进行核算与管理）。

四、固定资产的计价

固定资产的计价，用得最多的是历史成本（也称账面原价或原价）；重置成本主要用于盘盈或者接受捐赠固定资产的价值确定；现值主要用于分期收款购买固定资产、固定资产减值测试时可收回金额的确定。实务中，固定资产的历史成本减去累计折旧称为固定资产的账面净值（也称折余价值）；固定资产的账面净值减去固定资产减值准备称为固定资产的账面价值。这些原理也适用于无形资产和以成本计量的投资性房地产。

第二节 固定资产的取得

固定资产应当按照成本进行初始计量。

固定资产的成本，是指企业为购建某项固定资产，使其达到预定可使用状态前所发生的可归属于该项固定资产的一切合理必要的支出。这些支出包括直接发生的购买价款、运杂费、保险费、包装费和安装成本等，也包括间接发生的费用，例如应承担的借款利息资本化部分、满足资本化条件的外币专门借款汇兑差额以及应分摊的其他间接费用等。

▶ 一、外购的固定资产

企业外购固定资产的成本包括购买价款、相关税费（不含可抵扣的增值税进项税额，下同）、使固定资产达到预定可使用状态前所发生的可归属于该项资产的运输费、装卸费、安装费和专业人员服务费等。外购固定资产分为购入不需要安装的固定资产和购入需要安装的固定资产两类。

（一）购入不需要安装的固定资产

企业购入不需安装的固定资产，原始价值应根据实际支付的买价和包装运杂费计算，借记"固定资产"科目；根据可以抵扣的增值税进项税额，借记"应交税费——应交增值税（进项税额）"科目；根据全部价款，贷记"银行存款""应付账款"等科目。

【例4-1】 甲公司（注：本章甲公司均为一般纳税人）2021年3月1日购入一台不需要安装的设备，发票上注明设备价款300 000元，应交增值税39 000元，支付的装卸费、搬运费等合计1 000元。上述款项企业已用银行存款支付。请写出甲公司的账务处理。

【解析】 甲公司应编制会计分录如下：

借：固定资产		301 000
应交税费——应交增值税（进项税额）		39 000
贷：银行存款		340 000

（二）购入需要安装的固定资产

购入需要安装的固定资产，应先通过"在建工程"科目核算购置固定资产所支付的价款、运输费和安装成本等，待固定资产安装完毕并达到预定可使用状态后，再将"在建工程"科目归集的固定资产成本一次转入"固定资产"科目。对于领用的原材料和库存商品一般不考虑增值税。

【例4-2】 2021年4月10日，甲公司购入需安装的A生产设备一台，取得的增值税专用发票上注明的A设备价款为200 000元，增值税税额为26 000元。当日，设备运抵甲公司并开始安装。为安装设备，领用本公司原材料一批，价值30 000元，该批材料购进时支付的增值税进项税额为3 900元；以银行存款支付安装费，取得的增值税专用发票上注明的安装费为10 000元，增值税税额为900元。2021年5月25日，A设备经调试达到预定可使用状态。请写出甲公司的账务处理。

【解析】 甲公司应编制会计分录如下：

1）2021年4月10日，购入设备。

借：在建工程——A 设备　　　　　　　　　　　　　　　　　200 000
　　应交税费——应交增值税（进项税额）　　　　　　　　 26 000
　　　贷：银行存款　　　　　　　　　　　　　　　　　　　　226 000

2）领用本公司原材料。

借：在建工程——A 设备　　　　　　　　　　　　　　　　　 30 000
　　　贷：原材料　　　　　　　　　　　　　　　　　　　　　 30 000

3）支付安装费。

借：在建工程——A 设备　　　　　　　　　　　　　　　　　 10 000
　　应交税费——应交增值税（进项税额）　　　　　　　　　　 900
　　　贷：银行存款　　　　　　　　　　　　　　　　　　　　 10 900

4）2021 年 5 月 25 日，该设备经调试达到预定可使用状态。

借：固定资产　　　　　　　　　　　　　　　　　　　　　　240 000
　　　贷：在建工程——A 设备　　　　　　　　　　　　　　　240 000

在现实工作中，企业可能以一笔款项购入多项没有单独标价的固定资产。此时，应当按照各项固定资产的公允价值比例对总成本进行分配，分别确定各项固定资产的成本。

【例 4-3】　2021 年 1 月 15 日，甲公司向乙公司一次购入 3 套不同型号和不同生产能力的设备 A、B 和 C，取得增值税专票注明的设备总价款为 3 900 000 元，增值税税额为 507 000 元；支付运输费取得的增值税专票上为 100 000 元，增值税税额为 9 000 元，以银行转账支付。假定 A、B 和 C 设备分别满足固定资产确认条件，其公允价值分别为 840 000 元、1 260 000 元和 2 100 000 元。不考虑其他相关税费。请做出甲公司购入设备的相关会计分录。

【解析】　甲公司应进行如下处理：

1）确定应计入固定资产成本的金额，包括购买价款和运输费。

$$3\ 900\ 000 + 100\ 000 = 4\ 000\ 000\ （元）$$

2）确定 A 设备、B 设备和 C 设备的价值分配比例

A 设备应分配的固定资产价值比例为

$$840\ 000 \div (840\ 000 + 1\ 260\ 000 + 2\ 100\ 000) \times 100\% = 20\%$$

B 设备应分配的固定资产价值比例为

$$1\ 260\ 000 \div (840\ 000 + 1\ 260\ 000 + 2\ 100\ 000) \times 100\% = 30\%$$

C 设备应分配的固定资产价值比例为

$$2\ 100\ 000 \div (840\ 000 + 1\ 260\ 000 + 2\ 100\ 000) \times 100\% = 50\%$$

3）确定 A 设备、B 设备和 C 设备各自的成本。

$$A\ 设备的成本 = 4\ 000\ 000 \times 20\% = 800\ 000\ （元）$$
$$B\ 设备的成本 = 4\ 000\ 000 \times 30\% = 1\ 200\ 000\ （元）$$
$$C\ 设备的成本 = 4\ 000\ 000 \times 50\% = 2\ 000\ 000\ （元）$$

4）会计分录。

借：固定资产——A 设备　　　　　　　　　　　　　　　　　800 000
　　　　　　——B 设备　　　　　　　　　　　　　　　　1 200 000
　　　　　　——C 设备　　　　　　　　　　　　　　　　2 000 000
　　应交税费——应交增值税（进项税额）　　　　　　　　　516 000

贷：银行存款   4 516 000

另外，企业购买固定资产通常在正常信用条件期限内付款，但也会发生超过正常信用条件购买固定资产的经济业务，例如采用分期付款方式购买固定资产，且在合同中规定的付款期限比较长。在这种情况下，该项购货合同实质上具有融资性质，购入固定资产的成本不能以各期付款额之和确定，而应以各期付款额的现值之和确定。固定资产购买价款的现值，应当按照各期支付的价款选择恰当的折现率进行折现后的金额加以确定。其账务处理为，购入固定资产时，按购买价款的现值，借记"固定资产"或"在建工程"等科目；按应支付的金额，贷记"长期应付款"科目；按其差额，借记"未确认融资费用"科目。

▶▶ 二、自行建造的固定资产

自行建造的固定资产，其成本由建造该项资产达到预定可使用状态前所发生的必要支出构成，包括工程用物资成本、人工成本、应予资本化的借款费用以及应分摊的间接费用等。企业建造固定资产时，为通过出让方式取得土地使用权而支付的土地出让金不计入在建工程成本，应确认为无形资产（土地使用权）。企业自行建造固定资产包括自营建造和出包建造两种方式。

（一）自营建造方式

企业以自营建造方式建造固定资产，是指企业自行组织工程物资采购、自行组织施工人员从事工程施工完成固定资产的建造，其成本应当按照实际发生的材料、人工、机械施工费等计量。企业为建造固定资产准备的各种物资，包括工程用材料、尚未安装的设备以及为生产准备的工器具等，通过"工程物资"科目进行核算。工程物资应当按照实际支付的买价、运输费、保险费等相关支出作为实际成本，并按照各种专项物资的种类进行明细核算。建造固定资产领用工程物资、原材料或库存商品，应按其实际成本转入所建工程项目的成本，一般不考虑增值税。自营方式建造固定资产应负担的职工薪酬、辅助生产部门为之提供的水、电及修理、运输等劳务，以及其他必要支出等也应计入所建工程项目的成本。

建设期间发生的工程物资盘亏、报废及毁损净损失，计入工程项目的成本，借记"在建工程"科目，贷记"工程物资"科目；盘盈的工程物资或处置净收益做相反的会计处理，即借记"工程物资"科目，贷记"在建工程"科目。

工程完工后发生的工程物资盘盈、盘亏、报废、毁损，计入营业外收入或营业外支出。

非正常原因导致的工程物资盘亏、毁损、报废，不管是完工前还是完工后，均计入营业外支出。

建造的固定资产已达到预定可使用状态，但尚未办理竣工结算的，应当自达到预定可使用状态之日起，根据工程预算、造价或者工程实际成本等，按暂估价值转入固定资产，并按有关计提固定资产折旧的规定，计提固定资产折旧。待办理竣工结算手续后再调整原来的暂估价值，但不需要调整原已计提的折旧额。

【例4-4】甲公司为增值税一般纳税人，2021年3月，自行建造小厂房一幢，购入为工程准备的各种物资5 000 000元，增值税专用发票上注明的增值税税额为650 000元，全部用于工程建设。领用库存原材料一批，实际成本100 000元，领用本企业生产的库存商品一批，实际成本为 200 000 元，应计工程人员工资 600 000 元。支付安装费并取得增值税专用发票，注明价款 300 000 元，税率 9%，增值税税额 27 000 元。2022 年 6 月工程完工并达到预定可使用状态。请写出甲公司应编制的会计分录。

【解析】 甲公司应编制会计分录如下：

1）2021 年 3 月购入工程物资时。

借：工程物资 5 000 000

应交税费——应交增值税（进项税额） 650 000

贷：银行存款 5 650 000

2）工程领用全部工程物资时。

借：在建工程 5 000 000

贷：工程物资 5 000 000

3）工程领用库存原材料时。

借：在建工程 100 000

贷：原材料 100 000

4）工程领用本企业生产的库存商品时。

借：在建工程 200 000

贷：库存商品 200 000

5）分配工程人员薪酬时。

借：在建工程 600 000

贷：应付职工薪酬 600 000

6）支付安装费。

借：在建工程 300 000

应交税费——应交增值税（进项税额） 27 000

贷：银行存款 327 000

7）2022 年 6 月工程完工转入固定资产的成本

＝5 000 000＋100 000＋200 000＋600 000＋300 000＝6 200 000（元）。会计分录如下：

借：固定资产 6 200 000

贷：在建工程 6 200 000

（二）出包建造方式

采用出包建造方式建造固定资产，企业要与建造承包商签订建造合同。企业的新建、改建、扩建等建设项目，通常均采用出包建造方式。

企业以出包建造方式建造固定资产，其成本由建造该项固定资产达到预定可使用状态前所发生的必要支出构成，包括发生的建筑工程支出、安装工程支出以及需分摊计入各固定资产价值的待摊支出。

（1）建筑工程支出和安装工程支出 企业固定资产的建造如果采用出包建造方式，企业与承包单位结算的建筑工程支出和安装工程支出等，应通过"在建工程"科目核算。但是预付工程款项不通过该科目核算，应通过"预付账款"科目核算。

（2）待摊支出 待摊支出是指在建设期间发生的，不能直接计入某项固定资产价值、而应由所建造固定资产共同负担的相关费用，包括为建造工程发生的管理费、可行性研究费、临时设施费、公证费、监理费、应负担的税金、符合资本化条件的借款费用、建设期间发生的工程物资盘亏、报废及毁损净损失以及负荷联合试车费等。

企业采用出包方式建造固定资产发生的支出，需分摊计入固定资产价值的待摊支出，应按下列公式进行分摊：

① 待摊支出分摊率 = $\dfrac{累计发生的待摊支出}{建筑工程支出+建筑安装支出+在安装设备支出} \times 100\%$。

② 某项目应分摊的待摊支出 = 该项目支出 × 待摊支出分摊率。

【例4-5】 甲公司经山西有关部门批准，新建一个火电厂。建造的火电厂由3个单项工程组成，包括建造发电车间、冷却塔以及安装发电设备。2021年3月1日，甲公司与乙公司签订合同，将该项目出包给乙公司承建。根据双方签订的合同，建造发电车间的价款为1 000万元，建造冷却塔的价款为600万元，安装发电设备需支付安装费用100万元。为简化不考虑增值税。建造期间发生的有关事项如下，请根据有关事项写出应编制的会计分录。

【解析】 甲公司应编制会计分录如下：

1）2021年3月12日，甲公司按合同约定向乙公司预付20%工程款320万元。

借：预付账款 3 200 000
　　贷：银行存款 3 200 000

2）2021年9月20日，建造发电车间和冷却塔的工程进度达到50%，甲公司与乙公司办理工程价款结算800万元，其中发电车间价款为500万元，冷却塔价款为300万元，抵扣了预付工程款后，将余款用银行存款付讫。

借：在建工程——建筑工程——发电车间 5 000 000
　　　　　　　　　　　——冷却塔 3 000 000
　　贷：银行存款 4 800 000
　　　　预付账款 3 200 000

3）2022年3月15日，建筑工程主体已完工，甲公司与乙公司办理工程价款结算800万元，其中发电车间价款为500万元，冷却塔价款为300万元。甲公司用银行存款付讫。

借：在建工程——建筑工程——发电车间 5 000 000
　　　　　　　　　　　——冷却塔 3 000 000
　　贷：银行存款 8 000 000

4）2022年4月3日，甲公司购入需安装的发电设备，价款700万元，已用银行存款付讫。

借：在建工程——在安装设备——发电设备 7 000 000
　　贷：银行存款 7 000 000

5）2022年5月12日，发电设备安装到位，甲公司与乙公司办理设备安装价款结算，价款为100万元，款项已支付。

借：在建工程——在安装设备——发电设备 1 000 000
　　贷：银行存款 1 000 000

6）2022年6月10日，整个工程项目共发生管理费、可行性研究费、公证费等共计

48 万元，用银行存款支付。

借：在建工程——待摊支出   480 000

  贷：银行存款   480 000

7）2022 年 6 月 30 日，达到预定可使用状态，各项指标达到设计要求。

① 分摊待摊支出。

$$待摊支出分配率 = \frac{480\ 000}{10\ 000\ 000 + 6\ 000\ 000 + 8\ 000\ 000} \times 100\% = 2\%$$

发电车间应分配的待摊支出 = 10 000 000 × 2% = 200 000（元）

冷却塔应分配的待摊支出 = 6 000 000 × 2% = 120 000（元）

发电设备应分配的待摊支出 = 8 000 000 × 2% = 160 000（元）

待摊支出分配后的会计分录如下：

借：在建工程——建筑工程——发电车间   200 000

     ——冷却塔   120 000

     ——在安装设备——发电设备   160 000

  贷：在建工程——待摊支出   480 000

② 计算已完工的固定资产的成本。

发电车间的成本 = 10 000 000 + 200 000 = 10 200 000（元）

冷却塔的成本 = 6 000 000 + 120 000 = 6 120 000（元）

发电设备的成本 =（7 000 000 + 1 000 000）+ 160 000 = 8 160 000（元）

借：固定资产——发电车间   10 200 000

     ——冷却塔   6 120 000

     ——发电设备   8 160 000

  贷：在建工程——建筑工程——发电车间   10 200 000

         ——冷却塔   6 120 000

         ——在安装设备——发电设备 8 160 000

▶▶ 三、投资转入的固定资产

根据企业经营管理的需要，可以接受投资者投资转入的固定资产。该类固定资产应按投资各方签订的合同或协议约定的价格和相关的税费，作为固定资产的入账价值。合同或协议约定的价格不公允的除外。转入固定资产时，借记"固定资产"科目，贷记"实收资本"或"股本"科目。

【例 4-6】 甲公司与投资方乙公司达成协议，乙公司以一台不需安装的设备作为投资投入甲公司，该设备经评估确认价值为 1 000 000 元，应交增值税 130 000 元，按协议可折换成每股面值为 1 元、数量为 400 000 股股票的股权。请写出甲公司应编制的账务处理。

借：固定资产   1 000 000

  应交税费——应交增值税（进项税额）   130 000

  贷：股本——乙公司   400 000

    资本公积——股本溢价   730 000

四、存在弃置义务的固定资产

弃置费用，是指根据国家法律、行政法规和国际公约等规定，企业承担的环境保护和生态恢复等义务所确定的支出，比如核电站、油气行业相关设施的弃置支出。对此，企业应当将弃置费用的现值计入相关固定资产的成本，同时确认相应的预计负债，借方记"固定资产"科目，贷方记"预计负债——弃置费用"科目。在固定资产的使用寿命内，按照预计负债的摊余成本和实际利率计算确定的利息费用，应当在发生时计入"财务费用"科目。

一般企业的固定资产发生的报废清理费用不属于弃置费用，应当在发生时作为固定资产处置费用处理。

【例 4-7】 甲公司经过国家批准建造一座核电站，2021 年 1 月 1 日工程完工并交付使用，建造成本为 20 000 万元，预计使用寿命为 50 年。根据法律规定，甲公司有义务在该核电站使用期满时恢复环境，估计将发生弃置费用 4 000 万元，假定实际利率为 6%。请写出甲公司应编制的会计分录。

【解析】 本例中，甲公司预计核电站使用期满时发生的弃置费用，不同于一般企业固定资产发生的清理费用，应当在核电站初始确认时按照现值确认为预计负债，同时计入固定资产的初始成本。

1）2021 年 1 月 1 日，甲公司核电站达到预定可使用状态时确认固定资产及预计负债。

弃置费用的现值 = 40 000 000 × (P/F,6%,50) = 40 000 000 × 0.0543 = 2 172 000（元）

固定资产的入账价值 = 200 000 000 + 2 172 000 = 202 172 000（元）

甲公司应编制如下会计分录：

借：固定资产		202 172 000
贷：在建工程		200 000 000
预计负债——弃置费用		2 172 000

2）2021 年 12 月 31 日，甲公司确认预计负债的利息费用。

利息费用 = 2 172 000 × 6% = 130 320（元）

借：财务费用		130 320
贷：预计负债		130 320

3）2022 年 12 月 31 日，甲公司确认预计负债的利息费用。

利息费用 = (2 172 000 + 130 320) × 6% = 138 139.2（元）

借：财务费用		138 139.2
贷：预计负债		138 139.2

以后年度的会计分录略。

五、接受捐赠的固定资产

接受捐赠的固定资产，应根据具体情况合理确定其入账价值。一般分为以下两种情况：

（1）捐赠方提供了有关凭据的 此时按凭据上标明金额加上应支付的相关税费作为入账价值。

（2）捐赠方没有提供有关凭据的　此时按如下顺序确定其入账价值：

1）同类或类似固定资产存在活跃市场的，按同类或类似固定资产的市场价格估计的金额，加上应支付的相关税费，作为入账价值。

2）同类或类似固定资产不存在活跃市场的，按该接受捐赠固定资产预计未来现金流量的现值，加上应支付的相关税费，作为入账价值。

【例 4-8】 甲公司接受一台全新专用设备的捐赠，捐赠者提供的有关价值凭证上标明的价格为 200 000 元，应交增值税为 26 000 元。请写出甲公司的会计分录。

【解析】 甲公司应编制会计分录如下：

借：固定资产　　　　　　　　　　　　　　　　　　　　　　200 000
　　应交税费——应交增值税（进项税额）　　　　　　　　　 26 000
　　贷：营业外收入——捐赠利得　　　　　　　　　　　　　　　　226 000

六、其他方式取得的固定资产

通过非货币性资产交换、债务重组等方式取得的固定资产的成本，应当按照《企业会计准则第 7 号——非货币性资产交换》《企业会计准则第 12 号——债务重组》的有关规定进行会计处理。

第三节　固定资产折旧

一、固定资产折旧概述

固定资产折旧，是指在固定资产使用寿命内，按照确定的方法对应计折旧额进行的系统分摊。其中，应计折旧额是指应当计提折旧的固定资产原价扣除其预计净残值后的金额；已计提减值准备的固定资产，还应当扣除已计提的固定资产减值准备的累计金额。预计净残值是指假定固定资产预计使用寿命已满并处于使用寿命终了时的预期状态，企业从该项资产处置中获得的扣除预计处置费用后的金额，预计净残值预期能够在固定资产使用寿命终了后收回，计算折旧时应将其扣除。固定资产的使用寿命、预计净残值一经确定，不得随意变更。

1. 影响固定资产折旧的主要因素

（1）固定资产原价　固定资产原价是指固定资产的成本。

（2）预计净残值　预计净残值是指假定固定资产预计使用寿命已满并处于使用寿命终了时的预期状态，企业目前从该项资产处置中获得的扣除预计处置费用后的金额。我国《企业所得税法》规定了固定资产的净残值比例标准，即固定资产净残值比例一般在其原价 5% 以内，具体比例由企业自行确定。如果企业的情况特殊，需要调整净残值比例，应报主管税务机关备案。

（3）预计使用年限　预计使用年限是指企业使用固定资产的预计期间，或者该固定资产所能生产产品或提供劳务的数量。企业确定固定资产使用寿命时，应当考虑的因素有：该项资产的预计生产能力或实物产量；该项资产的预计有形损耗，例如设备使用中发生磨损、房屋建筑物受到自然侵蚀等；该项资产的预计无形损耗，例如因新技术的出现而使现有的资产技术水平相对陈旧、市场需求变化使产品过时等；法律或者类似规定对该项资产使用的限制。

为避免国家税收利益受到影响，除另有特殊规定外，国家对固定资产计算折旧的最低年限做了规定：房屋、建筑物，为20年；飞机、火车、轮船、机械、机器和其他生产设备，为10年；与生产经营活动有关的器具、工具、家具等，为5年；飞机、火车、轮船以外的运输工具，为4年；电子设备，为3年。

（4）固定资产减值准备 固定资产减值准备是指固定资产的预计未来现金流量小于账面价值的金额。

2. 固定资产的折旧范围

企业应当对除以下情况外的所有固定资产计提折旧：

1）已提足折旧仍继续使用的固定资产。

2）单独计价入账的土地。

在确定计提折旧的范围时，还应注意以下几点：

1）固定资产应当按月计提折旧，为了简化核算，当月增加的固定资产，当月不计提折旧，从下月起计提折旧；当月减少的固定资产，当月仍计提折旧，从下月起不计提折旧。这个约定俗成的规定表示当月固定资产的增加或减少对企业当月固定资产计提折旧额没有影响。

2）固定资产提足折旧后，不论能否继续使用，均不再计提折旧；提前报废的固定资产，也不再补提折旧。提足折旧是指已经提足该项固定资产的应计折旧额。

3）已达到预定可使用状态但尚未办理竣工结算的固定资产，应当按照估计价值确定其成本，并计提折旧；待办理竣工结算后，再按实际成本调整原来的暂估价值，但不需要调整原已计提的折旧额。

3. 固定资产使用寿命、预计净残值和折旧方法的复核

企业至少应当于每年年度终了，对固定资产的使用寿命、预计净残值和折旧方法进行复核。使用寿命预计数与原先估计数有差异的，应当调整固定资产的使用寿命。预计净残值预计数与原先估计数有差异的，应当调整预计净残值。与固定资产有关的经济利益预期消耗方式有重大改变的，应当改变固定资产的折旧方法。

固定资产的使用寿命、预计净残值和折旧方法的改变应当作为会计估计变更进行会计处理。

▶▶ **二、固定资产折旧方法**

企业应当根据与固定资产有关的经济利益的预期消耗方式，合理选择折旧方法。固定资产折旧方法包括年限平均法、工作量法、双倍余额递减法和年数总和法等。企业选用不同的固定资产折旧方法，将影响固定资产使用寿命期间内不同时期的折旧费用，固定资产的折旧方法一经确定，不得随意变更。

1. 年限平均法

年限平均法，又称直线法，是指将固定资产的应计折旧额均衡地分摊到固定资产预计使用寿命内的一种方法。采用这种方法计算的每期折旧额相等。

使用年限平均法计算折旧的公式如下：

$$年折旧额=\frac{原价-预计净残值}{预计使用年限}$$

在实务中固定资产折旧是根据折旧率计算的。折旧率是指折旧额占原始值的比重。

$$月折旧率=\frac{(1-预计净残值率)}{预计使用年限}÷12×100\%$$

$$月折旧额=固定资产原价×月折旧率$$

【例4-9】　甲公司一台机器设备原始价值为300 000元，预计净残值率为4%，预计使用5年，采用年限平均法计提折旧。计算该机器设备的月折旧额。

【解析】　该机器设备的日折旧额计算公式如下：

$$月折旧率=\frac{1-4\%}{5}÷12×100\%=1.6\%$$

$$月折旧额=300\ 000×1.6\%=4\ 800（元）$$

年限平均法的优点：计算过程简单，是会计实务中应用最广泛的一种方法。

年限平均法的缺点：首先，固定资产在不同使用年限提供的经济效益是不同的。一般来讲，固定资产在其使用前期工作效率相对较高，所带来的经济利益也较多；而在其使用后期，工作效率一般呈下降趋势，因而所带来的经济利益也就逐渐减少。年限平均法不予考虑，明显是不合理的。其次，固定资产在不同的使用年限发生的维修费用也不一样。固定资产的维修费用将随着其使用时间的延长而不断增加，而年限平均法也没有考虑这一因素。

2. 工作量法

工作量法是根据实际工作量计算每期应提折旧额的一种方法。其计算公式如下：

$$单位工作量折旧额=\frac{原价×(1-预计净残值率)}{预计工作量总额}$$

$$某项固定资产月折旧额=该项固定资产当月工作量×单位工作量折旧额$$

不同的固定资产，其工作量有不同的表现形式。对于运输设备来说，其工作量表现为运输里程；对于机器设备来说，其工作量表现为机器工时和机器台班。

【例4-10】　甲公司的一辆运输汽车，原值为300 000元，预计净残值率为4%，预计行驶总里程为600 000km。该汽车采用工作量法计提折旧。2021年3月，该汽车行驶8 000km；2021年4月，该汽车行驶4 000km。请计算该汽车的单位工作量折旧额和各月折旧额。

【解析】　计算公式如下：

$$单位工作量折旧额=\frac{300\ 000×(1-4\%)}{600\ 000}=0.48（元/km）$$

$$2021年3月折旧额=8\ 000×0.48=3\ 840（元）$$

$$2021年4月折旧额=4\ 000×0.48=1\ 920（元）$$

工作量法的优点是比较简单实用，使各年计提的折旧额与固定资产的使用程度成正比例关系，体现了收入与费用相配比的会计原则。工作量法的缺点是，它将有形损耗看作是引起固定资产折旧的唯一因素，固定资产不使用则不计提折旧，而事实上，由于无形损耗客观存在，固定资产即使不使用也会发生折旧。

工作量法适用于使用情况很不均衡、使用的季节性较为明显的大型机器设备、大型施工机械以及运输单位的客、货运汽车等固定资产折旧的计算。

3. 双倍余额递减法

双倍余额递减法是指在不考虑固定资产预计净残值的情况下，根据每期期初固定资产账面净值和双倍的直线法折旧率计算固定资产折旧的一种方法。其计算公式如下：

$$年折旧率 = \frac{1}{预计使用年限} \times 2 \times 100\%$$

$$年折旧额 = 固定资产期初账面净值 \times 年折旧率$$

$$月折旧额 = 年折旧额 \div 12$$

由于每年年初固定资产净值没有扣除预计净残值，因此，在应用这种方法计算折旧额时必须注意不能使固定资产的账面净值降低到其预计净残值以下。如果某一年按照双倍余额递减法计提的折旧额小于在剩余年限按直线法计提的折旧，则该年应改按直线法计提折旧。为简化核算，我国《企业会计准则》规定，采用双倍余额递减法计提折旧，应在预计使用年限的最后两年改为直线法计提折旧。

【例 4-11】 甲公司一台设备采用双倍余额递减法计算折旧。该设备原始价值为 100 000 元，预计使用 5 年，预计净残值为 3 400 元。请计算该设备的年折旧额。

【解析】 该设备的年折旧额计算方法如下：

$$年折旧率 = \frac{1}{5} \times 2 \times 100\% = 40\%$$

该设备采用双倍余额递减法计算的每年折旧额结果见表 4-1。

表 4-1 折旧计算表（双倍余额递减法）   单位：元

年　　份	期初账面净值	年折旧率	年折旧额	累计折旧额	期末账面净值
第 1 年	100 000	40%	40 000	40 000	60 000
第 2 年	60 000	40%	24 000	64 000	36 000
第 3 年	36 000	40%	14 400	78 400	21 600
第 4 年	21 600	—	9 100	87 500	12 500
第 5 年	12 500	—	9 100	96 600	3 400
合计			96 600		

需要说明的是，前述固定资产折旧的年份，为固定资产的使用年份，而不是日历年份。上例中，假定该项固定资产于 2021 年 4 月开始计提折旧，则 2021 年 4 月至 2022 年 3 月，各月的折旧额为 3 333.33（40 000÷12）元；2022 年 4 月至 2023 年 3 月，各月的折旧额为 2 000（24 000÷12）元，以此类推；该项资产 2022 年度的折旧额为 28 000（40 000÷12×3+24 000÷12×9）元。

4. 年数总和法

年数总和法又称年限合计法，是将固定资产的原价减去预计净残值的余额乘以一个以固定资产尚可使用寿命为分子、以预计使用年限的年数总和为分母的逐年递减的分数计算每年的折旧额。其计算公式如下：

$$年折旧率=\frac{尚可使用年限}{预计使用年限的年数总和}$$

$$年折旧额=（固定资产原价-预计净残值）×年折旧率$$

$$月折旧额=年折旧额÷12$$

【例4-12】 沿用【例4-11】的资料，计算采用年数总和法时各年折旧额。

【解析】 年数总和法下各年的折旧额见表4-2。

表4-2 折旧计算表（年数总和法） 单位：元

年 份	原价-预计净残值	年折旧率	年折旧额	累计折旧额
第1年	96 600	5/15	32 200	32 200
第2年	96 600	4/15	25 760	57 960
第3年	96 600	3/15	19 320	77 280
第4年	96 600	2/15	12 880	90 160
第5年	96 600	1/15	6 440	96 600
合计			96 600	

需要说明的是，前述固定资产折旧的年份，为固定资产的使用年份，而不是日历年份。在年数总和法下，假定该项固定资产于2021年4月开始计提折旧，则2021年4月至2022年3月，各月的折旧额为2 683.33（32 200÷12）元；2022年4月至2023年3月，各月的折旧额为2 146.67（25 760÷12）元，以此类推；该项资产2022年度的折旧额为27 370（32 200÷12×3+25 760÷12×9）元。

三、加速折旧法的优缺点和应用

1. 加速折旧法的优缺点

双倍余额递减法和年数总和法属于加速折旧法。采用加速折旧法计提折旧，优点是克服了直线法无法反映固定资产在不同使用年限提供不同经济效益的不足。因为加速折旧法前期计提的折旧费较多而维修费较少，后期计提的折旧费较少而维修费较多，从而保持了各个会计期间负担的固定资产使用成本的均衡性。此外，由于这种方法前期计提的折旧费较多，能够使固定资产投资在前期较多地收回，在税法允许将各种方法计提的折旧费作为税前费用扣除的前提下，还能够减少前期的所得税额。其缺点是与直线法相比计算复杂点，并且在固定资产各期工作量不均衡的情况下，这种方法可能导致单位工作量负担的固定资产使用成本不够均衡。

2. 加速折旧法的应用

2014年以来，我国相关部门先后出台了用于完善固定资产加速折旧的政策。

1）对生物药品制造业，专用设备制造业，铁路、船舶、航空航天和其他运输设备制造业，计算机、通信和其他电子设备制造业，仪器仪表制造业，信息传输、软件和信息技术服务业等6个行业的企业，2014年1月1日后新购进的固定资产，可以缩短折旧年限或采取加速折旧的方法。2019年1月1日后全部制造业新购进的固定资产（包括自建）可以缩短折旧年限或采取加速折旧的方法。

2）对所有企业 2014 年 1 月 1 日后新购进的专门用于研发的仪器、设备，单位价值不超过 100 万元的，允许一次性计入当期成本费用在计算应纳税所得额时扣除，不再分年度计算折旧；单位价值超过 100 万元的，可以缩短折旧年限或采取加速折旧的方法。

3）对所有企业持有的单位价值不超过 5 000 元的固定资产，允许一次性计入当期成本费用在计算应纳税所得额时扣除，不再分年度计算折旧。

上述缩短折旧年限是指最低折旧年限不得低于规定折旧年限的 60%。

▶ 四、固定资产折旧的会计处理

固定资产应当按月计提折旧，计提的折旧应通过"累计折旧"科目核算，并根据用途计入相关资产的成本或者当期损益。

① 企业基本生产车间所使用的固定资产，其计提的折旧应计入制造费用或生产成本。
② 管理部门所使用的固定资产，其计提的折旧应计入管理费用。
③ 销售部门所使用的固定资产，其计提的折旧应计入销售费用。
④ 自行建造固定资产过程中使用的固定资产，其计提的折旧应计入在建工程。
⑤ 经营租出的固定资产，其计提的折旧应计入其他业务成本。
⑥ 未使用的固定资产，其计提的折旧应计入管理费用。
⑦ 研发部门的固定资产，其计提的折旧计入研发支出。

在实务中计提本月折旧的时候，不管当月的固定资产增减情况，而是在上月计提折旧的基础上，加上月增加固定资产应计提的月折旧额，减上月减少固定资产应计提的月折旧额，就可得到当月应计提的折旧额。它的理论基础就是当月增加的固定资产，当月不计提折旧，从下月起计提折旧；当月减少的固定资产，当月仍计提折旧，从下月起不计提折旧。即：

本月固定资产应计提折旧总额=上月固定资产折旧额+上月增加固定资产月折旧额-上月减少固定资产月折旧额

【例 4-13】 2021 年 3 月 31 日，某公司编制的固定资产折旧计算表见表 4-3。

表 4-3 固定资产折旧计算表

2021 年 3 月   单位：元

使 用 部 门	上月折旧额	上月增加固定资产月折旧额	上月减少固定资产月折旧额	本月折旧额
生产车间	90 000	8 000	2 000	96 000
行政部门	10 000	2 000	1 000	11 000
销售部门	8 000	1 000		9 000
基建部门	3 000	1 000		4 000
研发部门	12 000	3 000	2 000	13 000
合计	123 000	15 000	5 000	133 000

根据表 4-3，请写出折旧费用分配的会计分录。

【解析】 该公司应编制会计分录如下：

借：制造费用——折旧费   96 000

    管理费用——折旧费   11 000

    销售费用——折旧费   9 000

    在建工程——折旧费   4 000

    研发支出——折旧费   13 000

    贷：累计折旧   133 000

第四节 固定资产的后续支出

固定资产的后续支出是指固定资产使用过程中发生的更新改造支出、修理费用等。后续支出的处理原则为，符合资本化条件的，应当计入固定资产成本或其他相关资产的成本（注意，存货的生产和加工相关的固定资产的修理费用按照存货成本确定原则进行处理，即生产车间的修理费一般计入制造费用等），同时将被替换部分的账面价值扣除；不符合资本化条件的，应当计入当期损益。

一、资本化的后续支出

固定资产发生可资本化的后续支出时，一般应将该固定资产的原价、已计提的累计折旧和减值准备转销，将固定资产的账面价值转入在建工程。当固定资产转入在建工程，应停止计提折旧。企业某些固定资产的后续支出可能涉及替换原固定资产的某些组成部分，当发生的后续支出符合固定资产确认条件时，应将其计入固定资产成本，同时将被替换部分的账面价值扣除。在固定资产发生的后续支出完工并达到预定可使用状态时，再从在建工程转为固定资产，并按重新确定的固定资产原价、使用寿命、预计净残值和折旧方法计提折旧。

实务中，更新改造可能拆除一部分原有的结构或装置，以便添加新的结构或装置。拆除的结构或装置可能根本无法确定账面价值，因为要把固定资产的价值分解为各部分结构或装置的价值几乎是不可能的。因此，在会计实务中采取了一种变通的做法，即将拆除部分的残料或残料收入视同为拆除部分的账面价值，从固定资产价值中扣除。

【例4-14】 甲公司2021年12月对车间一项生产设备的某一主要部件电动机进行更换，该生产设备其原价为1 000 000元，已提折旧700 000元。2022年1月新购置电动机的价款为450 000元，增值税为58 500元，款项已经支付，符合固定资产确认条件，被更换的部件电动机原价为400 000万元，该部件变价收入20 000元。2022年2月达到预定可使用状态。不考虑其他相关税费。请写出甲公司的会计处理。

【解析】 甲公司应进行如下会计处理：

1）2021年12月将生产设备的账面价值转入在建工程。

借：在建工程   300 000

    累计折旧   700 000

    贷：固定资产   1 000 000

2）2022年1月，更换新的电动机。

借：在建工程   450 000

> 应交税费——应交增值税（进项税额） 58 500
> 　贷：银行存款 508 500

3）扣除被替换部件电动机的账面价值。

$$旧电机已计提的累计折旧 = \frac{400\ 000}{1\ 000\ 000} \times 700\ 000 = 280\ 000（元）$$

$$旧电机账面净值 = 400\ 000 - 280\ 000 = 120\ 000（元）$$

> 借：银行存款 20 000
> 　营业外支出 100 000
> 　贷：在建工程 120 000

4）2022年2月达到预定可使用状态。

> 借：固定资产 630 000
> 　贷：在建工程 630 000

▶▶ 二、费用化的后续支出

与固定资产有关的修理费用等后续支出，不符合资本化条件的，应当根据不同情况分别在发生时计入当期管理费用或销售费用。一般情况下，固定资产投入使用之后，由于固定资产磨损、各组成部分耐用程度不同，可能导致固定资产的局部损坏，为了维护固定资产的正常运转和使用，充分发挥其使用效能，企业将对固定资产进行必要的维护。除与存货的生产和加工相关的固定资产的修理费用按照存货成本确定原则进行处理外（即一般的车间修理费用目前计入"制造费用"等科目），行政管理部门、企业专设的销售机构等发生的固定资产修理费用等后续支出计入"管理费用"或"销售费用"科目。

【例4-15】 甲公司2021年9月1日对生产车间使用的某设备进行日常修理，发生维修费并取得增值税专用发票，注明修理费30 000元，增值税税额3 900元。请写出甲公司应编制的会计分录。

【解析】 甲公司应编制如下会计分录：

> 借：制造费用 30 000
> 　应交税费——应交增值税（进项税额） 3 900
> 　贷：银行存款 33 900

第五节　固定资产的处置

固定资产的处置是指由于各种原因使企业固定资产退出生产经营过程所做的处理活动，包括固定资产的出售、报废、毁损、对外投资等。

▶▶ 一、固定资产终止确认的条件

固定资产满足下列条件之一的，应当予以终止确认。

1. 该固定资产处于处置状态

处于处置状态的固定资产不再用于生产商品、提供劳务或经营管理等。因此，不再符合固定资产的定义，应予终止确认。

2. 该固定资产预期通过使用或处置不能产生经济利益

固定资产的确认条件之一是"与该固定资产有关的经济利益很可能流入企业"，如果一项固定资产预期通过使用或处置不能产生经济利益，就不再符合固定资产的定义和确认条件，应予终止确认。

二、固定资产处置的账务处理

企业出售、转让、报废固定资产或发生固定资产毁损，应当将处置收入扣除账面价值和相关税费后的金额计入当期损益。固定资产的账面价值是固定资产成本扣减累计折旧和累计减值准备后的金额。

固定资产处置一般通过"固定资产清理"账户进行核算。该账户借方登记转入清理过程的固定资产账面价值、清理过程中发生的清理费用等；贷方登记转让收入、残料收入以及应向保险公司或有关责任者收取的赔款等。若该账户的贷方发生额大于借方发生额，则两者之间的差额为清理过程中发生的净收益，应确认为资产处置收益或营业外收入，从该账户借方转出；若该账户的贷方发生额小于借方发生额，则两者之间的差额为清理过程中发生的净损失，应确认为资产处置损失或营业外支出，从该账户的贷方转出。经过上述结转后，该账户应无余额。但固定资产盘盈、盘亏、改扩建以及自有固定资产转为投资性房地产这些活动不通过"固定资产清理"账户核算。

1. 固定资产转入清理

固定资产转入清理时，按固定资产账面价值，借记"固定资产清理"科目，按已计提的累计折旧，借记"累计折旧"科目，按已计提的减值准备，借记"固定资产减值准备"科目，按固定资产原价，贷记"固定资产"科目。

2. 发生的清理费用

企业在固定资产清理过程中发生的相关税费及其他费用，应借记"固定资产清理"科目，贷记"银行存款""应交税费"等科目。

3. 出售收入、残料等的处理

企业收回出售固定资产的价款、残料价值和变价收入等，应冲减清理支出，借记"银行存款""原材料"等科目，贷记"固定资产清理""应交税费——应交增值税（销项税额）"等科目。

4. 保险赔偿的处理

企业计算或收到的应由保险公司或过失人赔偿的损失，应借记"其他应收款""银行存款"等科目，贷记"固定资产清理"科目。

5. 清理净损益的处理

固定资产清理完成后产生的清理净损益，依据固定资产处置方式的不同，分别适用不同的处理方法。

1）因出售、转让、对外投资等原因产生的固定资产处置利得或损失应计入资产处置收益。产生处置净损失的，借记"资产处置损益"科目，贷记"固定资产清理"科目；如为净收益，借记"固定资产清理"科目，贷记"资产处置损益"科目。

2）因报废或毁损等原因产生的固定资产处置利得或损失应计入营业外收支。属于生产经营期间正常报废清理产生的处理净损失，借记"营业外支出——处置非流动资产损失"科目，贷记"固定资产清理"科目；属于生产经营期间由于自然灾害等非正常原因造成的净损失，借记"营业外支出——非常损失"科目，贷记"固定资产清理"科目；如为净收益，借记"固定资产清理"科目，贷记"营业外收入"科目。

【例 4-16】 甲公司 2021 年 9 月出售一台设备，原价为 900 000 元，已计提折旧 420 000 元，计提固定资产减值准备 80 000 元。实际出售价格为 300 000 元，增值税税额为 39 000 元。发生清理费用 2 000 元，未取得增值税发票。款项已通过银行存款结算。请写出甲公司应编制的会计分录。

【解析】 甲公司应编制如下会计分录：

1）将出售的设备转入清理时。

借：固定资产清理   400 000

   累计折旧   420 000

   固定资产减值准备   80 000

   贷：固定资产   900 000

2）收到出售设备价款和增值税时。

借：银行存款   339 000

   贷：固定资产清理   300 000

      应交税费——应交增值税（销项税额）   39 000

3）支付清理费用。

借：固定资产清理   2 000

   贷：银行存款   2 000

4）结转出售固定资产清理净损失。

借：资产处置损益   102 000

   贷：固定资产清理   102 000

【例 4-17】 甲公司因遭受暴雨袭击毁损一座仓库，该仓库原价 3 000 000 元，已计提折旧 1 000 000 元，未计提减值准备。其残料估计价值 100 000 元，残料已办理入库。发生清理费用 30 000 元，收到的增值税专票注明增值税为 1 800 元。收到保险公司理赔款 1 200 000 元。上述款项已通过银行存款结算。假定不考虑其他相关税费。请写出甲公司应编制的会计分录。

【解析】 甲公司应编制如下会计分录：

1）将毁损的仓库转入清理时。

借：固定资产清理   2 000 000

   累计折旧   1 000 000

   贷：固定资产   3 000 000

2）残料入库时。

借：原材料   100 000

   贷：固定资产清理   100 000

3）支付清理费用时。

```
借：固定资产清理                                          30 000
    应交税费——应交增值税（进项税额）                      1 800
        贷：银行存款                                          31 800
```

4）收到保险公司理赔款项时。

```
借：银行存款                                           1 200 000
        贷：固定资产清理                                     1 200 000
```

5）结转毁损固定资产损失时。

```
借：营业外支出——非常损失                                730 000
        贷：固定资产清理                                      730 000
```

第六节　固定资产清查

企业应当定期或者至少于每年年末对固定资产进行清查盘点，以保证固定资产账实是否相符，充分挖掘企业现有固定资产的潜力。在固定资产清查过程中，如果发现盘盈、盘亏的固定资产，应当填制固定资产盘盈盘亏报告表。清查固定资产的损益，应当及时查明原因，并按照规定程序报批处理。

▶▶ 一、固定资产盘盈的会计处理

企业在财产清查中盘盈的固定资产，作为前期差错处理。企业在财产清查中盘盈的固定资产，在按管理权限报经批准处理前应先通过"以前年度损益调整"科目核算。盘盈的固定资产，应按重置成本确定其入账价值，借记"固定资产"科目，贷记"以前年度损益调整"科目。

【例4-18】　甲公司2021年7月5日在年中财产清查过程中发现，2018年12月购入的一台设备尚未入账，重置成本为300 000元。假定甲公司企业所得税税率为25%，按净利润的10%提取法定盈余公积。请写出甲公司应编制的会计分录。

【解析】　甲公司应编制会计分录如下：

1）盘盈固定资产时。

```
借：固定资产                                            300 000
        贷：以前年度损益调整                                  300 000
```

2）盘盈固定资产涉及的企业所得税。

```
借：以前年度损益调整                                      75 000
        贷：应交税费——应交所得税                              75 000
```

3）结转为留存收益时。

```
借：以前年度损益调整                                     225 000
        贷：盈余公积——法定盈余公积                             22 500
            利润分配——未分配利润                             202 500
```

▶▶ 二、固定资产盘亏的会计处理

企业在财产清查中盘亏的固定资产，按照盘亏固定资产的账面价值，借记"待处理财

产损溢"科目，按照已计提的累计折旧，借记"累计折旧"科目，按照已计提的减值准备，借记"固定资产减值准备"科目，按照固定资产的原价，贷记"固定资产"科目。盘亏的企业可能涉及按照固定资产账面净值乘以适用税率计算不可以抵扣的进项税额做进项税额转出。

企业按照管理权限报经批准后处理时，按照可收回的保险赔偿或过失人赔偿，借记"其他应收款"科目，按应计入营业外支出的金额，借记"营业外支出——盘亏损失"科目，贷记"待处理财产损溢"科目。

【例 4-19】 甲公司 2021 年 7 月 5 日进行年中财产清查时，发现短缺一台设备，原价为 100 000 元，已计提折旧 30 000 元，购入时增值税税率为 13%，税额为 13 000 元。请写出乙公司应编制的会计分录。

【解析】 乙公司应编制会计分录如下：

1）设备盘亏时。

设备盘亏涉及的不可抵扣的进项税额为（100 000−30 000）×13% = 9 100（元）

借：待处理财产损溢   79 100

  累计折旧   30 000

   贷：固定资产   100 000

     应交税费——应交增值税（进项税额转出） 9 100

2）报经批准时。

借：营业外支出——盘亏损失   79 100

   贷：待处理财产损溢   79 100

第七节　固定资产的减值

▶▶ 一、固定资产减值迹象的判断

企业在资产负债表日应当判断固定资产是否存在发生减值的迹象。如果出现下列情况之一，表明该固定资产已出现减值迹象：①固定资产的市价当期大幅下跌，其跌幅明显高于正常使用而预计的下跌；②有证据表明固定资产已经陈旧过时；③固定资产已经或者将被闲置、终止使用或者计划提前处置；④市场利率在当期已经提高，导致固定资产可收回金额大幅降低；⑤其他表明固定资产可能已经发生减值的迹象。

▶▶ 二、固定资产可收回金额的计量

固定资产可收回金额应当根据固定资产的公允价值减去处置费用后的净额与固定资产预计未来现金流量的现值之间的较高者确定。

固定资产的公允价值，应当根据公平交易中销售协议价格确定。不存在销售协议但存在资产活跃市场的，应当按照该固定资产的市场价格确定。固定资产的市场价格通常应当根据资产的买方出价确定。在不存在销售协议和固定资产活跃市场的情况下，应当以可获取的最佳信息为基础，估计固定资产的公允价值。

企业按上述规定仍然无法可靠估计固定资产的公允价值减去处置费用后的净额的，

应当以该固定资产预计未来现金流量的现值作为其可收回金额。

三、固定资产减值损失的确定

固定资产可收回金额的计量结果表明，固定资产可收回金额低于其账面价值的，应当将固定资产的账面价值减记至可收回金额，借记"资产减值损失"科目，贷记"固定资产减值准备"科目。固定资产减值损失确认后，固定资产的折旧费用应当在未来期间做相应调整，以使该固定资产在剩余使用寿命内，系统地分摊调整后的固定资产账面价值。固定资产减值损失一经确认，在以后的会计期间不得转回。当固定资产出售时，报废等处置可以在这时候转销。

【例4-20】 2021年12月31日，甲公司一台机器设备出现减值迹象。该机器设备原值为300 000元，累计折旧为100 000元，以前年度未对该设备计提过减值准备。经过减值测试，该设备公允价值减去处置费用后的金额为160 000元，未来现金流量的现值为120 000元。请写出甲公司应编制的会计分录。

【解析】 甲公司应进行如下处理：

1）确定可收回金额。

该机器设备的可收回金额为公允价值减去处置费用后的金额与未来现金流量的现值中的较高者，即160 000元。

2）计提减值准备。

$$计提减值前固定资产账面价值 = 300\,000 - 100\,000 = 200\,000（元）$$

$$资产减值损失 = 200\,000 - 160\,000 = 40\,000（元）$$

借：资产减值损失　　　　　　　　　　　　　　　　　　　　40 000
　　贷：固定资产减值准备　　　　　　　　　　　　　　　　　　40 000

第五章

无形资产

学习目标

1. **掌握**：购入、自行研究开发无形资产的会计核算和无形资产摊销与无形资产处置的会计核算。

2. **理解**：无形资产的确认条件和无形资产减值的会计核算。

3. **了解**：无形资产的性质和分类。

第一节　无形资产概述

一、无形资产的性质

无形资产是指企业拥有或控制的没有实物形态的可辨认非货币性资产，它能为企业带来多少经济利益具有较大的不确定性。无形资产主要有四个特征。

（1）无形资产是企业拥有或者控制并能为其带来未来经济利益的资源　预计能为企业带来未来经济利益是资产的本质特征，无形资产也不例外。通常情况下，企业拥有无形资产的所有权，且该项无形资产能够为企业带来未来经济利益。但在某些情况下，如果企业有权获得一项无形资产所产生的未来经济利益，并能约束其他方获取这些利益，则表明企业控制了该项无形资产。比如，企业与其他企业签订合约转让取得商标权，由于合约的签订，该商标的使用权受到了法律的保护，即企业通过控制该商标使用权带来经济利益。

（2）无形资产不具有实物形态　无形资产通常表现为某种权利、某项技术或是某种获取超额利润的综合能力。它们不具有实物形态，比如，土地使用权、非专利技术等。虽然某些无形资产的存在有赖于实物载体，比如计算机软件需要存储在介质中，但这并不改变无形资产本身不具有实物形态的特性。在确定一项包含无形和有形要素的资产是属于固定资产，还是属于无形资产时，通常以哪个要素更重要作为判断的依据。例如，当计算机控制的机械工具没有特定计算机软件就不能运行时，说明该软件是构成相关硬件不可缺少的组成部分，该软件应作为固定资产处理；如果计算机软件不是相关硬件不可缺少的组成部分，则该软件应作为无形资产核算。

（3）无形资产具有可辨认性　要作为无形资产进行核算，该资产必须是能够区别于其他资产且可单独辨认，比如企业持有的专利权、非专利技术、商标权、土地使用权、特许权等。资产满足下列条件之一的，符合无形资产定义中的可辨认性标准：①能够从企业中分离或者划分出来，并能单独或者与相关合同、资产或负债一起，用于出售、转移、授予许可、租赁或者交换；②源自合同性权利或其他法定权利，无论这些权利是否可以从企业或其他权利和义务中转移或者分离。商誉是与企业整体价值联系在一起的，其存在无法与企业自身区分开来，不具有可辨认性，虽然是没有实物形态的非货币性资产，但不确认为无形资产。

（4）无形资产属于非货币性资产　无形资产由于没有发达的交易市场，一般不容易转化成现金，在持有过程中为企业带来未来经济利益的情况不确定，不属于以固定或可确定的金额收取的资产，属于非货币性资产。应收款项等资产虽然没有实物形态，但不属于非货币性资产。固定资产虽然属于非货币性资产，但其为企业带来经济利益的方式与无形资产不同。

二、无形资产的确认

无形资产应当在符合定义的前提下，同时满足以下两个确认条件，才能予以确认：

（1）与该无形资产有关的经济利益很可能流入企业　通常情况下，无形资产所产生的未来经济利益可能包括在销售商品、提供劳务的收入中，或者企业使用该项无形资产而减少或节约的成本中，或者体现在获得的其他利益中。例如，生产加工企业在生产工序中使用了某种知识产权，使其降低了未来的生产成本，而不是增加未来收入。

企业在判断无形资产所产生的经济利益是否很可能流入企业时，应当对无形资产在预计使用寿命内可能存在的各种经济因素做出合理估计，并且应当有明确的证据支持。比如，企业是否有足够的人力资源、高素质的管理队伍、相关的硬件设备、相关的原材料等来配合无形资产为企业创造经济利益。同时，更要关注一些外界因素的影响，比如是否存在相关的新技术、新产品对依赖于无形资产所生产出的产品市场造成冲击等。在实施判断时，企业的管理当局应对无形资产在预计使用寿命内存在的各种因素做出最稳健的估计。

（2）该无形资产的成本能够可靠地计量　成本能够可靠地计量是资产确认的一项基本条件。比如，企业内部产生的品牌、报刊名、刊头、客户名单等，因其成本无法可靠计量，不作为无形资产确认。又如，一些高新科技企业的科技人才，假定其与企业签订了服务合同，且合同规定这些人才在一定期限内不能为其他企业提供服务，在这种情况下，虽然这些科技人才的知识在特定的期限内预期能够为企业创造经济利益，但由于这些技术人才的知识难以辨认，且形成这些知识所发生的支出难以计量，因此不能作为企业的无形资产加以确认。

三、无形资产的分类

无形资产按照不同的标准，可以分为不同的类别。

（一）按经济内容分类

无形资产按其反映的经济内容，可以分为专利权、非专利技术、商标权、著作权、土地使用权和特许权等。

1. 专利权

专利权是指经国家专利管理机关审定并授予发明者在一定年限内对其成果的制造、使用和出售的专门权利，专利权一般包括发明专利权、实用新型专利权和外观设计专利权等。发明专利权的期限为 20 年，实用新型专利权和外观设计专利权的期限为 10 年，均自申请日起计算。专利权受法律保护，在某项专利权的有效期间内，该项专利权的非持有者如需使用与之相同的原理、结构和技术用于生产经营，应向该专利权的持有者支付专利使用费，否则就视为侵犯了专利权。

2. 非专利技术

非专利技术也称专有技术，是指发明者未申请专利或不够申请专利的条件而未经公开的先进技术，包括先进的生产经验、技术设计资料与原料配方等。非专利技术不需到有关管理机关注册登记，只靠少数技术持有者采用保密方式维持其独占性，只要非专利技术不泄露于外界，就可以由其持有者长期享用，因而非专利技术没有固定的有效期。

3. 商标权

商标权是指企业拥有的在某类指定的商品上使用特定名称或图案的权利。经国家知识产权局商标局核准注册的商标为注册商标，包括商品商标、服务商标、集体商标和证明商标。商标注册人享有商标使用权，受法律保护。注册商标的有效期为 10 年，自核准注册之日起计算。注册商标有效期满，需要继续使用的，应当在期满前 6 个月内申请续展注册，每次续展注册的有效期为 10 年。在期满前 6 个月内未能提出申请的，可以给予 6 个月的宽展期。宽展期满仍未提出申请的，注销其注册商标。

4. 著作权

著作权也称为版权，是指著作者或文艺作品创作者以及出版商依法享有的在一定年限内发表、制作、出版和发行其作品的专有权利。著作权受法律保护，未经著作权所有者许可或转让，他人不得占有和行使。著作权包括作品署名权、发表权、修改权和保护作品完整权，还包括复制权、发行权、出租权、展览权、表演权、放映权、广播权、信息网络传播权、摄制权、改编权、翻译权、汇编权以及应当由著作权人享有的其他权利。著作权人包括作者和其他依法享有著作权的公民、法人或者其他组织。著作权属于作者，创作作品的公民是作者。由法人或者其他组织主持，代表法人或者其他组织意志创作，并由法人或者其他组织承担责任的作品，法人或者其他组织视为作者。作者的署名权、修改权、保护作品完整权的保护期不受限制。公民的作品，其发表权、复制权、发行权、出租权、展览权、表演权、放映权、广播权、信息网络传播权、摄制权、改编权、翻译权、汇编权以及应当由著作权人享有的其他权利的保护期，为作者终生及其死亡后 50 年，截止于作者死亡后第 50 年的 12 月 31 日；如果是合作作品，截止于最后死亡的作者死亡后第 50 年的 12 月 31 日。

5. 土地使用权

土地使用权是指企业经国家土地管理机关批准而享有的在一定期间内对国有土地开发、利用和经营的权利。在我国，土地归国家或农民集体所有，任何单位或个人只能拥有土地使用权，没有土地所有权。根据我国《土地管理法》的规定，我国土地实行公有制，任何单位和个人不得侵占、买卖或者以其他形式非法转让。企业取得土地使用权的方式大致有行政划拨取得、外购取得（例如以缴纳土地出让金的方式取得）及投资者投资取得几种。通常情况下，作为投资性房地产或者作为固定资产核算的土地，按照投资性房地产或者固定资产核算；以缴纳土地出让金等方式外购的土地使用权和以投资者投入等方式取得的土地使用权，作为无形资产核算。

6. 特许权

特许权又称经营特许权、专营权，是指企业在某一地区经营或销售某种特定商品的权利或者是一家企业接受另一家企业使用其商标、商号、技术秘密等的权利。特许权通常存在两种形式，一种是由政府机构授权，准许企业使用或在一定地区享有经营某种业务的特权，例如水、电、邮电通信等专营权，烟草专卖权等；另一种是企业间依照签订的合同，有限期或无限期使用另一家企业的某些权利，例如连锁店分店使用总店用名称等。通常在特许权转让合同中规定了特许权转让的期限、转让人和受让人的权利和义务。转让人一般要向受让人提供商标、商号等使用权，传授专有技术，并负责培训营业人员，提供经营所必需的设备和特殊原料。受让人则需要向转让人支付取得特许权的费用，开业后则按营业收入的一定比例或其他计算方法支付享用特许权的费用。

（二）按来源途径分类

无形资产按其来源途径，可以分为外来无形资产和自创无形资产。

1. 外来无形资产

外来无形资产是指企业从国内外科研单位及其他企业通过购进、接受投资等方式从企业外部取得的无形资产。

2. 自创无形资产

自创无形资产是指企业自行开发、研制的无形资产。

（三）按经济寿命期限分类

无形资产按是否具备确定的经济寿命期限，可以分为期限确定的无形资产和期限不确定的无形资产。

1. 期限确定的无形资产

期限确定的无形资产是指在有关法律中规定有最长有效期限的无形资产，例如专利权、商标权、著作权、土地使用权和特许权等。这些无形资产在法律规定的有效期限内受法律保护，有效期满时，如果企业未继续办理有关手续，将不再受法律保护。

2. 期限不确定的无形资产

期限不确定的无形资产是指没有相应法律规定其有效期限，其经济寿命难以预先准确估计的无形资产，如非专利技术。这些无形资产的经济寿命取决于技术进步的快慢以及技术保密工作的好坏等因素。当新的可取代技术成果出现时，旧的非专利技术自然贬值；当技术不再是秘密时，技术也会贬值。

第二节 无形资产的取得

企业取得的无形资产，只有在其产生的经济利益很可能流入企业且其成本能够被可靠计量的情况下，才能进行确认。无形资产通常是按实际成本计量，即将取得无形资产并使之达到预定用途而发生的全部支出作为无形资产的成本。对于不同来源取得的无形资产，其初始成本的构成不完全相同。

▶ 一、购入无形资产的核算

企业购入的无形资产的实际成本包括购买价款、相关税费以及直接归属于使该项资产达到预定用途所发生的其他支出。直接归属于使该项资产达到预定用途所发生的其他支出包括使无形资产达到预定用途所发生的专业服务费用（例如律师费、咨询费、公证费、注册登记费等）和测试无形资产是否能够正常发挥作用的费用等。企业为引入新产品进行宣传发生的广告费、管理费用及其他间接费用，以及无形资产已经达到预定用途以后发生的费用，均不能计入无形资产的实际成本。

企业购入无形资产时，应根据购入无形资产的实际成本，借记"无形资产"科目；根据支付的增值税额，借记"应交税费——应交增值税（进项税额）"科目；同时根据支付的全部价款，贷记"银行存款"等科目。

【例5-1】 2021年2月15日，甲公司从乙公司购入一项A专利权，价款为150万元，同时还支付相关税费0.5万元和有关专业服务费用5万元，所有款项均已通过银行转账支付。预计使用该专利权后，企业的生产能力比原先提高20%，销售利润率增长15%。请计算甲公司相应的成本、费用，并写出最终甲公司应进行的账务处理。

【解析】

1）确定甲公司购入的A专利权符合无形资产的确认条件。首先，甲公司使用该专利权后企业的生产能力比原先提高20%，销售利润率增长15%，即经济利益很可能流入公司；其次，甲公司购买该项专利权的成本为150万元，另外支付相关税费和有关专业服务费用5.5万元，即成本能够可靠计量。

2）确定甲公司购入的A专利权实际成本=150+0.5+5=155.5（万元）

3）2021年2月15日，甲公司的账务处理如下：

借：无形资产——A专利权   155 500
  贷：银行存款   155 500

企业购入的用于非房屋建筑物的土地使用权，应单独确认为无形资产，在使用期限内分期摊销。企业购入的土地使用权用于自行开发建造厂房等地上建筑物时，土地使用权的账面价值不与地上建筑物合并计算其成本，而仍作为无形资产进行核算，土地使用权与地上建筑物分别进行摊销和提取折旧，但下列情况除外：

1）房地产开发企业取得的土地使用权用于建造对外出售的房屋建筑物，相关的土地使用权应当计入所建造的房屋建筑物成本。

2）企业外购的房屋建筑物，实际支付的价款中包括土地以及建筑物的价值，应当对支付的价款按照合理的方法在土地和地上建筑物之间进行分配；如果确实无法在地上建筑物与土地使用权之间进行合理分配的，应当全部作为固定资产，按照固定资产确认和计量的规定进行处理。

【例5-2】 2021年4月1日，甲公司购入一块土地的使用权，以银行存款转账支付8 000万元。公司在该土地上自行建造厂房等工程发生材料支出12 000万元，工资费用8 000万元，其他相关费用10 000万元。该工程已经完工并达到预定可使用状态。为简化核算，不考虑其他相关税费。请写出甲公司支付土地使用权价款时的会计分录。

【解析】 2021年4月1日，甲公司支付土地使用权价款时，会计分录如下：

借：无形资产——土地使用权   80 000 000
  贷：银行存款   80 000 000

甲公司在土地上自行建造厂房的账务处理略。

企业购入的无形资产，如果超过正常信用条件延期支付价款，实质上具有融资性质的，应按所取得无形资产购买价款的现值计量其成本，现值与应付价款之间的差额，除按照会计准则的规定应予资本化之外，应当在信用期间计入当期财务费用。（详见长期应付款的核算）

▶▶ 二、自行研发无形资产的核算

企业自行研究开发项目的支出，应当区分研究阶段与开发阶段两个部分分别进行核算。

（一）研究阶段

研究是指为获取并理解新的科学或技术知识而进行的具有独创性的有计划调查。研究包括：为获取相关知识而进行的活动，研究成果或其他知识的应用研究、评价和最终选择，材料、设备、产品、工序、系统或服务替代品的研究，新的或经改进的材料、设备、产品、工序、系统或服务的可能替代品的配制、设计、评价和最终选择等。

研究活动具有计划性和探索性的特点，研究是否能在未来形成成果，即通过开发后是否会形成无形资产具有很大的不确定性，企业也无法证明研究活动能够带来未来经济利益的无形资产的存在。因此，研究阶段的有关支出在发生时，应当予以费用化计入当期损益。企业应根据自行研究开发项目在研究阶段发生的支出，借记"研发支出——费用化支出""应交税费——应交增值税（进项税额）"科目，贷记有关科目；期末应根据发生的全部研究支出，借记"管理费用——研发费用"科目，贷记"研发支出——费用化支出"科目。

（二）开发阶段

开发是指在进行商业性生产或使用前，将研究成果或其他知识应用于某项计划或设计，以生产出新的或其有实质性改进的材料、装置、产品等。开发包括：生产前或使用前的原型和模型的设计、建造和测试，含新技术的工具、夹具、模具和冲模的设计，不具有商业性生产经济规模的试生产设施的设计、建造和运营，新的或经改造的材料、设备、产品、工序、系统或服务所选定的替代品的设计、建造和测试等。

开发活动具有针对性和形成成果的可能性较大的特点，相对于研究阶段来讲，进入开发阶段，形成一项新产品或新技术的基本条件很大程度上已经具备。企业自行研究开发项目在开发阶段发生的支出，同时满足下列条件的，应当予以资本化：

（1）完成该无形资产以使其能够使用或出售在技术上具有可行性　企业在判断是否满足该条件时，应以目前阶段的成果为基础，说明在此基础上进一步进行开发所需的技术条件等已经具备，基本不存在技术上的障碍或其他不确定性，企业在判断时，应提供相关的证据和材料。

（2）具有完成该无形资产并使用或出售的意图　开发某项产品或专利技术产品等，是使用还是出售通常根据管理当局确定的该项研发活动的目的或意图所决定，即研发项目形成成果以后，是为出售，还是为自己使用并从使用中获得经济利益，应当以管理当局的意图而定。因此，企业的管理当局应能够说明其持有拟开发无形资产的目的，并具有完成该项无形资产开发并使其能够使用或出售的可能性。

（3）能产生经济利益或能证明其具有有用性　无形资产产生经济利益的方式，包括能够证明运用该无形资产生产的产品存在市场或无形资产自身存在市场，无形资产将在内部使用的，应当证明其具有有用性。作为无形资产确认其基本条件是能够为企业带来未来经济利益。就其能够为企业带来未来经济利益的方式来讲，如果有关的无形资产在形成以后，主要是用于形成新产品或新工艺的，企业应对运用该无形资产生产的产品的市场情况进行估计，应能够证明所生产的产品存在市场，并能够带来经济利益的流入；如果有关的无形资产开发以后主要是用于对外出售的，则企业应能够证明市场上存在对该类无形资产的需求，开发以后存在外在的市场可以出售并带来经济利益的流入；如果无形资产开发以后，不是用于生产产品，也不是用于对外出售，而是在企业内部使用的，则企业应能够证明其在企业内部使用时对企业的有用性。

（4）有足够的技术、财务资源和其他资源支持，以完成该无形资产的开发，并有能力使用或出售该无形资产　主要包括：①为完成该项无形资产开发具有技术上的可靠性。开发的无形资产并使其形成成果在技术上的可靠性，是继续开发活动的关键，因此，必须有确凿证据证明企业继续开发该项无形资产有足够的技术支持和技术能力。②财务资源和其他资源支持。财务和其他资源支持是能够完成该项无形资产开发的经济基础，因此，企业必须能够证明为完成该项无形资产的开发所需的财务和其他资源，是否能够足以支持完成该项无形资产的开发。③能够证明企业在开发过程中所需的技术、财务和其他资源，以及企业获得这些资源的相关计划等。例如在企业自有资金不足以提供支持的情况下，是否存在外部其他方面的资金支持，银行等金融机构是否愿意为该无形资产的开发提供所需资金的声明等来证实，并有能力使用或出售该无形资产。

（5）归属于该无形资产开发阶段的支出能够可靠地计量　企业对于开发活动发生的支出应单独核算，例如发生的开发人员的工资、材料费等，在企业同时从事多项开发活动的情况下，所发生的支出同时用于支持多项开发活动的，应按照一定的标准在各项开发活动之间进行分配，无法明确分配的，应予以费用化计入当期损益，不计入开发活动的成本。

企业自行研究开发项目在开发阶段发生的支出，不符合资本化条件的，应当予以费用化计入当期损益。

企业开发阶段发生的资本化支出，应借记"研发支出——资本化支出""应交税费——应交增值税（进项税额）"科目，贷记有关科目；在确认无形资产时，应根据发生的全部开发支出，借记"无形资产"科目，贷记"研发支出——资本化支出"科目。企业开发阶段发生的费用化支出，其核算方法与研究阶段发生支出的核算方法相同。

企业取得的仍处于研究阶段的无形资产，在取得后发生的支出也应当按照上述规定处理。无法区分研究阶段支出和开发阶段支出的，应当将其发生的研发支出全部予以费用化。

（三）自行研发无形资产的成本确定

内部研发活动形成的无形资产成本，由可直接归属于该资产的创造、生产并使该资产能够以管理层预定的方式运作的所有必要支出组成。可直接归属的成本包括：开发该无形资产时耗费的材料、劳务成本、注册费，在开发该无形资产过程中使用的其他专利权和特许权的摊销，以及按照借款费用的处理原则可资本化的利息支出。

在开发无形资产过程中发生的除上述可直接归属于无形资产成本的其他销售费用、管理费用等间接费用、无形资产达到预定用途前发生的可辨认的无效和初始运作损失、为运行该无形资产发生的培训支出等支出不构成无形资产的开发成本。

此外，内部开发无形资产的成本仅包括从满足资本化条件的时点至无形资产达到预定用途前发生的支出总和，对于同一项无形资产在开发过程中达到资本化条件之前就已经费用化计入当期损益的支出不再进行调整。

【例5-3】 2020年5月1日，甲公司经董事会批准研发某项新产品专利技术，该公司董事会认为，研发该项目具有可靠的技术和财务等资源的支持，并且一旦开发成功将降低该公司生产产品的生产成本。该公司在研究开发过程中发生材料费500万元、人工工资300万元，以及其他费用200万元，总计1 000万元，其中，符合资本化条件的支出为750万元。2021年12月31日，该专利技术已经达到预定用途。请对甲公司研发新产品专利技术的支出进行确认，并进行会计处理。

【解析】

1）确定符合条件的开发费用可以资本化。甲公司经董事会批准研发某项新产品专利技术，并认为完成该项新型技术从技术、财务等方面都能够得到可靠的资源支持，并且一旦研发成功将降低公司的生产成本。

2）确定符合"归属于该无形资产开发阶段的支出能够可靠地计量"条件。甲公司在开发该项新型技术时，累计发生1 000万元的研究与开发支出，其中符合资本化条件的开发支出为750万元。

3）2020年5月1日，甲公司的账务处理如下：

① 发生的研发支出。

借：研发支出——费用化支出	2 500 000
——资本化支出	7 500 000
贷：原材料	5 000 000
应付职工薪酬	3 000 000
银行存款	2 000 000

② 2021年12月31日，该专利技术已经达到预定用途。

借：管理费用——研发费用	2 500 000
无形资产	7 500 000
贷：研发支出——费用化支出	2 500 000
——资本化支出	7 500 000

第三节　无形资产摊销

▶▶ 一、无形资产的使用寿命

企业应当在取得无形资产时分析判断其使用寿命。无形资产的使用寿命如果是有限

财 务 会 计

的，应当估计其使用寿命的年限或者构成使用寿命的产量等类似计量单位数量；无法预计无形资产为企业带来未来经济利益期限的，应当视为使用寿命不确定的无形资产。

企业持有的无形资产，通常来源于合同性权利或其他法定权利，且合同规定或法律规定有明确的使用年限。来源于合同性权利或其他法定权利的无形资产，其使用寿命不应超过合同性权利或其他法定权利的期限；合同性权利或其他法定权利在到期时因续约等延续且有证据表明企业续约不需要付出大额成本的，续约期应当计入使用寿命。合同或法律没有规定使用寿命的，企业应当综合各方面因素判断，以确定无形资产能为企业带来经济利益的期限。比如，与同行业的情况进行比较、参考历史经验，或聘请相关专家进行论证等。按照上述方法仍无法合理确定无形资产为企业带来经济利益期限的，该项无形资产应作为使用寿命不确定的无形资产。

企业确定无形资产的使用寿命时通常应当考虑以下因素：

1）该资产通常的产品寿命周期，以及可获得的类似资产使用寿命的信息。

2）技术、工艺等方面的现实情况及对未来发展的估计。

3）该资产在该行业运用的稳定性和生产的产品或服务的市场需求情况。

4）现在或潜在的竞争者预期采取的行动。

5）为维持该资产产生未来经济利益的能力所需要的维护支出，以及企业预计支付有关支出的能力。

6）对该资产的控制期限，以及对该资产使用的法律或类似限制，例如特许使用期间、租赁期间等。

7）与企业持有的其他资产使用寿命的关联性等。

企业至少应当于每年年度终了时，对使用寿命有限的无形资产的使用寿命及摊销方法进行复核，如果有证据表明无形资产的使用寿命不同于以前的估计，例如由于合同的续约或无形资产应用条件的改善，延长了无形资产的使用寿命，则对于使用寿命有限的无形资产，应改变其摊销期限，并按照会计估计变更进行处理。例如，企业使用的某项非专利技术，原预计使用寿命为5年，使用至第2年年末，该企业计划再使用两年后不再使用，为此，企业应当在第2年年末变更该项无形资产的使用寿命，并作为会计估计变更进行处理。

企业应当在每个会计期间对使用寿命不确定的无形资产的使用寿命进行复核。如果有证据表明无形资产的使用寿命是有限的，应当估计其使用寿命，并按照使用寿命有限的无形资产的处理原则进行处理。

二、无形资产摊销的核算

使用寿命有限的无形资产，应在其预计的使用寿命内采用系统合理的方法对其应摊销金额进行摊销。

（一）应摊销金额的确定

无形资产的应摊销金额为其成本扣除预计残值后的金额。已计提减值准备的无形资产，还应扣除已计提的无形资产减值准备累计金额。使用寿命有限的无形资产，其预计残值应当视为零，但下列情况除外：

1）有第三方承诺在无形资产使用寿命结束时购买该无形资产。

2）可以根据活跃市场得到预计残值信息，并且该市场在无形资产使用寿命结束时很可能存在。

无形资产的预计残值是指在其经济寿命结束之前企业预计将会处置该无形资产，并从该处置中取得的利益。估计无形资产的预计残值应以资产处置时的可收回金额为基础。可收回金额是指在预计出售日，出售一项使用寿命已满且处于类似使用状况下，同类无形资产预计的处置价格（扣除相关税费）。

无形资产的预计残值确定以后，在持有无形资产期间，至少应于每年年度终了时进行复核。若其预计残值与原估计金额不同的，应按照会计估计变更进行处理。如果无形资产的残值重新估计以后高于其账面价值的，则无形资产不再摊销，直至残值降至低于账面价值时再恢复摊销。

例如，企业从外单位购入一项实用专利技术的成本为100万元，根据目前企业管理层的持有计划，预计5年后转让给第三方。根据目前活跃市场上得到的信息，该实用专利技术预计残值为10万元。企业采取生产总量法对该项无形资产进行摊销。到第3年年末，市场发生变化，经复核重新估计，该项实用专利技术预计残值为30万元，如果此时企业已摊销72万元，该项实用专利技术账面价值为28万元，低于重新估计的该项实用专利技术的残值，则不再对该项实用专利技术进行摊销，直至残值降至低于其账面价值时再恢复摊销。

（二）摊销期限的确定

企业摊销无形资产，应当自无形资产可供使用时起，至不再作为无形资产确认时止，即无形资产摊销的规则是当月增加的无形资产，当月开始摊销；当月减少的无形资产，当月不再摊销。

如果预计使用寿命超过了相关合同规定的受益年限或法律规定的有效年限，无形资产的摊销期限一般按下列原则确定：

1）合同规定了受益年限，而法律未规定有效年限，摊销年限以合同规定的受益期限为上限。

2）合同未规定受益年限，而法律规定了有效年限，摊销年限以法定有效年限为上限。

3）合同规定了受益年限，法律也规定了有效年限，摊销年限以受益年限与效年限中较短者为上限。

（三）摊销方法的确定

在无形资产的使用寿命内系统地分摊其应摊销金额，可以采用年限平均法、工作量法、双倍余额递减法和年数总和法等摊销方法。

企业选择的无形资产摊销方法，应当能够反映与该项无形资产有关的经济利益的预期消耗方式。例如，受技术陈旧因素影响较大的专利权和专有技术等无形资产，可采用类似固定资产加速折旧的方法进行摊销；有特定产量限制的特许经营权或专利权，应采用产量法进行摊销；无法可靠确定预期实现方式的，应当采用年限平均法摊销。

由于收入可能受到投入、生产过程和销售等因素的影响，这些因素与无形资产有关经济利益的预期消耗方式无关，因此，企业通常不应以包括使用无形资产在内的经济活动所产生的收入为基础进行摊销。但是，下列极其有限的情况除外：

1）企业根据合同约定确定无形资产固有的根本性限制条款（例如无形资产的使用时

间、使用无形资产生产产品的数量或因使用无形资产而应取得固定的收入总额）的，当该条款为因使用无形资产而应取得的固定的收入总额时，取得的收入可以成为摊销的合理基础，例如企业获得勘探开采黄金的特许权，且合同明确规定该特许权在销售黄金的收入总额达到某固定的金额时失效。

2）有确凿的证据表明收入的金额和无形资产经济利益的消耗是高度相关的。企业采用车流量法对高速公路经营权进行摊销的，不属于以包括使用无形资产在内的经济活动产生的收入为基础的摊销方法。

（四）无形资产摊销的账务处理

无形资产的摊销一般应计入当期损益，但如果某项无形资产专门用于生产某种产品或者他资产，其所包含的经济利益是通过转入到所生产的产品或其他资产中实现的，则无形资产的摊销费用应当计入相关资产的成本。例如，某项专门用于生产过程中的专利技术，其摊销费用应构成所生产产品成本的一部分，计入制造该产品的制造费用。

【例5-4】 2019年1月5日，乙公司从外单位购入一项B非专利技术，支付价款500万元，款项已支付，估计该项非专利技术的使用寿命为10年，该项非专利技术用于产品生产；同时，购入一项C商标权，支付价款300万元，款项已支付，估计该商标权的使用寿命为15年。假定这2项无形资产的净残值均为0，并按直线法进行摊销。请对上述B专利技术和C商标权的取得和按年摊销进行账务处理。

【解析】

1）乙公司外购的B非专利技术的估计使用寿命为10年，表明该项无形资产是使用寿命有限的无形资产，且该项无形资产用于产品生产，因此，应当将其摊销金额计入相关产品的制造费用。

2）乙公司外购的C商标权的估计使用寿命为15年，表明该项无形资产同样也是使用寿命有限的无形资产，而商标权的摊销金额通常直接计入当期管理费用。

3）2019年1月5日，甲公司的账务处理如下：

① 取得无形资产时。

借：无形资产——B非专利技术	5 000 000
——C商标权	3 000 000
贷：银行存款	8 000 000

② 按年摊销时。

借：制造费用——B非专利技术	500 000
管理费用——C商标权	200 000
贷：累计摊销	700 000

【例5-5】 对于【例5-4】中乙公司2019年1月5日购入的B非专利技术，如果2020年12月20日根据科学技术发展的趋势判断其在4年后将被淘汰，不能再为企业带来经济利益，决定再使用4年后不再使用。请写出B非专利技术2021年的摊销金额并进行会计处理。

【解析】 1）乙公司应当在购入B非专利技术之后的第2年，变更该项非专利技术的估计使用寿命，并按会计估计变更进行处理。

2）2020年12月31日，该项无形资产累计摊销金额为100（50×2）万元，2021年该项无形资产的摊销金额为 100 [（500-100）÷4] 万元。

3）乙公司 2021 年对 B 非专利技术按年摊销的账务处理如下：

借：制造费用——B 非专利技术　　　　　　　　　　　　　　　　1 000 000

　　贷：累计摊销　　　　　　　　　　　　　　　　　　　　　　　　10 000 000

对于使用寿命不确定的无形资产，在持有期间内不需要摊销，但应当在每个会计期间末进行减值测试，减值测试的方法按照资产减值的原则进行处理，例如经减值测试表明已发生减值，则需要计提相应的减值准备，借记"资产减值损失"科目，贷记"无形资产减值准备"科目。

【例 5-6】 2020 年 1 月 7 日，甲公司购入一项市场领先的畅销产品的 D 商标，成本为 600 万元，该商标按照法律规定还有 5 年的使用寿命，但是在保护期届满时，A 公司每 10 年可以较低的手续费申请延期，同时甲公司有充分的证据表明其有能力申请延期。此外，有关的调查表明，根据产品生命周期、市场竞争等方面情况综合判断，该商标将在不确定的期间内为企业带来现金流量。2021 年 12 月 31 日，甲公司对该商标按照资产减值的原则进行减值测试，该商标的公允价值为 400 万元。请确定甲公司的账务处理。

【解析】

1）根据上述情况，D 商标可视为使用寿命不确定的无形资产，在持有期间内不需要进行摊销。

2）经测试表明该商标已发生减值，减值损失为 200 000（6 000 000 - 4 000 000 = 200 000）元。

3）甲公司的账务处理如下：

① 2020 年 1 月 7 日购入商标时。

借：无形资产——D 商标权　　　　　　　　　　　　　　　　　　6 000 000

　　贷：银行存款　　　　　　　　　　　　　　　　　　　　　　　　6 000 000

② 2021 年 12 月 31 日发生减值时。

借：资产减值损失　　　　　　　　　　　　　　　　　　　　　　2 000 000

　　贷：无形资产减值准备——D 商标权　　　　　　　　　　　　　2 000 000

第四节　无形资产的处置

一、无形资产出售的核算

无形资产出售是指将无形资产的所有权转让给他人，即在出售以后，企业不再对该项无形资产拥有占有、使用、收益和处置的权利。

企业出售无形资产时，应将出售所得的不含增值税的价款扣除无形资产账面价值后的差额确认为当期损益。企业出售无形资产时，应按出售无形资产的全部价款，借记"银行存款"等科目，按应缴纳的增值税，贷记"应交税费——应交增值税（销项税额）"科目，按无形资产的累计摊销额，借记"累计摊销"科目，如果计提了减值准备，还应借记"无形资产减值准备"科目按无形资产的原始价值，贷记"无形资产"科目；按其差额，借记或贷记"资产处置损益"科目。

企业出售无形资产时发生的相关费用，直接计入为当期损益。企业发生处置费用时，按照实际支付的价款，借记"资产处置损益"科目，同时贷记"银行存款"等科目。

【例5-7】 甲公司2021年10月17日出售E专利权一项，收取价款100 000元，增值税6 000元；以银行存款支付律师费2 000元，增值税120元；该项无形资产的原始价值为150 000元，累计摊销额为70 000元，未计提减值准备。请写出甲公司应进行的账务处理。

【解析】

1）计算出售无形资产净损益。

出售无形资产净损益＝100 000－（150 000－70 000）－（2 120－120）＝18 000（元）

2）2021年10月17日，甲公司账务处理如下：

借：银行存款　　　　　　　　　　　　　　　　　　　　　106 000

　　累计摊销　　　　　　　　　　　　　　　　　　　　　　70 000

　　　贷：无形资产——E专利权　　　　　　　　　　　　　150 000

　　　　　应交税费——应交增值税（销项税额）　　　　　　　6 000

　　　　　资产处置损益　　　　　　　　　　　　　　　　　 20 000

借：资产处置损益　　　　　　　　　　　　　　　　　　　　2 000

　　应交税费——应交增值税（进项税额）　　　　　　　　　　 120

　　　贷：银行存款　　　　　　　　　　　　　　　　　　　　2 120

▶▶ 二、无形资产报废的核算

如果无形资产预期不能为企业带来未来经济利益，例如，某无形资产已被其他新技术所替代或超过法律保护期，不能再为企业带来经济利益，不再符合无形资产的定义，应将其进行报废并转销其账面价值。转销时，按已计提的累计摊销，借记"累计摊销"科目；按其账面余额，贷记"无形资产"科目；按其差额，借记"营业外支出"科目。已计提减值准备的，还应同时结转减值准备。

【例5-8】 甲公司自行研究开发一项成功的F专有技术，成本为开发阶段的资本化支出300 000元。该专有技术预计使用10年，采用直线法摊销。截至2020年12月，该无形资产累计摊销90 000元，2020年12月计提减值准备100 000元。2021年1月25日，由于产品更新换代，该专有技术不能再为企业带来经济利益。请写出甲公司无形资产报废时的账务处理。

【解析】 根据以上资料，甲公司无形资产报废时的账务处理如下：

借：累计摊销　　　　　　　　　　　　　　　　　　　　　　90 000

　　无形资产减值准备　　　　　　　　　　　　　　　　　　100 000

　　营业外支出　　　　　　　　　　　　　　　　　　　　　110 000

　　　贷：无形资产——F专有技术　　　　　　　　　　　　　300 000

第五节　无形资产的减值

企业应当在资产负债表日判断资产是否存在可能发生减值的迹象，并对其进行减值测试，如果无形资产已经发生减值，应对其计提减值准备。

一、无形资产的减值迹象

存在下列迹象的，表明资产可能发生了减值：

1）资产的市价当期大幅度下跌，其跌幅明显高于因时间的推移或者正常使用而预计的下跌。

2）企业经营所处的经济、技术或者法律等环境以及资产所处的市场在当期或者将在近期发生重大变化，从而对企业产生不利影响。

3）市场利率或者其他市场投资报酬率在当期已经提高，从而影响企业计算资产预计未来现金流量现值的折现率，导致资产的可收回金额大幅度降低。

4）有证据表明资产已经陈旧过时或者其实体已经损坏。

5）资产已经或者将被闲置、终止使用或计划提前处置。

6）企业内部报告的证据表明资产的经济绩效已经低于或者将低于预期，例如资产所创造的净现金流量或者实现的营业利润（或亏损）远远低于（或高于）预计金额等。

7）其他表明资产可能已经发生减值的迹象。

二、无形资产的可收回金额

无形资产存在减值迹象的，应当估计其可收回金额。衡量无形资产是否发生减值的标准是其可收回金额。

可收回金额应当根据无形资产的公允价值减去处置费用后的净额与无形资产的预计未来现金流量的现值之间的较高者确定。

无形资产的公允价值应当根据公平交易中销售协议的价格确定。

无形资产预计未来现金流量的现值，应当按照无形资产在持续使用过程中和最终处置时所产生的预计未来现金流量，选择恰当的折现率对其进行折现后的金额加以确定。

无形资产的公允价值减去处置费用后的净额与无形资产预计未来现金流量的现值，两者只要有一项超过了资产的账面价值，就表明资产没有发生减值，不需再估计另一项金额。

三、无形资产减值的核算

无形资产可收回金额的计量结果表明，资产的可收回金额低于其账面价值的，应当将资产的账面价值减记至可收回金额，借记"资产减值损失"科目，贷记"无形资产减值准备"科目。

无形资产减值损失确认后，减值无形资产的摊销费用应当在未来期间做相应调整，以使该无形资产在剩余使用寿命内，系统地分摊调整后的无形资产账面价值。

无形资产减值损失一经确认，在以后会计期间不得转回。

【例5-9】 甲公司2015年1月5日购入G专利权一项，实际成本为3 000 000元，预计使用年限为10年。2018年12月31日，该项专利权发生减值，预计未来现金流量的现值1 200 000元，公允价值为1 100 000元（不考虑处置费用），该项专利权发生减值以后，预计剩余使用年限为5年。2021年1月5日，甲公司将该专利权出售，收取价款600 000

元，增值税 36 000 元。请对甲公司购入的 G 专利权减值和出售进行账务处理。

【解析】

1）计算 G 专利权在 2018 年 12 月 31 日计提减值准备前的累计摊销和账面余额。

$$累计摊销 = 3\ 000\ 000 \div 10 \times 4 = 1\ 200\ 000（元）$$

$$账面余额 = 3\ 000\ 000 - 1\ 200\ 000 = 1\ 800\ 000（元）$$

2）计提减值准备。

$$可收回金额 = 1\ 200\ 000（元）$$

$$应计提的减值准备 = 1\ 800\ 000 - 1\ 200\ 000 = 600\ 000（元）$$

借：资产减值损失   600 000

    贷：无形资产减值准备   600 000

3）计算剩余使用年限内年摊销金额。

$$剩余使用年限内年摊销额 = 1\ 200\ 000 \div 5 = 240\ 000（元）$$

4）计算 G 专利权在 2021 年 1 月 5 日的累计摊销和账面价值。

$$2019 年 1 月至 2020 年 12 月的摊销额 = 240\ 000 \times 2 = 480\ 000（元）$$

$$累计摊销 = 1\ 200\ 000 + 480\ 000 = 1\ 680\ 000（元）$$

$$账面价值 = 3\ 000\ 000 - 1\ 680\ 000 - 600\ 000 = 720\ 000（元）$$

5）出售 G 专利权。

出售无形资产净损益 = 600 000 - 720 000 = -120 000（元）

借：银行存款   636 000

    累计摊销   1 680 000

    无形资产减值准备   600 000

    资产处置损益   120 000

    贷：无形资产——G 专利权   3 000 000

        应交税费——应交增值税（销项税额）   36 000

无形资产提取减值准备后，在资产负债表的"无形资产"项目所反映的无形资产账面价值应以无形资产的原始价值扣除累计摊销和无形资产减值准备后的净额列示。

第六章

投资性房地产

第一节　投资性房地产概述

一、投资性房地产的概念

房地产是土地和房屋及其权属的总称。在我国，土地归国家或集体所有，企业只能取得土地使用权。因此，房地产中的"地"是指土地使用权，"房"是指土地上的房屋等建筑物及构筑物。

投资性房地产是指为赚取租金或资本增值，或者两者兼有而持有的房地产。从定义可以看出，投资性房地产有别于企业自用的房地产和房地产开发企业作为存货的房地产。企业自用的房地产是企业自用的厂房、办公楼等生产经营场所，企业应当将其作为固定资产或无形资产处理。作为存货的房地产是房地产开发企业用于销售的或为销售而正在开发的商品房和土地，是房地产企业的开发产品，应当作为存货处理。

二、投资性房地产的范围

投资性房地产主要包括已出租的土地使用权、持有并准备增值后转让的土地使用权和已出租的建筑物。

1. 已出租的土地使用权

已出租的土地使用权，是指企业通过出让或转让方式取得的并以经营租赁方式出租的土地使用权。企业取得的土地使用权通常包括在一级市场上以缴纳土地出让金的方式取得土地使用权，也包括在二级市场上接受其他单位转让的土地使用权。企业计划用于出租但尚未出租的土地使用权，不属于此类。对于租入土地使用权再转租给其他单位的，不能确认为投资性房地产。

2. 持有并准备增值后转让的土地使用权

持有并准备增值后转让的土地使用权，是指企业通过出让或转让方式取得并准备增值后转让的土地使用权。但是，按照国家有关规定认定的闲置土地，不属于持有并准备增值后转让的土地使用权。

3. 已出租的建筑物

已出租的建筑物，是指企业拥有产权并出租的房屋等建筑物，包括自行建造或开发活动完成后用于出租的建筑物。企业租入再转租的建筑物不属于投资性房地产。已出租的建筑物是指企业已经与其他方签订了租赁协议，约定以经营租赁方式出租的建筑物。

如果某项房地产部分用于赚取租金或资本增值，部分自用，那么能够单独计量和出售的、用于赚取租金或资本增值的部分，应当确认为投资性房地产；不能够单独计量和出售的、用于赚取租金或资本增值的部分，不应确认为投资性房地产。该项房地产自用的部分，以及不能够单独计量和出售的、用于赚取租金或资本增值的部分，应当确认为固定资产或无形资产。

投资性房地产的主要形式是出租建筑物和出租土地使用权，企业取得的收入是企业为完成其经营目标所从事的经营性活动以及与之相关的其他活动形成的经济利益的总流入。故对企业而言，一般属于其他业务收入。企业取得出租收入时，应按收取的全部价款，借记"银行存款"等科目；按确认的收入金额，贷记"其他业务收入"科目；按收取的增值税额，贷记"应交税费——应交增值税（销项税额）"科目。

第二节　投资性房地产的确认与初始计量

▶▶ 一、投资性房地产的确认

投资性房地产只有在符合定义的前提下，同时满足下列条件，才能予以确认：

1）与该投资性房地产有关的经济利益很可能流入企业。

2）该投资性房地产的成本能够可靠地计量。

对已出租的土地使用权、已出租的建筑物，其作为投资性房地产的确认时点一般为租赁期开始日，即土地使用权、建筑物进入出租状态、开始赚取租金的日期。但对企业持有的以经营租赁的方式出租的空置建筑物或在建建筑物，董事会或类似机构做出书面决议，明确表明将其用于以经营租赁方式出租且持有意图短期内不发生变化的，即使尚未签订租赁协议，也应视为投资性房地产。对持有并准备增值后转让的土地使用权，其作为投资性房地产的确认时点为企业将自用土地使用权停止自用、准备增值后转让的日期。

▶▶ 二、投资性房地产的初始计量

投资性房地产应当按照成本进行初始计量。

1. 外购投资性房地产的初始计量

企业外购的房地产，只有在购入的同时开始对外出租或用于资本增值，才能作为投资性房地产加以确认。企业购入房地产，自用一段时间之后再改为出租或用于资本增值的，应当先将外购的房地产确认为固定资产或无形资产，自租赁期开始日或用于资本增值之日起，再从固定资产或无形资产转换为投资性房地产，这种情况不属于外购投资性房地产。

企业外购投资性房地产时，应当按照取得时的实际成本进行初始计量。取得时的实际成本，包括购买价款、相关税费和可直接归属于该资产的其他支出。

采用成本模式进行后续计量的，应借记"投资性房地产"科目，贷记"银行存款"等科目；采用公允价值模式进行后续计量的，应借记"投资性房地产——成本"科目，贷记"银行存款"等科目。

2. 自行建造投资性房地产的初始计量

企业自行建造的房地产，只有在自行建造活动完成（即达到预定可使用状态）的同时开始对外出租或用于资本增值，才能将自行建造的房地产确认为投资性房地产。企业自行建造房地产达到预定可使用状态后一段时间才对外出租或用于资本增值的，应当先将自行建造的房地产确认为固定资产、无形资产或存货，自租赁期开始日或用于资本增值之日开始，再从固定资产、无形资产或存货转换为投资性房地产，这种情况不属于自行建造投资性房地产。

自行建造投资性房地产，其成本由建造该项资产达到预定可使用状态前发生的必要支出构成，包括土地开发费、建筑成本、安装成本、应予以资本化的借款费用、支付的其他费用和分摊的间接费用等。

采用成本模式进行后续计量的，应借记"投资性房地产"科目，贷记"在建工程"或"开发产品"科目；采用公允价值模式进行后续计量的，应借记"投资性房地产——成本"科目，贷记"在建工程"或"开发产品"科目。

三、投资性房地产的后续支出

（一）资本化的后续支出

与投资性房地产有关的后续支出，满足投资性房地产确认条件的，应当计入投资性房地产成本。例如，企业为了提高投资性房地产的使用效能，往往需要对投资性房地产进行改建、扩建而使其更加坚固耐用，或者通过装修改善其室内装潢，用于改扩建或装修的支出满足确认条件的，应当将其资本化。企业对某项投资性房地产进行改扩建等再开发且将来仍作为投资性房地产的，在再开发期间应继续将其作为投资性房地产，再开发期间不计提折旧或摊销。

采用成本模式计量的，投资性房地产进入改扩建或装修阶段后，应当将其账面价值转入改扩建工程。借记"投资性房地产——在建""投资性房地产累计折旧"等科目，贷记"投资性房地产"科目。发生资本化的改良或装修支出，通过"投资性房地产——在建"科目归集，借记"投资性房地产——在建"科目，贷记"银行存款""应付账款"等科目。改扩建或装修完成后，借记"投资性房地产"科目，贷记"投资性房地产——在建"科目。

采用公允价值模式计量的，投资性房地产进入改扩建或装修阶段，借记"投资性房地产——在建"科目，贷记"投资性房地产——成本""投资性房地产——公允价值变动"等科目；在改扩建或装修完成后，借记"投资性房地产——成本"科目，贷记"投资性房地产——在建"科目。

【例6-1】　甲公司为提高租金收入，决定对一项租赁期即将到期的办公楼进行改扩建。

至 2021 年 3 月 31 日，该投资性房地产原价 60 000 000 元，已计提折旧 12 000 000 元。3 月 31 日，该投资性房地产租赁合同到期，随即转入改扩建工程。2021 年 9 月 30 日，该投资性房地产该扩建工程完工，用银行存款支付各项改扩建支出 2 000 000 元，满足投资性房地产确认条件，即日起甲公司将改扩建完工的办公楼以经营的方式出租给乙公司。甲公司的投资性房地产采用成本模式进行后续计量，请写出甲公司应进行的账务处理。

【解析】 甲公司的账务处理如下：

1）2021 年 3 月 31 日，投资性房地产转入改扩建工程。

借：投资性房地产——在建办公楼 48 000 000
　　投资性房地产累计折旧 12 000 000
　　　贷：投资性房地产——办公楼 60 000 000

2）2021 年 3 月 31 日—9 月 30 日改扩建期间，支付改扩建支出。

借：投资性房地产——在建办公楼 2 000 000
　　　贷：银行存款 2 000 000

3）2021 年 9 月 30 日，改扩建工程完工。

借：投资性房地产——办公楼 50 000 000
　　　贷：投资性房地产——在建办公楼 50 000 000

（二）费用化的后续支出

与投资性房地产有关的后续支出，不满足投资性房地产确认条件的，应当在发生时计入当期损益。例如，企业对投资性房地产进行日常维护发生一些支出。企业在发生投资性房地产费用化的后续支出时，借记"其他业务成本"等科目，贷记"银行存款"等科目。

第三节　投资性房地产的后续计量

投资性房地产后续计量有成本模式和公允价值模式。同一企业只能采用一种模式对其所有投资性房地产进行后续计量，不得同时采用两种计量模式。

▶▶ 一、采用成本模式的投资性房地产后续计量

采用成本模式进行后续计量的投资性房地产，比照固定资产或无形资产会计处理，对该投资性房地产按期（月）计提折旧或摊销，借记"其他业务成本"等科目，贷记"投资性房地产累计折旧（摊销）"科目。取得的租金收入，借记"银行存款"等科目，贷记"其他业务收入"等科目。投资性房地产存在减值迹象的，还应当适用资产减值的有关规定。经减值测试后确定发生减值的，应当计提减值准备，借记"资产减值损失"科目，贷记"投资性房地产减值准备"科目。如果已经计提减值准备的投资性房地产的价值又得以恢复，其减值损失不得转回。

【例 6-2】 2020 年 2 月，甲公司（一般纳税人）购入一栋办公楼用于出租，用银行存款支付全部买价 60 000 000 元，增值税 5 400 000 元，合计 65 400 000 元，确认为投资性房地产，采用成本模式进行后续计量，采用年限平均法计提折旧，预计使用年限 40 年，预计净残值为 0。甲公司与乙公司签订租赁合同，从 3 月起将该办公楼经营出租给乙公司，

租期 2 年，乙公司每月支付租金 300 000 元，增值税 27 000 元。请做出甲公司应进行的账务处理。

【解析】 甲公司账务处理如下：

1）2020 年 2 月购入办公楼。

借：投资性房地产——办公楼   60 000 000

    应交税费——应交增值税（进项税额）   5 400 000

    贷：银行存款   65 400 000

2）2020 年 3 月起每月计提折旧。

$$月折旧额 = 60\,000\,000 \div 40 \div 12 = 125\,000\,（元）$$

每月分录如下：

借：其他业务成本——出租办公楼折旧   125 000

    贷：投资性房地产累计折旧——办公楼   125 000

3）2020 年 3 月至 2022 年 2 月每月收到租金，存入银行。

每月分录如下：

借：银行存款   327 000

    贷：其他业务收入——出租办公楼收入   300 000

        应交税费——应交增值税（销项税额）   27 000

二、采用公允价值模式的投资性房地产后续计量

采用公允价值模式计量的投资性房地产，应当同时满足下列条件：

1）投资性房地产所在地有活跃的房地产交易市场。所在地，通常是指投资性房地产所在的城市。对于大中型城市，应当为投资性房地产所在的城区。

2）企业能够从活跃的房地产交易市场上取得同类或类似房地产的市场价格及其他相关信息，从而对投资性房地产的公允价值做出合理的估计。

投资性房地产采用公允价值模式进行后续计量的，不计提折旧或摊销，应当以资产负债表日的公允价值计量。在资产负债表日，投资性房地产的公允价值高于原账面价值差额，借记"投资性房地产——公允价值变动"科目，贷记"公允价值变动损益"科目；公允价值低于原账面价值的差额做相反的会计分录。

【例 6-3】 2020 年 2 月，甲公司（一般纳税人）购入一栋办公楼用于出租，用银行存款支付全部买价 60 000 000 元，增值税 5 400 000 元，合计 65 400 000 元，确认为投资性房地产，采用公允价值模式进行后续计量。甲公司与乙公司签订租赁合同，从 3 月起将该办公楼经营出租，租期 2 年，乙公司每月支付租金 300 000 元，增值税 27 000 元。2020 年 12 月 31 日，该办公楼的公允价值为 70 000 000 元。2021 年 12 月 31 日，该办公楼的公允价值为 64 000 000 元。请写出甲公司的账务处理。

【解析】 甲公司的账务处理如下：

1）2020 年 2 月购入办公楼。

借：投资性房地产——办公楼——成本   60 000 000

    应交税费——应交增值税（进项税额）   5 400 000

    贷：银行存款   65 400 000

2）2020 年 3 月至 12 月每月收到租金，存入银行。每月会计分录如下：

借：银行存款　　　　　　　　　　　　　　　　　327 000

　　贷：其他业务收入——出租办公楼收入　　　　　　　300 000

　　　　应交税费——应交增值税（销项税额）　　　　　27 000

3）2020 年 12 月 31 日调整投资性房地产公允价值。

公允价值变动额＝公允价值-账面价值＝70 000 000-60 000 000＝10 000 000（元）

借：投资性房地产——办公楼——公允价值变动　　　10 000 000

　　贷：公允价值变动损益　　　　　　　　　　　　　　10 000 000

4）2021 年 1 月至 12 月每月收到租金，存入银行。每月分录如下：

借：银行存款　　　　　　　　　　　　　　　　　327 000

　　贷：其他业务收入——出租办公楼收入　　　　　　　300 000

　　　　应交税费——应交增值税（销项税额）　　　　　27 000

5）2021 年 12 月 31 日调整投资性房地产公允价值。

公允价值变动额＝公允价值-账面价值＝64 000 000-70 000 000＝-6 000 000（元）

借：公允价值变动损益　　　　　　　　　　　　　6 000 000

　　贷：投资性房地产——办公楼——公允价值变动　　　6 000 000

三、投资性房地产后续计量模式的变更

为保证会计信息的可比性，企业对投资性房地产的计量模式一经确定，不得随意变更。只有在房地产市场比较成熟、能够满足采用公允价值模式条件的情况下，才允许企业对投资性房地产从成本模式计量变更为公允价值模式计量。已采用公允价值模式计量的投资性房地产，不得从公允价值模式转为成本模式。

投资性房地产由成本模式转为公允价值模式的，应当作为会计政策变更处理，需要进行追溯调整，具体的会计处理主要有 3 步。

第 1 步：应将以前年度和当年计提的折旧和摊销予以冲销，将投资性房地产的账面价值还原为初始成本，并调整期初留存收益及当年的其他业务成本。借记"投资性房地产累计折旧（摊销）"科目，贷记"利润分配——未分配利润""盈余公积""其他业务成本"科目。

第 2 步：将投资性房地产初始成本按照计量模式变更日当年年初的公允价值进行调整。借记或贷记"投资性房地产——公允价值变动"科目，贷记或借记"利润分配——未分配利润""盈余公积"科目。

第 3 步：将投资性房地产计量模式变更日当年年初的公允价值调整为变更日的公允价值。借记或贷记"投资性房地产——公允价值变动"科目，贷记或借记"公允价值变动损益"科目。

【例 6-4】 2019 年 2 月，甲公司（一般纳税人）购入一栋办公楼用于出租，用银行存款支付全部买价 60 000 000 元，增值税 5 400 000 元，合计 65 400 000 元，确认为投资性房地产，采用成本模式进行后续计量，采用年限平均法计提折旧，预计使用年限 40 年，预计净残值为 0。2022 年 5 月 31 日，假设该办公楼满足采用公允价值模式的条件，变更计量模式。当日该办公楼的公允价值为 90 000 000 元，已知该办公楼 2022 年 1 月 1 日的公

允价值为 86 000 000 元。甲公司按净利润的 10% 提取法定盈余公积。

【解析】 1）2019 年 2 月购入办公楼。

```
借：投资性房地产——办公楼                          60 000 000
    应交税费——应交增值税（进项税额）              5 400 000
    贷：银行存款                                   65 400 000
```

2）2019 年 3 月至 2022 年 5 月采用成本模式计量，每月计提折旧 125 000（60 000 000÷40÷12）元，会计分录如下：

```
借：其他业务成本——出租办公楼折旧                  125 000
    贷：投资性房地产累计折旧——办公楼              125 000
```

总共 39 个月，累计折旧额一共有 4 875 000（125 000×39）元。

3）2022 年 5 月 31 日，将该投资性房地产的后续计量模式由成本模式变更为公允价值模式。

第 1 步：冲销投资性房地产累计折旧。其中，2019 年 3 月至 2021 年 12 月有 34 个月，累计折旧 4 250 000 元，由于甲公司按净利润 10% 提取法定盈余公积，故应调整"利润分配——未分配利润"科目 3 825 000（4 250 000×90%）元，调整"盈余公积——法定盈余公积"科目 425 000（4 250 000×10%）元；2022 年 1 月至 5 月有 5 个月，累计折旧 625 000 元，应调整"其他业务成本"科目 625 000 元。

```
借：投资性房地产累计折旧——办公楼                  4 875 000
    贷：利润分配——未分配利润                      3 825 000
        盈余公积——法定盈余公积                      425 000
        其他业务成本——出租办公楼折旧                625 000
```

第 2 步：调整 2022 年 1 月 1 日该办公楼公允价值变动。

公允价值变动额=公允价值-账面价值=86 000 000-60 000 000=26 000 000（元）

```
借：投资性房地产——办公楼——公允价值变动          26 000 000
    贷：利润分配——未分配利润                      23 400 000
        盈余公积——法定盈余公积                     2 600 000
```

第 3 步：调整 2022 年 5 月 31 日该办公楼的公允价值变动。

公允价值变动额=90 000 000-86 000 000=4 000 000（元）

```
借：投资性房地产——办公楼——公允价值变动           4 000 000
    贷：公允价值变动损益                            4 000 000
```

第四节 投资性房地产的转换和处置

一、投资性房地产的转换

（一）投资性房地产的转换形式及转换日

房地产的转换，是指因房地产用途发生改变而对房地产进行的重新分类。企业必须有确凿证据表明房地产用途发生改变，才能将投资性房地产转换为非投资性房地产或者将非投资性房地产转换为投资性房地产。这里的确凿证据包括两个方面：一是企业董事会或类似机构应当就改变房地产用途形成正式的书面决议；二是房地产因用途改变而发生实际状态上的改变，例如从自用状态改为出租状态。转换日是指房地产的用途发生改变、状态相应发生改变的日期。转换日的确定关系到资产的确认时点和入账价值。投资性房地产的转换形式和转换日的确定主要包括以下几个标准：

1）投资性房地产开始自用，由投资性房地产转换为固定资产或无形资产。转换日为房地产达到自用状态，企业开始将房地产用于生产商品、提供劳务或者经营管理的日期。

2）房地产开发企业作为存货的房地产，改为出租，由存货转换为投资性房地产。转换日通常为租赁期开始日。租赁期开始日是指承租人有权行使其使用租赁资产权利的日期。

3）自用建筑物停止自用，改为出租，由固定资产转换为投资性房地产。转换日通常为租赁期开始日。

4）自用土地使用权停止自用，用于赚取租金或资本增值，由无形资产转换为投资性房地产。转换日通常为自用土地使用权停止自用后，确定用于赚取租金或资本增值的日期。

5）房地产开发企业将用于经营出租的房地产用于对外销售，由投资性房地产转为存货。转换日为租赁期届满、企业董事会或类似机构做出书面决议明确表明将其重新开发用于对外销售的日期。

（二）成本模式下转换的会计处理

投资性房地产成本模式下转换的会计处理基本原则是将转换前的账面价值作为转换后的入账价值，转换过程中不产生损益。

1. 投资性房地产转换为自用房地产

企业将采用成本模式计量的投资性房地产转换为自用房地产时，按该投资性房地产的账面余额，借记"固定资产"或"无形资产"科目，贷记"投资性房地产"科目；按已计提的折旧或摊销，借记"投资性房地产累计折旧（摊销）"科目，贷记"累计折旧"或"累计摊销"科目；按已计提的减值准备，借记"投资性房地产减值准备"科目，贷记"固定资产减值准备"或"无形资产减值准备"科目。

【例6-5】 2021年7月31日，甲公司将一栋租赁期满的出租办公楼收回从8月1日起用于总部办公使用。该出租办公楼原采用成本模式进行后续计量。截至2021年7月31日，该投资性房地产的账面余额为50 000 000元，已计提累计折旧12 000 000元，已计提减值准备5 000 000元。请写出甲公司的账务处理。

【解析】 2021年8月1日转换时。

借：固定资产——办公楼　　　　　　　　　　　　　　　　50 000 000
　　贷：投资性房地产——办公楼　　　　　　　　　　　　　　　50 000 000
借：投资性房地产累计折旧　　　　　　　　　　　　　　　12 000 000
　　贷：累计折旧　　　　　　　　　　　　　　　　　　　　　　12 000 000
借：投资性房地产减值准备　　　　　　　　　　　　　　　 5 000 000
　　贷：固定资产减值准备　　　　　　　　　　　　　　　　　　 5 000 000

2. 投资性房地产转换为存货

企业将采用成本模式计量的投资性房地产转换为存货时，应当按照该项房地产在转换日的账面价值，借记"开发产品"科目；按照已计提的折旧或摊销，借记"投资性房地产累计折旧（摊销）"科目；原已计提减值准备的，借记"投资性房地产减值准备"科目；按其账面余额，贷记"投资性房地产"科目。

3. 自用房地产转换为投资性房地产

企业将自用土地使用权或建筑物转换为采用成本模式计量的投资性房地产时，按其账面余额，借记"投资性房地产"科目，贷记"固定资产"或"无形资产"科目；按已计提的折旧或摊销，借记"累计折旧"或"累计摊销"科目，贷记"投资性房地产累计折旧（摊销）"科目；按已计提的减值准备，借记"固定资产减值准备"或"无形资产减值准备"科目，贷记"投资性房地产减值准备"科目。

【例6-6】 甲公司将本公司自用的一栋办公楼整体出租给乙公司使用，租赁期开始日为2021年10月1日，租期为3年。截至2021年9月30日，这栋办公楼的账面余额为60 000 000元，已计提折旧20 000 000元，已提减值准备8 000 000元。甲公司将该投资性房地产采用成本模式进行后续计量。请写出甲公司的账务处理。

【解析】 2021年10月1日转换时。

借：投资性房地产——办公楼　　　　　　　　　　　　　60 000 000
　　贷：固定资产——办公楼　　　　　　　　　　　　　　60 000 000
借：累计折旧　　　　　　　　　　　　　　　　　　　20 000 000
　　贷：投资性房地产累计折旧　　　　　　　　　　　　　20 000 000
借：固定资产减值准备　　　　　　　　　　　　　　　　8 000 000
　　贷：投资性房地产减值准备　　　　　　　　　　　　　　8 000 000

4. 作为存货的房地产转换为投资性房地产

企业将作为存货的房地产转换为采用成本模式计量的投资性房地产时，应当按该项存货在转换日的账面价值，借记"投资性房地产"科目；原已计提跌价准备的，借记"存货跌价准备"科目；按其账面余额，贷记"开发产品"等科目。

（三）公允价值模式下的转换

投资性房地产公允价值模式下转换的会计处理基本原则是将转换日的公允价值作为转换后的入账价值，入账价值与转换前账面价值之间的差额有不同的会计处理。

1. 投资性房地产转换为自用房地产

企业将采用公允价值模式计量的投资性房地产转换为自用房地产时，应当以其转换当日的公允价值作为自用房地产的账面价值，公允价值与原账面价值的差额计入当期损益。转换日，按该项投资性房地产的公允价值，借记"固定资产"或"无形资产"科目；按该项投资性房地产的成本，贷记"投资性房地产——成本"科目；按该项投资性房地产的累计公允价值变动，贷记或借记"投资性房地产——公允价值变动"科目；按其差额，贷记或借记"公允价值变动损益"科目。

【例6-7】 2021年7月31日，甲公司将一栋租赁期满的出租办公楼收回从8月1日起用于总部办公使用，当日该办公楼的公允价值为 68 000 000 元。该出租办公楼原采用公允价值模式进行后续计量。截至 2021 年 7 月 31 日，该投资性房地产的账面价值为 65 000 000 元，其中，"投资性房地产——办公楼——成本"账户余额为 60 000 000 元，"投资性房地产——办公楼——公允价值变动"账户的借方余额为 5 000 000 元。请写出甲公司的账务处理。

【解析】 甲公司的账务处理如下：

借：固定资产——办公楼 68 000 000
　　贷：投资性房地产——办公楼——成本 60 000 000
　　　　　　　　　　　　　　——公允价值变动 5 000 000
　　　　公允价值变动损益 3 000 000

如果 8 月 1 日，该办公楼的公允价值为 56 000 000 元，其他条件不变，则甲公司的账务处理如下：

借：固定资产——办公楼 56 000 000
　　公允价值变动损益 9 000 000
　　贷：投资性房地产——办公楼——成本 60 000 000
　　　　　　　　　　　　　　——公允价值变动 5 000 000

2. 投资性房地产转换为存货

企业将采用公允价值模式计量的投资性房地产转换为存货时，应当以其转换当日的公允价值作为存货的账面价值，公允价值与原账面价值的差额计入当期损益。

转换日，按该项投资性房地产的公允价值，借记"开发产品"等科目；按该项投资性房地产的成本，贷记"投资性房地产——成本"科目；按该项投资性房地产的累计公允价值变动，贷记或借记"投资性房地产——公允价值变动"科目；按其差额，贷记或借记"公允价值变动损益"科目。

3. 自用房地产转换为投资性房地产

企业将自用土地使用权或建筑物转换为采用公允价值模式计量的投资性房地产时，应当按该项土地使用权或建筑物在转换日的公允价值，借记"投资性房地产——成本"科目；按已计提的累计摊销或累计折旧，借记"累计摊销"或"累计折旧"科目；按已计提的减值准备，借记"无形资产减值准备""固定资产减值准备"科目；按其账面余额，贷记"固定资产"或"无形资产"科目。同时，转换日的公允价值小于账面价值的，按其差额，借记"公允价值变动损益"科目，转换日的公允价值大于账面价值的，按其差额，贷记"其他综合收益"科目。待该项投资性房地产处置时，因转换计入其他综合收益的部分应转入当期损益。

【例6-8】 甲公司将本公司自用的一栋办公楼整体出租给乙公司使用，租赁期开始日为 2021 年 10 月 1 日，租期为 3 年。截至 2021 年 9 月 30 日，这栋办公楼的账面余额为 60 000 000 元，已计提折旧 20 000 000 元，已提减值准备 8 000 000 元。该办公楼所在地房地产交易市场活跃，甲公司能够从市场上取得同类或类似房地产的交易价格及其他相关信息，故甲公司将该投资性房地产采用公允价值模式进行后续计量。2021 年 10 月 1 日，该办公楼的公允价值为 80 000 000 元。请写出甲公司的账务处理。

【解析】 甲公司的账务处理如下:

借:投资性房地产——办公楼——成本　　　　　　　　　　　80 000 000
　　累计折旧　　　　　　　　　　　　　　　　　　　　　20 000 000
　　固定资产减值准备　　　　　　　　　　　　　　　　　8 000 000
　　贷:固定资产　　　　　　　　　　　　　　　　　　　　　60 000 000
　　　　其他综合收益　　　　　　　　　　　　　　　　　　48 000 000

如果 10 月 1 日,该办公楼的公允价值为 28 000 000 元,其他条件不变,则甲公司的账务处理如下:

借:投资性房地产——办公楼——成本　　　　　　　　　　　28 000 000
　　累计折旧　　　　　　　　　　　　　　　　　　　　　20 000 000
　　固定资产减值准备　　　　　　　　　　　　　　　　　8 000 000
　　公允价值变动损益　　　　　　　　　　　　　　　　　4 000 000
　　贷:固定资产　　　　　　　　　　　　　　　　　　　　　60 000 000

4. 作为存货的房地产转换为投资性房地产

企业将作为存货的房地产转换为采用公允价值模式计量的投资性房地产时,应当按该项房地产在转换日的公允价值,借记"投资性房地产——成本"科目,按已计提的跌价准备,借记"存货跌价准备"科目,按其账面余额,贷记"开发产品"等科目;同时,转换日的公允价值小于账面价值的,按其差额,借记"公允价值变动损益"科目,转换日的公允价值大于账面价值的,按其差额,贷记"其他综合收益"科目。待该项投资性房地产处置时,因转换计入其他综合收益的部分应转入当期损益。

二、投资性房地产的处置

企业可以通过对外出售或转让的方式处置投资性房地产取得收益。对于那些由于使用而不断磨损直到最终报废,或者由于遭受自然灾害等非正常原因发生毁损的投资性房地产,应当及时进行清理。当投资性房地产被处置,或者永久退出使用且预计不能从其处置中取得经济利益时,应当终止确认该项投资性房地产。

(一) 采用成本模式计量的投资性房地产的处置

处置采用成本模式计量的投资性房地产时,应当按实际收到的金额,借记"银行存款"等科目,按确认的收入,贷记"其他业务收入"科目,按收取的增值税额,贷记"应交税费——应交增值税(销项税额)"科目;按该项投资性房地产的账面价值,借记"其他业务成本"科目,按其账面余额,贷记"投资性房地产"科目,按已计提的折旧或摊销,借记"投资性房地产累计折旧(摊销)"科目,按已计提的减值准备,借记"投资性房地产减值准备"科目。

【例 6-9】 2021 年 9 月 30 日租赁期满时,甲公司将成本模式计量的投资性房地产一栋办公楼对外出售,不含税售价 60 000 000 元,增值税率 9%,全部款项已收存银行。该投资性房地产账面余额 58 000 000 元,已提折旧 20 000 000 元,已提减值准备 6 000 000 元。

【解析】 甲公司的账务处理如下:

1) 取得出售收入。

借：银行存款   65 400 000

  贷：其他业务收入   60 000 000

    应交税费——应交增值税（销项税额）   5 400 000

2) 结转出售成本。

借：其他业务成本   32 000 000

  投资性房地产累计折旧（摊销）   20 000 000

  投资性房地产减值准备   6 000 000

  贷：投资性房地产——办公楼   58 000 000

（二）采用公允价值模式计量的投资性房地产的处置

处置采用公允价值模式计量的投资性房地产时，应当按实际收到的金额，借记"银行存款"等科目，按确认的收入，贷记"其他业务收入"科目，按收取的增值税额，贷记"应交税费——应交增值税（销项税额）"科目；按该项投资性房地产的账面余额，借记"其他业务成本"科目，按其成本，贷记"投资性房地产——成本"科目，按其累计公允价值变动，贷记或借记"投资性房地产——公允价值变动"科目。同时结转投资性房地产累计公允价值变动。若存在原转换日计入其他综合收益的金额，也一并结转。

【例6-10】 2021年9月30日租赁期满时，甲公司将公允价值模式计量的投资性房地产一栋办公楼对外出售，不含税售价80 000 000元，增值税率9%，全部款项已收存银行。该投资性房地产的账面价值56 000 000元，其中，"投资性房地产——办公楼——成本"账户余额为60 000 000元，"投资性房地产——办公楼——公允价值变动"账户为贷方余额4 000 000元。同时在以前由固定资产转换为投资性房地产时形成其他综合收益7 000 000元。

【解析】 甲公司的账务处理如下：

1) 取得出售收入。

借：银行存款   87 200 000

  贷：其他业务收入   80 000 000

    应交税费——应交增值税（销项税额）   7 200 000

2) 结转出售成本。

借：其他业务成本   56 000 000

  投资性房地产——办公楼——公允价值变动   4 000 000

  贷：投资性房地产——办公楼——成本   60 000 000

3) 结转公允价值变动损益。

借：其他业务成本   4 000 000

  贷：公允价值变动损益   4 000 000

4) 结转转换时形成的其他综合收益。

借：其他综合收益   7 000 000

  贷：其他业务成本   7 000 000

第七章

金融资产

🔍 **学习目标** ●

  1. 掌握：应收账款、应收票据、债权投资、其他债权投资、其他权益工具投资、交易性金融资产的核算；应收款项坏账准备的处理。

  2. 理解：其他应收款、预付账款的核算；债权投资减值、其他债权投资减值的处理。

  3. 了解：金融资产的内容及其分录；债券溢价折价的原因；金融资产的重分类。

第一节　金融资产概述

▶▶ 一、金融资产的概念

根据《企业会计准则第 22 号——金融工具确认和计量》，金融资产是指企业持有的现金、其他方的权益工具以及符合下列任一条件的资产。

1）从其他方收取现金或其他金融资产的合同权利；例如企业的银行存款、应收账款、应收票据和银行发放的贷款等均属于金融资产。预付账款不是金融资产，因其产生的未来经济利益是商品或服务，而不是收取现金或其他金融资产的权利。

2）在潜在有利条件下，与其他方交换金融资产或金融负债的合同权利；例如企业持有的看涨期权和看跌期权等衍生金融工具。

3）将来须用或可用企业自身权益工具进行结算的非衍生工具合同，且企业根据该合同将收到可变数量的自身权益工具。

4）将来须用或可用企业自身权益工具进行结算的衍生工具合同，不包括以固定数量的自身权益工具交换固定金额的现金或其他金融资产的衍生工具合同。其中，企业自身权益工具不包括应当按照《企业会计准则第 37 号——金融工具列报》分类为权益工具的可回售工具或发行方仅在清算时才有义务向另一方按比例交付其净资产的金融工具，也不包括本身就要求在未来收取或交付企业自身权益工具的合同。

企业的金融资产主要包括库存现金、银行存款、应收账款、应收票据、应收利息、应收股利、其他应收款、贷款、垫款、债权投资、股权投资、基金投资、衍生金融资产等。货币资金在第二章、长期股权投资在第五章已经讲述，本章所述的金融资产不包括这两个部分。

▶▶ 二、金融资产的分类

金融资产的分类是金融资产确认和计量的基础。根据《企业会计准则第 22 号——金融工具确认和计量》，企业应按照管理金融资产的业务模式和金融资产的合同现金流量特征，对金融资产进行分类。

企业管理金融资产的业务模式是指企业如何管理其金融资产以产生现金流量。业务模式决定了企业所管理金融资产的现金流量的来源是收取合同现金流量、出售金融资产还是两者兼有。企业管理金融资产的业务模式，应当以企业管理人员决定的对金融资产进行管理的特定业务目标为基础确定，应该以客观事实为依据，不能以按照合理预期不会发生的情形为基础确定。

金融资产的合同现金流量特征是指金融工具合同约定的、反映相关金融资产经济特征的现金流量属性，是金融资产在特定日期产生的合同现金流量，且该合同现金流量仅为对本金和以未偿付本金金额为基础的利息的支付。本金是指金融资产在初始确认时的公允价值，本金金额可能因提前还款等原因在金融资产存续期内发生变动，利息包括对货币时间价值、与特定时期未偿付本金金额有关的信用风险以及其他基本借贷风险（如流动性风险）、成本（如管理费用）和利润的对价。

根据企业管理金融资产的业务模式和金融资产的合同现金流量特征，可以将金融资产分为以摊余成本计量的金融资产、以公允价值计量且其变动计入其他综合收益的金融资产和以公允价值计量且其变动计入当期损益的金融资产三类。金融资产的分类不同，其初始计量和后续计量都有较大的差异。因此，分类一经确定，不能随意变更。

（一）以摊余成本计量的金融资产

金融资产同时符合下列条件的，应当分类为以摊余成本计量的金融资产：

1）企业管理该金融资产的业务模式是以收取合同现金流量为目标。

2）该金融资产的合同条款规定，在特定日期产生的现金流量，仅为收回的本金和以未偿付本金金额为基础收取的利息的，应当分类为以摊余成本计量的金融资产。

例如，企业在日常销售活动中形成的具有一定信用期限的应收账款，如果企业拟根据应收账款的合同现金流量收取现金，且不打算提前处置应收账款，则该应收账款可以分类为以摊余成本计量的金融资产。再例如，企业购买的普通债券，其合同现金流量是到期收回本金以及按约定利率在合同期间按时收取固定或浮动利息，在没有其他特殊安排的情况下，普通债券通常符合本金加利息的合同现金流量特征，如果企业管理该债券的业务模式是以收取合同现金流量为目标，则该债券也可以分类为以摊余成本计量的金融资产。

（二）以公允价值计量且其变动计入其他综合收益的金融资产

金融资产同时符合下列条件的，应当分类为以公允价值计量且其变动计入其他综合收益的金融资产：

1）企业管理该金融资产的业务模式既以收取合同现金流量为目标又以出售该金融资产为目标。

2）该金融资产的合同条款规定，在特定日期产生的现金流量，仅为对本金和以未偿付本金金额为基础的利息的支付。

企业的应收账款如果既可以收回现金，也与银行签订了保理协议，在企业需要资金时可以将应收账款随时出售给银行。此种情况下的应收账款，既满足以收取合同现金流量为目标，又以出售为目标，可以划分为以公允价值计量且其变动计入其他综合收益的金融资产。

（三）以公允价值计量且其变动计入当期损益的金融资产

以摊余成本计量的金融资产和以公允价值计量且其变动计入其他综合收益的金融资产之外的金融资产，企业应当将其分类为以公允价值计量且其变动计入当期损益的金融资产。企业持有该金融资产的目的是其具有交易性。只要符合下列条件之一都属于具有交易性的金融资产：

1）目的主要是为了近期出售或回购。

2）属于集中管理的可辨认金融工具组合的一部分，且有客观证据表明近期实际存在短期获利模式。

3）属于衍生工具，但符合财务担保合同定义的衍生工具以及被指定为有效套期工具的衍生工具除外。

例如，企业购买股票的目的可能是为赚取闲置资金的收益而准备随时出售，或者为获取被投资企业未来股利分配以及清算时获得剩余收益的权利，这些目的都不符合本金加利息的合同现金流量特征。在不考虑特殊推定的情况下，企业持有的股票应当分类为以公允价值计量且其变动计入当期损益的金融资产；同理，企业购买的基金、可转换公司债券等也不符合本金加利息的合同流量特征，因而也可划分为以公允价值计量且其变动计入当期损益的金融资产。

权益工具投资一般不符合本金加利息的合同现金流量特征，因此应当分类为以公允价值计量且其变动计入当期损益的金融资产。但在初始确认时，企业可以将非交易性权益工具投资指定为以公允价值计量且其变动计入其他综合收益的金融资产，并按照规定确认股利收入。该指定一经做出，不得撤销。企业投资其他上市公司股票或者非上市公司股权的，都可能属于这种情形。

【例 7-1】 甲公司 2021 年发生下列金融资产业务，请判定其具体类别。

1）2 月 1 日购入 A 公司债券 100 万份，该债券为当日发行的 3 年期债券，该债券票面年利率为 10%，利息按单利计算，到期一次还本付息。实际年利率为 8%，按年确认投资收益。购买当日，甲公司考虑出售其投资。

2）5 月 1 日购入 B 公司发行在外的股票 50 万股，是为了赚取差价为主要目的。

3）8 月 1 日购入 C 公司债券 180 万份，该债券票面年利率为 8%，利息按单利计算，到期一次还本付息。实际利率等于票面利率，按年确认投资收益。投资当日，甲公司不考虑出售其投资。

【解析】

1）购入 A 公司的债券同时满足下列条件：①企业管理该金融资产的业务模式既以收取合同现金流量为目标又以出售该金融资产为目标，投资时考虑出售，且按年确认利息和投资收益；②该金融资产的合同条款规定，在特定日期产生的现金流量，仅为收回的本金和以未偿付本金金额为基础收取的利息，利息按票面利率 10% 确认，投资收益按期初摊余成本乘以实际利率 8% 确认。故购入 A 公司的债券应当分类为以公允价值计量且其变动计入其他综合收益的金融资产。

2）购入 B 公司的股票不以收取合同现金流量为目标，而是以短期持有赚取差价为主要目的，属于交易性质，故购入乙公司的股票应分类为以公允价值计量且其变动计入当期损益的金融资产。

3）购入 C 公司的债券同时满足下列条件：①企业管理该金融资产的业务模式是以收取合同现金流量为目标，投资时不准备出售；②该金融资产的合同条款规定，在特定日期产生的现金流量，仅为收回的本金和以未偿付本金金额为基础收取的利息，应收利息和投资收益都按本金乘以票面利率8%确认。故购入 C 公司的债券应当分类为以摊余成本计量的金融资产。

▶▶ 三、金融资产的计量

企业初始确认金融资产时应当按照公允价值计量。对于以公允价值计量且其变动计入当期损益的金融资产，相关交易费用应当直接计入当期损益；对于以摊余成本计量的金融资产和以公允价值计量且其变动计入其他综合收益的金融资产，相关交易费用应当计入初始确认金额。但是，企业初始确认的应收账款未包含重大融资成分或不考虑不超过一年的合同中的融资成分的，应当按照交易价格进行初始计量。

1. 交易费用

交易费用是指可直接归属于购买、发行或处置金融工具的增量费用。增量费用是指企业没有发生购买、发行或处置相关金融工具的情形就不会发生的费用，包括支付给代理机构、券商、证券交易所、政府有关部门等的手续费、佣金、相关税费以及其他必要支出，不包括债券溢价、折价、融资费用、内部管理成本和持有成本等与交易不直接相关的费用。

2. 应收项目

企业取得金融资产所支付的价款中包含的已宣告但尚未发放的现金股利或已到付息期但尚未领取的利息，应当单独确认为"应收股利"或"应收利息"。

3. 公允价值

公允价值是指市场参与者在计量日发生的有序交易中，出售一项资产所能收到或者转移一项负债所需支付的价格。企业应当将公允价值计量所使用的输入值划分为三个层次，并首先使用第一层次输入值，其次使用第二层次输入值，最后使用第三层次输入值。

（1）第一层次输入值　第一层次输入值是指在计量日能够取得的相同资产或负债在活跃市场上未经调整的报价。活跃市场是指相关资产或负债的交易量和交易频率足以持续提供定价信息的市场。在活跃市场中交易对象具有同质性，可随时找到自愿交易的买方和卖方，且市场价格信息是公开的。

（2）第二层次输入值　第二层次输入值是除第一层次输入值外相关资产或负债直接或间接可观察的输入值。对于具有合同期限等具体期限的金融资产，第二层次输入值应当在几乎整个期限内是可观察的。第二层次输入值包括：①活跃市场中类似金融资产的报价；②非活跃市场中相同或类似金融资产的报价；③除报价以外的其他可观察输入值，包括在正常报价间隔期间可观察的利率和收益率曲线、隐含波动率和信用利差等；④市场验证的输入值，是指通过相关性分析或其他手段获得的主要来源于可观察市场数据或者经过可观察市场数据验证的输入值。

（3）第三层次输入值　第三层次输入值是相关资产或负债的不可观察输入值，主要包括不能直接观察的和无法由可观察市场数据验证的利率、股票波动率、企业使用自身数据做出的财务预测等。

企业只有在金融资产不存在市场活动或者市场活动很少导致相关可观察输入值无法取得或取得不切实可行的情况下，才能使用第三层次输入值，即不可观察输入值。

四、金融资产的减值

金融资产的减值主要是指以摊余成本计量的金融资产和以公允价值计量且其变动计入其他综合收益的金融资产以预期信用损失为基础确认的价值减损。以公允价值计量且其变动计入当期损益的金融资产的价值减损已经作为公允价值变动计入了当期损益，因此不需要单独确认减值。

预期信用损失是指以发生违约的风险为权重的信用损失的加权平均值。

当对金融资产预期未来现金流量具有不利影响的一项或多项事件发生时，该金融资产就成为已发生信用减值的金融资产。金融资产已发生信用减值的证据包括下列可观察信息：

1）发行方或债务人发生重大财务困难。

2）债务人违反合同，例如违约或逾期偿付利息或本金等。

3）债权人出于与债务人财务困难有关的经济或合同考虑，给予债务人在任何其他情况下都不会做出的让步。

4）债务人很可能破产或进行其他财务重组。

5）发行方或债务人财务困难导致该金融资产的活跃市场消失。

6）以大幅折扣购买或源生一项金融资产，该折扣反映了发生信用损失的事实。

金融资产发生信用减值，有可能是可单独识别的事件所致，也有可能是多个事件的共同作用所致。

对于购买的已发生信用减值的金融资产，企业应当在资产负债表日仅将自初始确认后整个存续期内预期信用损失的累计变动确认为减值准备。在每个资产负债表日，企业应当将整个存续期内预期信用损失的变动金额作为减值损失或利得计入当期损益。

企业在前一会计期间已经按照相当于金融工具整个存续期内预期信用损失的金额计量了损失准备，但在当期资产负债表日，该金融工具已不再属于自初始确认后信用风险显著增加的情形的，企业应当在当期资产负债表日按照相当于未来 12 个月内预期信用损失的金额计量该金融工具的损失准备，由此形成的损失准备的转回金额应当作为减值利得计入当期损益。

第二节　以摊余成本计量的金融资产

由前文的定义可知，企业管理该金融资产的业务模式是以收取合同现金流量为目标；且该金融资产的合同条款规定，在特定日期产生的现金流量，仅为收回的本金和以未偿付本金金额为基础收取的利息的，应当将其分类为以摊余成本计量的金融资产。

以摊余成本计量的金融资产可分为应收及预付款项和债权投资等。例如，银行向企业客户发放的固定利率贷款，在没有其他特殊安排的情况下，贷款通常可能符合本金加利息的合同现金流量特征。如果银行管理该贷款的业务模式是以收取合同现金流量为目标，则该贷款可以分类为以摊余成本计量的金融资产。

▶▶ 一、应收及预付款项

应收及预付款项是企业流动资产的重要组成部分，主要包括应收账款、应收票据、预付账款和其他应收款。应收款项是指企业因销售产品、提供劳务等发生的应向有关债务人收取的款项，主要包括应收票据、应收账款、应收股利、应收利息和其他应收款等；预付款项是指企业因采购货物或接受劳务等预先支付给有关单位的款项。

（一）应收账款

应收账款是指企业因销售商品、产品或提供劳务等原因，应向购货客户或接受劳务的客户收取的款项，包括买价、增值税税款及代购货单位垫付的包装费、运杂费等。

1. 应收账款的确认

1）应收账款是因销售活动产生的，且不采用票据形式结算，它不包括应收职工欠款、应收债务人的利息等其他应收款。

2）应收账款是具有流动资产性质的短期债权，不包括长期的债权，例如期限在一年以上具有融资性质的因分期收款销售产生的应收款项等。

3）应收账款是指本企业应收客户的款项，不包括本企业付出的各类存出保证金，例如投标保证金和租入包装物保证金等。

4）应收账款的确认与收入的确认标准密切相关，应于收入实现时予以确认。按照修订的《企业会计准则第 14 号——收入》确认标准，企业应当在履行了合同中的履约义务，即在客户取得相关商品控制权时确认收入同时确认取得的债权。

2. 应收账款的计量

应收账款通常按实际发生额计价入账，其入账价值包括：销售货物或提供劳务的价款、增值税税款以及代购货方垫付的包装费、运杂费等。

在计算应收账款的入账金额时，通常还要考虑是否有折扣因素。销售中通用的折扣办法包括商业折扣和现金折扣两种。

（1）商业折扣 所谓商业折扣，是指企业为促进商品销售而在商品标价上给予的价格扣除。商业折扣是企业比较常用的促销手段，目的是鼓励客户多购买商品而给予商业折扣，客户采购的数量越多、价格越低的促销策略，即通常所说的"薄利多销"。商业折扣一般在交易发生时确定，在存在商业折扣的情况下，企业应按扣除商业折扣以后的金额确认为应收账款的入账金额。

（2）现金折扣 现金折扣是为了鼓励客户提前偿付货款而向客户提供的债务扣除。现金折扣一般用折扣/付款期限来表示。例如，2/10，1/20，n/30 表示买方在 10 天内付款，卖方将按含税或不含税价款的 2%给客户（即购货企业）折扣；如果买方在 11 到 20 天内付款，卖方可按含税或不含税价款的 1%给客户折扣（计算折扣时是按含税价款还是不含税价款，由买卖双方自行约定）；企业允许客户最长的付款期限为 30 天，但客户在 21 天至 30 天内付款，将不能享受到现金折扣。

又如折扣条件 4/15，2/30，1/45，n/60 表示付款期限最长 60 天，15 天以内付款，可以享受 4% 的折扣，16 到 30 天以内付款可以享受 2% 的折扣，31 到 45 天付款只能享受 1% 的折扣，46 到 60 天付款就不能享受折扣。

值得注意的是，按照《企业会计准则第 14 号——收入》的规定，销售条款中含有现金折扣的，应收账款的入账价值既不按过去的净价法也不按总价法，而是按照最可能发生的现金折扣，也就是最可能发生的可变对价扣除以后的金额来入账，然后在每个期末需要对尚未发生的可变对价进行评估。如果有新的证据证明买方能够取得或者不能够取得现金折扣，从而对应收账款的金额进行调整；在调整应收账款金额的同时调整主营业务收入或者其他业务收入。

3. 应收账款的核算

（1）账户设置 为了反映应收账款的发生及收回情况，企业应设置"应收账款"账户，核算企业因销售商品、产品、提供劳务等经营活动应收取而尚未收取的款项。该账户属于资产类账户，借方登记企业对外销售商品或提供劳务尚未收到的款项，贷方登记收回货款或核销的坏账，期末余额在借方反映期末仍未收到的款项；期末如为贷方余额，反映企业预收的账款。本账户可以按照应收客户单位设置明细账户。

因销售商品、提供劳务等，合同或协议价款的收取采用递延方式、实质上具有融资性质的，在"长期应收款"账户核算，不在本账户核算。

（2）应收账款的会计处理 应收账款主要是由于销售商品或提供劳务应收而未收客户的款项，确认应收账款的同时确认销售收入或劳务收入。

【例 7-2】 甲公司采用托收承付方式销售一批产品给乙公司，增值税专用发票注明价款 400 000 元，增值税税率为 13%；用银行存款代乙公司垫付运费 6 000 元，增值税税率为 9%；已办妥托收手续。请写出甲公司应编制的会计分录。

【解析】 甲公司应编制会计分录如下：

借：应收账款——乙公司   458 540

    贷：主营业务收入   400 000

        应交税费——应交增值税（销项税额）   52 000

        银行存款   6 540

【例 7-3】 甲公司生产的 A 商品，单位成本 1 000 元/件，不含税单价 1 500 元/件；同时甲公司的销售政策也规定：如果客户买到 100 件或以上，即可以享受 10% 的优惠。乙公司从甲公司采购了 A 商品 120 件，发票已经开具，款项尚未收取。请写出甲公司应编制的会计分录。

【解析】 本例属于商业折扣的情形。乙公司购买 120 件，每件 1 500 元，不含税价款共计 180 000 元；但由于享受商业折扣 10%，可以扣除 18 000 元，则甲公司的应收账款应该按扣除商业折扣的金额入账。

甲公司应该编制如下会计分录：

借：应收账款   183 060

    贷：主营业务收入   162 000

        应交税费——应交增值税（销项税额）   21 060

```
借：主营业务成本                                        120 000
    贷：库存商品                                             120 000
```

【例7-4】 承【例7-3】，甲公司为了尽快收回应收账款，与乙公司签订合同约定，甲公司给予乙公司现金折扣条件为2/10，1/20，n/30。假定甲公司预计乙公司10天内支付货款享受折扣2%的概率为98%，11到20天内付款享受1%折扣的概率为90%，21到30天支付货款不享受折扣的概率为80%。甲公司按照最可能发生的金额确定销售收入。假定双方约定计算现金折扣不考虑增值税。请写出甲公司应编制的会计分录。

【解析】 甲公司在考虑商业折扣的基础上，由于乙公司10天内支付的概率为98%，高于其他两种情形，因而按照2%的现金折扣计算出销售收入为158 760[162 000×(1-2%)]元，若销项税额不变，仍是21 060元。甲公司应编制如下会计分录为：

```
借：应收账款——乙公司                                   179 820
    贷：主营业务收入                                         158 760
        应交税费——应交增值税（销项税额）                     21 060
```

（如果双方约定计算现金折扣要考虑增值税，则乙公司享受的现金折扣=183 060×2%=3 661.20元，甲公司的应收账款为179 398.80元。）

情形1：假设乙公司10天内付款，甲公司收回应收账款。

```
借：银行存款                                            179 820
    贷：应收账款——乙公司                                    179 820
```

情形2：假设乙公司20天内付款，只能享受1%的现金折扣，甲公司应将多收回的1%补记收入。

```
借：银行存款                                            181 440
    贷：应收账款                                            179 820
        主营业务收入（162 000×1%）                            1 620
```

情形3：假设乙公司30天内支付货款，就不能享受现金折扣，甲公司应全额收回货款。

```
借：银行存款                                            183 060
    贷：应收账款                                            179 820
        主营业务收入                                          3 240
```

若企业将应收账款改用应收票据结算，则应在收到承兑的商业汇票时，借记"应收票据"科目，贷记"应收账款"科目。

【例7-5】 承【例7-2】，乙公司以商业汇票抵偿货款，以银行存款支付甲公司代垫的运杂费。请写出甲公司应编制的会计分录。

【解析】

```
借：银行存款                                              6 540
    应收票据                                            452 000
    贷：应收账款                                            458 540
```

（二）应收票据

1. 应收票据概述

（1）应收票据的概念 应收票据是指企业因采用商业汇票结算方式销售商品或提供劳

务等而收到的商业汇票。商业汇票是一种由出票人签发、委托付款人在指定日期无条件支付确定金额给收款人或者持票人的票据。商业汇票的承兑期限最长不得超过 6 个月，提示付款期限自汇票到期日起 10 日内，商业汇票可以背书转让。

（2）应收票据的分类　按票据是否计息，可以将商业汇票分为不带息商业汇票和带息商业汇票。不带息商业汇票是指商业汇票到期时，承兑人只需按票面金额向收款人或被背书人支付款项的汇票。带息汇票是指商业汇票到期时，承兑人必须按票面金额加上应计利息向收款人或被背书人支付票款的票据。

按承兑人不同，可以将商业汇票分为商业承兑汇票和银行承兑汇票。承兑是汇票付款人承诺在汇票到期日支付汇票金额的票据行为，商业汇票必须经承兑后方可生效。商业承兑汇票的承兑人是付款人，银行承兑汇票的承兑人是承兑申请人的开户银行。

（3）商业汇票的期限　票据期限有两种表示方式。

1）以"天数"表示，最长不超过 180 天。即采用票据出票日与到期日按照"算头不算尾"或"算尾不算头"的方法，按照实际日历天数计算到期日。如票据的出票日为 3 月 5 日的，期限为 90 天的商业汇票，其到期日是 6 月 3 日。两种方法计算的结果应该是一致的：按照算头不算尾的方式，即 3 月 5 日算上，3 月计算 27 天，4 月 30 天，5 月 31 天，6 月 2 天，尾不算，即到期日为 6 月 3 日；按照算尾不算头，即 3 月 5 日不算，3 月就算 26 天，4 月 30 天，5 月 31 天，6 月 3 天，最后这天应该算上，所以到期日也是 6 月 3 日。如果是 2 月，则全月按 28 天或 29 天计算。

2）票据期限如按月表示时，最长不超过 6 个月。票据到期日应以到期月份中与出票日相同的那一天为到期日，而不论各月份实际日历天数多少，即对月对日，例如 5 月 18 日签发的 3 个月票据，到期日应为 8 月 18 日。如果票据出票日是月末，其到期日应为对月的最后一天，例如 8 月 31 日签发的期限为 1 个月的商业汇票，到期日为 9 月 30 日；期限为 6 个月的票据，到期日为次年 2 月 28 日或 29 日；2 月 28 日（月末）签发的期限为 3 个月的商业汇票，到期日为 5 月 31 日。依此类推。

2. 应收票据的核算

为了反映商业汇票的取得和收回情况，企业应设置"应收票据"账户进行核算，该科目属于资产类账户。借方登记取得的商业汇票的票面金额；贷方登记到期收回或到期前向银行贴现的应收票据；余额在借方，反映企业持有的商业汇票的票面金额。"应收票据"账户可按照开出或承兑商业汇票的单位或汇票的种类设置明细账户，并设置"应收票据备查簿"，逐笔登记商业汇票的种类、号数和出票日、票面金额、交易合同号和付款人、承兑人、背书人的姓名或单位名称、到期日、背书转让日、贴现日、贴现率和贴现净额以及收款日和收回金额、退票情况等资料。商业汇票到期结清票款或退票后，在备查簿中应予注销。

（1）不带息商业汇票的会计处理　因债务人抵偿前欠货款而取得的应收票据，借记"应收票据"科目，贷记"应收账款"科目，见【例 7-5】。

因企业销售货物或提供劳务等取得商业汇票，借记"应收票据"科目，贷记"主营业务收入""应交税费——应交增值税（销项税额）"等科目。

【例 7-6】　甲公司采用商业汇票结算方式销售一批商品给乙公司，成本 380 000 元，增值税专用发票注明价款 500 000 元，税率为 13%，以银行存款代垫了运输费 35 000 元，收到一张面值 600 000 元，期限 3 个月的银行承兑汇票。请写出甲公司应编制的会计分录。

【解析】 甲公司会计分录如下：

借：应收票据——银行承兑汇票   600 000
  贷：主营业务收入   500 000
    应交税费——应交增值税（销项税额） 65 000
    银行存款   35 000
借：主营业务成本   380 000
  贷：库存商品   380 000

应收票据到期收回款项时，应按收回的票面金额，借记"银行存款"科目，贷记"应收票据"科目。

【例7-7】 承【例7-6】3 个月后，甲公司收回银行承兑汇票款项。请写出此时甲公司应编制的会计分录。

【解析】 甲公司会计分录如下：

借：银行存款   600 000
  贷：应收票据——银行承兑汇票   600 000

如果商业承兑汇票到期没能收回款项，则转入应收账款。借记"应收账款"科目，贷记"应收票据"科目。

（2）带息票据的会计处理 带息商业汇票是指汇票到期时持票人不仅要收回票据面值，还要收回票据利息的商业汇票。

$$票据利息=票据面值×票面利率×票据期限$$
$$应收票据到期值=票据面值+票据利息$$

注意票据利率与票据期限应该一致，即如果票据期限以月为单位，利率就用月利率；如果票据期限以天数为单位，利率就用日利率。若无特别指明，应收票据上注明的利率一般指年利率，全年按 360 天计算，每个月不分实际天数，均按 30 天计算。

$$月利率=年利率÷12$$
$$日利率=年利率÷360=月利率÷30$$

【例7-8】 3 月 1 日，甲公司采用商业汇票结算方式销售一批商品给乙公司，增值税专用发票注明价款 500 000 元，税率 13%，以银行存款代垫了运输费 35 000 元。收到一张当日出票并承兑的面值 600 000 元，期限 3 个月的商业承兑汇票。假定该商业承兑汇票的票面利率为 5%，利息采用到期确认的方法。请计算票据利息并写出应编制的分录。

【解析】 3 月 1 日甲公司收到商业承兑汇票的会计处理与不带息票据一样，将面值 600 000 计入"应收票据"的借方，到期日为 6 月 1 日。到期应收回票据到期值，即面值+利息。所以，6 月 1 日票据到期时除了收回票据面值 600 000 元，还要收回利息，利息冲减财务费用。

票据利息=600 000×5%÷12×3=7 500（元），收回面值和利息的会计分录如下：

借：银行存款   607 500
  贷：应收票据——商业承兑汇票   600 000
    财务费用   7 500

如果利息不采用到期确认，而是每个会计期末预提，则3月、4月和5月应预提利息，预提的利息计入"应收票据"科目。此时，应收票据既反映面值也反映票据利息。

3—5月每月应编制的会计分录如下：

借：应收票据——票据利息　　　　　　　　　　　　　　　　　　　2 500
　　贷：财务费用　　　　　　　　　　　　　　　　　　　　　　　　　2 500

6月1日到期收回票据到期值时：

借：银行存款　　　　　　　　　　　　　　　　　　　　　　　　607 500
　　贷：应收票据——票据利息　　　　　　　　　　　　　　　　　　7 500
　　　　　　　　——商业承兑汇票　　　　　　　　　　　　　　　600 000

如果上例中带息银行承兑汇票的到期日以天数表示，例如90天到期，利息计算公式为

票据利息=票据面值×票面利率÷360×票据天数=600 000×5%÷360×90=7 500（元）

如果是带息的商业承兑汇票，到期时未能收回款项，则将票据到期值转入"应收账款"科目。

6月1日，甲公司持有的该商业承兑汇票未能收到款项，则应将票据到期值607 500元转入"应收账款"科目。

借：应收账款——乙公司　　　　　　　　　　　　　　　　　　　607 500
　　贷：应收票据——商业承兑汇票　　　　　　　　　　　　　　　600 000
　　　　　　　　——票据利息　　　　　　　　　　　　　　　　　　7 500

3. 应收票据的贴现

（1）应收票据贴现概述　企业持有的商业汇票在到期前，如果需要提前取得资金，可将未到期的商业汇票背书后，向银行或其他金融机构申请贴现，以便获得所需要的资金。所谓"贴现"，是指票据持有人将未到期的票据在背书后送交银行，银行受理后，从票据到期值中扣除按银行贴现率计算确定的贴现利息（也称贴现息或贴息），然后将余款付给持票人，作为银行对贴现申请人的一种贷款。可见，票据贴现实质上是一种企业融通资金的行为，背书的应收票据就是该项贷款的担保品。

（2）票据贴现的会计处理　票据贴现需要计算贴现期、贴现利息以及实际收到的款项金额。贴现日至票据到期日的期间称为贴现期（通常以天数表示），银行计算贴现利息的利率称为贴现率（因贴现期是以天数表示，所以计算贴现利息时贴现率应换算为日利率），企业从银行获得的票据到期值扣除贴现息后的款项，称为贴现实收款。计算公式如下：

票据贴现天数=贴现日至到期日的实际天数-1

票据贴现息=票据到期值×贴现率×贴现期=票据到期值×贴现率÷360×贴现天数

票据实收款=票据到期值-票据贴现息

贴现息作为贴现企业融通资金的成本，通常计入财务费用。

1）不带追索权的应收票据贴现的账务处理。不带追索权指的是票据遇到不能承兑时，票据的持有人不可以向票据转让人要求票据权利。将不带追索权的应收票据贴现，企业在转让票据所有权的同时也将票据到期不能收回票款的风险一并转给了贴现银行，企业对票据到期无法收回的票款不承担连带责任。对于不带追索权的票据转让，一般应确认票据义

务的转移，即账面上注销该应收票据。

一般情况下，银行承兑汇票都不需要附追索权，企业贴现后，收到贴现汇票的银行在汇票到期时一般都能收到款项，所以贴现企业可以直接终止确认，企业持有未到期的银行承兑汇票向银行申请贴现时，应根据银行盖章退回的贴现凭证，按贴现所得额，借记"银行存款"科目，按应收票据的账面余额，贷记"应收票据"科目，其差额借记"财务费用"科目。

【例7-9】 8月6日，甲公司将持有的一张银行承兑汇票到银行办理贴现，该汇票系6月5日出票、期限为6个月、面值360 000元的不带息的商业汇票，贴现率9%。办妥相关手续后，收到银行扣除贴现息以后的款项。请写出甲公司应编制的会计分录。

【解析】 首先，不带息票据的到期值即是面值。其次，6月5日出票的6个月到期的商业汇票，到期日为12月5日。贴现日为8月6日，则贴现天数计算可采用"算头不算尾"或"算尾不算头"的方法，即贴现日和到期日只算一天。贴现天数为121天，此处采用"算尾不算头"的方法，即8月25天，9月30天，10月31天，11月30天，12月5天。

$$贴现息=360\,000×9\%÷360×121=10\,890（元）$$
$$贴现实收款=360\,000-10\,890=349\,110（元）$$

最后，由于贴现的是银行承兑汇票，所以作为不带追索权的贴现进行账务处理。

借：银行存款　　　　　　349 110
　　财务费用　　　　　　10 890
　　贷：应收票据　　　　　　360 000

【例7-10】 承【例7-9】，如果票据是带息票据，利率6%，假定没有预提过票据利息。其他资料相同。请写出此时甲公司应编制的会计分录。

【解析】 甲公司应编制会计分录如下：

$$票据到期值=360\,000×(1+6\%÷2)=360\,000+10\,800=370\,800（元）$$
$$票据贴现息=370\,800×9\%÷360×121=11\,216.70（元）$$
$$贴现实收款=370\,800-11\,216.70=359\,583.30（元）$$

借：银行存款　　　　　　359 583.30
　　财务费用（11 216.70-10 800）　　416.70
　　贷：应收票据——票据面值　　360 000

如果6月和7月已经预提了两个月的利息，360 000×6%÷12×2=3 600（元），此时的会计分录如下：

借：银行存款　　　　　　359 583.30
　　财务费用（11 216.70-10 800+3 600）　　4 016.70
　　贷：应收票据——票据面值　　360 000
　　　　　　——票据利息　　3 600

2）带追索权的票据贴现。带追索权是指票据遇到不能承兑时，票据的持有人可以向票据转让人要求其承兑票据的权利。即票据到期贴现银行不能收回票款，贴现企业因背书贴现而在法律上负有连带偿还责任，表明贴现企业并未转嫁收不回款项的风险。企业所承担的这种连带偿还责任，直到贴现银行收到票据款后才能解除。因此，将带追索权的应收票据贴现的，不符合金融资产终止确认的条件，不应冲销应收票据账户金额，而作为向银行借入的短期借款处理。在我国，企业将商业承兑汇票贴现，一般视作是一种带追索权的应收票据贴现业务。

【例7-11】 5月21日，甲公司将持有的一张商业承兑汇票到银行办理贴现，该汇票系3月10日出票、期限为150天、面值为600 000元的不带息的商业汇票，贴现率9%。办妥相关手续后，收到银行扣除贴现息以后的款项。请写出甲公司的会计分录。

【解析】 3月10日出票，期限150天，到期日应为8月7日，贴现天数应是78天；

$$贴现息 = 600\,000 \times 9\% \div 360 \times 78 = 11\,700（元）$$
$$贴现实收款 = 600\,000 - 11\,700 = 588\,300（元）$$

贴现时应做如下会计分录：

借：银行存款　　　　　　　　　　　　　　　　　588 300
　　财务费用　　　　　　　　　　　　　　　　　 11 700
　　　贷：短期借款　　　　　　　　　　　　　　　　　600 000

票据到期时，如果贴现银行收到了款项，表明贴现企业不需要再承担连带还款责任，此时可以终止确认金融资产，将应收票据和短期借款对冲。

借：短期借款　　　　　　　　　　　　　　　　　600 000
　　　贷：应收票据　　　　　　　　　　　　　　　　　600 000

如果已贴现的商业汇票到期，承兑人的银行账户不足支付，银行即将已贴现的票据退回申请贴现的企业，同时从贴现企业的账户中将票据款划回。此时，贴现企业应按应收票据本息转作应收账款，借记"应收账款"科目，贷记"银行存款"科目。如果申请贴现企业的银行存款户余额不足，银行将作为逾期贷款处理，贴现企业应借记"应收账款"科目，贷记"应收票据"科目，原已计入"短期借款"暂时不做账务处理。

1）如果甲公司有足够款项支付，此时应做如下会计分录：

借：短期借款　　　　　　　　　　　　　　　　　600 000
　　　贷：银行存款　　　　　　　　　　　　　　　　　600 000
借：应收账款——乙公司　　　　　　　　　　　　600 000
　　　贷：应收票据——商业承兑汇票　　　　　　　　　600 000

2）如果甲公司款项不足支付，此时应做如下会计分录：

借：应收账款——乙公司　　　　　　　　　　　　600 000
　　　贷：应收票据——商业承兑汇票　　　　　　　　　600 000

（三）预付账款

预付账款是指企业按照购货合同或劳务合同的规定，预先支付给对方的款项，是企业暂时被供货单位或提供劳务方占用的资金。企业预付账款后，有权要求对方按照合同供货或提供劳务。因此，预付账款和应收账款一样，都是企业的短期债权。但是，两者又有所区别。应收账款是企业销货引起的，是应向购货方收取的款项；而预付账款是企业购货引起的，是预先付给供货方的款项。

由于预付账款这项债权是以收取货物或接受劳务的方式得到补偿，所以预付账款不属于金融资产。

为了反映预付账款的增减变动，企业应设置"预付账款"账户，借方登记预付的款项和补付的款项；贷方登记收到采购货物或接受劳务时按发票金额冲销的预付账款数和因预付货款多余而退回的款项；期末余额一般在借方，反映企业实际预付的款项。预付款项时，借记"预付账款"科目，贷记"银行存款"科目。收到货物时，根据发票账单等列明的金额，借记"原材料""应交税费——应交增值税（进项税额）"等科目，贷记"预付账款"科目。补付款项时，借记"预付账款"科目，贷记"银行存款"科目。退回多付款项时，借记"银行存款"科目，贷记"预付账款"科目。

【例7-12】 5月8日甲公司与乙公司签订了一份购货合同，约定甲公司预付合同价款300 000元的30%，待货物验收后，再补付剩余款项，甲公司以银行存款预付了款项。6月5日货物验收入库，作为原材料核算，增值税专用发票注明价款300 000元，增值税额39 000元。甲公司以银行存款支付剩余款项。请写出甲公司应编制的会计分录。

【解析】 甲公司应编制会计分录如下：

1) 5月8日，甲公司预付款项。

借：预付账款——乙公司 90 000
　　贷：银行存款 90 000

2) 6月5日，货物验收入库。

借：原材料 300 000
　　应交税费——应交增值税（进项税额） 39 000
　　贷：预付账款——乙公司 339 000

3) 补付款项时（如果退回多付款项则做相反方向的会计分录）。

借：预付账款——乙公司 249 000
　　贷：银行存款 249 000

也可以将后面两笔合并做会计分录。

借：原材料 300 000
　　应交税费——应交增值税（进项税额） 39 000
　　贷：预付账款——乙公司 90 000
　　　　银行存款 249 000

预付账款不多的企业，也可以不设置"预付账款"科目，而将预付的款项通过"应付账款"科目进行核算。但在期末编制会计报表时，仍应将应付账款与预付账款分开列示。将"预付账款"科目和"应付账款"科目所属的明细科目的借方余额合计，列示于资产负债表流动资产项目下的预付账款项目；将"预付账款"科目和"应付账款"科目所属的明细科目的贷方余额合计，列示于资产负债表流动负债项下的应付账款项目。

（四）其他应收款

其他应收款核算企业除应收票据、应收账款、预付账款等以外的其他各种应收、暂付款项，包括不设置"备用金"科目的企业拨出的备用金、应收的各种赔款、罚款和应向职工收取的各种垫付款项。核算时，应设置"其他应收款"科目，企业发生其他各种应收款项时，借记"其他应收款"科目，贷记有关科目；收回各种款项时，借记有关科目，贷记"其他应收款"科目。期末余额在借方，反映企业尚未收回的其他应收款。

【例7-13】 期末，企业对存货进行清查，盘亏A材料30kg，单价600元/kg，购入时的增值税税率为13%。经查系管理不善导致霉烂变质，经批准由保管人员赔偿20%，其余按规定进行处理。请写出企业应编制的会计分录。

【解析】 企业应编制会计分录如下：

1）盘亏时。

借：待处理财产损溢 20 340
　　贷：原材料——A材料 18 000
　　　　应交税费——应交增值税（进项税额转出） 2 340

2）经批准处理时。

借：其他应收款——××× 4 068
　　管理费用 16 272
　　贷：待处理财产损溢 20 340

【例7-14】 3月20日甲公司向乙公司租入一批包装物，以银行存款支付押金3 390元。4月18日，退还全部包装物，同时收回押金3 390元存入银行。请写出甲公司支付押金和收到退回押金的会计分录。

【解析】

1）支付押金时。

借：其他应收款——乙公司 3 390
　　贷：银行存款 3 390

2）收到退回押金时。

借：银行存款 3 390
　　贷：其他应收款——乙公司 3 390

对于备用金的会计处理，可在"其他应收款"账户下设置"备用金"二级账户，或设置"备用金"一级账户，借方登记备用金的领用数额，贷方登记备用金的使用数额，余额在借方，反映期末存放在实行备用金核算各部门的备用金数额。

备用金根据管理要求，其核算分为定额备用金制和非定额备用金制两种情况。实行定额备用金制度的企业，对各部门先核定其备用金定额并拨付现金使用后，会计部门根据报销数用现金补足备用金定额，并借记"管理费用"等科目，贷记"库存现金"或"银行存款"科目，报销数和拨补数都不再通过"其他应收款"科目核算。非定额备用金制度是指为了满足临时性需要而暂付给有关部门和个人现金，使用后采取实报实销的制度。

【例7-15】 H公司实行定额备用金制，以银行存款拨付销售部门备用金5 000元。销售部业务员王林出差报销差旅费3 800元，审核无误，开出现金支票补足备用金。请写出H公司拨付备用金以及报销时的会计分录。

【解析】 H分司应编制会计分录如下：

1）拨付备用金时。

借：其他应收款——销售部——备用金 5 000
　　贷：银行存款 5 000

2）报销时。

借：销售费用——差旅费 3 800

贷：银行存款 3 800

【例7-16】 H公司实行非定额备用金制，其他数据资料同【例7-15】，余款收回。请写出此时H公司应编制的会计分录。

【解析】 拨付备用金的分录与上例相同，但报销时收回余款，其他应收款应转平，其会计分录应为

借：销售费用——差旅费 3 800
　　库存现金 1 200
　　贷：其他应收款——销售部——备用金 5 000

（五）应收款项的减值

应收款项属于金融资产之一，企业应当在资产负债表日对以公允价值计量且其变动计入当期损益的金融资产和指定为以公允价值计量且其变动计入其他综合收益的金融资产以外的金融资产的账面价值进行检查，有客观证据表明该金融资产发生减值的应当计提减值准备。

1. 坏账及坏账损失

企业的各项应收款项，都可能会因对方拒付、破产等原因而无法收回，无法收回的应收款项就是坏账。因此，坏账是指企业无法收回或收回可能性极小的应收及预付款项。按规定，凡符合下列条件之一者，便可确认为坏账：

1）因债务人破产，依照民事诉讼法清偿后，确实无法收回的应收账款。

2）因债务人死亡，既无遗产可供清偿，又无义务承担人，确实无法收回的应收账款。

3）因债务人较长时间未履行偿债义务并有足够的证据表明无法收回或收回的可能性极小（一般为超过3年确实不能收回）的应收账款。

坏账损失是指应收及预付款项信用风险自初始确认后已显著增加而产生的减值损失。

应收及预付款项形成的会计期间一般会产生相应的收益，而以后期间确认该应收账款全部或部分无法收回形成坏账，按照权责发生制的要求，其损失应作为商品销售所属会计期间销售利润的抵减，而不应作为确认坏账会计期间的损失。

对于坏账损失，一般有两种会计处理方法：直接转销法和备抵法。

（1）直接转销法 采用直接转销法时，日常核算中应收款项可能发生的坏账损失不予考虑，只有在实际发生坏账损失时，才作为坏账损失计入当期损益，同时冲销应收款项。这种方法会计处理简单，但不符合权责发生制原则和配比原则。另外在资产负债表上，应收账款是按其账面余额而不按净额反映，这在一定程度上歪曲了期末的财务状况。所以会计制度规定，企业对坏账的核算采用备抵法。

（2）备抵法 我国《企业会计准则》规定，坏账损失的确认应采用备抵法，即按期估计可能发生的坏账损失，计提坏账准备，作为信用减值损失计入当期损益；待实际确认坏账时，核销应收账款，冲减已经提取的坏账准备。企业应当定期或者至少于每年年度终了，对应收账款进行减值测试，应收款项等金融资产发生减值时，应当将该金融资产的账面价值减记至预计未来现金流量（不包括尚未发生的未来信用减值损失）现值，减记的金额确认为信用减值损失，计提坏账准备。

短期应收款项的预计未来现金流量与其现值相差很小的，在确定相关减值损失时，可

不对其预计未来现金流量进行折现，直接根据未来现金流量低于应收款项的账面价值的差额确认减值损失，计提坏账准备。

采用备抵法核算坏账损失，能够将收入和坏账损失在同一会计期间确认，客观反映企业的收益及应收账款的实际价值。

2. 坏账损失的估计方法

估计坏账损失的方法有应收款项余额百分比法、账龄分析法、赊销百分比法和个别认定法等。

（1）应收账款余额百分比法 应收账款余额百分比法是指根据应收账款期末余额（不分账龄长短）和综合坏账比率估计坏账损失，即综合估计期末应收款项中可能发生坏账的金额。综合坏账率可以按照以往的数据资料加以确定，也可以根据规定的百分率计算。

【例7-17】 2021年12月31日，甲公司全部应收账款的余额为900 000元，根据以往的经验估计，全部应收账款的综合坏账比率为5%，计算应收账款估计坏账。

$$900\ 000 \times 5\% = 45\ 000\ （元）$$

采用应收款项余额百分比法估计坏账损失，计算简便，但是由于没有考虑账龄长短等因素，估计坏账损失的可靠性略差。

（2）账龄分析法 账龄分析法是指将应收账款期末余额按照账龄长短进行分类，不同账龄的应收账款按照不同的坏账比率估计坏账损失。一般来说，应收账款的账龄越长，产生坏账的可能性就越大。因此，在账龄分析法下，应收账款的账龄越长，应确定的坏账比率就越高。

【例7-18】 承【例7-17】，2021年12月31日，甲公司全部应收账款的余额为900 000元，根据账龄分析数据和以往经验估计的不同账龄坏账比率，请估计坏账损失。估计坏账损失计算见表7-1。

表7-1 估计坏账损失计算表　　　　　单位：元

应收账款账龄	应收账款余额	估计坏账比率（%）	估计坏账损失
3个月以内（含）	600 000	0.1	600
3个月以上至6个月（含）	150 000	1	1 500
6个月以上至1年（含）	40 000	3	1 200
1年以上至2年（含）	50 000	10	5 000
2年以上至3年（含）	60 000	50	30 000
合计	900 000		38 300

采用账龄分析法估计的坏账损失为38 300元，计算工作量要大于应收款项余额百分比法，但由于考虑了应收款项账龄长短的因素，本方法估计坏账损失的可靠性高于应收款项余额百分比法。

（3）赊销百分比法 赊销百分比法是指根据某一会计期间赊销金额的一定百分比估计坏账损失。各期按当期赊销金额的一定比例估计坏账损失，是因为应收款项的坏账与赊销有关，而与现销无关。赊销业务越多，赊销金额越大，发生坏账的可能性也就越大。估计坏账比率一般根据以往的经验，按赊销金额中平均发生坏账损失的比例加以计算确定。

$$估计坏账比率 = 估计坏账 \div 估计赊销额$$
$$本期估计坏账损失 = 赊销额 \times 估计坏账比率$$

在采用赊销百分比法的情况下，估计坏账损失比率可能由于企业生产经营情况的不断变化而不相适应，因此，需要经常检查该比率是否足以反映企业坏账损失的实际情况。如果发现过高或过低的情况，应及时调整。

（4）个别认定法 个别认定法是指对个别应收款项进行具体分析，判断其可收回的金额，进而估计可能发生的坏账损失的方法，通常适用于单项金额重大或坏账发生概率极高的应收款项，单项金额非重大的应收项目可以结合采用前面几种方法。因此，个别认定法一般与应收款项余额百分比法、账龄分析法和赊销百分比法结合应用。

【例7-19】 承【例7-18】假定甲公司应收账款中，应收W公司的货款为40 000元，账龄为2年6个月。2021年10月，W公司发生严重财务困难，甲公司通过调查分析，认为W公司最可能偿还的金额为8 000元，将会产生坏账损失32 000元。甲公司决定采用个别认定法估计应收W公司货款的坏账损失为32 000元，其余应收账款仍采用账龄分析法估计坏账损失。请估计坏账损失。

【解析】 编制的估计坏账损失计算表见表7-2。

表7-2　估计坏账损失计算表
单位：元

应收账款账龄	应收账款余额	估计坏账比率（%）	估计坏账损失
3个月以内（含）	600 000	0.1	600
3个月以上至6个月（含）	150 000	1	1 500
6个月以上至1年（含）	40 000	3	1 200
1年以上至2年（含）	50 000	10	5 000
2年以上至3年（含）	20 000	50	10 000
W公司	40 000		32 000
合计	900 000		50 300

应收W公司的40 000元单独估计坏账损失32 000元，坏账比率高达80%，其余应收账款仍然采用账龄分析法估计坏账损失。

3. 坏账准备的核算

（1）科目设置

1）"信用减值损失"科目。"信用减值损失"是损益类科目，用于核算因企业计提各项金融工具减值准备所形成的预期信用损失。借方登记企业应收款项等各项资产发生减值损失的金额；贷方登记企业已计提减值准备的相关资产的价值又得以恢复时，在原已计提的减值准备金额内转销的信用减值损失的金额；期末，应将余额转入"本年利润"科目，结转后无余额。

2）"坏账准备"科目。为了核算企业应收款项减值的情况，应设置"坏账准备"科目，该科目属于资产类备抵科目，贷方登记按期估计应计提的坏账准备数额，借方登记已确认为坏账损失而予以转销的应收款项数额。余额通常在贷方，表示已经预提但尚未核销的坏账准备金额，在期末资产负债表上作为各项应收款项的减项予以抵减以后，各项应收款项以净额列示。该科目可按应收款项的类别进行明细核算。

（2）坏账准备的账务处理

1）计提坏账准备。资产负债表日，企业应收款项发生减值的，按应减记的金额，借记"信用减值损失"科目，贷记"坏账准备"科目。

【例7-20】 承【例7-17】2021年12月31日，甲公司全部应收账款的余额为900 000元，根据以往的经验估计，全部应收账款的综合坏账比率为5%。请写出甲公司应编制的会计分录。

【解析】 先计算甲公司期末应计提金额：

$$期末应计提金额 = 900\ 000 \times 5\% = 45\ 000（元）$$

应编制的会计分录为

借：信用减值损失   45 000

    贷：坏账准备   45 000

应特别注意的是，非首次计提坏账准备时，还应该与坏账准备的账面余额相比较。如果本期应计提的坏账准备大于其账面余额的，应按其差额计提坏账准备；如果应计提的坏账准备小于其账面余额的，应按其差额冲回多计提的坏账准备金额，做相反方向的会计分录。

以应收账款余额百分比法为例，坏账准备可按以下公式计算：

当期应计提的坏账准备 = 本期应收款项账户的期末余额×坏账准备计提比例－

"坏账准备"贷方余额（或+借方余额）

如上例在期末计提坏账准备前，坏账准备余额有23 000元，则期末计提时按差额22 000（45 000－23 000）元计提；如果计提前有借方余额8 000元，则按差额53 000（45 000＋8 000）元计提。

2）发生坏账损失。对于确实无法收回的应收款项，按管理权限报经批准后作为坏账核销，借记"坏账准备"科目，贷记"应收账款"等科目。

【例7-21】 2022年2月18日，应收客户丙公司的款项50 000元，经批准作为坏账，予以核销。请写出应编制的会计分录。

【解析】 应编制会计分录如下：

借：坏账准备   50 000

    贷：应收账款——丙公司   50 000

3）收回已核销的坏账。已核销的应收款项又收回的，应按实际收回的金额，借记"应收账款"等科目，贷记"坏账准备"科目；同时，借记"银行存款"科目，贷记"应收账款"等科目。也可以按照实际收回的金额，借记"银行存款"科目，贷记"坏账准备"科目，但这样做分录就不能反映应收账款的全貌。

【例7-22】 如上例中已核销的应收丙公司的款项中又收回30 000元，请写出应做的会计分录。

【解析】 应编制会计分录如下：

借：应收账款——丙公司   30 000

    贷：坏账准备   30 000

借：银行存款   30 000

  贷：应收账款——丙公司   30 000

或者合并做一笔如下会计分录：

借：银行存款 30 000

  贷：坏账准备 30 000

【例 7-23】 甲公司从 2021 年起按应收账款期末余额的 5% 计提坏账准备。2019 年年末应收账款的余额为 6 000 000 元，2020 年发生一笔坏账损失 120 000 元，系应收丙公司的销货款，经批准予以转销；2020 年末应收账款余额为 7 800 000 元。2021 年收回 2020 年已确认并转销的坏账 95 000 元，2021 年年末应收账款余额为 5 200 000 元。请根据上述资料编制 2019 年、2020 年和 2021 年相应的会计分录。

【解析】 甲公司应按年度编制相关会计分录。

1）2019 年首次计提坏账准备，直接按照应收账款余额的 5% 计提。

$$应计提坏账准备金额 = 6\ 000\ 000 \times 5\% = 300\ 000（元）$$

借：信用减值损失   300 000

  贷：坏账准备   300 000

坏账准备年末余额为 300 000 元，应收账款的账面价值 5 700 000 元。

2）2020 年发生坏账损失时。

借：坏账准备   120 000

  贷：应收账款——丙公司   120 000

    年末计提前"坏账准备"的余额 = 300 000 − 120 000 = 180 000（元）

    年末应计提坏账准备金额 = 7 800 000 × 5% − 180 000 = 210 000（元）

借：信用减值损失   210 000

  贷：坏账准备   210 000

坏账准备年末余额为 390 000 元，应收账款账面价值 7 410 000 元。

3）2021 年收回已转销的坏账损失时。

借：应收账款——丙公司   95 000

  贷：坏账准备   95 000

    年末计提前"坏账准备"余额 = 390 000 + 95 000 = 485 000（元）

年末应计提的坏账准备金额 = 5 200 000 × 5% − 485 000 = −225 000（元），即冲回多计提额。

借：信用减值损失   225 000

  贷：坏账准备   225 000

4. 计提坏账准备的范围

一般来说，各类应收及预付款项只要存在前述减值的客观证据，均可以计提坏账准备。具体来说，可以根据各类应收款项的性质和产生坏账的可能性，分别确定是否需要计提坏账准备。

应收账款是企业实行赊销政策形成的债权，产生坏账的风险较大，因此应计提坏账准备；其他应收款的内容较为繁杂，产生坏账的风险也较大，因此也应计提坏账准备。

应收股利和应收利息的账龄一般很短，产生坏账的可能性较小，可以不计提坏账准备；

应收票据的账龄也较短，且我国目前应用较广的是银行承兑汇票，一般不会产生坏账，不需要计提坏账准备；商业承兑汇票虽然存在产生坏账的风险，但客户一般属于优质客户，也可以不计提坏账准备。

预付款项产生坏账的风险也较小，也可以不计提坏账准备。

但是，如果上述应收款项存在减值的客观证据，应采用与应收账款、其他应收款相同的方法计提坏账准备。

二、债权投资

债权投资是指业务管理模式为在特定日期收取合同现金流量的以摊余成本计量的金融资产，具体来说，是指企业购入的到期日固定、回收金额固定或可确定，且企业有明确意图和能力持有至到期的国债和企业债券等各种债券的投资。

确认为债权投资的重要条件，是企业有明显的意图和能力持有至到期。企业购入的股票，由于不存在到期日，不能确认为债权投资。

（一）账户设置

企业应设置"债权投资"账户来核算企业以摊余成本计量的债权投资，本账户可按债权投资的类别和品种进行明细核算。"债权投资"下设三个明细账户："成本""应计利息""利息调整"。

（1）"债权投资——成本"账户　该账户反映债权投资的面值，借方登记取得债权投资的面值，贷方登记处置债权投资的面值，余额在借方，反映期末债权投资的面值。

（2）"债权投资——应计利息"账户　该账户反映到期一次还本付息的应收未收的票面利息，借方登记按期计入的一次还本付息债券的利息，贷方登记收回的一次还本付息债券的利息，余额在借方，反映期末一次还本付息债券应收未收的利息金额；如果是分期付息债券，应单独设置"应收利息"账户核算利息。

（3）"债权投资——利息调整"账户　该账户核算债权投资的溢折价及交易费用的发生与摊销，借方登记取得债权投资的溢价金额、支付的直接交易费用以及利息调整贷差的摊销额，贷方登记取得债权投资的折价金额以及利息调整借差的摊销额，期末余额既可能在借方也可能在贷方；期末借方余额表示尚未摊销的利息调整借差，期末贷方余额表示尚未摊销的利息调整贷差。

（二）债权投资取得的核算

企业购入的债券，有些是按债券面值购入的，有些是按高于债券面值的价格购入的，即溢价购入；还有些按低于债券面值的价格购入，即折价购入。

债券之所以产生溢价折价，主要是由于金融市场利率与债券票面利率不一致造成的。当债券票面利率高于金融市场利率时，债券发行者按债券票面利率会多付利息，在这种情况下，可能会导致债券溢价，这部分溢价差额，属于债券购买者由于日后多获利息而给予债券发行者的利息返还；当债券票面利率低于金融市场利率时，债券发行者按债券票面利率会少付利息，在这种情况下，可能会导致债券折价，这部分折价差额，属于债券发行者由于日后少付利息而给予债券购买者的利息补偿。

债权投资取得时，应按实际支付的全部价款（本章不考虑可以抵扣的进项税额），包括手续费、交易费用等相关费用作为债权投资的初始投资成本。按照购入债券的面值，借记"债权投资——成本"科目；实际支付的价款中包含的利息，应分别情况处理：属于一次还本付息债券的利息，由于一般不能在一年内收回，应作为投资成本，计入"债权投资——应计利息"，属于分期付息债券的利息，一般在一年内能够收回，从性质上看是企业获得的一项短期债权，应单独确认为应收项目，借记"应收利息"科目，以实际支付的价款贷记"银行存款"等科目，两者的差额借记（即溢价）或贷记（即折价）"债权投资——利息调整"科目。

【例7-24】 甲公司于2021年1月1日以1 087 700元的价格购买了乙公司于当日发行的总面值为1 200 000元、票面利率为6%、5年期、分期付息的债券，债券利息在每年1月1日支付，确认为债权投资。甲公司还以银行存款支付了购买该债券发生的交易费用16 500元。请写出甲公司应编制的会计分录。

【解析】 甲公司购买乙公司当日发行的债券，无已含利息，实际支付的价款就是债券的入账价值。入账价值低于面值的金额即是折价金额。

债权投资的入账价值 = 1 087 700 + 16 500 = 1 104 200（元）
应确认的利息调整贷差 = 1 200 000 - 1 104 200 = 95 800（元）

甲公司应编制的会计分录如下：

借：债权投资——成本   1 200 000
　　贷：债权投资——利息调整   95 800
　　　　银行存款   1 104 200

【例7-25】 甲公司于2021年1月1日以1 280 000元的价格购买了乙公司于当日发行的总面值为1 200 000元、票面利率为8%、5年期、分期付息的债券，债券利息在每年1月1日支付，确认为债权投资。甲公司还以银行存款支付了购买该债券发生的交易费用21 150元。请写出甲公司应编制的会计分录。

【解析】 甲公司购买乙公司当日发行的债券，无已含利息，实际支付的价款就是债券的入账价值。入账价值高于面值的金额即是溢价金额。

债权投资的入账价值 = 1 280 000 + 21 150 = 1 301 150（元）
应确认的利息调整借差 = 1 301 150 - 1 200 000 = 101 150（元）

甲公司应编制的会计分录如下：

借：债权投资——成本   1 200 000
　　　　——利息调整   101 150
　　贷：银行存款   1 301 150

【例7-26】 甲公司2021年1月1日购入乙公司债券，划分为以摊余成本计量的金融资产。债券面值为1 000万元，票面利率为9%，该债券于上年1月1日发行，每年年末付息，到期还本。假定乙公司本应于上年年末结付的利息延至2021年4月6日才能兑付。该债券买价为1 100万元，另付交易费用7万元。请写出甲公司应编制的会计分录。

【解析】 本例中的购买日与发行日相距1年，需要计算债券1年的利息，属于已到付息期但尚未支付的利息，应计入"应收利息"，实际支付1 107万元超过应收利息和债权投资的差额应作为溢价金额，借记"债权投资——利息调整"科目。

$$已到付息期的利息 = 10\,000\,000×9\%×1 = 900\,000（元）$$

$$债权投资的入账价值 = 11\,000\,000+70\,000-900\,000 = 10\,170\,000（元）$$

$$应确认的利息调整借差 = 10\,170\,000-10\,000\,000 = 170\,000（元）$$

甲公司应编制如下会计分录：

借：债权投资——成本   10 000 000

    ——利息调整   170 000

  应收利息   900 000

 贷：银行存款   11 070 000

如果本例中的债券是一次还本付息的债券，利息应计入"债权投资——应计利息"，作为债权投资入账价值的一部分，债权投资的入账价值即为 1 107 万元。

【例7-27】 A公司 2021 年 10 月 8 日买了 B公司于当年年初发行的公司债券，期限为 5 年，划分为债权投资，买价为 900 万元，交易费用为 5 万元，该债券面值为 1 000 万元，票面利率为 4%，到期一次还本付息。请写出 A公司应编制的会计分录。

【解析】 本例中 A公司购买债券的购买日与发行日相距 9 个月，应计算期间的利息。由于债券属于一次还本付息债券，利息应计入"债权投资——应计利息"。

$$应计利息 = 10\,000\,000×4\%÷12×9 = 300\,000（元）$$

$$债权投资的入账价值 = 10\,000\,000+300\,000 = 10\,300\,000（元）$$

$$应确认的利息调整贷差 = 10\,300\,000-(9\,000\,000+50\,000) = 1\,250\,000（元）$$

A公司应编制如下会计分录：

借：债权投资——成本   10 000 000

    ——应计利息   300 000

 贷：银行存款   9 050 000

  债权投资——利息调整   1 250 000

（三）债权投资持有期间的核算

1. 债权投资的后续计量

以摊余成本计量的金融资产应当采用实际利率法，按摊余成本计量。

（1）实际利率法 实际利率法是指计算金融资产的摊余成本以及将利息收入或利息费用分摊计入各会计期间的方法。

实际利率是指将金融资产在预计存续期的估计未来现金流量，折现为该金融资产账面余额（不考虑减值）所使用的利率。在确定实际利率时，应当在考虑金融资产所有合同条款（如提前还款、展期、看涨期权或其他类似期权等）的基础上估计预期现金流量，但不应当考虑预期信用损失。合同各方之间支付或收取的、属于实际利率组成部分的各项费用、交易费用及溢价或折价等，应当在确定实际利率时予以考虑。

（2）摊余成本 金融资产的摊余成本，应当以该金融资产的初始确认金额经下列调整后的结果确定：

1）扣除已偿还的本金。

2）加上或减去采用实际利率法将该初始确认金额与到期日金额之间的差额进行摊销

形成的累计摊销额。

3）扣除计提的累计信用减值准备（仅适用于金融资产）。

4）加上一次付息债券在持有期间计提的"债权投资——应计利息"。

需要说明的是，对于要求采用实际利率法核算以摊余成本进行后续计量的金融资产，如果有客观证据表明该金融资产按实际利率计算的各期利息收入与名义利率计算的相差很小，也可以采用名义利率摊余成本进行后续计量。

2. 债权投资持有期间的会计处理

以摊余成本计量的金融资产取得的后续会计处理，主要包括该金融资产实际利率的计算、持有期间投资收益的确认以及利息调整的摊销等。以摊余成本计量的金融资产所产生的利得或损失，应当在终止确认、按照规定重分类、按照实际利率法摊销或确认减值时，计入当期损益。

（1）实际利率的计算　债权投资初始确认时，应当计算确定其实际利率，并在该债权投资预期存续期间或适用的更短期间内保持不变。

【例7-28】　2021年1月1日，甲公司支付价款1 000元（含交易费用）从活跃市场上购入乙公司5年期债券，面值1 250元，票面利率4.72%，按年支付利息（即每年59元），本金最后一次支付。合同约定，该债券的发行方在遇到特定情况时可以将债券赎回，且不需要为提前赎回支付额外款项。甲公司在购买该债券时，预计发行方不会提前赎回，将购入的该公司债券划分为债权投资，且不考虑所得税、减值损失等因素。请计算该债券的实际利率。

【解析】

$$59\times(1+i)^{-1}+59\times(1+i)^{-2}+59\times(1+i)^{-3}+59\times(1+i)^{-4}+(59+1\,250)\times(1+i)^{-5}=1\,000（元）\quad ①$$

上式变形为

$$59\times(1+i)^{-1}+59\times(1+i)^{-2}+59\times(1+i)^{-3}+59\times(1+i)^{-4}+59\times(1+i)^{-5}+1\,250\times(1+i)^{-5}=1\,000（元）$$
$$②$$

上式可写作：

$$59\times(P/A,i,5)+1\,250\times(P/F,i,5)=1\,000（元）\quad ③$$

$(P/A,i,5)$是利率为i、期限为5的年金现值系数；$(P/F,i,5)$是利率为i、期限为5的复利现值系数。现值系数可通过查表求得。

当$i=9\%$时，$(P/A,9\%,5)=3.889\,7$，$(P/F,9\%,5)=0.649\,9$。

代入③式得到：

$59\times3.889\,7+1\,250\times0.649\,9=229.492\,3+812.375=1\,041.867\,3（元）>1\,000（元）$

当$i=12\%$时，$(P/A,12\%,5)=3.604\,8$，$(P/F,12\%,5)=0.567\,4$。

代入③式得到：

$59\times3.604\,8+1\,250\times0.567\,4=212.683\,2+709.25=921.933\,2（元）<1\,000（元）$

采用内插法，计算i。

按内插法原理，得到实际利率i的计算公式如下：

$$\frac{1\,041.867\,3-1\,000}{1\,041.867\,3-921.933\,2}=\frac{9\%-i}{9\%-12\%}$$

解之，得$i=10\%$。

（2）持有期间投资收益的确认以及利息调整的摊销 资产负债表日，债权投资为分期付息、一次还本债券投资的，应按票面利率计算确定的应收未收利息，借记"应收利息"科目，按债权投资摊余成本和实际利率计算确定的利息收入，贷记"投资收益"科目，按其差额，借记或贷记"债权投资——利息调整"科目。

注意：按准则规定，取得利息收入的会计处理，普通企业用的是"投资收益"科目。金融企业用的是"利息收入"科目。债权投资为一次还本付息债券投资的，应按票面利率计算确定的应收未收利息，借记"债权投资——应计利息"科目，按债权投资摊余成本和实际利率计算确定的利息收入，贷记"投资收益"科目，按其差额，借记或贷记"债权投资——利息调整"科目。

1）分期付息、折价购入的利息调整摊销。在实际利率法下，折价购入的债券，摊余成本、投资收益、应收利息（或债权投资——应计利息）和利息调整的摊销额之间有如下关系：

应收利息（或债权投资——应计利息）＝面值×票面利率

投资收益（即实际利息）＝期初账面摊余成本×实际利率

利息调整的摊销额＝投资收益－应收利息（或债权投资——应计利息）

摊余成本＝期初账面摊余成本＋利息调整的摊销额

债权投资的折价，应当在债券购入后至债券到期前的期间内采用实际利率法进行摊销。

【例7-29】 甲公司于2017年1月1日以1 087 700元的价格购买了乙公司于当日发行的总面值为1 200 000元、票面利率为6%、5年期、分期付息的债券，债券利息在每年1月1日支付，确认为债权投资。甲公司还以银行存款支付了购买该债券发生的交易费用16 500元。请写出甲公司在债券存续期间每年度的相关会计分录。

【解析】 设实际利率为 i，则有等式：

$$72\ 000×(P/A,i,5)+1\ 200\ 000×(P/F,i,5)=1\ 087\ 700+16\ 500$$

利用内插法计算得到实际利率为8%。

1）2017年12月31日

应收利息＝1 200 000×6%＝72 000（元）

投资收益＝1 104 200×8%＝88 336（元）

利息调整摊销额＝88 336－72 000＝16 336（元）

期末摊余成本＝1 104 200＋16 336＝1 120 536（元）

借：应收利息　　　　　　　　　　　　　　　　　　72 000

　　债权投资——利息调整　　　　　　　　　　　　16 336

　　　贷：投资收益　　　　　　　　　　　　　　　　　　88 336

2）2018年12月31日。

应收利息＝1 200 000×6%＝72 000（元）

投资收益＝1 120 536×8%＝89 642.88（元）

利息调整摊销额＝89 642.88－72 000＝17 642.88（元）

期末摊余成本＝1 120 536＋17 642.88＝1 138 178.88（元）

借：应收利息　　　　　　　　　　　　　　　　　　72 000

　　债权投资——利息调整　　　　　　　　　　　　17 642.88

　　　贷：投资收益　　　　　　　　　　　　　　　　　　89 642.88

3）2019 年 12 月 31 日。

应收利息＝1 200 000×6%＝72 000（元）

投资收益＝1 138 178.88×8%＝91 054.31（元）

利息调整摊销额＝91 054.31－72 000＝19 054.31（元）

期末摊余成本＝1 138 178.88+19 054.31＝1 157 233.19（元）

借：应收利息 72 000

　　债权投资——利息调整 19 054.31

　　　贷：投资收益 91 054.31

4）2020 年 12 月 31 日。

应收利息＝1 200 000×6%＝72 000（元）

投资收益＝1 157 233.19×8%＝92 578.66（元）

利息调整摊销额＝92 578.66－72 000＝20 578.66（元）

期末摊余成本＝1 157 233.19+20 578.66＝1 177 811.85（元）

借：应收利息 72 000

　　债权投资——利息调整 20 578.66

　　　贷：投资收益 92 578.66

5）2021 年 12 月 31 日。

应收利息＝1 200 000×6%＝72 000（元）

利息调整摊销额＝95800－(16 336+17 642.88+19 054.31+20 578.66)＝22 188.15（元）

投资收益＝72 000+22 188.15＝94 188.15（元）

期末摊余成本＝1 177 811.85+22 188.15＝1 200 000（元）

借：应收利息 72 000

　　债权投资——利息调整 22 188.15

　　　贷：投资收益 94 188.15

最后一次计算时，应将"债权投资——利息调整"账户的余额全部转出，加上应收利息即为投资收益。

分期付息、折价购入情况下持有期间各年摊余成本及投资收益和利息调整的摊销额见表 7-3。

表 7-3　分期付息、折价购入情况下投资收益和利息调整的摊销额　　　　单位：元

日　　期	应收利息 (1)=面值×6%	投资收益 (2)=期初(5)×8%	利息调整摊销额 (3)=(2)-(1)	利息调整余额 (4)=期初(4)-(3)	摊余成本 (5)=期初(5)+(3)
2017 年 1 月 1 日				95 800.00	1 104 200.00
2017 年 12 月 31 日	72 000.00	88 336.00	16 336.00	79 464.00	1 120 536.00
2018 年 12 月 31 日	72 000.00	89 642.88	17 642.88	61 821.12	1 138 178.88
2019 年 12 月 31 日	72 000.00	91 054.31	19 054.31	42 766.81	1 157 233.19
2020 年 12 月 31 日	72 000.00	92 578.66	20 578.66	22 188.15	1 177 811.85
2021 年 12 月 31 日	72 000.00	94 188.15①	22 188.15	0	1 200 000.00

注：①该数值的尾数经过调整。

2）分期付息、溢价购入的利息调整摊销。在实际利率法下，溢价购入债券，摊余成本、投资收益、应收利息和利息调整的摊销额之间有如下关系：

$$应收利息＝面值×票面利率$$

$$投资收益（即实际利息）＝期初摊余成本×实际利率$$

$$利息调整的摊销额＝应收利息－投资收益$$

$$摊余成本＝期初摊余成本－利息调整摊销额$$

债权投资的溢价，应当在债券购入后至债券到期前的期间内采用实际利率法进行摊销。

【例7-30】 2018年1月1日，甲公司以银行存款2 030万元购入乙公司当日发行的面值总额为2 000万元的4年期公司债券，该债券的票面年利率为4.2%，债券合同约定，未来4年，每年的利息在次年1月1日支付，本金于2022年1月1日一次性偿还，乙公司不能提前赎回该债券，甲公司将该债券投资划分为债权投资。甲公司在取得乙公司债券时，计算确定该债券投资的实际年利率为3.79%，请写出甲公司在每年年末应对债券投资的投资收益进行的会计处理。

【解析】 甲公司的会计处理如下：

1）2018年1月1日购入时。

借：债权投资——成本   20 000 000

    ——利息调整   300 000

    贷：银行存款   20 300 000

2）2018年12月31日计算投资收益及利息调整摊销。

应收利息＝20 000 000×4.2%＝840 000（元）

投资收益＝20 300 000×3.79%＝769 370（元）

利息调整摊销额＝840 000－769 370＝70 630（元）

期末摊余成本＝20 300 000－70 630＝20 229 370（元）

借：应收利息   840 000

    贷：投资收益   769 370

    债权投资——利息调整   70 630

各年应收利息、投资收益及利息调整摊销额的计算见表7-4，其余年度的会计分录略。

表7-4 分期付息、溢价购入的应收利息、投资收益和利息调整摊销额计算表

（单位：元）

日　　期	应收利息	投资收益	利息调整摊销额	利息调整余额	摊余成本
	(1)＝面值×4.2%	(2)＝期初(5)×3.79%	(3)＝(1)-(2)	(4)＝期初(4)-(3)	(5)＝期初(5)-(3)
2018年1月1日				300 000.00	20 300 000.00
2018年12月31日	840 000.00	769 370.00	70 630.00	229 370.00	20 229 370.00
2019年12月31日	840 000.00	766 693.12	73 306.88	156 063.12	20 156 063.12
2020年12月31日	840 000.00	763 914.79	76 085.21	79 977.91	20 079 977.91
2021年12月31日	840 000.00	760 022.09[①]	79 977.91	0	20 000 000.00

注：①表示尾数调整。

（四）到期收回债券本息或到期前出售债券

债券到期时，利息调整已经摊销完，无余额。按实际收到的款项借记"银行存款"科目，按面值贷记"债权投资——成本"科目，按未收利息贷记"应收利息"或"债权投资——应计利息"科目。

如果在债券到期前企业出售债权投资，应当按照实际收到的金额，借记"银行存款"等科目，按照该债权投资的账面余额，贷记"债权投资——成本""债权投资——利息调整""应收利息"或"债权投资——应计利息"科目，按其差额，贷记或借记"投资收益"科目。已计提减值准备的，还应同时结转减值准备。

【例7-31】 承【例7-29】，债券到期，收回本息 1 272 000 元。其中面值 1 200 000 元，最后 1 期利息 72 000 元。请写出甲公司应编制的会计分录。

【解析】 甲公司应编制会计分录如下：

借：银行存款   1 272 000

    贷：债权投资——成本   1 200 000

        应收利息   72 000

【例7-32】 承【例7-30】假定甲公司在持有债券的第3年年初出售债券的50%，原面值 20 000 000 元，利息调整余额 156 063.12 元，第2年的利息尚未收到，收到出售价款 10 880 000 元。请写出甲公司应编制的会计分录。

【解析】 甲公司应编制会计分录如下：

借：银行存款   10 880 000

    投资收益   38 031.56

    贷：债权投资——成本   10 000 000

        ——利息调整   78 031.56

        应收利息   840 000

出售以后，债权投资的账面余额 10 078 031.56 元，其中，面值 10 000 000 元，利息调整 78 031.56 元。

【例7-33】 W公司于2018年1月1日以银行存款 841 804.08 元购买了S公司于2017年1月1日发行的总面值 800 000 元、票面利率为5%、5年期的到期一次付息债券，确认为债权投资。W公司还以银行存款支付了购买该债券发生的交易费用 13 000 元，实际利率4%。请做出W公司从取得到到期收回债券款项的全部会计处理。

【解析】 W公司应做如下处理：

1）取得债券时，由于该债券是一次还本付息的债券，利息应借记"债权投资——应计利息"科目。

支付价款中包含了发行日至购买日的1年利息 = 800 000×5% = 40 000（元）

债权投资的入账价值 = 841 804.08+13 000 = 854 804.08（元）

应确认的利息调整借差 = 854 804.08−800 000−40 000 = 14 804.08（元）

借：债权投资——成本   800 000

        ——利息调整   14 804.08

        ——应计利息   40 000

　　贷：银行存款　　　　　　　　　　　　　　　　　　　　　854 804.08

2）持有期间利息调整及投资收益的处理。本例中的债券为溢价购入，计算摊余成本时利息调整是减项；由于是一次还本付息债券，应计利息应计入摊余成本。因此，每期末的摊余成本＝期初摊余成本＋每期应计利息－每期利息调整摊销额＝期初摊余成本＋每期投资收益。

　　到 2021 年 12 月 31 日摊余成本＝面值＋全部应计利息

$$=800\ 000+800\ 000×5\%×5$$

$$=800\ 000+200\ 000=1\ 000\ 000（元）$$

2018 年 12 月 31 日投资收益、利息调整摊销时的会计分录如下：

　　借：债权投资——应计利息　　　　　　　　　　　　　　　40 000
　　　　贷：投资收益　　　　　　　　　　　　　　　　　　　　　34 192.16
　　　　　　债权投资——利息调整　　　　　　　　　　　　　　　5 807.84

其余各年类似分录略，详细数据计算见表 7-5。

表 7-5　应计利息、投资收益及利息调整摊销额　　　　　　　单位：元

日　　期	应计利息	投资收益	利息调整摊销	利息调整余额	期末摊余成本
	（1）＝面值×5%	（2）＝期初（5）×4%	（3）＝（1）－（2）	（4）＝期初（4）－（3）	（5）＝期初（5）＋（2）
2018 年 1 月 1 日				14 804.08	854 804.08
2018 年 12 月 31 日	40 000.00	34 192.16	5 807.84	8 996.24	888 996.24
2019 年 12 月 31 日	40 000.00	35 559.85	4 440.15	4 556.09	924 556.09
2020 年 12 月 31 日	40 000.00	36 982.24	3 017.76	1 538.33	961 538.33
2021 年 12 月 31 日	40 000.00	38 461.67[①]	1 538.33	0	1 000 000.00

注：①表示尾数调整。

3）到期收回债券本息。

　　借：银行存款　　　　　　　　　　　　　　　　　　　　　1 000 000
　　　　贷：债权投资——成本　　　　　　　　　　　　　　　　　800 000
　　　　　　　　　　——应计利息　　　　　　　　　　　　　　　200 000

如果本例中 W 公司在 2019 年 2 月 15 日将债券出售，价款 895 000 元。则 W 公司应该在出售时将债权投资各个明细全部转出，差额计入投资收益。会计分录如下：

　　借：银行存款　　　　　　　　　　　　　　　　　　　　　895 000
　　　　贷：债权投资——成本　　　　　　　　　　　　　　　　　800 000
　　　　　　　　　　——应计利息　　　　　　　　　　　　　　　80 000
　　　　　　　　　　——利息调整　　　　　　　　　　　　　　　8 996.24
　　　　　　投资收益　　　　　　　　　　　　　　　　　　　　　6 003.76

（五）债权投资的减值

　　企业应当在资产负债表日对债权投资的账面价值进行检查，有客观证据表明该金融资产信用风险已经显著增加的，应当计提减值准备。

　　对于购买或原始的已发生信用减值的金融资产，企业应当在资产负债表日仅将自初始确认后整个存续期内预期信用损失的累计变动确认为减值准备。在每个资产负债表日，企

业应当将整个存续期内预期信用损失的变动金额作为减值损失或利得计入当期损益。

企业应当设置"债权投资减值准备"账户，用于核算计提的债权投资减值准备。贷方登记计提的债权投资减值准备金额，借记登记实际发生的债权投资减值损失金额和转回的债权投资减值准备金额；期末余额一般在贷方，反映企业已计提但尚未转销的债权投资减值准备。该账户应当按照债权投资类别和品种进行明细核算。

资产负债表日，债权投资的账面价值高于预计未来现金流量现值的，企业应当将该债权投资的账面价值减记至预计未来现金流量现值，根据其账面价值与预计未来现金流量现值之间差额计算确认减值损失，计入当期损益，借记"信用减值损失"科目，贷记"债权投资减值准备"科目。预计未来现金流量现值，一般按照该债权投资合理确定的实际利率折现计算。

【例 7-34】 2017 年 1 月 1 日，甲公司支付价款 1 000 万元（含交易费用）购入 A 公司同日发行的 5 年期公司债券，面值 1 250 万元，票面利率 4.72%，于年末支付本年利息，本金最后一次偿还。甲公司划分为债权投资，实际利率为 10%。2018 年 12 月 31 日，有客观证据表明 A 公司发生严重财务困难，甲公司据此认定持有 A 公司的债券发生了减值，并预期未来 3 年，即 2019 年 12 月 31 日将收到利息 59 万元，2020 年 12 月 31 日将收到利息 59 万元，但 2021 年 12 月 31 日将仅收到本金 900 万元。2018 年的利息已收到。请做出甲公司应编制的会计分录。

【解析】 甲公司应编制会计分录如下：

1）2017 年 1 月 1 日购入债券时。

借：债权投资——成本   12 500 000
    贷：银行存款   10 000 000
        债权投资——利息调整   2 500 000

2）2017 年 12 月 31 日确认应收利息和投资收益。

应收利息 = 12 500 000×4.72% = 590 000（元）

投资收益 = 10 000 000×10% = 1 000 000（元）

借：应收利息   590 000
    债权投资——利息调整   410 000
    贷：投资收益   1 000 000

收到利息时。

借：银行存款   590 000
    贷：应收利息   590 000

3）2018 年 12 月 31 日。

① 确认应收利息和投资收益。

应收利息应确认的金额每年相同，均为 12 500 000×4.72% = 590 000（元）

投资收益 = (10 000 000+410 000)×10% = 1 041 000（元）

借：应收利息   590 000
    债权投资——利息调整   451 000
    贷：投资收益   1 041 000

② 收到利息时。

借：银行存款　　　　　　　　　　　　　　　　　　　　590 000
　　贷：应收利息　　　　　　　　　　　　　　　　　　　590 000

③ 2018 年 12 月 31 日确认减值损失时。

摊余成本＝10 000 000＋410 000＋451 000＝10 861 000（元）

现值＝590 000×(P/F,1,10%)＋590 000×(P/F,2,10%)＋9 000 000×(P/F,3,10%)
　　　＝590 000×0.909 1＋590 000×0.826 4＋9 000 000×0.751 3
　　　＝7 785 645(元)

确认减值损失＝10 861 000－7 785 645＝3 075 355（元）。

借：信用减值损失　　　　　　　　　　　　　　　　　　3 075 355
　　贷：债权投资减值准备　　　　　　　　　　　　　　3 075 355

债权投资减值以后，应按照确认的实际利率和减值后的摊余成本确定实际利息收入及利息调整摊销额。

4）2019 年 12 月 31 日确认应收利息和投资收益。

投资收益＝7 785 645×10%＝778 564.5（元）

利息调整的摊销额＝778 564.50－590 000＝188 564.5（元）

摊余成本＝7 785 645＋188 564.50＝7 974 209.5（元）

借：应收利息　　　　　　　　　　　　　　　　　　　　590 000
　　债权投资——利息调整　　　　　　　　　　　　　　188 564.5
　　贷：投资收益　　　　　　　　　　　　　　　　　　778 564.5

5）如果 2020 年 12 月 31 日 A 公司的财务状况回升，预计未来现金流量现值为 9 000 000 元。

① 确认应收利息和投资收益。

投资收益＝7 974 209.5×10%＝797 420.95（元）

利息调整摊销额＝797 420.95－590 000＝207 420.95（元）

摊余成本＝7 974 209.5＋207 420.95＝8 181 630.45（元）

借：应收利息　　　　　　　　　　　　　　　　　　　　590 000
　　债权投资——利息调整　　　　　　　　　　　　　　207 420.95
　　贷：投资收益　　　　　　　　　　　　　　　　　　797 420.95

② 确认减值准备的冲回。企业在前一会计期间已经按照相当于金融工具整个存续期内预期信用损失的金额计量了损失准备，但在当期资产负债表日，该金融工具已不再属于自初始确认后信用风险显著增加的情形的，企业应当在当期资产负债表日按照相当于未来12 个月内预期信用损失的金额计量该金融工具的损失准备，由此形成损失准备的转回金额应当作为减值利得计入当期损益。

以摊余成本计量的金融资产确认减值损失后，如有客观证据表明该资产的价值得以恢复，且客观上与确认该损失后发生的事项有关，原确认的减值损失应当予以转回，计入当期损益。但是，该转回后的账面价值不应超过假定不计提减值准备情况下该债权投资在转回日的摊余成本。

应冲回的金额＝9 000 000－8 181 630.45＝818 369.55（元）

借：信用减值损失　　　　　　　　　　　　　　　　　　818 369.55
　　贷：债权投资减值准备　　　　　　　　　　　　　　818 369.55

各年投资收益、利息调整和减值准备计算表见表7-6。

表7-6　各年投资收益、利息调整和减值准备计算表　　　　单位：元

日　　期	应计利息	投资收益	利息调整摊销	利息调整余额	减值准备	期末摊余成本
2017年1月1日				2 500 000.00		10 000 000.00
2017年12月31日	590 000.00	1 000 000.00	410 000.00	2 090 000.00		10 410 000.00
2018年12月31日	590 000.00	1 041 000.00	451 000.00	1 639 000.00	3 075 355.00	7 785 645.00
2019年12月31日	590 000.00	778 564.50	188 564.50	1 450 435.50	3 075 355.00	7 974 209.50
2020年12月31日	590 000.00	797 420.95	207 420.95	1 243 014.55	2 256 985.45	9 000 000.00

6）2021年12月31日收回9 000 000元，不再确认应收利息和投资收益。

借：银行存款　　　　　　　　　　　　　　　　　9 000 000
　　债权投资——利息调整　　　　　　　　　　　1 243 014.55
　　债权投资减值准备　　　　　　　　　　　　　2 256 985.45
　　贷：债权投资——成本　　　　　　　　　　　　　12 500 000

第三节　以公允价值计量且其变动计入其他综合收益的金融资产

一、主要内容

1）金融资产同时符合下列条件的，应当分类为以公允价值计量且其变动计入其他综合收益的金融资产。①企业管理该金融资产的业务模式既以收取合同现金流量为目标又以出售该金融资产为目标；②该金融资产的合同条款规定，在特定日期产生的现金流量，仅为对本金和以未偿付本金金额为基础的利息的支付。

以公允价值计量且其变动计入其他综合收益的金融资产所产生的利得或损失，除减值损失或利得和汇兑损益外，均应当计入其他综合收益，直至该金融资产终止确认或被重分类。但是，采用实际利率法计算的该金融资产的利息应当计入当期损益。终止确认时，之前计入其他综合收益的累计利得或损失应当从其他综合收益中转出，计入当期损益。

此部分金融资产作为"其他债权投资"核算。

2）在初始确认时，企业可以将非交易性权益工具投资指定为以公允价值计量且其变动计入其他综合收益的金融资产，该指定一经做出，不得撤销。被指定为以公允价值计量且其变动计入其他综合收益的金融资产的公允价值变动金额计入其他综合收益，在终止确认时，从其他综合收益转入留存收益，即只有股利计入当期损益。

此部分金融资产作为"其他权益工具投资"核算，与"其他债权投资"相比较，公允价值变动计入其他综合收益的金额，在终止确认时不是转入当期损益，而是转入留存收益。

二、其他债权投资的会计处理

（一）账户设置

1. 设置"其他债权投资"账户

设置"其他债权投资"账户，核算企业取得的以公允价值计量且其变动计入其他综合

收益的金融资产中的债权投资。本账户可按其他债权投资的类别和品种进行明细核算，下设四个明细账户："成本""应计利息""利息调整"和"公允价值变动"。

（1）"其他债权投资——成本" 该账户反映其他债权投资的面值，借方登记取得其他债权投资的面值，贷方登记处置其他债权投资的面值；余额在借方，反映期末企业持有的其他债权投资的面值。

（2）"其他债权投资——应计利息" 该账户反映到期一次还本付息债券的应收未收的票面利息，借方登记按期计入的一次还本付息债券的利息；贷方登记收回的一次还本付息债券的利息；余额在借方，反映期末一次还本付息债券应收未收的利息金额。如果是分期付息债券，应单独设置"应收利息"账户核算利息。

（3）"其他债权投资——利息调整" 该账户核算其他债权投资的溢折价及交易费用的发生与摊销，借方登记取得其他债权投资的溢价金额、支付的直接交易费用以及利息调整贷差的摊销额；贷方登记取得其他债权投资的折价金额以及利息调整借差的摊销额；期末余额既可能在借方也可能在贷方：期末借方余额表示尚未摊销的利息调整借差，期末贷方余额表示尚未摊销的利息调整贷差。

（4）"其他债权投资——公允价值变动" 该账户核算期末其他债权投资的账面价值与公允价值的差额。借方登记公允价值高于账面价值的差额，以及出售其他债权投资时结转的公允价值低于账面余额的变动金额；贷方登记公允价值低于账面价值的差额，以及企业出售其他债权投资时结转的公允价值高于账面余额的变动金额；余额可能在借方，也可能在贷方，借方余额表示资产负债表日公允价值高于账面价值的差额，贷方余额表示资产负债表日公允价值低于账面价值的差额。

2. 设置"其他综合收益"账户

在"其他综合收益"账户下设"其他债权投资公允价值变动"和"信用减值准备"两个明细账户。

（1）"其他综合收益——其他债权投资公允价值变动"账户 该账户反映企业持有的以公允价值计量且其变动计入其他综合收益的金融资产在资产负债表日公允价值与账面价值的差额，借方登记公允价值低于账面价值的差额，贷方登记公允价值高于账面价值的差额，余额可能在借方也可能在贷方。

（2）"其他综合收益——信用减值准备"账户 该账户反映企业持有的以公允价值计量且其变动计入其他综合收益的金融资产在资产负债表日计提的减值准备。借方登记金融资产价值回升冲回的减值准备和处置金融资产转出的减值准备，贷方登记资产负债表日计提的减值准备，余额在贷方。

（二）其他债权投资的核算

其他债权投资的账务处理，除了在资产负债表日需要按照公允价值调整账面价值和计提减值准备以外，其余的账务处理类似于债权投资。

1. 取得其他债权投资

取得其他债权投资时应按该金融资产投资的面值，借记"其他债权投资——成本"科目；按支付的价款中包含的已到付息期但尚未领取的利息，借记"应收利息"科目，如为一次还本付息的债券利息，则计入"其他债权投资——应计利息"科目；按实际支付的金额，贷记"银行存款"等科目；按其差额，借记或贷记"其他债权投资——利息调整"科目。

2. 持有期间的资产负债表日调整摊销利息和确认投资收益

资产负债表日，若以公允价值计量且其变动计入其他综合收益的金融资产为分期付息、一次还本债券投资的，应按票面利率计算确定的应收未收利息，借记"应收利息"科目；按债券的摊余成本和实际利率计算确定的利息收入，贷记"投资收益"科目；按其差额，借记或贷记"其他债权投资——利息调整"科目。

若以公允价值计量且其变动计入其他综合收益的金融资产为一次还本付息债券投资的，应按票面利率计算确定的应收未收利息，借记"其他债权投资——应计利息"科目；按债券的摊余成本和实际利率计算确定的利息收入，贷记"投资收益"科目；按其差额，借记或贷记"其他债权投资——利息调整"科目。

3. 期末按照公允价值调整账面价值

资产负债表日，若以公允价值计量且其变动计入其他综合收益的金融资产的公允价值高于其账面余额，两者的差额借记"其他债权投资——公允价值变动"科目，贷记"其他综合收益——其他债权投资公允价值变动"科目；若公允价值低于其账面余额，两者的差额做相反的会计分录。

4. 确认是否减值

确定以公允价值计量且其变动计入其他综合收益的金融资产发生减值的，应按减记的金额，借记"信用减值损失"科目，贷记"其他综合收益——信用减值准备"科目。如果价值回升，则需冲回减值准备，做相反方向的会计分录。

5. 出售

出售以公允价值计量且其变动计入其他综合收益的金融资产，应按实际收到的金额，借记"银行存款"等科目，按其账面余额，贷记"其他债权投资——成本""其他债权投资——应计利息"科目，贷记或借记"其他债权投资——公允价值变动""其他债权投资——利息调整"科目；按应从其他综合收益中转出的公允价值累计变动额，借记或贷记"其他综合收益——其他债权投资公允价值变动"科目；按应从其他综合收益转出的信用减值准备累计金额，借记"其他综合收益——信用减值准备"，按其差额，贷记或借记"投资收益"科目。

【例7-35】 2018年1月1日，甲公司以银行存款1 015万元购入乙公司当日发行的面值总额为1 000万元的4年期公司债券，该债券的票面年利率为4.2%，债券合同约定，未来4年，每年的利息在次年1月1日支付，本金于2022年1月1日一次性偿还，甲公司根据其管理该债券的业务模式和该债券的合同现金流量特征，将其划分为以公允价值计量且其变动计入其他综合收益的金融资产。请根据下列发生的经济事项，编制甲公司的相关会计分录。

1）甲公司在取得乙公司债券时，计算确定该债券投资的实际年利率为3.79%。

2）甲公司在每年年末对债券投资的投资收益进行会计处理。

3）假定2018年年末，该债券的公允价值为1 021万元。

4）2019 年 11 月，受市场利率变动的影响，乙公司债券价格开始下跌。2019 年 12 月 31 日乙公司债券公允价值为 1 002 万元，甲公司综合分析后认为该债券的信用风险自初始确认后并无显著增加，企业应当在当期资产负债表日按照相当于未来 12 个月内预期信用损失的金额计量该金融工具的损失准备，经过计算确认损失准备的金额为 12 万元。假定各年利息均可以收回。

5）2020 年 1 月 5 日，甲公司在收到乙公司债券上年利息后，将该债券全部出售，所得款项 983 万元收存银行。假定不考虑增值税等相关税费及其他因素。

【解析】 甲公司针对该项其他债权投资，应做如下会计分录：

1）2018 年。

① 1 月 1 日取得债券时。

借：其他债权投资——成本　　　　　　　　　　　　　　　　　　10 000 000

　　　　　　　　——利息调整　　　　　　　　　　　　　　　　　150 000

　　贷：银行存款　　　　　　　　　　　　　　　　　　　　　　10 150 000

② 甲公司 2018 年应确认的投资收益 = 10 150 000×3.79% = 384 685（元）。

借：应收利息（10 000 000×4.2%）　　　　　　　　　　　　　　420 000

　　贷：投资收益　　　　　　　　　　　　　　　　　　　　　　384 685

　　　　其他债权投资——利息调整　　　　　　　　　　　　　　　35 315

③ 2018 年年末调整账面价值。

公允价值（10 210 000）- 账面价值（10 150 000-35 315）= 95 315（元）

借：其他债权投资——公允价值变动　　　　　　　　　　　　　　　95 315

　　贷：其他综合收益——其他债权投资公允价值变动　　　　　　　　95 315

2）2019 年。

① 收到利息时。

借：银行存款　　　　　　　　　　　　　　　　　　　　　　　　420 000

　　贷：应收利息　　　　　　　　　　　　　　　　　　　　　　　420 000

② 年末确认实际利息收益及利息摊销。

10 114 685×3.79% = 383 346.56（元）

借：应收利息　　　　　　　　　　　　　　　　　　　　　　　　420 000

　　贷：投资收益　　　　　　　　　　　　　　　　　　　　　　383 346.56

　　　　债权投资——利息调整　　　　　　　　　　　　　　　　36 653.44

③ 年末调整账面价值。

公允价值（10 020 000）- 账面价值（10 210 000-36 653.44）= -153 346.56（元）

借：其他综合收益——其他债权投资公允价值变动　　　　　　　153 346.56

　　贷：其他债权投资——公允价值变动　　　　　　　　　　　153 346.56

④ 计提减值准备。

借：信用减值损失　　　　　　　　　　　　　　　　　　　　　　120 000

　　贷：其他综合收益——信用减值准备　　　　　　　　　　　　　120 000

3）2020 年。

① 收到利息时。

　借：银行存款　　　　　　　　　　　　　　　　　　　　　　　420 000

　　　贷：应收利息　　　　　　　　　　　　　　　　　　　　　　　　420 000

② 出售时。

　借：银行存款　　　　　　　　　　　　　　　　　　　　　　　9 830 000

　　　其他债权投资——公允价值变动　　　　　　　　　　　　　58 031.56

　　　其他综合收益——信用减值准备　　　　　　　　　　　　　120 000

　　　投资收益　　　　　　　　　　　　　　　　　　　　　　　70 000

　　　贷：其他债权投资——成本　　　　　　　　　　　　　　　　　10 000 000

　　　　　　　　　　——利息调整　　　　　　　　　　　　　　　　78 031.56

③ 转出累计的其他综合收益。

　借：投资收益　　　　　　　　　　　　　　　　　　　　　　　58 031.56

　　　贷：其他综合收益——其他债权投资公允价值变动　　　　　　　58 031.56

三、其他权益工具投资的会计处理

(一) 账户设置

设置"其他权益工具投资"账户,用于核算企业将非交易性股票以及不具有控制、共同控制和重大影响的股权指定为以公允价值计量且其变动计入其他综合收益的金融资产的取得、处置、公允价值变动等情况,根据投资的品种设置二级账户,下设"成本"和"公允价值变动"等明细账户。

(1)"其他权益工具投资——成本"账户　本账户用于核算企业以公允价值计量且其变动计入其他综合收益的金融资产中股权投资的成本。借方登记取得投资时的入账价值,包括取得时的公允价值和相关交易费用;贷方登记投资转出的成本;余额在借方,表示期末企业持有的其他权益工具投资的成本。

(2)"其他权益工具投资——公允价值变动"账户　本账户用于核算资产负债表日其他权益工具投资的公允价值与账面价值之间的差额。借方登记公允价值高于账面价值的差额,贷方登记公允价值低于账面价值的差额。期末余额可能在借方也可能在贷方,借方余额表示资产负债表日公允价值高于账面价值的数额,贷方余额表示资产负债表日公允价值低于账面价值的数额。

(二) 其他权益工具投资的核算

(1) 取得其他权益工具投资　取得其他权益工具投资时,应按该金融资产投资的成本,借记"其他债权投资——成本"科目,按支付的价款中包含的已宣告但尚未领取的股利,借记"应收股利"科目,按实际支付的金额,贷记"银行存款"等科目。

(2) 持有期间被投资方宣告分派现金股利时确认投资收益　持有期间被投资方宣告分派现金股利时,按应收的现金股利借记"应收股利"科目,贷记"投资收益"科目。

(3) 资产负债表日按照公允价值调整账面价值　资产负债表日,若以公允价值计量且其变动计入其他综合收益的金融资产的公允价值高于其账面价值,根据两者之间的差额借记"其他权益工具投资——公允价值变动"科目,贷记"其他综合收益——其他权益工具投资公允价值变动"科目;若公允价值低于其账面价值,根据两者之间的差额做相反的会计分录。

（4）出售 出售以公允价值计量且其变动计入其他综合收益的金融资产，应按实际收到的金额，借记"银行存款"等科目，按其成本贷记"其他权益工具投资——成本"科目，按应转出的公允价值变动额借记或贷记"其他权益工具投资——公允价值变动"科目，按应从其他综合收益中转出的公允价值累计变动额，借记或贷记"其他综合收益——其他权益工具投资公允价值变动"科目，按其差额贷记或借记"盈余公积"和"利润分配——未分配利润"科目。

【例 7-36】 2021 年 3 月 12 日，甲公司支付价款 2 032 万元（含交易费用 2 万元和已宣告发放现金股利 30 万元），购入乙公司发行的股票 200 万股，占乙公司有表决权股份的 0.5%。甲公司将其指定为以公允价值计量且其变动计入其他综合收益的非交易性权益工具投资。2021 年 4 月 10 日，甲公司收到乙公司发放的现金股利 30 万元。2021 年 6 月 30 日，该股票市价为每股 10.4 元。2021 年 12 月 31 日，甲公司仍持有该股票；当日，该股票市价为每股 10.2 元。2022 年 2 月 18 日，乙公司宣告发放股利 6 000 万元。2022 年 2 月 23 日，甲公司收到乙公司发放的现金股利。2022 年 3 月 20 日，甲公司由于某特殊原因，以每股 9.8 元的价格将股票转让了 120 万股。甲公司按照净利润的 10% 计提盈余公积。2022 年 3 月 31 日该股票市价每股 9.9 元。假定不考虑其他因素，甲公司应如何进行账务处理？

【解析】 甲公司应进行如下处理：

1）2021 年 3 月 12 日，甲公司购入股票。

借：应收股利 300 000
　　其他权益工具投资——成本 20 020 000
　　　贷：银行存款 20 320 000

2）2021 年 4 月 10 日，收到现金股利。

借：银行存款 300 000
　　　贷：应收股利 300 000

3）2021 年 6 月 30 日，确认股票价格变动。

变动金额＝公允价值（2 000 000）×10.4-账面价值（20 020 000）＝780 000（元）

借：其他权益工具投资——公允价值变动 780 000
　　　贷：其他综合收益——其他权益工具投资公允价值变动 780 000

4）2021 年 12 月 31 日，确认股票价格变动。

变动金额＝（10.2-10.4）×2 000 000＝-400 000（元）

借：其他综合收益——公允价值变动 400 000
　　　贷：其他权益工具投资——其他权益工具投资公允价值变动 400 000

5）2022 年 2 月 18 日，乙公司宣告发放现金股利。

甲公司确认应收现金股利＝60 000 000×0.5%＝300 000（元）

借：应收股利 300 000
　　　贷：投资收益 300 000

6）2022 年 2 月 23 日，收到现金股利。

借：银行存款 300 000

　　贷：应收股利　　　　　　　　　　　　　　　　　　　　　　　300 000

7）2022 年 3 月 20 日，转让 120 万股股票，甲公司应转出 120 万股股票的成本及其累计的公允价值变动。

应转出的其他权益工具投资的成本＝20 020 000×60%＝12 012 000（元）

应转出的其他权益工具投资的公允价值变动＝(780 000−400 000)×60%＝228 000（元）

借：银行存款（9.8×1 200 000）　　　　　　　　　　　　　11 760 000

　　盈余公积　　　　　　　　　　　　　　　　　　　　　　　25 200

　　利润分配—未分配利润　　　　　　　　　　　　　　　　　226 800

　　其他综合收益——其他权益工具投资公允价值变动　　　　　228 000

　　贷：其他权益工具投资——成本　　　　　　　　　　　　　12 012 000

　　　　　　　　　　　　——公允价值变动　　　　　　　　　228 000

8）2022 年 3 月 31 日，确认股票价格变动，当日甲公司继续持有乙公司股票 80 万股。

账面价值＝800 000×10.2＝8 160 000（元），公允价值＝800 000×9.9＝7 920 000（元），公允价值比账面价值低 240 000 元。

借：其他综合收益——其他权益工具投资公允价值变动　　　　240 000

　　贷：其他权益工具投资——公允价值变动　　　　　　　　　240 000

调整以后，甲公司持有的 80 万股乙公司股票的账面价值即是公允价值 792 万元，其中"其他权益工具投资——成本"账户的余额为 800.80 万元，"其他权益工具投资——公允价值变动"账户的贷方余额为 8.8 万元。

第四节　以公允价值计量且其变动计入当期损益的金融资产

▶ 一、主要内容

以公允价值计量且其变动计入当期损益的金融资产包括交易性金融资产和指定为以公允价值计量且其变动计入当期损益的金融资产两个部分。

（一）交易性金融资产

按照《企业会计准则》的规定，除了以摊余成本计量的金融资产和以公允价值计量且其变动计入其他综合收益的金融资产以外，企业持有的金融资产应当归类为以公允价值计量且其变动计入当期损益的金融资产，主要包括以交易为目的的债券、股票、基金和权证等。

只要符合下列条件之一的都属于持有该金融资产的目的是交易性的：

1）目的主要是为了近期出售或回购，例如企业以赚取差价为目的从二级市场购入的股票、债券、基金等。

2）属于集中管理的可辨认金融工具组合的一部分，且有客观证据表明近期实际存在短期获利模式。

3）属于衍生工具，例如远期合同、期货合同、互换和期权，以及具有远期合同、期货合同、互换和期权中一种或一种以上特征的工具。但符合财务担保合同定义的衍生工具以及被指定为有效套期工具的衍生工具除外。

所谓交易性，就是频繁地购买和出售，从市场价格的短期波动中，赚取买卖差价，企业闲置的资金能获得较高的投资回报。因此，此类金融资产通常作为"交易性金融资产"进行核算。

交易性金融资产预期能在短期内变现以满足日常经营的需要，因此，在资产负债表中作为流动资产列示。

(二) 指定为以公允价值计量且其变动计入当期损益的金融资产

在初始确认时，如果能够消除或显著减少会计错配，企业可以将金融资产指定为以公允价值计量且其变动计入当期损益的金融资产。该指定一经做出，不得撤销。

会计错配是指当企业以不同的会计确认方法和计量属性，对在经济上相关的资产和负债进行确认或计量而产生利得或损失时，可能导致的会计确认和计量上的不一致。

按照《企业会计准则第 22 号——金融工具确认和计量》的规定，有些金融资产可以被指定或划分为以公允价值计量且其变动计入其他综合收益的金融资产，从而其公允价值变动计入所有者权益，但与之直接相关的金融负债却划分为以摊余成本进行后续计量的金融负债，从而导致"会计不配比"。但是，如果将以上金融资产和金融负债均直接指定为以公允价值计量且其变动计入当期损益的金融资产或金融负债，那么就能够消除这种会计不配比现象。

二、交易性金融资产的核算

(一) 账户设置

为了反映和监督交易性金融资产的取得、收取现金股利或利息、出售等情况，企业应当设置"交易性金融资产""公允价值变动损益"等账户进行核算。

(1) "交易性金融资产"账户 "交易性金融资产"账户用于核算企业持有的以公允价值计量且其变动计入当期损益的金融资产。企业应当按照交易性金融资产的类别和品种，分别设置"成本""公允价值变动"等明细账户进行核算。

1) "交易性金融资产——成本"账户，用于核算企业交易性金融资产的成本。借方登记取得交易性金融资产的成本，贷方登记出售等方式处置交易性金融资产结转的成本，余额在借方，反映期末企业持有的交易性金融资产的成本金额。

2) "交易性金融资产——公允价值变动"账户，用于核算企业持有的交易性金融资产在资产负债表日公允价值与账面价值相比变动的金额。借方登记资产负债表日其公允价值高于账面余额的数额，以及企业通过出售等方式处置交易性金融资产时结转的公允价值低于账面余额的变动金额；贷方登记资产负债表日其公允价值低于账面余额的数额，以及企业出售等方式处置交易性金融资产时结转的公允价值高于账面余额的变动金额。余额可能在借方也可能在贷方，借方余额表示资产负债表日交易性金融资产的公允价值高于成本的金额，贷方余额表示资产负债表日交易性金融资产公允价值低于成本的金额。

(2) "公允价值变动损益"账户 "公允价值变动损益"账户是损益类账户，用于核算企业持有的交易性金融资产由于公允价值变动而形成的应计入当期损益的利得或损失。借方登记资产负债表日企业持有的交易性金融资产等的公允价值低于账面余额而形成的损失；贷方登记资产负债表日企业持有的交易性金融资产等的公允价值高于账面余额而产生的利得。期末结转入"本年利润"后，本账户无余额。

（二）交易性金融资产的核算详情

1. 取得交易性金融资产

企业取得交易性金融资产，应该按照取得时的公允价值作为交易性金融资产的入账价值，但是公允价值中包含的已宣告但尚未发放的现金股利或已到付息期但尚未领取的利息，应作为应收项目，计入应收股利或应收利息；取得交易性金融资产所发生的相关交易费用应计入投资收益。

【例 7-37】 2021 年 5 月 18 日，甲公司购入 A 公司股票 20 000 股，以银行存款支付股票购买价款 526 000 元，另支付相关交易费用金额为 1 500 元，并将其划分为交易性金融资产。请写出甲公司应编制的会计分录。

【解析】 甲公司编制的会计分录如下：

借：交易性金融资产——成本　　　　　　　　　　　　　　526 000
　　投资收益　　　　　　　　　　　　　　　　　　　　　　1 500
　　贷：银行存款　　　　　　　　　　　　　　　　　　　　　527 500

【例 7-38】 承【例 7-37】如果买价中包含了每股 1.5 元的现金股利，交易性金融资产的入账价值中应扣除甲公司的应收股利（1.5×20 000＝30 000 元），请写出甲公司应编制的会计分录。

【解析】 甲公司编制的会计分录如下：

借：交易性金融资产——成本　　　　　　　　　　　　　　496 000
　　应收股利　　　　　　　　　　　　　　　　　　　　　30 000
　　投资收益　　　　　　　　　　　　　　　　　　　　　　1 500
　　贷：银行存款　　　　　　　　　　　　　　　　　　　　　527 500

【例 7-39】 甲公司 2021 年 2 月 1 日买入乙公司债券作为交易性金融资产核算，面值 300 万元，票面利率为 6%，债券于 2020 年年初发行，期限 5 年，每年年末付息，到期还本。乙公司本应于 2020 年年末结付的利息延至 2021 年 2 月 25 日兑付。该债券买价为 320 万元，交易费用为 0.6 万元。款项均以银行存款支付。请写出甲公司应编制的会计分录。

【解析】 本例中应于 2020 年年底支付的利息延期到 2021 年 2 月 25 日兑付，因而买价 320 万元中就含有 2020 年的债券利息 300×6%＝18 万元，应扣除甲公司应编制的会计分录如下：

借：交易性金融资产——成本　　　　　　　　　　　　　3 020 000
　　应收利息　　　　　　　　　　　　　　　　　　　　180 000
　　投资收益　　　　　　　　　　　　　　　　　　　　　6 000
　　贷：银行存款　　　　　　　　　　　　　　　　　　　3 206 000

2. 持有期间收益的确认

企业持有的交易性金融资产，应该在同时满足 3 个条件时确认投资收益：①企业收取股利或利息的权利已经确立（例如被投资单位已宣告）；②与股利或利息相关的经济利益很可能流入企业；③股利或利息的金额能够可靠计量。

持有期间被投资企业宣告发放现金股利或在资产负债表日按分期付息、一次还本债券投资的票面利率计算的利息，应当确认为应收项目，并计入投资收益，即借记"应收股利"或"应收利息"科目，贷记"投资收益"科目；实际收到款项时借记"银行存款"科目，贷记"应收股利"或"应收利息"科目。

【例 7-40】 承【例 7-38】，甲公司 2021 年 5 月 28 日收到 A 公司发放的现金股利 30 000 元。请写出甲公司应编制的会计分录。

【解析】 甲公司应编制如下会计分录：

借：银行存款　　　　　　　　　　　　　　　　　30 000
　　贷：应收股利　　　　　　　　　　　　　　　　　　30 000

【例 7-41】 承【例 7-39】，如果甲公司 2021 年 12 月 31 日继续持有乙公司债券，则甲公司 2021 年的持有收益为 180 000（3 000 000×6%）元，写出甲公司应编制的会计分录。

【解析】 甲公司应编制如下会计分录：

借：应收利息　　　　　　　　　　　　　　　　　180 000
　　贷：投资收益　　　　　　　　　　　　　　　　　　180 000

3. 资产负债表日按照公允价值调整账面余额

资产负债表日，交易性金融资产应按公允价值计量。企业应比较公允价值与账面余额，将其差额计入当期损益（公允价值变动损益）。如果交易性金融资产公允价值高于其账面余额，将其差额借记"交易性金融资产——公允价值变动"科目，贷记"公允价值变动损益"科目；如果公允价值低于账面余额，则将其差额做相反的会计分录，借记"公允价值变动损益"科目，贷记"交易性金融资产——公允价值变动"科目。

【例 7-42】 甲公司 2021 年 2 月 1 日买入乙公司债券作为交易性金融资产核算，面值 300 万元，票面利率为 6%，债券于 2020 年年初发行，期限 5 年，每年年末付息，到期还本。乙公司本应于 2020 年年末结付的利息延至 2021 年 2 月 25 日兑付。该债券买价为 320 万元，交易费用为 0.6 万元。款项均以银行存款支付。2021 年 6 月 30 日债券的公允价值为 305 万元（不含利息），2021 年 12 月 31 日债券的公允价值为 303 万元（不含利息）。请做出甲公司应编制的会计分录。

【解析】 甲公司应进行如下处理：

1）2021 年 6 月 30 日债券公允价值 305 万元，账面余额 302 万元，差额 3 万元。甲公司应编制如下分录：

借：交易性金融资产——公允价值变动　　　　　　30 000
　　贷：公允价值变动损益　　　　　　　　　　　　　　30 000

2）2021 年 12 月 31 日债券公允价值 303 万元，账面余额 305 万元，公允价值低于账面余额 2 万元。甲公司应编制如下会计分录：

借：公允价值变动损益　　　　　　　　　　　　　20 000
　　贷：交易性金融资产——公允价值变动　　　　　　　20 000

2021 年 12 月 31 日交易性金融资产账面余额 303 万元，其中"交易性金融资产——成本"余额为 302 万元，"交易性金融资产——公允价值变动"余额为 1 万元。

4. 交易性金融资产的出售

企业出售交易性金融资产，应将出售所得价款与交易性金融资产账面余额的差额作为投资损益进行会计处理。按照实际收到的金额，借记"银行存款"等科目，按照该金融资产的成本部分，贷记"交易性金融资产——成本"科目，按照该金融资产的公允价值变动部分，贷记或借记"交易性金融资产——公允价值变动"科目，按照其差额，贷记或借记"投资收益"科目。

【例7-43】 接【例7-42】2022年2月10日，甲公司将其持有的乙公司债券全部出售，收到出售价款（扣除相关费用后）304.8万元。请写出甲公司应编制的会计分录。

【解析】 甲公司持有的交易性金融资产账面余额303万元（即2021年12月31日的公允价值），出售价款304.8万元，投资收益为1.8万元。应编制如下会计分录：

借：银行存款 3 048 000
　贷：交易性金融资产——成本 3 020 000
　　　　　　　　　　　——公允价值变动 10 000
　　投资收益 18 000

【例7-44】 W公司2020年3月5日买入M公司10万股股票，作为交易性金融资产核算，每股买价为41.5元，其中每股包含已宣告但尚未发放的现金股利1.5元，交易费用为0.4万元；3月22日收到现金股利15万元；M公司于当年8月1日宣告分红，每股红利为0.8元，于8月24日发放；2020年12月31日股票每股市价为38元。2021年3月7日M公司宣告分红，每股红利为0.6元，4月1日发放；2021年6月30日每股市价为39元。2021年7月6日W公司出售该股票8万股，出售以后，企业管理该资产的业务模式没有发生变化，每股卖价为36元，交易费用为0.3万元；12月31日股票市价每股37元。请写出甲公司应编制的会计分录。

【解析】 甲公司应进行如下会计处理：

1）2020年3月5日买入股票，每股买价41.5元，其中每股1.5元的现金股利应计入"应收股利"，计入成本的金额=(41.5-1.5)×10=400（万元）。

借：交易性金融资产——成本 4 000 000
　　应收股利 150 000
　　投资收益 4 000
　　贷：银行存款 4 154 000

2）2020年3月22日收到现金股利。

借：银行存款 150 000
　　贷：应收股利 150 000

3）2020年8月1日宣告分派现金股利，W公司应得现金股利=(0.8)×10=8（万元）。

借：应收股利 80 000
　　贷：投资收益 80 000

4）2020年8月24日收到现金股利。

借：银行存款 80 000
　　贷：应收股利 80 000

5）2020年12月31日调整账面余额。公允价值380（38×10）万元，账面余额400万元，公允价值低于账面余额20万元，应编制如下会计分录：

借：公允价值变动损益 200 000

  贷：交易性金融资产——公允价值变动 200 000

  调整后交易性金融资产账面余额为380万元，其中"交易性金融资产——成本"余额为400万元，"交易性金融资产——公允价值变动"为贷方余额20万元。

  6）2021年3月7日W公司宣告分派现金股利，W公司应得的现金股利=0.6×10=6（万元）。

  借：应收股利 60 000
   贷：投资收益 60 000

  7）2021年4月1日收到现金股利。

  借：银行存款 60 000
   贷：应收股利 60 000

  8）2021年6月30日调整账面余额，每股市价为39元。公允价值总额390（39×10）万元，此时的账面余额380万元（即2020年12月31日的公允价值），公允价值高于账面余额10万元，应编制如下会计分录：

  借：交易性金融资产——公允价值变动 100 000
   贷：公允价值变动损益 100 000

  调整后账面余额为390万元，其中"交易性金融资产——成本"账户账面余额为400万元，"交易性金融资产——公允价值变动"账户贷方余额为10万元。

  9）2021年7月6日W公司出售该股票8万股，每股卖价为36元。卖出比例为80%，相应的成本和公允价值变动也按80%转出。

  实际收到的款项=出售价款(80 000)×36-相关费用(3 000)=2 877 000（元）

  应转出的成本=4 000 000×80%=3 200 000（元）

  应转出的公允价值变动=-100 000×80%=-80 000（元）

  借：银行存款 2 877 000
   交易性金融资产——公允价值变动 80 000
   投资收益 243 000
   贷：交易性金融资产——成本 3 200 000

  W公司出售8万股后，持有的2万股交易性金融资产账面余额为78万元，其中"交易性金融资产——成本"账户账面余额为80万元，"交易性金融资产——公允价值变动"账户贷方余额为2万元。

  10）2021年12月31日调整账面余额。

  公允价值740 000（20 000×37）元，账面余额780 000元，公允价值低于账面余额40 000元。

  借：公允价值变动损益 40 000
   贷：交易性金融资产——公允价值变动 40 000

  调整以后，交易性金融资产账面余额为74万元，其中"交易性金融资产——成本"账户账面余额为80万元，"交易性金融资产——公允价值变动"账户贷方余额为6万元。

第五节 金融资产重分类

▶▶ 一、金融资产重分类概述

（一）金融资产重分类的原因

虽然企业管理金融资产业务模式的变更是一种比较少见的情形，但当企业高级管理层源自外部或内部的变化做出管理金融资产的业务模式变更的决策时，企业应当对所有受影响的相关金融资产进行重分类。根据具体情况，除了指定为以公允价值计量且其变动计入其他综合收益的其他权益工具投资及交易性金融资产中的股权投资以外，债权性金融资产可以在以摊余成本计量、以公允价值计量且其变动计入其他综合收益和以公允价值计量且其变动计入当期损益的金融资产之间进行重分类。

企业对金融资产进行重分类，应当自重分类日起采用未来适用法进行相关会计处理，不得对以前已经确认的利得、损失（包括减值损失或利得）或利息进行追溯调整。重分类日是指使得企业对金融资产进行重分类的业务模式发生变更后的首个报告期间的第一天。例如，W 公司决定于 2021 年 5 月 8 日改变其管理某金融资产的业务模式，则重分类日为 2021 年 7 月 1 日（即下一个季度的第一天）；H 公司决定于 2021 年 10 月 12 日改变其管理某金融资产的业务模式，则重分类日为 2022 年 1 月 1 日。

以下情形不属于业务模式变更：

1）企业持有特定金融资产的意图改变。企业即使在市场状况发生重大变化的情况下改变对特定资产的持有意向，也不属于业务模式变更。

2）金融资产特定市场暂时性消失从而暂时影响金融资产出售。

3）金融资产在企业具有不同业务模式的各部门之间转移。

需要注意的是，如果企业管理金融资产的业务模式没有发生变更，而金融资产的条款发生变更但未导致终止确认的，不允许重分类。如果金融资产条款发生变更导致金融资产终止确认的，不涉及重分类问题，企业应当终止确认原金融资产，同时按照变更后的条款确认一项新金融资产。

（二）金融资产重分类的情形

金融资产重分类主要有以下三类，共六种情形：

（1）以摊余成本计量的金融资产进行重分类，可分为

1）以公允价值计量且其变动计入其他综合收益的金融资产。

2）以公允价值计量且其变动计入当期损益的金融资产。

（2）以公允价值计量且其变动计入其他综合收益的金融资产进行重分类，可分为

1）以摊余成本计量的金融资产。

2）以公允价值计量且其变动计入当期损益的金融资产。

（3）以公允价值计量且其变动计入当期损益的金融资产进行重分类，可分为

1）以摊余成本计量的金融资产。

2）以公允价值计量且其变动计入其他综合收益的金融资产。

二、金融资产重分类的会计核算

（一）以摊余成本计量的金融资产重分类

（1）以摊余成本计量的金融资产重分类为以公允价值计量且其变动计入其他综合收益的金融资产　这种情形应当按照该金融资产在重分类日的公允价值进行计量。原账面价值与公允价值之间的差额计入其他综合收益。该金融资产重分类不影响其实际利率和预期信用损失的计量。

在重分类日，企业应根据该金融资产的摊余成本，借记"其他债权投资"科目，贷记"债权投资"等科目。同时，应调整公允价值变动，根据该金融资产公允价值与摊余成本的差额，借记或贷记"其他债权投资——公允价值变动"科目，贷记或借记"其他综合收益——金融资产公允价值变动"科目。

【例7-45】　甲公司2022年2月18日持有一项债权投资，账面价值为1 512 000元，其中，成本为1 350 000元，利息调整借差为12 000元，应计利息为150 000元；该债券到期日为2025年12月31日。甲公司因持有该债券的业务模式发生改变，于2022年4月1日将该项债权投资重分类为其他债权投资，重分类当日其公允价值为1 530 000元。请写出甲公司应编制的会计分录。

【解析】　甲公司应编制的会计分录如下：

借：其他债权投资——成本　　　　　　　　　　　　　1 350 000
　　　　　　　　——利息调整　　　　　　　　　　　　12 000
　　　　　　　　——应计利息　　　　　　　　　　　　150 000
　　贷：债权投资——成本　　　　　　　　　　　　　　1 350 000
　　　　　　　　——利息调整　　　　　　　　　　　　12 000
　　　　　　　　——应计利息　　　　　　　　　　　　150 000

同时调整账面价值：

借：其他债权投资——公允价值变动　　　　　　　　　18 000
　　贷：其他综合收益——其他债权投资公允价值变动　　18 000

（2）以摊余成本计量的金融资产重分类为以公允价值计量且其变动计入当期损益的金融资产　这种情形应当按照该金融资产在重分类日的公允价值进行计量。原账面价值与公允价值之间的差额计入当期损益。

重分类日，企业应根据该金融资产的摊余成本，借记"交易性金融资产——成本"科目，贷记"债权投资"等科目，相应的信用减值准备也一并转出。同时，应调整公允价值变动，根据该金融资产公允价值与摊余成本的差额，借记或贷记"交易性金融资产——公允价值变动"科目，贷记或借记"公允价值变动损益"科目。

【例7-46】　2021年1月31日，甲公司持有的一项以摊余成本计量的金融资产，账面余额为765 000元，其中：面值800 000元，利息调整的贷方余额为35 000元。2021年2月15日，甲公司变更了其管理债券投资组合的业务模式，其变更符合重分类的要求，因此甲公司于2021年3月1日将该债券从以摊余成本计量重分类为以公允价值计量且其变动计入当期损益。2021年3月1日，该债券的公允价值为750 000元，已确认的信用减值准备为 10 000 元。假设不考虑该债券的利息收入和利息调整的摊销。请写出甲公司应编制的会计分录。

【解析】 甲公司应编制如下会计分录：

借：交易性金融资产——成本　　　　　　　　　　　765 000

　　债权投资减值准备　　　　　　　　　　　　　　10 000

　　债权投资——利息调整　　　　　　　　　　　　35 000

　　公允价值变动损益　　　　　　　　　　　　　　5 000

　　贷：债权投资——成本　　　　　　　　　　　　　　　800 000

　　　　交易性金融资产——公允价值变动　　　　　　　　15 000

（二）以公允价值计量且其变动计入其他综合收益的金融资产重分类

（1）以公允价值计量且其变动计入其他综合收益的金融资产重分类为以摊余成本计量的金融资产　这种情形应当将之前计入其他综合收益的累计利得或损失转出，调整该金融资产在重分类日的公允价值，并以调整后的金额作为新的账面价值，即视同该金融资产一直以摊余成本计量。该金融资产重分类不影响其实际利率和预期信用损失的计量。

重分类日，企业应根据该金融资产的摊余成本，借记"债权投资"科目，贷记"其他债权投资"科目，借记"其他综合收益——信用减值准备"，借记或贷记"其他综合收益——其他债权投资公允价值变动"。

【例 7-47】 甲公司 2021 年 3 月 18 日持有的一项其他债权投资，账面价值为 1 492 000 元，其中，成本为 1 500 000 元，利息调整借差为 12 000 元，公允价值变动为贷方余额 20 000元。已经计提了减值准备 8 000 元，该债券到期日为 2024 年 12 月 31 日。甲公司因持有该债券的业务模式发生改变，于 2021 年 4 月 1 日将该项其他债权投资重分类为债权投资，重分类当日其公允价值为 1 500 000 元。请写出甲公司应编制的会计分录。

【解析】 甲公司应编制会计分录如下：

借：债权投资——成本　　　　　　　　　　　　　1 500 000

　　　　　　——利息调整　　　　　　　　　　　　12 000

　　其他债权投资——公允价值变动　　　　　　　　20 000

　　其他综合收益——信用减值准备　　　　　　　　8 000

　　贷：其他债权投资——成本　　　　　　　　　　　　1 500 000

　　　　　　　　　　——利息调整　　　　　　　　　　　12 000

　　　　其他综合收益——其他债权投资公允价值变动　　　　20 000

　　　　债权投资减值准备　　　　　　　　　　　　　　　8 000

（2）以公允价值计量且其变动计入其他综合收益的金融资产重分类为以公允价值计量且其变动计入当期损益的金融资产　这种情形应当继续以公允价值计量该金融资产；同时，企业应当将之前计入其他综合收益的累计利得或损失从其他综合收益转入当期损益。

重分类日，企业应根据该金融资产的公允价值，借记"交易性金融资产"科目，贷记"其他债权投资"科目；将原计入其他综合收益的公允价值变动，借记或贷记"其他综合收益"科目，贷记或借记"公允价值变动损益"科目；按已计提的减值准备，借记"其他综合收益——信用减值准备"科目，贷记"信用减值损失"科目。

【例7-48】 承【例7-47】如果重分类为以公允价值计量且其变动计入当期损益的金融资产，其他数据相同。请写出甲公司此时应编制的会计分录。

【解析】 因重分类日的公允价值与账面价值存在差异，应首先按照重分类日的公允价值调整其他债权投资的账面价值。

借：其他债权投资——公允价值变动　　　　　　　　　　　　8 000
　　贷：其他综合收益——其他债权投资公允价值变动　　　　　　8 000

调整以后"其他债权投资"账面余额1 500 000元，其中："成本"1 500 000元，"利息调整"12 000元，"公允价值变动"-12 000元，按照账面余额转入"交易性金融资产——成本"，应编制如下会计分录：

1) 确认交易性金融资产的入账价值。

借：交易性金融资产——成本　　　　　　　　　　　　　1 500 000
　　其他债权投资——公允价值变动　　　　　　　　　　　　12 000
　　贷：其他债权投资——成本　　　　　　　　　　　　　1 500 000
　　　　　　　　　　　——利息调整　　　　　　　　　　　　12 000

2) 转出其他债权投资累计的公允价值变动金额。

借：公允价值变动损益　　　　　　　　　　　　　　　　　12 000
　　贷：其他综合收益——其他债权投资公允价值变动　　　　　12 000

3) 冲转已计提的减值准备。

借：其他综合收益——信用减值准备　　　　　　　　　　　　8 000
　　贷：信用减值损失　　　　　　　　　　　　　　　　　　8 000

(三) 以公允价值计量且其变动计入当期损益的金融资产的重分类

对以公允价值计量且其变动计入当期损益的金融资产进行重分类的，企业应当根据该金融资产在重分类日的公允价值确定其实际利率。同时，企业应当自重分类日起对该金融资产适用金融工具减值的相关规定，并将重分类日视为初始确认日。

(1) 以公允价值计量且其变动计入当期损益的金融资产重分类为以摊余成本计量的金融资产 这种情形应当以其在重分类日的公允价值作为新的账面余额，并根据该金融资产在重分类日的公允价值确定其实际利率。其后，按照以摊余成本计量的金融资产的相关规定进行后续计量。

在重分类日，应根据该金融资产的公允价值借记"债权投资"科目，贷记"交易性金融资产"科目。

【例7-49】 2021年12月31日，甲公司决定将一项以公允价值计量且其变动计入当期损益的金融资产重分类为以摊余成本计量的金融资产（债权投资）。当日该债券的公允价值为1 128 000元，其中，成本为1 105 000元，公允价值变动为23 000元；该债券系乙公司2019年1月1日发行，面值为1 000 000元，5年期，票面利率为4%，到期一次还本付息。假定甲公司于每年年末确认投资收益。请写出甲公司应编制的会计分录。

【解析】 甲公司应进行如下处理：

应计利息 = 1 000 000×4%×3 = 120 000（元）

利息调整 = 1 128 000-1 000 000-120 000 = 8 000（元）

借：债权投资——成本   1 000 000

    ——应计利息   120 000

    ——利息调整   8 000

  贷：交易性金融资产——成本   1 105 000

      ——公允价值变动   23 000

（2）以公允价值计量且其变动计入当期损益的金融资产重分类为以公允价值计量且其变动计入其他综合收益的金融资产　这种情形应当继续以公允价值计量该金融资产。并根据该金融资产在重分类日的公允价值确定其实际利率。其后，按照以公允价值计量且其变动计入其他综合收益的金融资产的相关规定进行后续计量，并将重分类日视为初始确认日。

在重分类日，企业应根据该金融资产的公允价值借记"其他债权投资"科目，贷记"交易性金融资产"科目。

【例 7-50】　其余数据同【例 7-49】，若重分类为以公允价值计量且其变动计入其他综合收益的金融资产，请写出甲公司应编制的会计分录。

【解析】　甲公司应编制会计分录如下：

借：其他债权投资——成本   1 000 000

    ——应计利息   120 000

    ——利息调整   8 000

  贷：交易性金融资产——成本   1 105 000

      ——公允价值变动   23 000

第八章

长期股权投资

第一节　长期股权投资概述

一、长期股权投资的范围

长期股权投资是指企业能够对被投资企业实施控制、共同控制或施加重大影响的权益性投资。

企业应当以对被投资单位的影响程度为判断基础，根据《企业会计准则第2号——长期股权投资》和《企业会计准则第22号——金融工具确认和计量》所规定的适用范围，对其取得的权益性投资选择适当的会计准则进行会计处理。长期股权投资准则规范的权益性投资不包括风险投资机构、共同基金以及类似主体（如投资连结保险产品）持有的、在初始确认时按照金融工具确认和计量准则的规定以公允价值计量且其变动计入当期损益的金融资产，这类金融资产即使符合持有待售条件也应继续按金融工具确认和计量的准则进行会计处理。投资性主体对不纳入合并财务报表的子公司的权益性投资，应按照公允价值计量且其变动计入当期损益。

二、投资企业与被投资企业的关系

按照投资企业对被投资企业的影响程度，投资企业与被投资企业的关系可以分为三种类型：控制、共同控制和重大影响。

1. 控制

控制是指投资方拥有对被投资单位的权力，通过参与被投资单位的相关活动而享有可变回报，并且有能力运用对被投资单位的权力影响其回报金额。

企业参与被投资单位的相关活动是指对被投资单位的回报产生重大影响的活动，通常包括商品或劳务的销售和购买、金融资产的管理、资产的购买和处置、研究与开发活动以及融资活动等。企业如果有能力主导被投资单位的相关活动，企业在判断是否拥有控制被投资单位的权力时，应当仅考虑与被投资企业相关的实质性权利，包括自身所享有的实质性权利以及其他投资方所享有的实质性权利。一般来说，企业拥有下列实质性权利，可以视为能够对被投资单位实施控制：

1）持有被投资单位半数以上的表决权。

2）持有被投资单位半数或以下的表决权，但通过与其他表决权持有人之间的协议能够控制半数以上的表决权。

3）持有被投资单位半数或以下的表决权，且未与其他表决权持有人签订协议、不能够控制半数以上表决权，但综合考虑下列事实和情况后，如果认为企业持有的表决权足以使其有能力主导被投资单位相关活动的，视为对被投资企业拥有控制的权力：

① 持有的表决权相对于其他投资方持有的表决权份额较大，且其他投资方持有的表决权比较分散。

② 持有被投资单位的潜在表决权，如可转换公司债券、可执行认股权证等。

③ 其他合同安排产生的权利。

④ 被投资单位以往的表决权行使情况等其他相关事实和情况。

4）在难以判断其享有的实质性权利是否足以使其拥有控制被投资单位的权力时，如果存在其具有实际能力以单方面主导被投资单位相关活动的证据，视为拥有控制被投资单位的权力。这些证据包括但不限于下列事项：

① 能够任命或批准被投资单位的关键管理人员。

② 能够出于其自身利益决定或否决被投资单位的重大交易。

③ 能够掌控被投资单位董事会等类似权力机构成员的任命程序。

④ 与被投资单位的关键管理人员或董事会等类似权力机构中的多数成员存在关联方关系。

需要说明的是，在某些情况下，其他投资方享有的实质性权利有可能会阻止企业对被投资单位的控制。在这种情况下，企业尽管存在前述对被投资单位的权力，也不能视为能够对被投资单位实施控制。例如，A公司持有B公司60%的表决权股份，但B公司章程规定，任何投资方均有对B公司重大相关活动的一票否决权，则A公司对B公司不存在控制权。拥有控制权的投资企业一般称为母公司，被母公司控制的企业一般称为子公司。

2. 共同控制

共同控制是指按照相关约定对某项安排所共有的控制，并且该安排的相关活动必须经过分享控制权的参与方一致同意后才能决策。相关活动是指对某项安排的回报产生重大影响的活动。被各投资方共同控制的企业，一般称为合营企业。在判断是否存在共同控制时，应当首先判断所有参与方或参与方组合是否集体控制该安排，其次判断该安排相关活动的决策是否必须经过这些集体控制该安排的参与方一致同意。如果存在两个或两个以上的参与方组合能够集体控制某项安排的，不构成共同控制。仅享有保护性权利的参与方不享有共同控制。即共同控制的特点是实施共同控制的任何一个投资方都不能够单独控制被投资单位，对被投资单位具有共同控制的任何一个投资方均能够阻止其他投资方单独控制被投资单位。此外，共同控制不要求所有投资方都对被投资单位实施共同控制。

【例8-1】 甲企业由A公司、B公司和C公司出资设立。协议约定，甲企业相关活动的决策至少需要75%及以上表决权通过才能实施。假定A公司、B公司和C公司任意两方均可达成一致意见，但三方不可能同时达成一致意见。A、B、C三家公司的投资占比见表8-1，在甲企业中拥有的表决权所占比是下列哪一种情形才能构成共同控制？为什么？

表8-1　公司投资占比

	A	B	C
第一种情形	50%	15%	35%
第二种情形	50%	25%	25%
第三种情形	75%	15%	10%
第四种情形	35%	35%	30%

【解析】　第一种情形下A公司和C公司是能够集体控制该安排的唯一组合，属于共同控制；第二种情形下存在了两个或两个以上的参与方（A公司和B公司、A公司和C公司）组合能够集体控制某项安排的，不构成共同控制；第三种情形，因为A显然能单独控制甲公司，所以这种情形违背了共同控制下任何一个投资方都不能够单独控制被投资单位的规定；第四种情形，任意两个投资者合计拥有的表决权都达不到75%，且三方不可能同时达成一致意见，不属于共同控制。

3. 重大影响

重大影响是指对一个企业的财务和经营政策有参与决策的权力，但并不能够控制或者与其他方一起共同控制这些政策的制定。投资方能够对被投资单位施加重大影响，则被投资单位称为投资方的联营企业。

实务中，较为常见的重大影响体现为在被投资单位的董事会或类似权力机构中派有代表，通过在被投资单位财务和经营决策制定过程中的发言权实施重大影响。当投资方直接或通过子公司间接持有被投资单位20%以上但低于50%的表决权时，一般认为对被投资单位具有重大影响，除非有明确的证据表明该种情况下长期股权投资准则规范的权益性投资不能参与被投资单位的生产经营决策，不形成重大影响。在确定能否对被投资单位施加重大影响时，一方面应考虑投资方直接或间接持有被投资单位的表决权股份，另一方面还要考虑投资方及其他方持有的当期可执行潜在表决权在假定转换为对被投资单位的股权后产生的影响，例如被投资单位发行的当期可转换的认股权证、股份期权及可转换公司债券等的影响。还应注意，重大影响的判断关键是分析投资方是否有实质性的参与权而不是决定权。企业通常可以通过以下一种或几种情形来判断是否对被投资单位具有重大影响：

1）在被投资单位的董事会或类似权力机构中派有代表。

2）参与被投资单位财务和经营政策制定过程，包括股利分配政策等的制定。

3）与被投资单位之间发生重要交易。

4）向被投资单位派出管理人员。

5）向被投资单位提供关键技术资料。

【例8-2】　B公司于2021年取得A公司20%的股权，并在取得该股权后向A公司董事会派出1名成员。A公司董事会由5名成员组成，除B公司外，A公司另有2名其他投资者、其各持有A公司40%的股权并分别向A公司董事会派出2名成员。A公司章程规定：其财务和生产经营决策由参加董事会的成员多数通过后即可实施。从实际运行情况来看，除 B 公司所派董事会成员外，其他董事会成员经常提议召开董事会，并且在甲公司派出董事会成员缺席情况下做出决策。为财务核算及管理需要，B 公司曾向 A 公司索要财务报表，但该要求未得到满足。B 公司派出的董事会成员对于 A 公司生产经营的提议基本上未提交到董事会正式议案中，且在董事会讨论过程中，B 公司派出董事会成员的意见和建议均被否决。请问 B 公司向其被投资单位 A 公司派出董事会成员，是否对 A 公司构成重大影响？

【解析】 本案例中，虽然形式上 B 公司拥有 A 公司有表决权股份的比例为 20%，且向被投资单位派出董事会成员参与其生产经营决策。但从实际运行情况来看，其提议未实际被讨论、其意见和建议被否决以及提出获取 A 公司财务报表的要求被拒绝等事实来看，B 公司向 A 公司董事会派出的成员在实质上无法对 A 公司生产决策施加影响，故 B 公司对 A 公司构不成重大影响。

第二节　长期股权投资的初始计量

企业的长期股权投资可以分为两大类：一类是形成同一控制下控股合并的长期股权投资，另一类是形成非同一控制下控股合并的长期股权投资。控股合并（combination）是指一家公司通过股权投资取得对另一家公司控制权的行为。形成控股合并的长期股权投资，又分为同一控制下控股合并和非同一控制下控股合并的长期股权投资。未形成控股合并的长期股权投资，包括对合营企业和联营企业的长期股权投资。通过不同方式取得的长期股权投资，会计处理方法也有所不同。

▶▶ 一、形成同一控制下控股合并的长期股权投资

同一控制下的控股合并，是指参与合并的企业在合并前后均受同一方或相同的多方最终控制，且该控制并非暂时性的。其中，"同一方"是指对参与合并的企业在合并前后均实施最终控制的投资者；"相同的多方"通常是指根据投资者之间的协议约定，在对被投资单位的生产经营决策行使表决权时发表一致意见的两个或两个以下的投资者；"控制并非暂时性"是指参与合并的各方在合并前后较长的时间内受同方或相同的多方最终控制，控制时间通常在一年以上（含一年）。

同一控制下的控股合并，在合并日取得对其他参与合并企业控制权的一方为合并方，参与合并的其他企业为被合并方。合并日是指合并方实际取得对被合并方控制权的日期。同一控制下的控股合并，合并双方的合并行为不完全是自愿进行和完成的，这种控股合并不属于交易行为，而是参与合并各方资产和负债的重新组合，因此，合并方应以被合并方所有者权益的账面价值为基础，对长期股权投资进行初始计量。

合并方以支付现金、转让非现金资产、发行股票或承担债务等方式作为合并对价的，应当在合并日按照所取得的被合并方在最终控制方合并财务报表中的净资产的账面价值的份额作为长期股权投资的初始投资成本，借记"长期股权投资——投资成本"科目；按应享有被投资单位已宣告但尚未发放的现金股利或利润，借记"应收股利"科目；按照支付的货币资金、转让非现金资产、发行股票或承担债务的账面价值，贷记"银行存款""股本"等科目。被合并方在合并日的净资产账面价值为负数的，长期股权投资成本按零确

定,同时在备查簿中予以登记。长期股权投资初始投资成本大于支付的现金、转让的非现金资产以及所承担债务账面价值的差额,调增资本公积,即贷记"资本公积——资本溢价或股本溢价"科目;长期股权投资初始投资成本小于支付的现金、转让的非现金资产以及所承担债务账面价值的差额,调减资本公积,资本公积不足冲减的,冲减留存收益,即依次借记"资本公积——资本溢价或股本溢价""盈余公积""利润分配——未分配利润"科目。

合并方为进行企业合并发生的各项直接相关费用,如支付的审计费用、评估费用、法律服务费用等,应当于发生时计入当期损益,按合并直接相关费用的金额借记"管理费用"科目,根据可以抵扣的增值税借记"应交税费——应交增值税(进项税额)"等科目,合并支付的全部款项贷记"银行存款"等科目。与发行权益性工具作为合并对价直接相关的交易费用,应当冲减资本公积(资本溢价或股本溢价),资本公积(资本溢价或股本溢价)不足冲减的,依次冲减盈余公积和未分配利润。与发行债务性工具作为合并对价直接相关的交易费用,应当计入债务性工具的初始确认金额。

【例 8-3】 B 公司和 C 公司均为甲公司直接投资设立的子公司。2021 年 1 月 1 日,甲公司将其持有 C 公司 70% 的股权转让给 B 公司,B 公司以发行每股面值为 1 元的股票 200 万股,换取甲公司持有的 C 公司 70% 的股权,并以银行存款支付发行股票手续费 21.2 万元(其中可以抵扣的增值税为 1.2 万元)。合并日,甲公司合并报表中 C 公司所有者权益的账面价值为 1 200 万元。假定在企业合并前 B、C 两家公司采用的会计政策相同,请做出 B 公司股权投资的相关会计分录。

【解析】 B 公司应编制如下会计分录:

1)合并当日对初始直接费用的处理。

借:资本公积——资本溢价	200 000	
应交税费——应交增值税(进项税额)	12 000	
贷:银行存款		212 000

2)合并当日,B 公司的初始投资成本 = 12 000 000×70% = 8 400 000(元)。

借:长期股权投资——投资成本	8 400 000	
贷:股本		2 000 000
资本公积——资本溢价		6 400 000

【例 8-4】 2021 年 1 月 15 日甲公司以账面原价 150 万元、累计摊销 20 万元、减值准备 4 万元、公允价值 200 万元的土地使用权作为对价,自同一集团内 H 公司手中取得乙公司 60% 的股权并达到控制。转让土地使用权适用的增值税税率为 9%,合并日乙公司在最终控制方合并财务报表中净资产的账面价值为 120 万元。合并当日甲公司"资本公积——资本溢价"账户余额为 17 万元,"盈余公积"账户余额为 5 万元。甲公司与乙公司的会计年度和采用的会计政策相同,请做出甲公司对该项长期股权投资的账务处理。

【解析】 长期股权投资的初始投资成本 = 1 200 000×60% = 720 000(元)。

借:长期股权投资——投资成本	720 000
资本公积	170 000
盈余公积	50 000
利润分配——未分配利润	500 000

累计摊销	200 000
无形资产减值准备	40 000
贷：无形资产	1 500 000
应交税费——应交增值税（销项税额）	180 000

应注意的是，不管交易本身是否是在最终控制方的主导下进行，只要符合同一控制下企业合并的界定，合并方通过交易取得对被合并方的长期股权投资即应按照通过该项交易取得的被合并方账面净资产的份额确认。但该账面净资产并非是指被合并方个别财务报表中体现的有关资产、负债的价值，而是从最终控制方的角度，被合并方自其被最终控制方开始控制时开始，其所持有的资产、负债确定对于最终控制方的价值持续计算至合并日的账面价值。

【例 8-5】 A 公司为某一集团母公司，分别控制 B 公司和 C 公司。2020 年 1 月 1 日，A 公司从本集团外部以现金对价 4 000 万元购入 D 公司 80% 股权（属于非同一控制下企业合并）并能够控制 D 公司。购买日，D 公司可辨认净资产的公允价值为 5 000 万元，账面价值为 3 500 万元。2022 年 1 月 1 日，B 公司购入 A 公司所持 D 公司的 80% 股权，形成同一控制下的企业合并。2020 年 1 月至 2021 年 12 月 31 日，D 公司按照购买日净资产的公允价值计算实现的净利润为 1 200 万元；按照购买日净资产的账面价值计算实现的净利润为 1 500 万元，无其他所有者权益变动。请计算 B 公司的长期股权投资的初始投资成本。

【解析】 此题解析的关键在于，D 公司 2020 年 1 月 1 日是以非同一控制的方式被最终控制方 A 购入集团内，因此，A 公司对后续控股期间净资产的持有增值也以公允价值为基础，并持续计算至 2022 年年初合并当日。2022 年 1 月 1 日合并日，被并方 D 公司相对于最终控制方 A 公司而言，其净资产的账面价值为 6 200 万元，即自 2020 年 1 月 1 日 D 公司净资产公允价值持续计算至 2021 年 12 月 31 日的账面价值，等于非同一控制下 A 公司 2020 年购入 D 公司的初始投资成本 5 000 万元与其后按照购买日净资产的公允价值计算实现的净利润 1 200 万之和。故 B 公司购入 D 公司的长期股权投资的初始投资成本为 4 960 [（5 000+1 200）×80%] 万元。

通过多次交换交易，分步取得股权最终形成同一控制下控股合并的，在个别财务报表中，应当以持股比例计算的合并日应享有被合并方所有者权益在最终控制方合并财务报表中的账面价值份额作为该项投资的初始投资成本。初始投资成本与其原长期股权投资账面价值加上合并日为取得新的股份所支付对价的现金、转让的非现金资产及所承担债务账面价值之和的差额，调整资本公积（资本溢价或股本溢价），资本公积不足冲减的，冲减留存收益。

▶▶ 二、形成非同一控制下控股合并的长期股权投资

非同一控制下的控股合并是指参与合并的各方在合并前后不受同一方或相同的多方最终控制。相对于同一控制下的控股合并而言，非同一控制下的控股合并是合并各方自愿进行的交易行为，作为一种公平的交易，应当以公允价值为基础进行计量。非同一控制下的控股合并，在购买日取得对其他参与合并企业控制权的一方为购买方，参与合并的其他企业为被购买方。购买日，是指购买方实际取得对被购买方控制权的日期。

在非同一控制下的控股合并中，购买方应当按照确定的企业合并成本作为长期股权投资的初始投资成本。企业合并成本包括购买方付出的资产、发生或承担的负债、发行的权益性工具或债务性工具的公允价值之和。

购买方在购买日以支付货币资金的方式取得被购买方的股权，应以支付的货币资金作为初始投资成本，借记"长期股权投资——投资成本"科目，贷记"银行存款"科目，购买方支付的价款中如果含有已宣告发放但尚未支取的现金股利，应作为债权处理，不计入长期股权投资的成本。

购买方以发行权益性证券作为合并对价的，应在购买日按照发行的权益性证券的公允价值，借记"长期股权投资——投资成本"科目；按照发行的权益性证券的面值总额，贷记"股本"科目；按其差额，贷记"资本公积——资本溢价或股本溢价"科目。

购买方以承担债务的方式取得被购买方的股权的，应按照债务的公允价值作为初始投资成本，借记"长期股权投资——投资成本"，并贷记有关负债科目。

购买方在购买日以付出货币资金以外的其他资产的方式取得被购买方的股权，应按照合并成本作为初始投资成本，借记"长期股权投资——投资成本"科目；按享有被投资单位已宣告但尚未发放的现金股利或利润，借记"应收股利"科目；按支付资产的账面价值，贷记有关资产科目；按付出资产公允价值与账面价值的差额，贷记或者借记"资产处置损益""投资收益"等相关资产的处置损益科目。若非同一控制下控股合并涉及以库存商品等存货作为合并对价的，在按存货账面价值结转相关成本的同时，应按库存商品等存货的公允价值，贷记"主营业务收入"或"其他业务收入"科目。当以公允价值计量且其变动计入其他综合收益的债权性金融资产作为合并对价时，原持有期间公允价值变动形成的其他综合收益应一并转入投资收益，借记"其他综合收益"科目，贷记"投资收益"科目。

非同一控制下，合并方为进行企业合并发生的各项直接相关费用，如为进行长期股权投资发生的审计、法律服务、评估咨询等中介费用，以及其他相关费用的处理与同一控制下相同。

【例8-6】 2021年5月1日，甲公司以一项专利权和银行存款200万元向乙公司投资（甲公司和乙公司不属于同一控制的两个公司），占乙公司注册资本的75%，该专利权的账面原价为5 000万元，已累计摊销600万元，已计提无形资产减值准备100万元，公允价值为4 000万元。另外支付资产评估机构评估费12万元，不考虑其他相关税费。请做出甲公司应编制的会计分录。

【解析】 甲公司应编制会计分录如下：

1）支付资产评估机构评估费12万元的账务处理。

借：管理费用　　　　　　　　　　　　　　　　　　120 000
　　贷：银行存款　　　　　　　　　　　　　　　　120 000

2）甲公司的合并成本＝支付存款与专利的公允价值总和＝200+4 000＝4 200（万元）。

借：长期股权投资——投资成本　　　　　　　　　42 000 000
　　累计摊销　　　　　　　　　　　　　　　　　 6 000 000
　　无形资产减值准备　　　　　　　　　　　　　 1 000 000
　　资产处置损益　　　　　　　　　　　　　　　 3 000 000

| 贷：无形资产 | 50 000 000 |
| 银行存款 | 2 000 000 |

【例8-7】 2021年7月25日，甲公司以账面余额为800万元、存货跌价准备为100万元、公允价值为1 000万元的库存商品换取乙公司70%的股权并达到控制，该商品适用的增值税税率为13%。乙公司净资产的账面价值为800万元，公允价值为1 000万元。假定甲公司与乙公司为非同一控制下的两家公司，其会计年度和采用的会计政策相同，请做出甲公司长期股权投资的账务处理。

【解析】 甲公司应做如下账务处理：

1）以合并成本1 130[1 000×(1+13%)]万元作为股权投资的初始投资成本。

借：长期股权投资——投资成本　　　　　　　　　　　11 300 000
　　贷：主营业务收入　　　　　　　　　　　　　　　　10 000 000
　　　　应交税费——应交增值税（销项税额）　　　　　1 300 000

2）按存货账面价值结转成本。

借：主营业务成本　　　　　　　　　　　　　　　　　7 000 000
　　存货跌价准备　　　　　　　　　　　　　　　　　1 000 000
　　贷：库存商品　　　　　　　　　　　　　　　　　　8 000 000

通过多次交易分步取得股权，最终形成非同一控制下控股合并的，应当区分个别财务报表和合并财务报表进行会计处理。在个别财务报表中，应当以购买日之前所持被购买方的股权投资的账面价值与购买日新增投资成本之和作为该项投资的初始投资成本。其中，形成控股合并前对长期股权投资采用权益法核算的，购买日长期股权投资的初始投资成本为原权益法下的账面价值加上购买日为取得新的股份所支付对价的公允价值之和，购买日之前因权益法形成的其他综合收益或其他资本公积暂时不做处理，待到处置该项投资时将与其相关的其他综合收益或其他资本公积采用与被购买方直接处置相关资产或负债相同的基础进行会计处理；形成控股合并前对股权投资采用金融工具准则以公允价值计量的（例如，原分类为以公允价值计量且其变动计入其他综合收益金融资产的非交易性权益工具投资），长期股权投资在购买日的初始投资成本为原公允价值计量的账面价值加上购买日取得新的股份所支付对价的公允价值之和，购买日之前持有的被购买方的股权涉及其他综合收益的，计入留存收益，不得转入当期损益。至于在合并财务报表中的会计处理，参见高级财务会计的相关内容。

三、企业合并以外的其他方式取得的长期股权投资

未形成控股合并的长期股权投资，其初始投资成本的确定与形成非同一控制下控股合并的长期股权投资成本的确定方法基本相同。但发生的审计、法律服务、评估咨询等中介费用以及其他相关费用应计入长期股权投资成本。

【例8-8】 M公司于2021年1月1日以银行存款购入N公司30%的股权，确认为长期股权投资，对N公司有重大影响，实际支付购买价款400万元，并支付相关审计费21 200元（其中可以抵扣的增值税为1 200元）；购买日，N公司所有者权益账面价值为100万元，公允价值为1 150万元。请做出M公司长期股权投资的账务处理分录。

【解析】 M公司长期股权投资的初始投资成本=4 000 000+(21 200-1 200)=

4 020 000（元）。

　　M 公司应做如下会计分录：

借：长期股权投资——投资成本　　　　　　　　　　　　　4 020 000
　　应交税费——应交增值税（进项税额）　　　　　　　　　　1 200
　　贷：银行存款　　　　　　　　　　　　　　　　　　　4 021 200

第三节　长期股权投资的后续计量

　　企业取得的长期股权投资，在持续持有期间，视对被投资单位的影响程度等情况的不同，应分别采用成本法及权益法进行核算。其中，成本法适用于对子公司的长期股权投资，权益法适用于对合营企业和联营企业的长期股权投资。

一、成本法

　　采用成本法核算的长期股权投资，应按照初始投资成本计价，一般不予变更，只有在追加或收回投资以及长期股权投资减值时，才调整长期股权投资的账面价值。其核算方法如下：

　　1）初始投资或追加投资时，按照初始投资或追加投资时的成本增加长期股权投资的账面价值。

　　2）除取得投资时实际支付的价款和对价中包含的已宣告但尚未发放的现金股利或利润外，投资企业应当按照享有被投资单位宣告发放的现金股利或利润借记"应收股利"等科目，贷记"投资收益"科目，不管有关利润分配是属于对取得投资前还是取得投资后被投资单位实现净利润的分配。投资企业在确认自被投资单位应分得的现金股利或利润后，应当考虑长期股权投资是否发生减值。

　　3）子公司将未分配利润或盈余公积转增股本（实收资本），且未向投资方提供等值现金股利或利润的选择权时，投资方并没有收取现金或者利润的权力，该项交易通常属于子公司自身权益结构的重分类，《企业会计准则》规定投资方不应确认相关的投资收益。

　　【例8-9】　甲公司于 2021 年 3 月 10 日自非关联方处取得乙公司 70% 股权，成本为 1 800 万元，相关手续于当日完成，并能够对乙公司实施控制。2022 年 2 月 6 日，乙公司宣告分派现金股利，甲公司按照持股比例可取得 12 万元。乙公司于 2022 年 2 月 20 日实际分派现金股利。不考虑相关税费等其他因素的影响。请做出甲公司应编制的会计分录。

　　【解析】　甲公司应进行的账务处理如下：

1）借：长期股权投资——乙公司　　　　　　　　　　　　18 000 000
　　　贷：银行存款　　　　　　　　　　　　　　　　　　18 000 000
2）借：应收股利　　　　　　　　　　　　　　　　　　　　120 000
　　　贷：投资收益　　　　　　　　　　　　　　　　　　　　120 000
3）借：银行存款　　　　　　　　　　　　　　　　　　　　120 000
　　　贷：应收股利　　　　　　　　　　　　　　　　　　　　120 000

二、权益法

长期股权投资核算的权益法是指长期股权投资的账面价值要随着被投资单位的所有者权益变动而相应变动，大体上反映在被投资单位所有者权益中占有的份额。

长期股权投资核算的权益法，适用于实施共同控制的合营企业或投资企业对被投资单位具有重大影响的联营企业的长期股权投资后续计量。

需要说明的是，投资企业对联营企业的权益性投资，其中一部分通过风险投资机构、共同基金、信托公司或投连险基金等类似主体间接持有的，无论以上主体是否对这部分投资具有重大影响，投资企业都可以将间接持有的该部分投资确认为交易性金融资产，并将其余部分确认为长期股权投资，采用权益法进行核算。

（一）权益法核算的科目设置

采用权益法进行长期股权投资的核算，可以在"长期股权投资"科目下设置"投资成本""损益调整""其他综合收益""其他权益变动"等明细科目。权益法下，"长期股权投资"科目的余额反映全部投资成本。其中，"投资成本"明细科目反映购入股权时在被投资单位按公允价值确定的所有者权益中占有的份额及初始投资成本大于占有份额形成的商誉；"损益调整"明细科目反映购入股权以后随着被投资单位留存收益的增减变动而享有份额的调整数；"其他综合收益"明细科目反映购入股权以后随着被投资单位其他综合收益的增减变动而享有份额的调整数；"其他权益变动"明细科目反映购入股权以后随着被投资单位除了净损益、利润分配、其他综合收益以外的所有者权益增减变动而享有份额的调整数。

（二）初始投资成本的调整

投资方取得对联营企业或合营企业的投资以后，对于取得投资时投资成本与应享有被投资单位可辨认净资产公允价值份额之间的差额，应区别情况分别处理。

1）初始投资成本大于取得投资时应享有被投资单位可辨认净资产公允价值份额的，该部分差额从本质上是投资方在取得投资过程中通过购买作价体现出的与所取得股权份额相对应的商誉及被投资单位不符合确认条件的资产价值。长期股权投资在投资方的个别财务报表中作为单项资产核算的情况下，商誉等不单独反映，初始投资成本大于投资时应享有被投资单位可辨认净资产公允价值的份额时，不要求对长期股权投资的成本进行调整。

2）初始投资成本小于取得投资时应享有被投资单位可辨认净资产公允价值份额的，两者之间的差额体现为双方在交易作价过程中转让方的让步，该部分经济利益流入应作为收益处理，计入取得投资当期的营业外收入，同时调整增加长期股权投资的账面价值。借记"长期股权投资——投资成本"科目，贷记"营业外收入"科目。

【例8-10】 A公司于2021年1月取得D公司30%的股权，支付价款8 000万元。取得投资时被投资单位净资产账面价值为22 500万元（假定被投资单位各项可辨认资产、负债的公允价值与其账面价值相同）。在D公司的生产经营决策过程中，所有股东均按持股比例行使表决权。A公司在取得D公司的股权后，派人参与了D公司的生产经营决策。因能够对D公司施加重大影响，A公司对该投资应当采用权益法核算。要求：

1）做出A公司取得投资的账务处理分录。

2）若 A 公司取得投资时被投资单位净资产账面价值为 32 000 万元，做出此时 A 公司的账务处理分录。

【解析】 1）A 公司长期股权投资的初始投资成本 8 000 万元，大于其取得投资时应享有被投资单位可辨认净资产公允价值的份额为 6 750（22 500×30%）万元，故两者之间的差额不调整长期股权投资的账面价值。

借：长期股权投资——投资成本　　　　　　　　　　　　　80 000 000
　　贷：银行存款　　　　　　　　　　　　　　　　　　　　　80 000 000

2）若取得投资时被投资单位可辨认净资产的公允价值为 32 000 万元，A 企业按 30% 持股比计算，则其应享有被投资单位可辨认净资产公允价值份额为 9 600（32 000×30%）万元，高于 A 公司长期股权投资的初始投资成本 8 000 万元，两者的差额 1 600 万元应计入取得长期股权投资当期的营业外收入，同时调增长期股权投资的账面价值。

借：长期股权投资——投资成本　　　　　　　　　　　　　96 000 000
　　贷：银行存款　　　　　　　　　　　　　　　　　　　　　80 000 000
　　　　营业外收入　　　　　　　　　　　　　　　　　　　　16 000 000

（三）投资收益的确认

采用权益法核算的长期股权投资，在确认应享有（或分担）被投资单位的净利润（或净亏损）时，在被投资单位账面净利润的基础上，应考虑以下因素的影响进行适当调整：

1）被投资单位采用的会计政策和会计期间与投资方不一致的，应按投资方的会计政策和会计期间对被投资单位的财务报表进行调整，在此基础上确定被投资单位的损益。

2）以取得投资时被投资单位固定资产、无形资产等的公允价值为基础计提的折旧额或摊销额，以及有关资产减值准备金额等对被投资单位净利润的影响。投资方取得投资时，被投资单位有关资产、负债的公允价值与其账面价值不同的，未来期间，在计算归属于投资方应享有的净利润或应承担的净亏损时，应考虑对被投资单位计提的折旧额、摊销额以及资产减值准备金额等进行调整。

投资方在对被投资单位的净利润进行调整时，应考虑重要性原则，不具有重要性的项目可不予调整。投资企业无法合理确定取得投资时被投资单位各项可辨认资产、负债等公允价值的，或者投资时被投资单位可辨认资产、负债的公允价值与账面价值之间的差额不具有重要性的，或是其他原因导致无法取得对被投资单位净利润进行调整所需资料的，可以以被投资单位的账面净利润为基础，经调整未实现内部交易损益后，确认投资收益。

如果无法合理确定取得投资时被投资企业各项可辨认资产的公允价值，或者投资时被投资企业可辨认资产的公允价值与其账面价值相比，两者之间的差额不具有重要性，也可以按照被投资企业的账面净利润与持股比例计算的结果确认投资收益，但应在附注中说明这一事实，以及无法合理确定被投资企业各项可辨认资产公允价值的原因。

【例 8-11】 甲公司于 2021 年 1 月 10 日购入乙公司 30% 的股份，购买价款为 3 500 万元，并自取得投资之日起派人参与乙公司的财务和生产经营决策。取得投资当日，乙公司可辨认净资产公允价值为 9 000 万元，乙公司存货、固定资产和无形资产的相关数据见表 8-2。除表所列项目外，乙公司其他资产、负债的公允价值与账面价值相同。假定乙公司于 2021 年实现净利润 955 万元,其中,在甲公司取得投资时的账面存货有 80% 对外出售。甲公司与乙公司的会计年度及采用的会计政策相同。固定资产、无形资产均按直线法提取折旧或摊销,预计净残值均为 0。假定甲、乙公司间未发生任何内部交易。请做出甲公司当期投资收益确认的相关分录。

表 8-2　乙公司存货、固定资产和无形资产的相关数据　　　　单位:万元

项　目	账面原价	已提折旧或摊销	公允价值	原预计使用年限	剩余使用年限
存货	750		1 050		
固定资产	1 800	360	2 400	20	16
无形资产	1 050	210	1 200	10	8
合计	3 600	570	4 650		

【解析】　甲公司在确定其应享有乙公司 2021 年的投资收益时,应在乙公司实现净利润的基础上,根据取得投资时乙公司有关资产的账面价值与其公允价值差额的影响进行调整(假定不考虑相关税费等其他因素影响)。

调整后的净利润 = 955 - (1 050 - 750) × 80% - (2 400 ÷ 16 - 1 800 ÷ 20) - (1 200 ÷ 8 - 1 050 ÷ 10) = 955 - 240 - 60 - 45 = 610 (万元)

甲公司当期应确认投资损益的金额 = 610 × 30% = 183 (万元)

借:长期股权投资——损益调整　　　　　　　　　　　　　1 830 000

　　贷:投资收益　　　　　　　　　　　　　　　　　　　　　　1 830 000

3)权益法下,如果投资方与合营企业或联营企业之间发生内部交易,不论是投资方向合营企业或联营企业销货(顺流交易),还是联营企业或合营企业向投资方销货(逆流交易),其未实现的内部损益中属于投资方享有的份额,投资方在确认投资收益时均应予以扣除。

在顺流交易的情况下,投资方已经在个别财务报表中确认了销售损益,而联营企业或合营企业未实现销售,即损益未能最终实现;但联营企业或合营企业未实现的损益中,属于其他股东享有的份额,从投资方的角度看其损益已经实现,不需要进行抵销处理,因此只需将其中属于投资方享有的份额应在确认投资收益时予以抵销。

在逆流交易的情况下,合营企业或联营企业在个别财务报表中确认了销售损益,而投资企业未实现销售,即损益未能最终实现;但投资企业未实现的损益中,属于其他股东享有的份额,从投资企业的角度看相当于向其他股东购买货物的价值,合营企业或联营企业的销售损益已经实现,不需要进行抵销处理,因此也只是需要将其中属于投资企业享有的份额在确认投资收益时予以抵销。

投资企业与其联营企业及合营企业之间发生的无论是顺流交易还是逆流交易,产生的未实现内部交易损失,属于所转让资产发生减值损失的,有关的未实现内部交易损失不应予以抵销。原因是该损失原则上不因是否发生资产的内部转移而发生变化,即使有关资产未发生实际交易,有证据表明其可收回金额低于账面价值的,无论资产持有方是哪个企业,均应按照会计准则规定计提相应的减值损失,即相关损失与转让交易无关。

【例 8-12】　甲公司持有乙公司 20% 有表决权的股份,能够对乙公司施加重大影响。2021 年 3 月 9 日,甲公司将其账面价值 400 万元的商品以 800 万元的价格出售给乙公司。

至 2021 年 12 月 31 日，该批商品尚未对外部第三方出售。假定甲公司取得该项投资时，乙公司各项可辨认资产、负债的公允价值与其账面价值相同，两者在以前期间未发生过内部交易。乙公司 2021 年实现净利润为 1 500 万元。不考虑相关税费等其他因素影响。要求：

1）做出甲公司个别报表中投资收益确认的相关分录。

2）假定甲公司在确认应享有乙公司 2021 年净利润时，如果有证据表明该商品交易价格 160 万元与其账面价值 200 万元之间的差额为减值损失的，甲公司又应如何处理？

【解析】

1）甲公司在该项交易中实现利润 400 万元，其中的 80（400×20%）万元是针对本公司持有的对联营企业乙公司的权益份额，在采用权益法计算确认投资损益时应予以抵销，即甲公司的账务处理如下：

借：长期股权投资——损益调整　［（15 000 000−4 000 000）×20%］2 200 000
　　贷：投资收益　　　　　　　　　　　　　　　　　　　　　　2 200 000

2）投资方与其联营企业及合营企业之间的顺流交易或逆流交易产生的未实现内部交易损失，其中属于所转让资产发生减值损失的，有关未实现内部交易损失不应予以抵销，故甲公司的账务处理如下：

借：长期股权投资——损益调整　　　　　　　　　　　　　　　3 000 000
　　贷：投资收益　　　　　　　　　　　　　　　　　　　　　　3 000 000

（四）投资损失的确认

如果被投资单位发生亏损，投资方也应按持股比例确认应分担的损失，借记"投资收益"科目，贷记"长期股权投资——损益调整"科目。被投资单位的净亏损也应以其购买日各项可辨认资产等的公允价值为基础进行调整后加以确定；如果发生内部交易，其未实现内部损益也应一并调整。

由于投资方承担有限责任，因此投资方在确认投资损失时，应以长期股权投资的账面价值以及其他实质上构成对被投资单位净投资的长期权益减记至 0 为限，投资方负有承担额外损失义务的除外。其他实质上构成对被投资单位净投资的长期权益，通常是指长期性的应收项目，例如投资方对被投资单位的长期应收款，若该款项的清偿没有明确的计划且在可预见的未来期间难以收回的，实质上构成长期权益。企业存在其他实质上构成对被投资单位净投资的长期权益项目以及负有承担额外损失义务的情况下，在确认应分担被投资单位发生的亏损时，应当按照以下顺序进行处理：

首先，应减记长期股权投资的账面价值，借记"投资收益"，贷记"长期股权投资——损益调整"科目。

其次，在长期股权投资的账面价值减记至 0 的情况下，考虑是否有其他构成长期权益的项目，如果有，则以其他实质上构成对被投资单位长期权益的账面价值为限，继续确认投资损失，借记"投资收益"科目，贷记"长期应收款"等科目。

最后，在其他实质上构成对被投资单位长期权益的价值也减记至 0 的情况下，如果按照投资合同或协议约定，投资方需要履行其他额外的损失赔偿义务，则需按预计将承担责任的金额计入当期损失，同时确认预计负债。借记"投资收益"科目，贷记"预计负债"科目。

除按上述顺序已确认的损失以外仍有额外损失的，应在账外做备查登记，不再予以确认。

在确认了有关的投资损失以后，被投资单位于以后期间实现盈利的，应按以上相反顺序分别减记账外备查登记的金额、已确认的预计负债、恢复其他长期权益及长期股权投资的账面价值，同时确认投资收益。即应当按顺序分别借记"预计负债""长期应收款""长期股权投资"等科目，贷记"投资收益"科目。

【例8-13】 甲企业持有乙企业40%的股权，能够对乙企业施加重大影响。2020年12月31日，该项长期股权投资的账面价值为2 200万元。乙企业2021年由于一项主营业务市场条件发生变化，当年度亏损6 000万元。假定甲企业在取得该投资时，乙企业各项可辨认资产、负债的公允价值与其账面价值相等，双方所采用的会计政策及会计期间也相同。甲公司同时拥有对乙公司"长期应收款"80万元，且甲公司对乙公司亏损承担连带责任（最高限额50万元），甲公司对该项长期股权投资应如何处理？

【解析】 乙企业当年度的亏损额为6 000万元。则甲企业按其持股比例确认应承担的损失为2 400（6 000×40%）万元，但长期股权投资的账面价值仅为2 200万元，其他实质上构成对被投资单位净投资的长期权益项目80万元，因亏损而需要承担的额外的损失赔偿责任50万元，余下的超额损失70（2 400-2 200-80-50=70）万元只能在账外进行备查登记，甲企业应进行的账务处理为

借：投资收益   23 300 000

 贷：长期股权投资——损益调整   22 000 000

  长期应收款   800 000

  预计负债   500 000

同时在备查簿中登记未入账亏损70万元。

（五）被投资单位其他综合收益变动的处理

在权益法核算下，被投资单位确认的其他综合收益及其变动，也会影响被投资单位的所有者权益总额，进而影响投资方应享有被投资单位所有者权益的份额。因此，当被投资单位其他综合收益增加时，投资企业应当按照归属于本企业的部分，相应调增长期股权投资的账面价值，同时增加其他综合收益，借记"长期股权投资——其他综合收益"科目，贷记"其他综合收益"科目。如果被投资企业除净损益以外的所有者权益减少，投资方做相反的处理。

【例8-14】 甲公司持有乙公司25%的股份，并能对乙公司施加重大影响。当期，乙公司将作为存货的房地产转换为以公允价值模式计量的投资性房地产、转换日公允价值大于账面价值1 800万元，两者的差额计入其他综合收益。请写出甲公司应编制的会计分录。

【解析】 不考虑其他因素，权益法下甲公司应确认的其他综合收益变动额为450（1 800×25%）万元。

借：长期股权投资——其他综合收益   4 500 000

 贷：其他综合收益   4 500 000

（六）被投资单位所有者权益其他变动的处理

被投资单位发生的除净损益、其他综合收益以及利润分配以外的所有者权益的变动主要包括：被投资单位接受其他股东的资本性投入、被投资单位发行可分离交易的可转换公司债券中包含的权益成分、以权益结算的股份支付、其他股东对被投资单位增资导致投资

方持股比例变动等。

采用权益法核算时，投资方对于被投资单位除净损益，其他综合收益以及利润分配以外所有者权益的其他变动，应按照持股比例与被投资单位所有者权益的其他变动计算的归属于本企业的部分，调整长期股权投资的账面价值，同时增加或减少资本公积（其他资本公积）。即借记"长期股权投资——其他权益变动"科目，贷记"资本公积——其他资本公积"科目，并在备查簿中予以登记。投资方在后续处置股权投资但对剩余股权仍采用权益法核算时，应按处置比例将这部分资本公积转入当期投资收益；对剩余股权终止权益法核算时，将这部分资本公积全部转入当期投资收益。

【例8-15】 A企业持有B企业35%的股份，能够对B企业施加重大影响。B企业为上市公司，当期B企业的母公司捐赠B企业1 000万元，该捐赠实质上属于资本性投入，B企业将其计入资本公积（股本溢价）。请编制A企业的会计分录。

【解析】 按权益法，A企业应确认因B企业接受捐赠而应享有被投资单位所有者权益的其他变动额为350（1 000×35%）万元。

借：长期股权投资——其他权益变动　　　　　　　　　　　　　3 500 000
　　贷：资本公积——其他资本公积　　　　　　　　　　　　　　3 500 000

（七）取得现金股利或利润的处理

采用权益法进行长期股权投资的核算时，被投资单位分派的现金股利应视为投资的收回。投资企业应按照以被投资单位宣告分派的现金股利和持股比例计算的应分得现金股利，相应减少长期股权投资的账面价值，借记"应收股利"科目，贷记"长期股权投资——损益调整"科目。实际收到分派的现金股利时，借记"银行存款"等科目，贷记"应收股利"科目。

被投资单位分派的股票股利，投资企业不做账务处理，但应于除权日注明所增加的股数，以反映股份的变化情况。

【例8-16】 2021年1月2日，甲公司以银行存款3 000万元取得乙公司30%的股权，投资时乙公司可辨认净资产公允价值及账面价值的总额均为8 000万元。甲公司取得投资后可派人参与乙公司生产经营决策，但无法对乙公司实施控制。2021年3月1日，乙公司宣告分配现金股利400万元。2021年5月2日，乙公司实际发放现金股利400万元。做出甲公司确认和收到现金股利的相关分录。

【解析】

1）2021年3月1日，甲公司应收的现金股利=400×30%=120（万元）。

借：应收股利　　　　　　　　　　　　　　　　　　　　　　　1 200 000
　　贷：长期股权投资——损益调整　　　　　　　　　　　　　　1 200 000

2）2021年5月2日，甲公司收到发放的现金股利。

借：银行存款　　　　　　　　　　　　　　　　　　　　　　　1 200 000
　　贷：应收股利　　　　　　　　　　　　　　　　　　　　　　1 200 000

▶▶ 三、长期股权投资的减值

（一）长期股权投资的可收回金额

每年年末，企业应对长期股权投资的账面价值进行检查。如果出现减值迹象，应对其可收回金额进行估计。可收回金额应当根据长期股权投资的公允价值减去处置费用后的净额与长期股权投资预计未来现金流量的现值两者之间较高者确定。

（二）长期股权投资的减值损失

如果长期股权投资可收回金额的计量结果表明其可收回金额低于账面价值，说明长期股权投资已经发生减值损失，应当将其账面价值减记至可收回金额，借记"资产减值损失"科目，贷记"长期股权投资减值准备"科目。长期股权投资的减值损失一经确认，在以后会计期间不得转回。

【例 8-17】 甲公司持有的丙公司 30% 的股权，2021 年 12 月 31 日，甲公司持有的对丙公司长期股权投资的账面价值为 168 万元，其可收回金额为 160 万元，请代甲公司做出期末长期股权投资减值确认的账务处理。

【解析】 2021 年 12 月 31 日，长期股权投资可收回金额为 160 万元，低于其账面价值 168 万元，说明应确认的长期股权投资减值损失金额为 8（168-160）万元。

借：资产减值损失 80 000
　　贷：长期股权投资减值准备 80 000

第四节　长期股权投资后续计量方法的转换

投资方在投资期间，由于追加投资或处置部分投资，会使投资方与被投资单位的关系发生变化，其长期股权投资的后续计量方法也应随之进行相应调整。

▶▶ 一、处置部分长期股权投资后续计量方法的调整

（一）成本法转权益法

因处置投资导致对被投资单位的影响能力下降，由控制转为具有重大影响，或是与其他投资方一起实施共同控制的情况下，在投资方的个别财务报表中，应当按照以下顺序进行处理：

（1）首先应按处置投资的比例结转应终止确认的长期股权投资成本

（2）在此基础上对剩余的长期股权投资成本进行调整　将剩余的长期股权投资转为采用权益法核算，应当比较剩余的长期股权投资成本与按照剩余持股比例计算原投资时应享有被投资单位可辨认净资产公允价值的份额，属于投资作价中体现的商誉部分，不调整长期股权投资的账面价值；属于投资成本小于应享有被投资单位可辨认净资产公允价值份额的，在调整长期股权投资成本的同时，应调整留存收益。

（3）对于原投资日至处置日之间被投资单位实现的以公允价值为基础计量的净利润、分配现金股利和所有者权益的其他变动，投资方再采用权益法进行追溯调整

1）对于原取得投资后至转变为权益法核算之间被投资单位实现的净损益中应享有的份额，一方面应调整长期股权投资的账面价值，另一方面应根据原取得投资时至处置投资当期期初被投资单位实现的净损益（扣除已发放及已宣告发放的现金股利及利润）中应享有的份额，调整留存收益，并根据处置投资当期期初至处置投资之日被投资单位实现的净损益中享有的份额，调整当期损益。

2）对于其他原因导致被投资单位所有者权益变动中应享有的份额，在调整"长期股权投资——其他综合收益"或"长期股权投资——其他权益变动"的同时，应调整"其他综合收益"或"资本公积——其他资本公积"。

【例8-18】　2020年1月1日，甲公司支付600万元取得乙公司100%的股权，投资当时乙公司可辨认净资产的公允价值为500万元，商誉100万元。2020年1月1日至2021年12月31日，乙公司的净资产增加了75万元，其中，按购买日公允价值计算实现的净利润为50万元，持有的非交易性权益工具投资以公允价值计量且其变动计入其他综合收益的金融资产的公允价值升值15万元，除此之外的其他原因导致净资产的增值为10万元。2022年1月8日，甲公司转让乙公司60%的股权，收取现金480万元存入银行，转让后甲公司对乙公司的持股比例为40%，能对其施加重大影响。2022年1月8日，即甲公司丧失对乙公司的控制权日，乙公司剩余40%股权的公允价值为320万元。假定甲、乙公司提取盈余公积的比例均为10%。假定乙公司未分配现金股利，并不考虑其他因素。做出甲公司个别报表中处置投资的相关会计分录。

【解析】　甲公司应做会计分录如下：

1）确认出售60%股权的处置收益的会计分录如下：

借：银行存款　4 800 000
　　贷：长期股权投资（6 000 000×60%）　3 600 000
　　　　投资收益　1 200 000

2）剩余40%股权的账面价值为240（600×40%）万元，高于原投资当日在乙公司可辨认净资产的公允价值中应享有份额200（500×40%）万元，两者的差额40万元为初始投资时的商誉，不调整。

3）对剩余40%的股权改按权益法核算的会计分录如下：

借：长期股权投资——损益调整（500 000×40%）　200 000
　　　　　　　　　——其他综合收益（150 000×40%）　60 000
　　　　　　　　　——其他权益变动（100 000×40%）　40 000
　　贷：盈余公积（500 000×40%×10%）　20 000
　　　　利润分配——未分配利润（500 000×40%×90%）　180 000
　　　　其他综合收益　60 000
　　　　资本公积——其他资本公积　40 000

经过上述调整，甲公司个别报表中长期股权投资的账面价值＝240＋20＋6＋4＝270（万元）。

（二）成本法转为公允价值计量的金融资产

投资方原持有被投资单位的股份使得其能够对被投资单位实施控制，其后因部分处置等原因导致持股比例下降，不能再对被投资单位实施控制，同时对被投资单位亦不具有共同控制能力或重大影响的，应将剩余股权改按金融工具确认和计量准则的要求进行会计处理，并于丧失控制权日将剩余股权改按公允价值重新计量，公允价值与其账面价值的差额计入当期损益。转换日，企业应当根据剩余股权的公允价值，借记"交易性金融资产"或"其他权益工具投资"科目；根据剩余股权的账面价值，贷记"长期股权投资"科目；根据剩余股权的公允价值与账面价值的差额，贷记或借记"投资收益"或"其他综合收益"科目。

【例8-19】 甲公司持有乙公司60%股权并能控制乙公司，投资成本为1 200万元，按成本法核算。2021年5月12日，甲公司出售所持乙公司股权的90%给非关联方，所得价款为1 600万元，剩余6%股权于丧失控制权日的公允价值为200万元，甲公司将其分类为以公允价值计量且其变动计入当期损益的金融资产。假定不考虑其他因素，做出甲公司丧失控制权日的相关会计分录。

【解析】 甲公司应做会计分录如下：

1）出售90%股权的会计分录如下：

借：银行存款 16 000 000
  贷：长期股权投资（1 200×90%） 10 800 000
    投资收益 5 200 000

2）剩余6%股权由成本法转为公允价值计量的金融资产的会计分录如下：

借：交易性金融资产 2 000 000
  贷：长期股权投资（1 200×10%） 1 200 000
    投资收益 800 000

（三）权益法转为公允价值计量的金融资产

投资方原持有被投资单位的股权而对其构成共同控制或重大影响，但因部分处置等原因导致持股比例下降，不能再对被投资单位实施共同控制或重大影响的，应于失去共同控制或重大影响时，改按金融工具确认和计量准则的规定对剩余股权进行会计处理：即对剩余股权在改按公允价值计量时，公允价值与其原账面价值之间的差额计入当期损益。同时，原采用权益法核算的相关其他综合收益应当在终止采用权益法核算时，应根据与被投资单位直接处置相关资产或负债相同的基础进行会计处理，即借记或贷记"其他综合收益"科目，贷记或借记"投资收益"科目。因被投资单位除净损益、其他综合收益和利润分配以外的其他所有者权益变动而确认的所有者权益，也应当在终止采用权益法时全部转入当期损益，即借记或贷记"资本公积——其他资本公积"科目，贷记或借记"投资收益"科目。

【例8-20】 甲公司持有乙公司20%的有表决权股份，能够对乙公司施加重大影响，对该股权投资采用权益法核算。2021年3月，甲公司将该项投资中的50%对外出售，取得价1 800万元，相关股权划转手续于当日完成。甲公司持有乙公司10%股权，无法再对乙公司施加重大影响，转为以公允价值计量且其变动计入其他综合收益的非交易性权益工具投资的金融资产。股权出售日，剩余股权的公允价值为1 800万元。出售该股权时，长期股权投资的账面价值为3 200万元，其中，投资成本为2 600元，损益调整为300万元，因被投资单位的非交易性权益工具投资以公允价值计量且其变动计入其他综合收益的金融资产的累计公允价值变动享有部分为200万元，除净损益、其他综合收益和利润分配外的其他所有者权益变动为100万元。不考虑相关税费等其他影响，做出甲公司的账务处理。

【解析】 甲公司应做账务处理如下：

1）确认有关股权投资处置损益。

借：银行存款　　　　　　　　　　　　　　　　　　　　　18 000 000

　　贷：长期股权投资——投资成本（26 000 000×50%）　　13 000 000

　　　　　　　　　　——损益调整（3 000 000×50%）　　　1 500 000

　　　　　　　　　　——其他综合收益（2 000 000×50%）　1 000 000

　　　　　　　　　　——其他权益变动（1 000 000×50%）　　500 000

　　　　投资收益　　　　　　　　　　　　　　　　　　　　2 000 000

2）剩余股权投资转为以公允价值计量且其变动计入其他综合收益的金融资产，当日公允价值与账面价值之差200万元计入当期损益。

借：其他权益工具投资　　　　　　　　　　　　　　　　　18 000 000

　　贷：长期股权投资　　　　　　　　　　　　　　　　　16 000 000

　　　　投资收益　　　　　　　　　　　　　　　　　　　　2 000 000

3）因与对乙公司投资相关的其他综合收益为被投资公司持有的非交易性权益工投资的公允价值变动，由于终止采用权益法核算，应将原确认的相关其他综合收益全部转入留存收益。

借：其他综合收益　　　　　　　　　　　　　　　　　　　2 000 000

　　贷：投资收益　　　　　　　　　　　　　　　　　　　2 000 000

4）由于终止采用权益法核算，应将原计入资本公积的其他所有者权益变动全部转入当期损益。

借：资本公积——其他资本公积　　　　　　　　　　　　　1 000 000

　　贷：投资收益　　　　　　　　　　　　　　　　　　　1 000 000

二、追加股权投资后续计量方法的调整

（一）权益法核算转为成本法

投资方因追加股权投资使得对联营企业或合营企业的投资转变为对子公司投资的，长期股权投资账面价值的调整应当按照本章关于对子公司投资初始计量的相关规定处理。因追加股权投资形成非同一控制下的控股合并的，应当将原持有的股权投资的账面价值与为取得新增投资而支付对价的公允价值之和，作为改按成本法核算的初始投资成本。因追加股权投资形成同一控制下的控股合并的，应当将追加投资后所取得的被合并方在最终控制方合并财务报表中净资产的账面价值的份额作为长期股权投资的初始投资成本，根据原权益法下股权投资的账面价值与追加投资支付对价的账面价值之和与合并后新的投资成本的差额，调整企业的资本公积及留存收益。权益下除被投资单位实现利润和分配之外的其他原因而计入"其他综合收益"和"资本公积——其他资本公积"的金额在合并日不需要结转，等处置投资时再按相关准则处理。

【例8-21】　2021年1月1日，甲公司购入乙公司30%的股权，能对其施加重大影响。购入股权当日的初始投资成本为1 000万元，当日乙公司可辨认净资产公允价值为3 000万元。2021年乙公司分红50万元，实现净利润200万元，其他综合收益增加100万元。2022年年初甲公司以1 300万元的代价自非关联方购入乙公司40%的股份完成对乙公司的

控股合并，因甲公司与乙公司合并前不属于同一集团，因此该合并应定义为非同一控制下的企业合并，且此次合并过程不属于一揽子交易。甲公司对该项长期股权投资应如何处理？

【解析】 1）2021 年年末权益法下长期股权投资余额为 1 075 万元，其中，"投资成本"明细账余额为 1 000 万元；"损益调整"明细账余额为 45 [（200-50）×30%] 万元；"其他综合收益"明细账余额为 30（100×30%）万元。

2）追加投资后，改按成本法核算的长期股权投资的初始投资成本为 2 375 万元，即原权益法下长期股权投资的账面价值 1 075 万元与为取得新增投资而支付对价的公允价值 1 300 万元之和。原权益法下计入其他综合收益的变动额 30 万元等处置股权投资时再做处理。

借：长期股权投资（10 750 000+13 000 000）　　　　　　　　23 750 000
　　贷：长期股权投资——投资成本　　　　　　　　　　　　　　10 000 000
　　　　　　　　　　　——损益调整　　　　　　　　　　　　　　　450 000
　　　　　　　　　　　——其他综合收益　　　　　　　　　　　　　300 000
　　　银行存款　　　　　　　　　　　　　　　　　　　　　　　13 000 000

（二）公允价值计量转为成本法

对于原作为金融资产，因追加投资能够对被投资单位实施控制的，长期股权投资账面价值的调整应当按照本章关于对子公司投资初始计量的相关规定处理。因追加投资导致原持有的分类为以公允价值计量且其变动计入当期损益的金融资产，或非交易性权益投资分类为以公允价值计量且其变动计入其他综合收益的金融资产转为对同一集团内子公司实现控股合并的，应当按照追加投资后所取得的被合并方在最终控制方合并财务报表中净资产的账面价值的份额作为同一控制下长期股权投资的初始投资成本，原金融资产的账面价值与追加投资支付对价的账面价值之和与合并后新的投资成本的差额，调整企业的资本公积及留存收益。因追加投资导致原持有的金融资产转为对被投资公司形成非同一控制控股合并的，应当按照转换时原金融资产的公允价值与为取得新增投资而支付对价的公允价值之和，作为改按成本法核算的初始投资成本。原金融资产为以公允价值计量且其变动计入当期损益的金融资产，原金融资产在转换时的公允价值与其原账面价值之差计入当期损益，原金融资产为以公允价值计量且其变动计入其他综合收益的非交易性权益投资，原金融资产在转换时的公允价值与其原账面价值之差，以及原计入其他综合收益的金额都应在转换日转入留存收益。

【例 8-22】 甲公司 2021 年年初购入乙公司 10% 的股份，作为其他权益工具投资核算，初始成本为 200 万元，2021 年年末此股份的公允价值为 260 万元。2022 年 4 月 3 日甲公司又以 1 200 万元自非关联方购入乙公司 50% 的股份，当日甲公司完成了对乙公司的控制。合并当日，乙公司可辨认净资产的公允价值为 2 200 万元，原 10% 股份的公允价值为 270 万元。此次合并过程不属于一揽子交易，甲公司与乙公司合并前不属于同一集团。甲公司按净利润的 10% 计提盈余公积。做出甲公司对该项股权投资的账务处理。

【解析】 甲公司应做如下账务处理：

1）2021 年年初购入乙公司 10% 的股份。

借：其他权益工具投资——成本　　　　　　　　　　　　　　　2 000 000
　　贷：银行存款　　　　　　　　　　　　　　　　　　　　　　　　2 000 000

2）2021年年末其他权益工具投资增值时。

借：其他权益工具投资——公允价值变动　　　　　　　　　　　　600 000
　　贷：其他综合收益　　　　　　　　　　　　　　　　　　　　　　600 000

3）2022年4月3日，追加投资后甲公司对乙公司长期股权投资的初始投资成本为1 470（1 200+270）万元，原金融资产在转换日的公允价值与账面价值的差额为10万元（270－260），应转入留存收益的金额为70（10+60）万元。

借：长期股权投资　　　　　　　　　　　　　　　　　　　　14 700 000
　　贷：其他权益工具投资——成本　　　　　　　　　　　　　　　2 000 000
　　　　　　　　　　　　——公允价值变动　　　　　　　　　　　　600 000
　　　　盈余公积（100 000×10%）　　　　　　　　　　　　　　　10 000
　　　　利润分配——未分配利润（100 000×90%）　　　　　　　　90 000
　　　　银行存款　　　　　　　　　　　　　　　　　　　　　12 000 000

同时将原金融资产公允价值变动计入其他综合收益的金额转入留存收益。

借：其他综合收益　　　　　　　　　　　　　　　　　　　　　600 000
　　贷：盈余公积（600 000×10%）　　　　　　　　　　　　　　　60 000
　　　　利润分配——未分配利润（600 000×10%）　　　　　　　　540 000

【思考】　若甲公司初始购入乙公司10%的股份作为交易性金融资产核算，其他条件相同，甲公司追加投资后又应如何处理？

【解析】　甲公司在形成合并当日的会计处理如下（其他分录略）：

借：长期股权投资　　　　　　　　　　　　　　　　　　　　14 700 000
　　贷：交易性金融资产——成本　　　　　　　　　　　　　　　2 000 000
　　　　　　　　　　——公允价值变动　　　　　　　　　　　　600 000
　　　　银行存款　　　　　　　　　　　　　　　　　　　　12 000 000
　　　　投资收益　　　　　　　　　　　　　　　　　　　　　100 000

（三）公允价值计量转为权益法

因追加投资等原因导致持股比例上升，能够对被投资单位施加共同控制或重大影响的，在转按权益法核算时，投资方应当按其确定的原股权投资的公允价值加上为取得新增投资而应支付对价的公允价值，作为改按权益法核算的初始投资成本。原持有的股权投资分类为以公允价值计量且其变动计入当期损益的金融资产的，其公允价值与账面价值之间的差额应当转入改按权益法核算的当期损益；原持有的股权投资指定为以公允价值计量且其变动计入其他综合收益的非交易性权益工具投资的，其公允价值与账面价值之间的差额以及原计入其他综合收益的累计公允价值变动应当直接转入留存收益。然后，比较上述计算所得的初始投资成本，与按照追加投资后全新的持股比例计算确定的应享有被投资单位在追加投资日可辨认净资产公允价值份额进行比较，若前者大于后者，不调整长期股权投资的账面价值；若前者小于后者，差额应调整长期股权投资的账面价值，并计入当期营业外收入。

財 务 会 计

【例 8-23】 2021 年 1 月 2 日, 甲公司以银行存款 200 万元购入乙公司 10% 的有表决权股份, 甲公司将其划分为其他权益工具投资。2021 年 12 月 31 日, 该股票的公允价值合计为 360 万元。2022 年 7 月 1 日, 甲公司又以 800 万元的价格从乙公司其他股东处取得该公司 20% 的股份, 至此持股比例达到 30%, 取得该部分股份后, 按照乙公司章程规定, 甲公司能够派人参与乙公司的生产经营决策, 对该项股权投资由其他权益工具投资转为采用权益法核算的长期股权投资。当日原持有的股权投资分类为其他权益工具投资的公允价值为 400 万元。2022 年 7 月 1 日乙公司可辨认净资产公允价值总额为 4 100 万元, 不考虑所得税影响, 假定甲公司按照净利润的 10% 计提盈余公积。做出甲公司对该项投资的相关账务处理。

【解析】 甲公司应做如下账务处理:

1) 2021 年 1 月 2 日购入乙公司 10% 股权。

借: 其他权益工具投资——成本	2 000 000
贷: 银行存款	2 000 000

2) 2021 年 12 月 31 日, 该股票的公允价值上升。

借: 其他权益工具投资——公允价值变动	1 600 000
贷: 其他综合收益	1 600 000

3) 2022 年 7 月 1 日追加投资后, 股权投资的初始成本为 1 200 万元, 即其他权益工具投资在转换日公允价值 400 万元与追加投资成本 800 万元之和, 转换当日, 其他权益工具投资的公允价值与原账面价值之差 40 (400-200-160) 万元计入留存收益。

借: 长期股权投资——投资成本	12 000 000
贷: 银行存款	8 000 000
其他权益工具投资——成本	2 000 000
——公允价值变动	1 600 000
盈余公积 (400 000×10%)	40 000
利润分配——未分配利润 (400 000×90%)	360 000

4) 将原计入其他综合收益的累计公允价值变动 16 万元应当直接转入留存收益。

借: 其他综合收益	1 600 000
贷: 盈余公积 (1 600 000×10%)	160 000
利润分配——未分配利润 (1 600 000×90%)	1 440 000

5) 追加投资后股权投资的初始投资成本 1 200 万元, 低于投资时应享有被投资单位可辨认净资产公允价值份额为 1 230 (4 100×30%) 万元, 故应调增长期股权投资账面价值 30 (1 230-1 200) 万元。

借: 长期股权投资——投资成本	300 000
贷: 营业外收入	300 000

【思考】 若甲公司初始购入乙公司 10% 的股份作为交易性金融资产核算, 其他条件均相同, 甲公司追加投资后又应如何处理?

【解析】 甲公司在转换当日的会计处理如下 (其他分录略):

借: 长期股权投资——投资成本	12 000 000
贷: 银行存款	8 000 000

交易性金融资产——成本		2 000 000
——公允价值变动		1 600 000
投资收益		400 000

第五节　长期股权投资的处置

企业处置长期股权投资时，应相应结转与所售股权相对应的长期股权投资的账面价值，出售所得价款与处置长期股权投资账面价值之间的差额，应确认为处置损益。投资企业应根据实际收到的价款，借记"银行存款"等科目；根据处置长期股权投资的账面价值，贷记"长期股权投资"等科目；根据两者的差额，借记或贷记"投资收益"科目。

采用权益法核算的长期股权投资，原计入其他综合收益（不能结转损益的除外）或资本公积（其他资本公积）中的金额，例如处置后因具有重大影响或共同控制仍然采用权益法核算的，在处置时亦应进行结转，将与所出售股权相对应的部分在处置时自其他综合收益或资本公积转入当期损益。如处置后对有关投资终止采用权益法的，则原计入其他综合收益（不能结转损益的除外）或资本公积（其他资本公积）中的金额应全部结转。

企业通过多次交易分步处置对子公司股权投资直至丧失控制权，如果上述交易属于"一揽子"交易的，应当将各项交易作为一项处置子公司股权投资并丧失控制权的交易进行会计处理；但是，在丧失控制权之前每一次处置价款与所处置的股权对应的长期股权投资账面价值之间的差额，在个别财务报表中，应当先确认为其他综合收益，到丧失控制权时再一并转入丧失控制权的当期损益。

【例8-24】　2021年1月10日A企业原持有B企业40%的股权，2021年12月20日，A企业决定出售所持有的B企业的全部股权，出售时A企业账面上对B企业长期股权投资的构成为投资成本1 800万元，损益调整600万元，可转入损益的其他综合收益100万元，其他权益变动200万元。出售取得价款2 900万元。根据以上资料，编制A企业处置长期股权投资的会计分录。

【解析】　A企业应编制会计分录如下：

1）A企业确认处置损益的账务处理为

借：银行存款		29 000 000
贷：长期股权投资——投资成本		18 000 000
——损益调整		6 000 000
——其他综合收益		1 000 000
——其他权益变动		2 000 000
投资收益		2 000 000

2）将原计入其他综合收益或资本公积的部分转入当期损益。

借：其他综合收益		1 000 000
资本公积——其他资本公积		2 000 000
贷：投资收益		3 000 000

第九章

流动负债

学习目标

1. **掌握**：合同负债的核算；应付票据的核算；应付职工薪酬的核算；应交增值税、消费税的核算。
2. **理解**：短期借款的核算；应付账款的核算；应交城市维护建设税、教育费附加、地方教育费附加的核算；应付利息、应付股利、其他应付款的核算。
3. **了解**：其他应交税费的核算。

流动负债是指企业在一年或超过一年的一个营业周期内，需要以流动资产或增加其他负债来抵偿的债务，主要包括短期借款、应付票据、应付账款、合同负债、应付职工薪酬、应付股利、应付利息、应交税费和其他应付款等。确认流动负债的目的，主要是将其与流动资产进行比较，反映企业的短期偿债能力。短期偿债能力是债权人非常关心的财务指标，在资产负债表上必须将流动负债与非流动负债分别列示。

第一节 短期借款

短期借款是指企业向银行或其他金融机构等借入的期限在一年以下（含一年）的各种借款。短期借款一般是企业为了满足正常生产经营所需的资金或者是为了抵偿某项债务而借入的。

一、短期借款的取得

企业应当设置"短期借款"科目，核算企业短期借款的取得和偿还业务。企业取得一项短期借款时，借记"银行存款"等科目，贷记"短期借款"科目。

二、短期借款的利息费用

企业对于短期借款的利息，通常应当按季度支付。同时，企业通常在每个月末计提借款利息，将应付未付的利息借记"财务费用"科目，贷记"应付利息"科目。

如果企业的短期借款利息按月支付，或者在借款到期时连同本金一起归还，数额不大的可以不采用预提的方法，而在实际支付或收到银行的计息通知时，直接计入当期损益，借记"财务费用"科目，贷记"银行存款"科目。

三、短期借款的偿还

企业应于到期日偿还短期借款的本金以及尚未支付的利息，借记"短期借款""应付利息"等科目，贷记"银行存款"科目。

【例9-1】　甲公司为了缓解经营所需资金压力，2021年8月1日从银行取得短期借款400 000元。借款合同规定，借款利率为6%，期限为1年，到期日为2022年8月1日。假定甲公司于月末计提利息、季末支付利息。请做出甲公司对于该项短期借款的有关账务处理。

【解析】　甲公司应做如下账务处理：

1）2021年8月1日，甲公司实际取得短期借款时。

借：银行存款　　　　　　　　　　　　　　　　　　　400 000

　　贷：短期借款　　　　　　　　　　　　　　　　　　　　400 000

2）2021年8月30日，甲公司计提借款利息时。

应付利息＝400 000×6%÷12＝2 000（元）。

借：财务费用　　　　　　　　　　　　　　　　　　　　2 000

　　贷：应付利息　　　　　　　　　　　　　　　　　　　　2 000

3）2021年9月30日，甲公司支付借款利息时。

应付利息＝400 000×6%÷12＝2 000（元）。

借：财务费用　　　　　　　　　　　　　　　　　　　　2 000

　　应付利息　　　　　　　　　　　　　　　　　　　　2 000

　　贷：银行存款　　　　　　　　　　　　　　　　　　　　4 000

其余计提利息和支付利息的会计分录略。

4）2022年8月1日，甲公司偿还短期借款本金和尚未支付的利息时。

借：短期借款　　　　　　　　　　　　　　　　　　　400 000

　　应付利息　　　　　　　　　　　　　　　　　　　　2 000

　　贷：银行存款　　　　　　　　　　　　　　　　　　　402 000

第二节　应付票据

应付票据是指企业为购买材料、商品和接受劳务供应等而开出、承兑的商业汇票。商业汇票根据承兑人的不同，可以分为商业承兑汇票和银行承兑汇票。按照是否带息，商业汇票可以分为带息的商业汇票和不带息的商业汇票。

我国商业汇票的付款期限一般不超过6个月，由于应付票据的偿付时间较短，在会计实务中，一般均按照开出、承兑的应付票据的面值入账。

▶▶ 一、应付票据发生时的会计核算

企业在购买物资或者接受劳务并以商业汇票作为结算方式时，应当按照商业汇票的票面金额借记"原材料""库存商品""应交税费——应交增值税（进项税额）"等科目，贷记"应付票据"科目。

企业因开出银行承兑汇票而支付的银行承兑汇票手续费，应当计入当期财务费用。借记"财务费用"科目，贷记"银行存款"科目。

二、带息应付票据利息的会计核算

对于带息的应付票据，企业应当于期末计提尚未支付的利息，借记"财务费用"科目，贷记"应付票据"科目。

三、应付票据到期时的会计核算

1. 有能力支付应付票据款

对于不带息的商业汇票，购买方应当在到期日按照商业汇票的票面金额偿还应付票据。对于带息的应付票据，企业还应当支付相应的利息。企业到期日付款时，借记"应付票据""财务费用"等科目，贷记"银行存款"科目。

2. 无力支付应付票据款

在商业汇票到期时，企业如果无力支付票据款项，应当考虑承兑人的不同而进行相应处理。对于商业承兑汇票，企业应当将"应付票据"的账面价值结转至"应付账款"科目；对于银行承兑汇票，承兑银行向持票人无条件付款，同时对出票人尚未支付的汇票金额转作逾期贷款处理，此时企业应当借记"应付票据"科目，贷记"短期借款"科目。

【例 9-2】 甲公司 2021 年 3 月 1 日购入原材料一批，买价为 100 000 元，增值税为 13 000 元，共计 113 000 元，原材料已验收入库，采用商业汇票结算方式进行结算。甲公司签付一张不带息商业汇票，付款期限为 3 个月。6 月 1 日，用银行存款支付票据款 113 000 元。

根据资料，编制会计分录。

【解析】 甲公司应编制会计分录如下：

1）2021 年 3 月 1 日，签付商业汇票。

借：原材料 100 000

应交税费——应交增值税（进项税额） 13 000

贷：应付票据 113 000

2）2021 年 6 月 1 日，支付票据款。

借：应付票据 113 000

贷：银行存款 113 000

3）假定该商业汇票为商业承兑汇票，2021 年 6 月 1 日商业汇票到期时甲公司无力支付票据款。

借：应付票据 113 000

贷：应付账款 113 000

4）假定该商业汇票为银行承兑汇票，2021 年 6 月 1 日商业汇票到期时该企业无力支付票据款。

借：应付票据 113 000

贷：短期借款 113 000

第三节 应 付 账 款

应付账款是指因购买货物或接受劳务等而发生的应在一年以内偿付的债务。这是买卖双方由于取得物资或服务与支付货款在时间上不一致而产生的负债。应付账款应当于买方取得相关资产或发生的相关费用符合确认条件时按照应付金额入账，一般不需要考虑资金时间价值。如果存在商业折扣（即销售方为促进商品销售而在商品标价上给予客户的价格扣除），则应该扣除商业折扣入账，例如某件商品标价 10 000 元，打 8 折，则以 8 000 元为基础入账。如果涉及现金折扣的核算，请参考第十二章收入的相关内容。

在实务中，企业确认应付账款，应当根据物资和发票到达的先后顺序分情况处理。

一、物资和发票同时到达的会计核算

通常情况下，企业通过购买取得的物资和相关发票会同时到达企业。企业应当在所购入的物资验收入库时按照发票金额及增值税进项税额确认应付账款。

【例 9-3】 甲公司为增值税一般纳税人。2021 年 6 月 2 日，从乙公司购入一批材料，增值税专用发票上注明的价款为 100 000 元，增值税税额为 13 000 元；同时，对方代垫运费 2 000 元、增值税税额 180 元，已收到对方开具的增值税专用发票。材料验收入库（该企业材料按实际成本进行日常核算），款项尚未支付。8 月 15 日，甲公司以银行存款支付购入材料相关款项 115 180 元。请做出甲公司应编制的会计分录。

【解析】 甲公司应编制会计分录如下：
1）确认应付账款。

借：原材料　　　　　　　　　　　　　　　　　　　　　　102 000
　　应交税费——应交增值税（进项税额）　　　　　　　　 13 180
　　　贷：应付账款——乙公司　　　　　　　　　　　　　　115 180
2）偿还应付账款。

借：应付账款——乙公司　　　　　　　　　　　　　　　　115 180
　　　贷：银行存款　　　　　　　　　　　　　　　　　　　115 180

二、先收到发票而后收到物资的会计核算

在有些情况下，若企业购入的货物尚未到达，而相关发票已经收到，企业应当在收到相关发票时确认应付账款，借记"在途物资""应交税费——应交增值税（进项税额）"等科目，贷记"应付账款"科目。

三、先收到物资而后收到发票的会计核算

如果购入的物资已到达企业并验收入库而相应的发票尚未收到，企业应当在月末时按照暂估的金额入账，借记"原材料""库存商品"等科目，货记"应付账款"科目。下月初，企业应将暂估入账的存货及应付账款全额冲回，等实际收到发票时再确认存货及应付账款。

四、确实无法支付的应付账款的会计核算

在某些情况下，收款人可能因为特殊原因确实无法收取全部或部分账款。此时，企业应当借记"应付账款"科目，贷记"营业外收入"科目。

第四节 合同负债

▶ 一、合同负债的核算内容

合同负债是指企业已收或应收客户对价而应向客户转让商品或服务的义务。例如甲公司提前收取的乙公司的购货款等。因转让商品收到的预收款适用收入准则进行会计处理时，不再使用"预收账款"科目。"预收账款"科目目前使用较少，一般用于核算预收客户的租金等。

▶ 二、合同负债的会计核算

（一）收到客户支付价款时的会计核算

根据合同约定，企业收到客户对价而承担向客户转让商品或服务的义务时，应当按实际收到的金额，借记"银行存款"等科目，贷记"合同负债"科目。

（二）销售商品或提供劳务时的会计核算

企业按照合同约定向客户转让相关商品或提供劳务确认收入时，应借记"合同负债"科目，贷记"主营业务收入""应交税费——应交增值税（销项税额）"等科目。

【例 9-4】 2021 年 3 月 1 日，甲公司根据与客户乙公司的合同约定提前收到乙公司支付的部分货款 100 000 元。2021 年 3 月 20 日，甲公司按照合同约定向乙公司发出指定商品，开出的增值税专票上注明的不含税价款为 300 000 元，增值税税额为 39 000 元。该批商品的实际生产成本为 210 000 元。2021 年 3 月 25 日，甲公司收到乙公司支付的剩余价款。请做出甲公司应编制的会计分录。

【解析】 甲公司应编制会计分录如下：

1）2021 年 3 月 1 日，甲公司收到预收账款时应编制的会计分录为

借：银行存款   100 000
    贷：合同负债   100 000

2）2021 年 3 月 20 日，甲公司发出商品并确认收入时应编制的会计分录为

借：合同负债   339 000
    贷：主营业务收入   300 000
        应交税费——应交增值税（销项税额）   39 000

同时结转销售商品成本。

借：主营业务成本   210 000
    贷：库存商品   210 000

3）2021 年 3 月 25 日，甲公司收到剩余货款时应编制的会计分录为

借：银行存款   239 000
    贷：合同负债   239 000

第五节 应付职工薪酬

一、职工薪酬概述

（一）职工薪酬的概念

职工薪酬是指企业为获得职工提供的服务或解除劳动关系而给予的各种形式的报酬或补偿。

职工薪酬中所指的职工范围很广，具体包括以下三类人员：

1）与企业订立劳动合同的所有人员，含全职、兼职和临时职工。

2）未与企业订立劳动合同但由企业正式任命的人员，例如董事会成员、监事会成员等。

3）未与企业订立劳动合同或未由其正式任命，但向企业所提供服务与职工所提供服务类似的人员，也属于职工的范畴，包括通过企业与劳务中介公司签订用工合同而向企业提供服务的人员。

企业提供给职工配偶、子女、受赡养人、已故员工遗属及其他受益人等的福利，也属于职工薪酬。

（二）职工薪酬的类型

职工薪酬主要包括短期薪酬、离职后福利、辞退福利和其他长期职工福利。

1. 短期薪酬

短期薪酬是指企业预期在职工提供相关服务的年度报告期间结束后 12 个月内将全部予以支付的职工薪酬，因解除与职工的劳动关系给予的补偿除外。因解除与职工的劳动关系给予的补偿属于辞退福利的范畴。短期薪酬主要包括以下 8 种：

（1）职工工资、奖金、津贴和补贴　这是指按照规定构成工资总额的计时工资、计件工资、支付给职工增收节支等的奖金、支付给职工额外劳动等的津贴，支付给职工的交通补贴、通信补贴和物价补贴等。

（2）职工福利费　这是指支付给职工的职工生活困难补助、防暑降温费、丧葬补助费、抚恤费、职工异地安家费，以及企业尚未分离的内设集体福利部门所发生的设备、设施和人员费用等。

（3）医疗保险费、工伤保险费和生育保险费等社会保险费　这是指企业按照国家规定的基准和比例计算，向社会保险经办机构缴纳的医疗保险费、工伤保险费和生育保证金。养老保险和失业保险属于离职后福利。

（注：2021 年四川省社会保险费计提比例参考：基本养老保险费：单位：16%，个人 8%；基本医疗保险费：单位 6.7%，个人 2%；失业保险费：单位 0.6%，个人 0.4%；工伤保险费：单位 0.2%～1.9%，个人不交；生育保证金：单位 0.8%，个人不交。）

（4）住房公积金　这是指企业按照国家规定的基准和比例计算，向住房公积金管理机构缴存的住房公积金。

（5）工会经费和职工教育经费　这是指企业为了改善职工文化生活、为职工学习先进技术和提高文化水平和业务素质，用于开展工会活动和职工教育及职业技能培训等相关支出。

（注：上面五项一般属于货币性短期薪酬。）

（6）非货币性福利　这是指企业以自己的产品或外购商品发放给职工作为福利，企业提供给职工无偿使用自己拥有的资产或租赁资产供职工无偿使用等。

（7）短期带薪缺勤　这是指企业支付工资或提供补偿的职工缺勤，包括年休假、病假、短期伤残、婚假、产假、丧假、探亲假等。

（8）短期利润分享计划　这是指因职工提供服务而与职工达成的基于利润或其他经营成果提供薪酬的协议。

2. 离职后福利

离职后福利是指企业为获得职工提供的服务而在职工退休或与企业解除劳动关系后提供的各种形式的报酬和福利，主要涉及养老保险和失业保险。

离职后福利计划按其特征可以分为设定提存计划和设定受益计划。其中，设定提存计划，是指向独立的基金缴存固定费用后，企业不再承担进一步支付义务的离职后福利计划；设定受益计划，是指除设定提存计划以外的离职后福利计划。

3. 辞退福利

辞退福利是指企业在职工劳动合同到期之前解除与职工的劳动关系，或者为鼓励职工自愿接受裁减而给予职工的补偿。辞退福利主要包括：

1）在职工劳动合同尚未到期前，不论职工本人是否愿意，企业决定解除与职工的劳动关系而给予的补偿。

2）在职工劳动合同尚未到期前，为鼓励职工自愿接受裁减而给予的补偿，职工有权利选择继续在职或接受补偿离职。

4. 其他长期职工福利

其他长期职工福利是指除短期薪酬、离职后福利、辞退福利之外所有的职工薪酬，包括长期带薪缺勤、长期残疾福利、长期利润分享计划、长期奖金计划等。

二、短期薪酬的核算

企业应当在职工在职的会计期间，将实际发生的短期薪酬确认为"应付职工薪酬"，按照受益对象计入当期损益或相关资产成本。

（一）货币性短期薪酬

职工的工资、奖金、津贴和补贴，职工福利费、医疗保险费、工伤保险费和生育保证金等社会保险费，住房公积金、工会经费和职工教育经费一般属于货币性短期薪酬。

企业应当根据职工提供服务情况和工资标准计算应计入职工薪酬的工资总额，按照受益对象计入当期损益或相关资产成本，借记"生产成本""制造费用""管理费用"等科目，贷记"应付职工薪酬"科目。发放时，借记"应付职工薪酬"科目，贷记"银行存款"等科目。企业发生的职工福利费，应当在实际发生时根据实际发生额计入当期损益或相关资产成本。

企业为职工缴纳的医疗保险费、工伤保险费、生育保证金等社会保险费和住房公积金，以及按规定提取的工会经费和职工教育经费，应当在职工为其提供服务的会计期间，根据规定的计提基础和计提比例计算确定相应的职工薪酬金额，并确认相关负债，按照受益对象计入当期损益或相关资产成本。

【例9-5】　2021年6月，甲公司当月应发工资200万元，其中：生产部门直接生产人员工资140万元，生产部门管理人员工资10万元，公司管理部门人员工资30万元，销售部门人员工资20万元。请做出甲公司月末应计提的相关会计分录。

【解析】　根据所在地政府规定，公司分别按照职工工资总额的7%和8%计提医疗保险费和住房公积金，缴纳给当地社会保险经办机构和住房公积金管理机构。公司分别按照职工工资总额的2%和2.5%计提工会经费和职工教育经费。假定不考虑所得税影响。

应计入生产成本的职工薪酬金额 = 140+140×（7%+8%+2%+2.5%）= 167.3（万元）

应计入制造费用的职工薪酬金额 = 10+10×（7%+8%+2%+2.5%）= 11.95（万元）

应计入管理费用的职工薪酬金额 = 30+30×（7%+8%+2%+2.5%）= 35.85（万元）

应计入销售费用的职工薪酬金额 = 20+20×（7%+8%+2%+2.5%）= 23.9（万元）

甲公司应根据上述业务，进行如下账务处理：

借：生产成本　　　　　　　　　　　　　　　　　　1 673 000
　　制造费用　　　　　　　　　　　　　　　　　　　 119 500
　　管理费用　　　　　　　　　　　　　　　　　　　 358 500
　　销售费用　　　　　　　　　　　　　　　　　　　 239 000
　　贷：应付职工薪酬——工资　　　　　　　　　　2 000 000
　　　　　　　　　　——医疗保险费　　　　　　　　 140 000
　　　　　　　　　　——住房公积金　　　　　　　　 160 000
　　　　　　　　　　——工会经费　　　　　　　　　　 40 000
　　　　　　　　　　——职工教育经费　　　　　　　　 50 000

（注：企业为职工按照一定比例缴纳养老保险、失业保险的这些离职后福利核算原理同医疗保险费。）

企业在实际支付货币性职工薪酬时，还需要为职工代扣代缴个人所得税、社会保险费、住房公积金等支出。因而，企业按照应当支付给职工的薪酬总额，借记"应付职工薪酬"科目；按照实发职工薪酬的总额，贷记"银行存款"科目；将应由企业代扣代缴的职工个人所得税，贷记"应交税费——应交个人所得税"科目；将应由企业代扣代缴的医疗保险费、住房公积金等支出，贷记"其他应付款"科目。

企业为职工缴纳和为职工代扣医疗保险费、工伤保险费、生育保证金等社会保险费、住房公积金和个人所得税时，借记"应付职工薪酬""其他应付款""应交税费"等科目，贷记"银行存款"科目。

【例9-6】　甲公司2021年7月实际发放职工工资时，应付职工工资的总额为200万元，其中应由甲公司为职工代扣代缴的个人所得税为3万元，应由甲公司为职工代扣代缴2%的医疗保险费4万元和8%住房公积金16万元，合计为20万元，实发工资部分已经通过银行转账支付。暂不考虑养老保险等离职后福利。请做出甲公司应编制的会计分录。

【解析】 甲公司应编制会计分录如下：

1）甲公司实际支付工资额＝200-3-4-16＝177（万元）。

借：应付职工薪酬——工资　　　　　　　　　　　　　　　　2 000 000
　　贷：其他应付款——医疗保险费　　　　　　　　　　　　　　40 000
　　　　　　　　　　——住房公积金　　　　　　　　　　　　　160 000
　　　　应交税费——个人所得税　　　　　　　　　　　　　　　30 000
　　　　银行存款　　　　　　　　　　　　　　　　　　　　　1 770 000

（注：企业按一定比例代扣职工的养老保险和失业保险这些离职后福利核算原理同医疗保险。）

2）缴纳企业和职工负担的医疗保险费等相关款项时。

借：应付职工薪酬——医疗保险费　　　　　　　　　　　　　　140 000
　　　　　　　　　　——住房公积金　　　　　　　　　　　　　160 000
　　　其他应付款——医疗保险费　　　　　　　　　　　　　　　40 000
　　　　　　　　　　——住房公积金　　　　　　　　　　　　　160 000
　　贷：银行存款　　　　　　　　　　　　　　　　　　　　　500 000

3）缴纳代扣个人所得税时。

借：应交税费——个人所得税　　　　　　　　　　　　　　　　30 000
　　贷：银行存款　　　　　　　　　　　　　　　　　　　　　30 000

【例9-7】 甲公司2021年6月支付车间某些工人生活困难补助10 000元。

借：生产成本　　　　　　　　　　　　　　　　　　　　　　10 000
　　贷：应付职工薪酬——职工福利费　　　　　　　　　　　　10 000
借：应付职工薪酬——职工福利费　　　　　　　　　　　　　10 000
　　贷：银行存款　　　　　　　　　　　　　　　　　　　　10 000

（二）非货币性短期薪酬的核算

企业向职工提供的非货币性职工薪酬，应当按照公允价值计量，其情况主要有以自产产品或外购商品发放给职工和将拥有的住房或租赁住房等无偿提供给职工两种。

1. 以自产产品或外购商品发放给职工

企业将自产的产品作为非货币性福利发放给职工时，应当按照该产品的销售收入确认金额和相关税费，并在产品发出时确认销售收入。根据职工提供的服务性质确认当期损益或资产成本，同时结转销售成本。

企业将外购商品作为非货币性福利发放给职工时，应当按照该商品的公允价值和相关税费计量，计入当期损益或资产成本。

【例9-8】 甲公司共有职工400名，2021年6月，甲公司以其生产的成本为1 000元的A商品和外购的每件不含税价格为800元的B商品作为年中福利发放给公司每名职工。A商品的售价为2 000元/台，甲公司适用的增值税税率为13%，已开具了增值税专用发票；甲公司以银行存款支付购买B商品的价款和增值税进项税额，已取得增值税专用发票，适用的增值税税率为13%。假定400名职工中生产工人300人，生产部门管理人员20人，公司管理部门人员50人，销售部门人员30人。请做出甲公司应编制的会计分录。

【解析】 企业以自己生产的产品作为福利发放给职工，应计入成本费用的职工薪酬金额以公允价值计量，计入主营业务收入，产品按照成本结转，但要根据相关税收规定，视同销售计算增值税销项税额。外购商品发放给职工作为福利，应当将缴纳的增值税进项税额计入成本费用。

该批商品的销售收入合计＝400×2 000＝800 000（元）

该批商品的增值税销项税额＝800 000×13%＝104 000（元）

该批产品销售收入与相关税费合计＝400×2 000×(1+13%)＝904 000（元）

计入生产成本的非货币性福利＝300×2 000×(1+13%)＝678 000（元）

计入制造费用的非货币性福利＝20×2 000×(1+13%)＝45 200（元）

计入管理费用的非货币性福利＝50×2 000×(1+13%)＝113 000（元）

计入销售费用的非货币性福利＝30×2 000×(1+13%)＝67 800（元）

该批产品的成本＝400×1 000＝400 000（元）

1）发放自产的 A 商品。

① 甲公司决定发放非货币性福利时。

借：生产成本	678 000	
制造费用	45 200	
管理费用	113 000	
销售费用	67 800	
贷：应付职工薪酬——非货币性福利		904 000

② 实际发放 A 商品时。

借：应付职工薪酬——非货币性福利	904 000	
贷：主营业务收入		800 000
应交税费——应交增值税（销项税额）		104 000
借：主营业务成本	400 000	
贷：库存商品		400 000

2）发放外购的 B 商品。

① 甲公司决定发放非货币性福利时。

借：生产成本	271 200	
制造费用	18 080	
管理费用	45 200	
销售费用	27 120	
贷：应付职工薪酬——非货币性福利		361 600

② 购买 B 商品时。

借：库存商品	320 000	
应交税费——应交增值税（进项税额）	41 600	
贷：银行存款		361 600

③ 发放 B 商品时。

借：应付职工薪酬——非货币性福利	361 600	
贷：库存商品		320 000

应交税费——应交增值税（进项税额转出）	41 600

2. 将拥有的住房或租赁的住房等无偿提供给职工

企业将拥有的住房、汽车等固定资产无偿提供给职工作为非货币性福利时，应当按照企业对该资产每期计提的折旧来计量应付职工薪酬，同时根据职工提供服务的性质计入当期损益或资产成本。

企业将租赁的住房、汽车等无偿提供给职工作为非货币性福利时，应当按照企业每期支付的租金来计量应付职工薪酬，同时根据职工提供服务的性质计入当期损益或资产成本。

【例9-9】 甲公司从2021年1月1日起开始向公司的财务总监提供一辆轿车供其使用，已知该轿车的成本为300 000元，预计净残值为5 000元，预计使用寿命为5年，采用直线法计提折旧。假定甲公司按年计提折旧。请做出甲公司应编制的会计分录。

【解析】 本例中，甲公司应当按照轿车每期计提的折旧费用来计量应付职工薪酬。

2021年该轿车应计提的折旧费用＝（300 000－5 000）÷5＝59 000（元）。

2021年12月31日，甲公司确认提供给该财务总监的非货币性福利，并计提轿车折旧费用的会计分录为

借：管理费用		59 000
贷：应付职工薪酬——非货币性福利		59 000
借：应付职工薪酬——非货币性福利		59 000
贷：累计折旧		59 000

【例9-10】 甲公司从2021年1月1日起开始租赁一房屋提供给公司的总经理居住，租赁期1年，每半年提前付租金。甲公司于1月1日预付该房屋上半年的租金90 000元。请做出甲公司应编制的会计分录。

【解析】 本例中，甲公司应当按照租赁房屋的租金来计量应付职工薪酬。

1）甲公司实际支付租金时的账务处理。

借：预付账款	90 000
贷：银行存款	90 000

2）甲公司每月月末确认该管理人员非货币性福利的账务处理。

该房屋每月的租金＝90 000÷6＝15 000（元）

借：管理费用	15 000
贷：应付职工薪酬——非货币性福利	1 5000
借：应付职工薪酬——非货币性福利	15 000
贷：预付账款	15 000

（三）短期带薪缺勤的核算

短期带薪缺勤是指企业在职工因年休假、病假、婚假等原因缺勤期间支付的薪酬。带薪缺勤根据带薪的权利是否可以累积分为累积带薪缺勤和非累积带薪缺勤两种形式。

1. 累积带薪缺勤的核算

累积带薪缺勤是指带薪缺勤权利可以结转至下期的带薪缺勤，本期尚未用完的带薪缺勤权利可以在未来一定期间继续使用。企业应当在职工提供服务从而增加了其未来享有的

带薪缺勤权利时，确认与累积带薪缺勤相关的职工薪酬，并以累积未行使权利而增加的预期支付金额进行计量。职工享有的年休假等可以采用累积带薪缺勤的方式核算。例如，甲公司年休假可以递延1年，某职工2021年有年休假10天，有3天没有享用，2022年享用了2021年这3天假，则2022年付的这3天的工资，不应该计入2022年的费用中，而应该由2021年承担，因为是在2021年形成带薪缺勤的权利，这种2021年3天没有享用的权利可以结转到2022年，但这种权利所应当承担的费用，虽然在2022年职工享用3天假时才支付，但费用应该计入2021年，这体现了权责发生制的原则。实务中会计处理时，2021年根据累积带薪缺勤未行使权利而增加的预期支付金额，按照受益对象计入当期损益或相关资产成本，借记"生产成本""制造费用""管理费用""销售费用"等科目，贷记"应付职工薪酬——累积带薪缺勤"科目。以后该职工享用该累积带薪缺勤权利时，借记"应付职工薪酬——累积带薪缺勤"科目，贷记"银行存款"科目；以后该职工没有享用该累积带薪缺勤权利，即该累积带薪缺勤权利作废时，则与以前计提时反方向冲销，即借记"应付职工薪酬——累积带薪缺勤"科目，贷记"生产成本""制造费用""管理费用""销售费用"等科目。

【例9-11】 甲公司从2021年起开始实行累积带薪缺勤制度。公司一名工人每个工作日的日标准工资为200元。根据公司相关制度规定：该工人每年有5天的带薪休假。对其当年未使用的休假，可以递延1年，超过1年未使用的权利作废。2021年，该工人实际休假3天，有2天没有享用。实务中为了简便计算，一般估计当事人将来会使用本期没有享用的假期。请做甲公司应编制的会计分录。

【解析】

1）2021年确认该工人未使用的累积带薪缺勤。

该生产工人未使用的累积带薪缺勤 = (5-3) × 200 = 400 （元）

借：生产成本　　　　　　　　　　　　　　　　　　　　　400

　　贷：应付职工薪酬——累积带薪缺勤　　　　　　　　　　　　400

2）如果2022年该工人没有享用2021年的2天带薪休假，甲公司的会计分录如下：

借：应付职工薪酬——累积带薪缺勤　　　　　　　　　　　400

　　贷：生产成本　　　　　　　　　　　　　　　　　　　　　400

3）如果2022年该工人享用了2021年的2天带薪休假，甲公司的会计分录如下：

借：应付职工薪酬——累积带薪缺勤　　　　　　　　　　　400

　　贷：银行存款　　　　　　　　　　　　　　　　　　　　　400

2. 非累积带薪缺勤的核算

非累积带薪缺勤是指带薪缺勤权利不能结转至下期的带薪缺勤，本期尚未用完的带薪缺勤权利将予以取消，并且职工离开企业时也无权获得现金支付。企业职工享有的婚假、产假、丧假、探亲假、病假期间的带薪缺勤通常属于非累积带薪缺勤。

对于非累积带薪缺勤，由于职工本期使用的缺勤天数，例如甲公司某职工正常请婚假，公司应当在职工实际发生缺勤的会计期间确认与非累积带薪缺勤相关的职工薪酬。通常情况下，与非累积带薪缺勤相关的职工薪酬已经包括在企业每期向职工发放的工资等薪酬中，即缺勤期间不上班照发工资，费用也是本期承担。

对于非累积带薪缺勤，由于职工本期未使用的缺勤天数，一般予以取消，这样就不会产生一种权利，因而企业不会产生额外的义务，就不会牵涉额外的账务处理。

（四）利润分享计划的核算

利润分享计划是指因职工提供劳务而与职工达成的基于利润或其他经营成果提供薪酬的协议。企业确认职工利润分享计划薪酬时，应借记"生产成本""制造费用""管理费用""销售费用""在建工程""研发支出"等科目，贷记"应付职工薪酬——利润分享计划"科目。在企业实际发放利润分享计划薪酬时，应借记"应付职工薪酬——利润分享计划"科目，贷记"银行存款"等科目。

企业在计量利润分享计划产生的应付职工薪酬时，应当反映职工因离职而没有得到利润分享计划支付的可能性。如果企业预期在职工为其提供劳务的年度报告期间结束后 12 个月内，不需要全部支付利润分享计划产生的应付职工薪酬，该利润分享计划应当适用其他长期职工福利的有关规定。

企业根据经营业绩或职工贡献等情况提取的奖金，属于奖金计划，应当比照短期利润分享计划进行处理。

【例 9-12】 甲公司于 2021 年年初制订和实施了一项短期利润分享计划，以对公司管理层进行激励。该计划规定，公司全年的净利润指标为 1 000 万元，如果在公司管理层的努力下，完成的净利润超过 1 000 万元的目标，公司管理层可以分享超过 1 000 万元净利润部分的 15% 作为额外报酬。假定至 2021 年 12 月 31 日，甲公司全年实际完成净利润 1 800 万元。不考虑离职等其他因素。请做出甲公司应编制的会计分录。

【解析】 甲公司管理层按照利润分享计划可以分享利润 120 [（1 800-1 000）×15%] 万元作为其额外的薪酬。

甲公司 2021 年 12 月 31 日的相关账务处理如下：

借：管理费用 1 200 000

　　贷：应付职工薪酬——利润分享计划 1 200 000

三、离职后福利的核算

离职后福利计划是指企业与职工就离职后福利达成的协议，或者企业为向职工提供离职后福利制定的规章或办法等。企业应当按照企业承担的风险和义务情况，将离职后福利计划分类为设定提存计划和设定受益计划两种类型。

（一）设定提存计划

设定提存计划是指向独立的基金缴存固定费用后，企业不再承担进一步支付义务的离职后福利计划，主要包括企业负担的失业、养老等社会保险费。为了反映设定提存计划的提取和支付情况，应在"应付职工薪酬"科目下设置"设定提存计划"明细科目。企业应当在职工为其提供劳务的会计期间，将根据设定提存计划计算的应缴存金额确认为负债，按照受益对象计入当期损益或相关资产成本。

企业设定提存计划的会计核算方法，与前述医疗、工伤、生育等社会保险费的核算方法相同，这里不再赘述。

【例 9-13】 承【例 9-5】，甲公司根据所在地规定，按照职工工资总额的 6% 计提基本养老保险费，缴存当地社会保险经办机构。2021 年 6 月，甲企业缴存的基本养老保险费，应计入生产成本的金额为 224 000 元，应计入制造费用的金额为 16 000 元，应计入管理费用的金额为 48 000 元，应计入销售费用的金额为 32 000 元。请做出甲公司应编制的会计分录。

【解析】 甲公司应编制如下会计分录：

借：生产成本 224 000
　　制造费用 16 000
　　管理费用 48 000
　　销售费用 32 000
　　贷：应付职工薪酬——设定提存计划——基本养老保险费 320 000

（注：实务中，很多单位只涉及设定提存计划，不会涉及设定受益计划，为简便可以不设置设定提存计划这个二级明细科目，直接以基本养老保险费甚至社会保险费作为二级明细。）

（二）设定受益计划

设定受益计划是指除设定提存计划以外的离职后福利计划。企业应当计量设定受益计划所产生的义务，并确定相关义务的归属期间。为了反映设定受益计划的提取和发放情况，应在"应付职工薪酬"科目下设置"设定受益计划"明细科目。企业应当将设定受益计划所产生的义务予以折现，以确定设定受益计划义务的现值和当期服务成本。

企业确认设定受益计划产生的应付职工薪酬，应借记"生产成本"等科目，贷记"应付职工薪酬——设定受益计划"科目，并于年末确认相关的利息费用，借记"财务费用"等科目，贷记"应付职工薪酬——设定受益计划"科目。

如果职工在离职后将长期享有设定受益计划，企业应采用保险精算的方法对设定受益计划的应付职工薪酬进行重新计量。企业重新计量设定受益计划应付职工薪酬所产生变动的金额，应计入其他综合收益，借记或贷记"应付职工薪酬——设定受益计划"科目，贷记或借记"其他综合收益"科目。企业确认的这部分其他综合收益，在后续会计期间不允许转回至损益，但企业可以将其转为期初留存收益；企业实际支付设定受益计划职工薪酬时，应借记"应付职工薪酬——设定受益计划"科目，贷记"银行存款"等科目。

企业在某一职工的设定受益计划结束时，应当进行设定受益计划结算，确认一项结算利得或损失，借记或贷记"应付职工薪酬——设定受益计划"科目，贷记"营业外收入"科目或借记"营业外支出"科目。同时，将原确认的其他综合收益转为期初留存收益，借记或贷记"其他综合收益"科目，贷记或借记"盈余公积""利润分配——未分配利润"科目。

▶▶ 四、辞退福利的核算

为了反映辞退福利的提取和支付情况，应在"应付职工薪酬"科目下设置"辞退福利"明细科目。

（一）辞退福利的提取

辞退福利通常采取解除劳动关系时一次性支付补偿的方式，也有通过提高退休后养老金或其他离职后福利标准的方式，或者将职工薪酬的工资部分支付到辞退后未来某一期末。企业应当按照辞退计划条款的规定，合理预计并确认辞退福利产生的应付职工薪酬，计入当期损益。

由于被辞退职工不能再给企业带来任何经济利益，辞退福利应当计入当期费用而不计入资产成本。企业应根据已确定的辞退福利，借记"管理费用"科目，贷记"应付职工薪酬——辞退福利"科目。

（二）辞退福利的支付

企业实际支付辞退福利时，应借记"应付职工薪酬——辞退福利"科目，贷记"银行存款"等科目。

【例9-14】 甲公司管理层制订了一项辞退计划，计划规定从2021年7月1日起，辞退部分车间的职工。辞退计划已经与职工工会达成一致，且经董事会正式批准，将于下半年度内实施完毕。辞退10人，预计补偿总额为1 000 000元。请做出甲公司应编制的会计分录。

【解析】 甲公司应编制如下会计分录：

1）计提辞退福利。

借：管理费用　　　　　　　　　　　　　　　　　　　　　　1 000 000

　　贷：应付职工薪酬——辞退福利　　　　　　　　　　　　　　　1 000 000

2）发放辞退福利。

借：应付职工薪酬——辞退福利　　　　　　　　　　　　　　1 000 000

　　贷：银行存款　　　　　　　　　　　　　　　　　　　　　　1 000 000

▶▶ 五、其他长期职工福利的核算

企业向职工提供的其他长期职工福利，符合设定提存计划条件的，应当按照设定提存计划的有关规定进行会计处理；符合设定受益计划条件的，应当按照设定受益计划的有关规定进行会计处理。一般来说，企业确认的应付其他长期职工福利，偿付期在一年以上的，应当按照一定的折现率折现，借记有关成本费用科目，贷记"应付职工薪酬"科目，并于年末确认相关的利息费用，借记"财务费用"等科目，贷记"应付职工薪酬"科目。

长期残疾福利水平取决于职工提供服务期间长短的，企业应在职工提供服务的期间确认应付长期残疾福利义务，计量时应当考虑长期残疾福利支付的可能性和预期支付的期限；与职工提供服务期间长短无关的，企业应当在导致职工长期残疾的事件发生的当期确认应付长期残疾福利义务。

【例9-15】 2021年年初甲公司向20名高级职员提供长期奖金计划，每名员工10万元，员工在公司服务满2年的，甲公司向其支付奖金10万元。2021年有1名员工离职，甲公司预计未来有1名员工离职。2022年年末没有员工离职，甲公司向员工支付了190万元奖金。甲公司采用同期同币种的国债利率6%作为折现率，假定国债利率不变。请做出甲公司应编制的会计分录。

【解析】

1）2021年确认管理费用 $= [(20-2) \times 10 \div 2] \div (1+6\%) = 90 \div (1+6\%) = 84.91$（万元）。

借：管理费用　　　　　　　　　　　　　　　　　　　　　　849 100

 贷：应付职工薪酬——长期奖金计划　　　　　　　　　　　　　849 100

2）2022年年末确认利息费用 = 84.91×6% = 5.09（万元）。

借：财务费用（84.91×6%）　　　　　　　　　　　　　　　　50 900

　　贷：应付职工薪酬——长期奖金计划　　　　　　　　　　　　50 900

3）2022年年末确认管理费用 = [（20-1）×10-90] = 100（万元）。

借：管理费用　　　　　　　　　　　　　　　　　　　　　1 000 000

　　贷：应付职工薪酬——长期奖金计划　　　　　　　　　　　1 000 000

4）2022年支付时。

借：应付职工薪酬——长期奖金计划　　　　　　　　　　　1 900 000

　　贷：银行存款　　　　　　　　　　　　　　　　　　　　1 900 000

第六节　应交税费

　　企业根据税法规定应缴纳的各种税费包括：增值税、消费税、城市维护建设税、教育费附加、地方教育附加、企业所得税、个人所得税、土地增值税、资源税、房产税、车船税、城镇土地使用税、环境保护税、关税、船舶吨税、烟叶税、契税、车辆购置税、印花税、耕地占用税等。

　　企业应通过"应交税费"账户，核算各种税费的应缴、缴纳等情况。该账户贷方登记应缴纳的各种税费等，借方登记实际缴纳的税费；期末余额一般在贷方，反映企业尚未缴纳的税费，期末余额如在借方，反映企业多交或尚未抵扣的税费。本账户按应交税费项目设置明细账户进行明细核算。

　　企业代扣代缴的个人所得税，也通过"应交税费"账户核算。而企业交纳的契税、车辆购置税、印花税、耕地占用税等不需要预计应交数的税金，可不通过"应交税费"账户核算。

▶▶ 一、增值税

（一）增值税概述

1. 增值税概念和纳税义务人

　　增值税是指对在境内销售货物、无形资产或者不动产，提供服务，以及进口货物的单位和个人的增值额征收的一种流转税。增值税是我国目前的第一大税种。根据应税销售额的水平，增值税的纳税人分为一般纳税人和小规模纳税人，年应税销售额超过财政部和国家税务总局规定标准的纳税人为一般纳税人，未超过规定标准的纳税人为小规模纳税人。

2. 增值税的计税方法

　　计算增值税的方法分为一般计税方法和简易计税方法。

　　增值税的一般计税方法是指先按当期销售额和适用的税率计算出销项税额，然后以该销项税额对当期购进项目支付的税款（即进项税额）进行抵扣，间接算出当期的应纳税额。应纳税额的计算公式为

$$应纳税额 = 当期销项税额 - 当期进项税额$$

增值税的简易计税方法是按照销售额与征收率的乘积计算应纳税额，不得抵扣进项税额。应纳税额的计算公式为

$$应纳税额 = 不含税销售额 × 征收率$$

增值税一般纳税人计算增值税大多采用一般计税方法；小规模纳税人一般采用简易计税方法；一般纳税人发生财政部和国家税务总局规定的特定应税销售行为，也可以选择简易计税方式计税，依据不同情形适用的增值税征收率有 3%、5% 等。

3. 增值税税率

增值税实行比例税率。

一般纳税人的增值税税率具体规定如下：

1）纳税人销售货物、加工修理修配劳务、有形动产租赁服务或者进口货物，除另有规定外，适用的增值税税率为 13%。

2）纳税人提供建筑、交通运输、邮政、基础电信、不动产租赁服务，销售不动产，转让土地使用权，销售或者进口粮食等农产品、食用植物油、食用盐、自来水、暖气、煤气、石油液化气、天然气、图书、报纸、杂志、电子出版物、农药、饲料、化肥等货物，适用的增值税税率为 9%。

3）提供金融、研发和技术、信息技术、文化创意、物流辅助、鉴证咨询、文化体育、教育医疗、旅游娱乐、餐饮住宿、居民日常等服务，销售著作权、商标、技术等无形资产，适用的增值税税率为 6%。

4）纳税人出口货物，税率为 0，仅适用于法律不限制或不禁止的报关出口货物，以及输往保税区、保税工厂、保税仓库的货物。零税率不但不需要缴税，还可以退还以前纳税环节所缴纳的增值税，因而零税率意味着退税。

5）境内单位和个人跨境销售国务院规定范围内的服务、无形资产，税率为 0。

小规模纳税人计算税款时使用征收率，一般情况下为 3%。

4. 会计科目和专栏设置

增值税一般纳税人应当在"应交税费"科目下设置"应交增值税""未交增值税""预交增值税""待认证进项税额""待转销项税额""转让金融商品应交增值税""简易计税"等二级明细科目。

（1）"应交税费——应交增值税"　增值税属于一种价外税，即收取的增值税不计收入，支付的增值税一般也不计入成本，在价外单独核算。为此"应交税费——应交增值税"明细科目还应按照应交增值税的构成内容设置以下专栏，进行三级明细核算："应交增值税"明细科目的借方一般设置"进项税额""销项税额抵减""已交税金""减免税款""转出未交增值税"和"出口抵减内销产品应纳税额"等专栏，贷方一般设置"销项税额""进项税额转出""出口退税""转出多交增值税"等专栏。

（2）"应交税费——未交增值税"　"应交税费——未交增值税"明细科目反映企业月末累计未交增值税或多交增值税。该明细科目贷方登记转入的当月应交未交增值税，借方登记转入的当月多交或预交的增值税和实际缴纳的以前期间欠交增值税。该科目借方余额为累计多交增值税，贷方余额为累计未交增值税。

需要说明的是，企业在缴纳增值税时，应将补交的以前月份未交增值税借记"应交税

费——未交增值税"科目，将缴纳的当月增值税借记"应交税费——应交增值税（已交税金）"科目。

（3）"应交税费——预交增值税"　"应交税费——预交增值税"明细科目反映企业转让不动产、提供不动产经营租赁服务、提供建筑服务、采用预收款方式销售自行开发的房地产项目等，以及其他按现行增值税制度规定应预交的增值税。该明细科目借方登记预交的增值税，贷方登记转出的已经发生纳税义务的预交增值税，月末借方余额为转让不动产、提供不动产经营租赁服务、提供建筑服务、销售自行开发的房地产项目尚未发生纳税义务的预交增值税。

（4）"应交税费——待认证进项税额"　"应交税费——待认证进项税额"明细科目反映企业由于未经税务机关认证而不得从当月销项税额中抵扣的进项税额。包括：已取得增值税扣税凭证、按照现行增值税制度规定准予从销项税额中抵扣，但尚未经税务机关认证的进项税额；已申请稽核但尚未取得稽核相符结果的海关缴款书进项税额。该明细科目借方登记支付的待认证进项税额，贷方登记转出的经过认证的进项税额，月末借方余额为尚未认证的进项税额。目前随着网络化的推行，增值税认证是非常简单的事情，实务中这个明细科目很少涉及。

（5）"应交税费——待转销项税额"　"应交税费——待转销项税额"明细科目反映企业销售货物、加工修理修配劳务、服务、无形资产或不动产，已确认相关收入（或利得）但尚未发生增值税纳税义务而需于以后期间确认为销项税额的增值税税额。该明细科目贷方登记未来应缴纳的销项税额，借方登记转出的确认的销项税额，月末贷方余额为未来应缴纳的销项税额。目前分期收款销售商品涉及本明细科目，具体核算见"收入"章节。

（6）"应交税费——转让金融商品应交增值税"　"应交税费——转让金融商品应交增值税"明细科目反映企业转让金融商品发生的增值税税额。该明细科目贷方登记转让金融商品应缴纳的销项税额，借方登记转让金融商品亏损可以抵扣的增值税税额、本月缴纳的增值税税额；月末贷方余额为尚未缴纳的增值税税额，借方余额为转让金融商品亏损尚未抵扣的增值税税额。

（7）"应交税费——简易计税"　"应交税费——简易计税"明细科目反映一般纳税人发生的出租2016年4月30日前取得的不动产、电影放映服务、仓储服务、非学历教育服务等情形采用简易计税方法应交的增值税。该明细科目贷方登记应交增值税，借方登记预交、补交的增值税；月末贷方余额为未交的增值税，借方余额为多交的增值税。

（二）增值税进项税额与进项税额转出

增值税进项税额是指纳税人当期购进货物、加工修理修配劳务、服务、无形资产或不动产等已缴纳的增值税税额，进项税额可以从销项税额中予以抵扣。根据我国《增值税暂行条例》规定，允许从当期销项税额中抵扣进项税额的情形，主要包括以下几类：

1）从销售方取得的增值税专用发票上注明的增值税税额。

2）从海关取得的海关进口增值税专用缴款书上注明的增值税税额。

3）购进农产品，除取得增值税专用发票或者海关进口增值税专用缴款书外，按照农产品收购发票或者销售发票上注明的农产品买价和11%的扣除率计算的进项税额，国务院另有规定的除外。

在上述情形下，企业应将增值税的进项税额，记入"应交税费——应交增值税（进项税额）"科目，可以从当期的销项税额中抵扣。

【例9-16】 甲公司为增值税一般纳税人，2021年7月份根据发生的有关增值税进项税额的业务，请做出甲公司应编制的会计分录。

【解析】 甲公司应根据发生业务进行账务处理。

1）购买一批原材料，买价5 000 000元，增值税650 000元，运费100 000元，运费增值税9 000元，共计5 759 000元，原材料依据入库，货款已用银行存款支付；已收到增值税发票，可以抵扣。

进项税额=650 000+9 000=659 000（元）

原材料入账价值=5 000 000+100 000=5 100 000（元）

借：原材料   5 100 000

　　应交税费——应交增值税（进项税额）   659 000

　　　贷：银行存款   5 759 000

2）甲公司支付某知名咨询公司咨询费，收到的增值税专用发票上注明的价格为100 000元，增值税6 000元。款项已用银行存款支付。

对于该业务，甲公司应编制的会计分录为

借：管理费用——咨询费   100 000

　　应交税费——应交增值税（进项税额）   6 000

　　　贷：银行存款   106 000

3）从乙公司购入其自产农产品一批，原材料已入库，增值税普通发票注明的金额为500 000元，已用银行存款支付，增值税可以抵扣。

（注：实务中销售自产的农产品免税，一般开增值税普通发票。）

进项税额=500 000×11%=55 000（元）

原材料成本=500 000−55 000=445 000（元）

借：原材料   445 000

　　应交税费——应交增值税（进项税额）   55 000

　　　贷：银行存款   500 000

在某些情况下，税法规定，企业发生的进项税额不能从销项税额中抵扣，主要包括以下情形：

1）用于简易计税方法计税项目、免征增值税项目、集体福利或者个人消费的购进货物、加工修理修配劳务、服务、无形资产和不动产。

2）非正常损失的购进货物，以及相关的加工修理修配劳务和交通运输服务。

3）非正常损失的在产品、产成品所耗用的购进货物（不包括固定资产）、加工修理修配劳务和交通运输服务。

4）非正常损失的不动产，以及该不动产所耗用的购进货物、设计服务和建筑服务。

5）非正常损失的不动产在建工程所耗用的购进货物、设计服务和建筑服务。

6）购进的贷款服务、餐饮服务、居民日常服务和娱乐服务。

在上述情形下，已经发生的增值税进项税额应当予以转出，贷记"应交税费——应交增值税（进项税额转出）"科目，不得从当期销项税额中抵扣。

【例9-17】 2021年7月，甲公司进行存货盘点，发现以前购进的一批原材料因管理不善发生霉烂。该批原材料的材料成本为20 000元，进项税额为2 600元。甲公司查明原因并经过批准，应由责任人赔偿损失15 000元，其余部分为净损失。请做出甲公司应编制的会计分录。

【解析】 甲公司应编制如下会计分录：

1）甲公司发生材料损失时应当编制的会计分录为

借：待处理财产损溢   22 600

    贷：原材料   20 000

        应交税费——应交增值税（进项税额转出）   2 600

2）甲公司查明原因批准处理后应当编制的会计分录为

借：其他应收款   15 000

    管理费用   7 600

    贷：待处理财产损溢   22 600

（三）增值税销项税额

增值税销项税额，是指纳税人发生应税行为时按照销售额和适用的增值税税率计算并收取的增值税税额。一般纳税人在发生应税行为时，应向购买方开出增值税专用发票，按照应税行为的不含税计税价格和适用税率，计算应交增值税的销项税额，贷记"应交税费——应交增值税（销项税额）"科目。

$$销项税额=不含税销售额×增值税税率$$

企业的某些行为虽然没有取得销售收入，在税法上也视同销售行为，应当计算缴纳增值税。常见的视同销售行为包括：企业将自产、委托加工或购买的货物分配给股东，将自产委托加工的货物用于集体福利或个人消费，无偿转让无形资产或者不动产等。在这些情况下，企业应当根据视同销售的具体内容，按照现行增值税制度规定计算的销项税额，借记"长期股权投资""应付职工薪酬""利润分配""营业外支出"等科目，贷记"应交税费——应交增值税（销项税额）"等科目。

【例9-18】 2021年7月，根据甲公司有关销项税额业务，请做出甲公司应编制的会计分录。

【解析】 甲公司应编制会计分录如下：

1）销售A产品5 000件，每件2 000元，价款为10 000 000元，增值税销项税额为1 300 000元，共计11 300 000元，款项收到，存入银行；该批产品成本为5 000 000元。

借：银行存款   11 300 000

    贷：主营业务收入   10 000 000

        应交税费——应交增值税（销项税额）   1 300 000

借：主营业务成本   5 000 000

    贷：库存商品   5 000 000

2）上月销售的A产品某客户7月退回100件，每件2 000元，价款为200 000元，增值税26 000元。甲公司收到退回的商品和销售退回证明单，开具红字增值税专用发票，款项已付给客户。该批产品成本为100 000元。

① 退客户资金时，应冲销收入和增值税，用红字登记以下会计分录（在金额前加"－"表示红字）。

借：银行存款　　　　　　　　　　　　　　　　　　　　　　－226 000
　　贷：主营业务收入　　　　　　　　　　　　　　　　　　　－200 000
　　　　应交税费——应交增值税（销项税额）　　　　　　　　 －26 000

② 收回商品，冲销成本。

借：主营业务成本　　　　　　　　　　　　　　　　　　　　　－100 000
　　贷：库存商品　　　　　　　　　　　　　　　　　　　　　 －100 000

（注：实务中，损益类科目平时冲销一般同方向用红字或者负数冲销，否则期末会计电算化自动结转时数据不一定准确，从而可能报表不平。销售退回一般不用"应交税费——应交增值税（销项税额抵减）"科目进行核算，一般差额计税时才可能用"应交税费——应交增值税（销项税额抵减）"科目进行核算。）

3）甲公司用原材料一批对外投资，采用权益法核算。原材料的账面价值为 1 600 000元，投资双方协商的不含税价值为 1 700 000 元，增值税税额为 221 000 元。

借：长期股权投资　　　　　　　　　　　　　　　　　　　　　1 921 000
　　贷：其他业务收入　　　　　　　　　　　　　　　　　　　　1 700 000
　　　　应交税费——应交增值税（销项税额）　　　　　　　　　 221 000

借：其他业务成本　　　　　　　　　　　　　　　　　　　　　1 600 000
　　贷：原材料　　　　　　　　　　　　　　　　　　　　　　　1 600 000

4）将自产的 A 产品一批对外捐赠，实际成本为 200 000 元，同类产品的销售价格为400 000 元，增值税税率为 13%。

对外捐赠视同销售，涉及的销项税额＝400 000×13%＝52 000（元）。

借：营业外支出　　　　　　　　　　　　　　　　　　　　　　452 000
　　贷：主营业务收入　　　　　　　　　　　　　　　　　　　　400 000
　　　　应交税费——应交增值税（销项税额）　　　　　　　　　 52 000

借：主营业务成本　　　　　　　　　　　　　　　　　　　　　200 000
　　贷：库存商品　　　　　　　　　　　　　　　　　　　　　　200 000

（四）增值税出口退税和出口抵减内销产品应纳税额

按照税法规定，出口货物的增值税税率一般为 0，即出口货物在出口环节不征收增值税，但企业在购进出口货物或购进出口货物所耗原材料时还要照章支付增值税进项税额。企业支付的进项税额，按规定可以先计入增值税进项税额，在货物出口以后，再根据出口报关单等有关凭证，向税务机关申报办理该项出口货物的退税。

实行"免、抵、退"办法的企业出口货物，按相关规定计算的出口退税额，可以抵减内销产品的销项税额。企业应根据规定计算的当期出口货物的进项税额抵减内销产品的应纳税额，借记"应交税费——应交增值税（出口抵减内销产品应纳税额）"科目，根据能够收到应收出口退税额，借记"应收出口退税款"科目，贷记"应交税费——应交增值税（出口退税）"科目。

企业无论是否实行"免、抵、退"办法，其退税额低于购进时取得的增值税专用发票上的增值税税额的差额，不得在销项税额中抵扣，应自进项税额中转出，计入出口商品的营业成本，借记"主营业务成本"科目，贷记"应交税费——应交增值税（进项税额转出）"科目。

【例9-19】 2021年7月，甲公司发生有关出口退税业务如下，该公司实行"免、抵、退"办法，请根据发生的经济业务编制会计分录。

【解析】 甲公司应编制如下会计分录：

1）出口A产品2件，价款折合人民币2 000 000元，尚未收到；成本为1 000 000元。甲公司增值税税率为13%，退税税率为10%。

借：应收账款　　　　　　　　　　　　　　　　　　　　2 000 000
　　贷：主营业务收入　　　　　　　　　　　　　　　　　　　2 000 000
借：主营业务成本　　　　　　　　　　　　　　　　　　1 000 000
　　贷：库存商品　　　　　　　　　　　　　　　　　　　　　1 000 000

2）出口A产品不得免征和抵扣的税额 = 2 000 000×（13%−10%）= 60 000（元），计入销售成本。

借：主营业务成本　　　　　　　　　　　　　　　　　　　　60 000
　　贷：应交税费——应交增值税（进项税额转出）　　　　　　　60 000

3）甲公司7月根据前面资料，总体应纳税额为正数，则牵涉的出口退税允许企业抵减内销产品应纳税额为2 000 000×10% = 200 000（元）。

借：应交税费——应交增值税（出口抵减内销产品应纳税额）　200 000
　　贷：应交税费——应交增值税（出口退税）　　　　　　　　200 000

（五）增值税减免税款

增值税减免税款是指税务部门根据增值税税收法律、法规等给予纳税人的减税、免税。

企业初次购入增值税税控系统专用设备，按实际支付或应付的金额，借记"固定资产"科目，贷记"银行存款""应付账款"等科目。按规定抵减的增值税应纳税额，借记"应交税费——应交增值税（减免税款）"科目（小规模纳税人应借记"应交税费——应交增值税"科目），贷记"管理费用"等科目。

企业发生增值税税控系统专用设备技术维护费，应按实际支付或应付的金额，借记"管理费用"科目，贷记"银行存款"等科目。按规定抵减的增值税应纳税额，借记"应交税费——应交增值税（减免税款）"科目（小规模纳税人应借记"应交税费——应交增值税"科目），贷记"管理费用"等科目。

企业招用自主就业退役士兵减征的税，借记"应交税费——应交增值税（减免税额）"科目，贷记"其他收益"科目。

对于即征即退、先征后退、先征后返涉及的增值税，借记"其他应收款"科目，贷记"其他收益"科目。收到减免的税额时，借记"银行存款"科目，贷记"其他应收款"科目。

【例9-20】 2021年7月，甲公司向航天信息公司支付年度增值税税控系统专用设备技术维护费600元。请做出甲公司应编制的会计分录。

【解析】 甲公司应编制如下会计分录：

1）缴纳服务费时。

借：管理费用 600

　　贷：银行存款 600

2）实际发生抵减时。

借：应交税费——应交增值税（减免税额） 600

　　贷：管理费用 600

（六）增值税已交税金

企业应交的增值税，应根据实际情况按日缴纳或按月预交。

缴纳当月增值税时，应借记"应交税费——应交增值税（已交税金）"科目，贷记"银行存款"等科目。

企业补交以前期间未交增值税时，应借记"应交税费——未交增值税"科目，贷记"银行存款"科目。

【例9-21】 2021年7月期间，甲公司预交7月份增值税300 000元。做出甲公司的会计分录。

【解析】 甲公司应编制如下会计分录：

借：应交税费——应交增值税（已交税金） 300 000

　　贷：银行存款 300 000

（七）月末转出多交增值税和未交增值税

企业根据当月"应交税费——应交增值税"科目专栏下的借、贷方发生额，可以计算出增值税专栏的未交增值税，计算公式如下：

$$\text{应交增值税} = \text{销项税额} + \text{进项税额转出} + \text{出口退税} - \text{进项税额} - \text{销项税额抵减} - \text{出口抵减内销产品应纳税额} - \text{减免税款}$$

上面公式计算的数据为正数，为本月应交增值税。本月应交增值税大于本月"已交税金"的差额，为本月未交增值税，应借记"应交税费——应交增值税（转出未交增值税）"科目，贷记"应交税费——未交增值税"科目；本月应交增值税小于本月"已交税金"的差额，为本月多交增值税，应借记"应交税费——未交增值税"科目，贷记"应交税费——应交增值税（转出多交增值税）"科目。经过上述结转后，"应交税费——应交增值税"二级明细科目应无余额。

上面算式计算的数据为负数，为本月尚未抵扣的增值税税额，应留待以后月份抵扣，因此"应交税费——应交增值税"二级明细科目如果有余额，应为借方余额，即尚未抵扣的增值税税额。

【例9-22】 甲公司7月份根据前述"应交税费——应交增值税"科目，计算当月未缴增值税，并编制会计分录。

【解析】 甲公司应进行如下处理：

销项税额＝1 547 000（元）

进项税额转出＝2 600（元）

出口退税＝200 000（元）

进项税额＝710 000（元）

销项税额抵减＝0

出口抵减内销产品应纳税额＝200 000（元）

减免税款＝600（元）

已交税金＝300 000（元）

应交增值税＝1 547 000＋2 600＋200 000－710 000－0－200 000－600＝839 000（元）

已缴当月300 000元增值税，则未交增值税＝839 000－300 000＝539 000（元）

借：应交税费——应交增值税（转出未交增值税）　　　　　　539 000

　　贷：应交税费——未交增值税　　　　　　　　　　　　　　　　　539 000

8月15日缴纳时，会计分录为

借：应交税费——未交增值税　　　　　　　　　　　　　　　539 000

　　贷：银行存款　　　　　　　　　　　　　　　　　　　　　　　　539000

（八）预交增值税

预交增值税用于核算一般纳税人转让不动产、提供不动产经营租赁服务、采用预收款方式销售自行开发的房地产项目等，按现行增值税制度规定预交的增值税税额。

企业预交增值税时，应借记"应交税费——预交增值税"科目，贷记"银行存款"科目。月末，企业应将"预交增值税"明细科目余额转入"未交增值税"明细科目，借记"应交税费——未交增值税"科目，贷记"应交税费——预交增值税"科目。但是，提供建筑服务、采用预收款方式销售自行开发的房地产项目等在预交增值税后，直至纳税义务发生时方可从"应交税费——预交增值税"科目结转至"应交税费——未交增值税"科目。因此，该明细科目月末如有余额，应为借方余额，即提供建筑服务、采用预收款方式销售自行开发的房地产项目已经预交但尚未发生纳税义务的增值税。

【例9-23】　成都某房地产开发公司2021年8月份发生的有关预交增值税业务如下所示，请写出该公司应编制的会计分录。

【解析】　该公司应编制会计分录如下：

1）预收售房款40 000 000元。

借：银行存款　　　　　　　　　　　　　　　　　　　　　40 000 000

　　贷：合同负债　　　　　　　　　　　　　　　　　　　　　　　40 000 000

2）月末，按照税法规定，预缴增值税税额为1 081 081.08[40 000 000÷（1＋11%）×3%]元。

借：应交税费——预交增值税　　　　　　　　　　　　　　1 081 081.08

　　贷：银行存款　　　　　　　　　　　　　　　　　　　　　　1 081 081.08

本例采用预收款方式销售开发的房地产项目所缴的增值税，月末有可能存在余额，以后在纳税义务真正发生时才转到"应交税费——未交增值税"明细科目，所以，本例中的"应交税费——预交增值税"科目借方余额1 081 081.08元即为预售商品房预缴的增值税。

（九）差额征税的会计处理

一般纳税人提供应税服务，按照"税改增"有关规定允许从销售额中扣除其支付给其他单位或个人价款的，在收入采用总额法确认的情况下，减少的销项税额应借记"应交税费——应交增值税（销项税额抵减）"科目，同理，小规模纳税人应借记"应交税费——应交增值税"科目；在收入采用净额法确认的情况下，按照增值税有关规定确定的销售额计算增值税销项税额并计入"应交税费——应交增值税（销项税额）"科目。

【例9-24】 成都某客运场站为增值税一般纳税人，为客运公司提供售票、检票、运费结算等服务。该企业采用差额征税的方式，以其取得的全部价款和价外费用，扣除支付给承运方运费后的余额为销售额。本期该企业向旅客收取车票款项1 060 000元，应向客运公司支付954 000元，剩下的106 000元中，100 000元为销售额，6 000元为增值税销项税额。请根据该项经济业务，写出客运场站应编制的会计分录。

【解析】 应编制如下会计分录：

借：银行存款   1 060 000
　贷：主营业务收入   100 000
　　　应交税费——应交增值税（销项税额）   6 000
　　　应付账款   954 000

【例9-25】 成都某旅游企业为增值税一般纳税人，选择差额征税的方式。该企业本期向旅游服务购买方收取的含税价款为106 000元（含增值税6 000元），应支付给其他接团旅游企业的旅游费用和其他单位的相关费用为84 800元，其中，因允许扣减销售额而减少的销项税额为4 800元。假设该旅游企业采用总额法确认收入。

【解析】 根据该项经济业务，企业可做如下账务处理：

借：银行存款   106 000
　贷：主营业务收入   100 000
　　　应交税费——应交增值税（销项税额）   6 000
借：主营业务成本   80 000
　　应交税费——应交增值税（销项税额抵减）   4 800
　贷：应付账款   84 800

（十）转让金融商品应交增值税

转让金融商品是指转让外汇、有价证券和其他金融商品所有权的业务活动。其他金融商品转让包括基金、信托等各类资产管理产品和各种金融衍生品的转让。金融商品转让的核算属于差额征税的一种特殊方式。

企业购买股票转让或者购买的金融商品在到期之前进行转让，应按照规定以盈亏相抵后的余额作为销售额计算缴纳增值税。金融商品实际转让月末，如产生转让收益，则根据应交增值税，借记"投资收益"等科目，贷记"应交税费——转让金融商品应交增值税"科目；如产生转让损失，则按可结转下月抵扣的税额，借记"应交税费——转让金融商品应交增值税"科目，贷记"投资收益"等科目。按照增值税的有关规定，年末如有尚未弥补的亏损，不得结转下年，应根据年末"应交税费——转让金融商品应交增值税"科目借方余额，借记"投资收益"科目，贷记"应交税费——转让金融商品应交增值税"科目。缴纳增值税时，应借记"应交税费——转让金融商品应交增值税"科目，贷记"银行存款"科目。个人从事的金融商品转让取得的收益免征增值税。

企业购入债券、基金、信托等各类资产管理产品持有至到期，不属于金融商品转让。持有期间的利息等涉及的增值税计入应交税费——应交增值税（销项税额）。

【例9-26】 2021年7月，甲公司发生有关金融商品转让业务如下，请写出甲公司应编制的会计分录。

【解析】 甲公司应进行如下处理：

1）甲公司卖出A公司的股票，收到1 300 000元。该股票购买时划分为交易性金融资产，成本1 000 000元，公允价值变动（借方）100 000元。不考虑其他相关税费。

借：银行存款　　　　　　　　　　　　　　　　　　　　　1 300 000

　　贷：交易性金融资产——成本　　　　　　　　　　　　　　1 000 000

　　　　　　　　　　　　——公允价值变动　　　　　　　　　　100 000

　　　　投资收益　　　　　　　　　　　　　　　　　　　　　200 000

2）甲公司卖出B公司的股票，收到706 000元。该股票本月初购买时划分为交易性金融资产，成本800 000元。不考虑其他相关税费。

借：银行存款　　　　　　　　　　　　　　　　　　　　　　706 000

　　投资收益　　　　　　　　　　　　　　　　　　　　　　　94 000

　　贷：交易性金融资产——成本　　　　　　　　　　　　　　　800 000

3）7月31日，计算当月转让金融商品应交增值税。

应交增值税=（200 000-94 000）÷（1+6%）×6%=6 000（元）

借：投资收益　　　　　　　　　　　　　　　　　　　　　　　6 000

　　贷：应交税费——转让金融商品应交增值税　　　　　　　　　　6 000

4）8月上交时。

借：应交税费——转让金融商品应交增值税　　　　　　　　　　6 000

　　贷：银行存款　　　　　　　　　　　　　　　　　　　　　　6 000

（十一）简易计税

根据现行税法的规定，一般纳税人销售适用简易计税方法计税的货物，出租2016年4月30日前取得的不动产，电影放映服务，仓储服务，非学历教育服务等情形采用简易计税方法计算应交的增值税。按照不含税销售额和征收率计算其应纳税额，不得抵扣进项税额。按照简易计税方法计算出来的税额不属于增值税销项税额，不通过"应交税费——应交增值税（销项税额）"科目核算，应贷记"应交税费——简易计税"科目。

【例9-27】 甲公司（一般纳税人）2021年7月1日出租办公楼（该办公楼是2012年购入的），合同约定每月收取租金6.3万元。甲公司采用简易计税办法核算该项目。请写出甲公司应编制的会计分录。

【解析】 甲公司是一般纳税人，出租2016年4月30日前购入的不动产，可以采用简易计税办法，征收率为5%。

甲公司2021年每月出租办公楼的增值税应纳税额=63 000÷（1+5%）×5%=3 000（元）

甲公司会计分录为

1）每月收取租金时。

借：银行存款　　　　　　　　　　　　　　　　　　　　　　63 000

　　贷：主营业务收入　　　　　　　　　　　　　　　　　　　　60 000

　　　　应交税费——简易计税　　　　　　　　　　　　　　　　3 000

2）上交时。

借：应交税费——简易计税 3 000

　　贷：银行存款 3 000

（十二）小规模纳税人的账务处理

小规模纳税人核算增值税采用简化的方法，即购进货物、应税劳务等，一律不予抵扣，直接计入相关成本费用或资产。小规模纳税人销售货物、应税劳务等，按照不含税的销售额和规定的增值税征收率计算应交纳的增值税，一般不得开具增值税专用发票。

一般来说，小规模纳税人采用销售额和应纳税额合并定价的方法并向客户结算款项，销售货物、应税劳务等，应进行价税分离。不含税的销售额计算公式如下：

$$不含税销售额=含税销售额÷（1+征收率）$$
$$应纳税额=不含税销售额×征收率$$

小规模纳税人应在"应交税费"科目下设置"应交增值税"明细科目，该明细科目不再设置增值税专栏。"应交税费——应交增值税"科目贷方登记应缴纳的增值税，借方登记已缴纳的增值税；期末贷方余额，反映小规模纳税人尚未缴纳的增值税，期末借方余额，反映小规模纳税人多缴纳的增值税。

小规模纳税人购进货物、应税服务等，按照应付或实际支付的全部款项（包括支付的增值税税额），借记"材料采购""原材料""库存商品"等科目，贷记"应付账款""应付票据""银行存款"等科目；销售货物、应税劳务等，应按全部价款，借记"银行存款"等科目，按不含税的销售额，贷记"主营业务收入"等科目，按应交增值税税额，贷记"应交税费——应交增值税"科目。

【例9-28】 某企业为小规模纳税人，适用增值税征收率为3%，原材料按实际成本核算。该企业发生购销业务如下：购入原材料一批，价款为20 000元，增值税为2 600元，全部款项以银行存款支付，材料已验收入库。销售产品一批，开具的普通发票上注明的货款（含税）为30 900元，款项已存入银行。用银行存款缴纳增值税900元。请做出该企业应编制的会计分录。

【解析】 该企业应编制会计分录如下：

1）购入原材料。

借：原材料 22 600

　　贷：银行存款 22 600

2）销售产品。

不含税销售额=30 900÷（1+3%）=30 000（元）

应纳增值税=30 000×3%=900（元）

借：银行存款 30 900

　　贷：主营业务收入 30 000

　　　　应交税费——应交增值税 900

3）交纳增值税。

借：应交税费——应交增值税 900

　　贷：银行存款 900

二、消费税

（一）纳税义务人和征收范围

在我国境内生产、委托加工和进口应征消费税的消费品的单位和个人，为消费税的纳税义务人。应税消费品包括烟、酒、高档化妆品、鞭炮、焰火、成品油、摩托车、小汽车、高尔夫球及球具、高档手表、游艇、木制一次性筷子、实木地板、涂料等。

（二）应交消费税的计算方法

消费税实行从价定率、从量定额，或者从价定率和从量定额复合计税（以下简称复合计税）的办法计算应纳税额。应纳税额计算公式（销售额均不含增值税）为

$$实行从价定率办法计算的应纳税额 = 销售额 × 比例税率$$
$$实行从量定额办法计算的应纳税额 = 销售数量 × 定额税率$$
$$实行复合计税办法计算的应纳税额 = 销售额 × 比例税率 + 销售数量 × 定额税率$$

（三）销售应税消费品的会计核算

企业销售应税消费品应交消费税，应借记"税金及附加"科目，贷记"应交税费——应交消费税"科目。

【例 9-29】 2021 年 7 月甲公司销售所生产的高档化妆品，不含税售价 500 000 元，款项已存入银行；高档化妆品的成本 200 000 元。该高档化妆品适用的增值税税率 13%，消费税税率为 15%。做出甲公司应编制的会计分录。

【解析】 甲公司应编制会计分录如下：

1）取得价税款时。

借：银行存款 565 000
　　贷：主营业务收入 500 000
　　　　应交税费——应交增值税（销项税额） 65 000

2）结转成本。

借：主营业务成本 200 000
　　贷：库存商品 200 000

3）计算应缴纳的消费税。

应纳消费税税额 = 500 000 × 15% = 75 000（元）

借：税金及附加 75 000
　　贷：应交税费——应交消费税 75 000

（四）委托加工应税消费品的核算

根据税法规定，企业委托加工应税消费品时，除受托方为个人的之外，应由受托方在向委托方交货时代收代缴消费税（受托加工或翻新改制金银首饰除外）。这里的委托加工应税消费品，是指由委托方提供原料和主要材料，受托方只收取加工费和代垫部分辅助材料费的应税消费品。

委托加工物资收回后，直接用于销售的，应将受托方代收代缴的消费税计入委托加工物资的成本，借记"委托加工物资"等科目，贷记"应付账款""银行存款"等科目；委

托加工物资收回后用于连续生产应税消费品的，按规定准予抵扣的，借记"应交税费——应交消费税"科目，贷记"应付账款""银行存款"等科目，待用委托加工的应税消费品生产出应纳消费税的产品销售时，再缴纳消费税。

【例9-30】 甲公司委托乙公司代为加工一批应交消费税的物资。甲公司发出材料的成本为2 000 000元，应付不含税加工费为600 000元，增值税税率为13%，由乙公司代收代缴的消费税为300 000元。物资已经加工完成，并由甲公司收回验收入库，款项已经通过银行付讫。甲公司采用实际成本法进行核算。做出甲公司应编制的会计分录。

【解析】 甲公司应编制会计分录如下：

1）甲公司委托加工物资收回继续用于生产应税消费品。

① 发出原材料时。

借：委托加工物资   2 000 000
    贷：原材料   2 000 000

② 支付加工费、增值税和代收的消费税时。

借：委托加工物资   600 000
    应交税费——应交增值税（进项税额）   78 000
          ——应交消费税   300 000
    贷：银行存款   978 000

③ 收回委托加工产品时。

借：原材料   2 600 000
    贷：委托加工物资   2 600 000

2）甲公司如果委托加工物资收回直接对外销售。

① 发出原材料时。

借：委托加工物资   2 000 000
    贷：原材料   2 000 000

② 支付加工费、增值税和代收的消费税时。

借：委托加工物资   900 000
    应交税费——应交增值税（进项税额）   78 000
    贷：银行存款   978 000

③ 收回委托加工产品时。

借：库存商品   2 900 000
    贷：委托加工物资   2 900 000

（五）进口应税消费品

企业进口应税物资缴纳的消费税由海关代征。应交消费税按照组成计税价格和规定的税率计算，消费税计入该项物资成本，借记"原材料""库存商品""固定资产"等科目，贷记"银行存款"等科目。

【例9-31】 甲公司2021年8月从国外进口一批需要缴纳消费税的商品，已知该商品关税完税价格为720 000元，按规定应缴纳关税180 000元，假定进口的应税消费品的消费税税率为10%，增值税税率为13%。货物报关后，自海关取得的"海关进口消费税专用缴款书"注明的消费税为 100 000 元、"海关进口增值税专用缴款书"注明的增值税为130 000元。进口商品已验收入库,全部货款和税款已用银行存款支付。做出甲公司的会计分录。

【解析】 本例中,应交消费税税额 $=[(720\ 000+180\ 000)\div(1-10\%)]\times10\%=100\ 000$ (元);应交增值税税额 $=(720\ 000+180\ 000+1\ 000\ 000)\times13\%=130\ 000$ (元)。

进口商品的成本 $=720\ 000+180\ 000+100\ 000=1\ 000\ 000$ (元)

甲公司应编制会计分录如下:

借:库存商品   1 000 000

  应交税费——应交增值税(进项税额)   130 000

 贷:银行存款   1 130 000

(六)实际缴纳消费税的会计核算

企业应定期向税务部门缴纳消费税,按照规定计算应交消费税的金额,借记"应交税费——应交消费税"科目,贷记"银行存款"科目。

▶▶三、城市维护建设税、教育费附加、地方教育附加

为了加强城市的维护建设和教育事业的发展,扩大和稳定城市维护建设和教育经费的资金来源,国家开征了城市维护建设税、教育费附加和地方教育附加。

城市维护建设税、教育费附加和地方教育附加是以增值税和消费税为计税依据征收的一种税。其纳税人为交纳增值税和消费税的单位和个人,以纳税人实际缴纳的增值税和消费税税额为计税依据,并分别与两项税金同时缴纳。城市维护建设税税率因纳税人所在地不同分为1%、5%和7% 3档。教育费附加税率为3%,地方教育附加税率为2%。应纳税额计算公式为

$$应纳税额=(实际交纳的增值税+实际交纳的消费税)\times适用税率$$

【例9-32】 2021 年 8 月份,甲公司实际缴纳增值税 548 000 元,消费税 75 000 元,城市维护建设税税率为7%,教育费附加率为3%,地方教育附加率为2%。计算三种税额并做出会计分录。

【解析】 应交城市维护建设税 $=(548\ 000+75\ 000)\times7\%=43\ 610$ (元)

应交教育费附加 $=(548\ 000+75\ 000)\times3\%=18\ 690$ (元)。

应交地方教育附加 $=(548\ 000+75\ 000)\times2\%=12\ 460$ (元)。

甲公司应编制会计分录如下:

1) 计提城市维护建设税等税费。

借:税金及附加   74 760

  贷:应交税费——应交城市维护建设税   43 610

       ——应交教育费附加   18 690

       ——应交地方教育附加   12 460

2) 缴纳税费。

借:应交税费——应交城市维护建设税   43 610

      ——应交教育费附加   18 690

——应交地方教育附加		12 460
贷：银行存款		74 760

▶▶ 四、其他应交税费

(一) 资源税

资源税是指对在我国领域或管辖的其他海域开发应税资源的单位和个人征收的一种税。我国对绝大多数矿产品实施从价计征。企业按规定应缴纳的资源税，在"应交税费"科目下设置"应交资源税"明细科目核算。企业按规定计算出销售应税产品应缴纳的资源税，借记"税金及附加"科目，贷记"应交税费——应交资源税"科目。自产自用应税产品应缴纳的资源税，借记"生产成本""制造费用"等科目，贷记"应交税费——应交资源税"科目。以后缴纳时，借记"应交税费——应交资源税"科目，贷记"银行存款"科目。

【例 9-33】 某油田企业 2021 年 8 月销售原油 10 000t，开具的增值税专票的不含税销售额为 50 000 000 元。该原油适用的资源税税率为 6%。请写出该企业应编制的会计分录。

【解析】 销售原油应缴纳的资源税 = 50 000 000×6% = 3 000 000（元）

该油田企业计提应交资源税编制会计分录如下：

借：税金及附加　　　　　　　　　　　　　　　　　　3 000 000
　　贷：应交税费——应交资源税　　　　　　　　　　　　　　　3 000 000

(二) 土地增值税

土地增值税是对有偿转让国有土地使用权及地上建筑物和其他附着物，取得增值收入的单位和个人征收的一种税。土地增值税按照转让房地产所取得的增值额和规定的税率计算征收。这里的增值额是指转让房地产所取得的收入减除规定扣除项目金额后的余额。企业转让房地产所取得的收入，包括货币收入、实物收入和其他收入。计算土地增值额的主要扣除项目有：①取得土地使用权所支付的金额；②开发土地的成本、费用；③新建房屋及配套设施的成本、费用，或者旧房及建筑物的评估价格；④与转让房地产有关的税金。土地增值税采用四级超率累进税率，其中最低税率为 30%，最高税率为 60%。

在会计处理时，企业缴纳的土地增值税应通过"应交税费——应交土地增值税"科目核算。房地产企业销售房地产应交纳的土地增值税的会计处理为借记"税金及附加"科目，贷记"应交税费——应交土地增值税"科目。非房地产企业转让的土地使用权连同地上建筑物及其附着物一并在"固定资产"科目核算的，转让时应交的土地增值税，借记"固定资产清理"科目，贷记"应交税费——应交土地增值税"科目；土地使用权在"无形资产"科目核算的，借记"银行存款""累计摊销""无形资产减值准备"科目，按应缴纳的土地增值税，贷记"应交税费——应交土地增值税"科目，同时冲销土地使用权的账面价值，贷记"无形资产"科目，按其差额，借记或贷记"资产处置损益"科目。企业按税法规定预交或者缴纳土地增值税，借记"应交税费——应交土地增值税"科目，贷记"银行存款"等科目。

【例 9-34】 请根据以下发生的经济事项做出应编制的会计分录。

【解析】

1) 甲工业企业对外转让一栋厂房，根据税法规定计算的应交土地增值税为

600 000元。

甲企业计提应交土地增值税应编制如下会计分录：

借：固定资产清理   600 000

    贷：应交税费——应交土地增值税   600 000

2）乙房地产企业对外销售开发的楼盘，根据税法规定计算的应交土地增值税为100 000 000元。

乙企业计提应交土地增值税应编制如下会计分录：

借：税金及附加   100 000 000

    贷：应交税费——应交土地增值税   100 000 000

（三）环境保护税、房产税、城镇土地使用税、车船税

环境保护税是指对在我国领域以及管辖的其他海域直接向环境排放应税污染物的企业单位和其他生营者征收的一种税，其立法目的是保护和改造环境，减少污染物推进生态文明建设。环境保护税是我国首个明确以环境保护为目标的独立型环境税税种，有利于解决排污费制度存在的执法刚性不足等问题，有利于提高纳税人环保意识，强化企业治污减排责任。

房产税是指国家对在城市、县城、建制镇和工矿区征收的由产权所有人缴纳的一种税。房产税依照房产原值一次减除 10%~30% 后的余额计算缴纳。没有房产原值作为依据的，由房产所在地税务机关参考同类房产核定；房产出租的，以房产租金收入为房产税的计税依据。

城镇土地使用税是指国家为了合理利用城镇土地、调节土地级差收入、提高土地使用效益、加强土地管理而开征的一种税，以纳税人实际占用的土地面积为计税依据，依照规定税额计算征收。

车船税是指以车船为征税对象，向拥有车船的单位和个人征收的一种税。

企业按规定计算应交的环境保护税、房产税、城镇土地使用税、车船税时，应借记"税金及附加"科目，贷记"应交税费——应交环境保护税（或房产税、城镇土地使用税、车船税）"科目；缴纳时，借记"应交税费——应交环境保护税（或房产税、城镇土地使用税、车船税）"科目，贷记"银行存款"科目。

【例 9-35】 甲公司按税法规定计算本期应缴纳环境保护税 5 000 元、房产税 60 000元、城镇土地使用税 10 000 元、车船税 20 000 元。做出甲公司应编制的会计分录。

【解析】 甲公司应编制会计分录如下：

1）计提上述税金。

借：税金及附加   95 000

    贷：应交税费——应交环境保护税   5 000

          ——应交房产税   60 000

          ——应交城镇土地使用税   10 000

          ——应交车船税   20 000

2）缴纳上述税金。

借：应交税费——应交环境保护税   5 000

——应交房产税	60 000
——应交城镇土地使用税	10 000
——应交车船税	20 000

　　贷：银行存款　　　　　　　　　　　　　　　　　　　　　95 000

（四）车辆购置税、契税、耕地占用税和印花税

车辆购置税是指以在中国境内购置规定车辆为课税对象、在特定的环节向车辆购置者征收的一种税。企业缴纳车辆购置税时，应借记"固定资产"等科目，贷记"银行存款"科目。

契税是指以在中国境内转移土地、房屋权属为对象，向产权承受人征收的一种财产税。企业缴纳契税时，借记"固定资产"等科目，贷记"银行存款"科目。

耕地占用税是指对占用耕地建房或从事其他非农业建设的单位和个人，就其实际占用的耕地面积征收的一种税。企业缴纳耕地占用税时，借记"在建工程"科目，贷记"银行存款"科目。

印花税是指对书立、领受购销合同等凭证行为征收的税款，实行由纳税人根据规定自行计算应纳税额，购买并一次贴足印花税票的缴纳方法。企业购买印花税票时，直接借记"税金及附加"科目，贷记"银行存款"科目。

上面这4种税不会发生应付未付税款的情况，不需要预计应纳税额，同时也不存在与税务机关结算或清算的问题。因此，企业缴纳的这些税不需要通过"应交税费"科目核算。

【例9-36】 甲公司2021年8月购买一辆小轿车用于企业办公，增值税专票注明价款300 000元，增值税39 000元。另外，支付车辆购置税30 000元，印花税4 000元。款项都已用银行存款支付。请做出甲公司应编制的会计分录。

【解析】 甲公司应编制会计分录如下：

借：固定资产	330 000
应交税费——应交增值税（进项税额）	39 000
税金及附加	4 000
贷：银行存款	373 000

（五）个人所得税和企业所得税

企业职工按规定应缴纳的个人所得税通常由单位代扣代缴。企业按规定计算的代扣代缴的职工个人所得税，借记"应付职工薪酬"科目，贷记"应交税费——应交个人所得税"科目；企业缴纳个人所得税时，借记"应交税费——应交个人所得税"科目，贷记"银行存款"等科目。

企业所得税是对我国境内的企业和其他取得收入的组织的生产经营所得和其他所得征收的一种税。我国现行《企业会计准则》规定，所得税费用的确认应采用资产负债表债务法。所得税费用是指应在会计税前利润中扣除的所得税费用，包括当期所得税费用和递延所得税费用。当期所得税费用，借记"所得税费用——当期所得税费用"科目，贷记"应交税费——应交所得税"科目；递延所得税费用是指由于暂时性差异的发生或转回而确认的所得税费用，一般要设置"递延所得税资产"科目和"递延所得税负债"科目。

企业所得税的具体核算参见"所得税"相关章节内容。

【例9-37】　某企业结算本月应付职工薪酬总额 2 000 000 元，按税法规定应代扣代缴的职工个人所得税共计 30 000 元。请做出该企业应编制的会计分录。

【解析】　该企业应编制如下会计分录：

1）代扣个人所得税。

借：应付职工薪酬——工资　　　　　　　　　　　　　　　30 000

　　贷：应交税费——应交个人所得税　　　　　　　　　　　　　　30 000

2）缴纳个人所得税。

借：应交税费——应交个人所得税　　　　　　　　　　　30 000

　　贷：银行存款　　　　　　　　　　　　　　　　　　　　　　30 000

第七节　其他流动负债

一、应付利息

应付利息是指企业按照合同约定应当定期支付的利息。企业在取得银行借款或发行债券时，按照合同规定一般应定期支付利息，在资产负债表日确认当期利息费用时，应将应付未付的利息通过"应付利息"科目单独核算。

（一）资产负债表日计算确认利息费用的会计核算

资产负债表日，企业应当采用实际利率法按照银行借款或应付债券的摊余成本和实际利率计算确定当期的利息费用，属于筹建期间的借记"管理费用"科目；属于生产经营期间符合资本化条件的，借记"在建工程"等科目；属于生产经营期间但不符合资本化条件的，借记"财务费用"科目；按照银行借款或应付债券本金和合同利率计算确定的当期应付未付的利息，贷记"应付利息"科目；同时将借贷方的差额计入"应付债券——利息调整"等科目。

（二）实际支付利息的会计核算

在合同规定的付息日，企业应当按照合同约定实际支付利息的金额，借记"应付利息"科目，贷记"银行存款"等科目。

二、应付股利

（一）应付股利的核算内容

应付股利是指企业根据股东大会或类似机构审议批准的利润分配方案确定应分配而尚未发放给投资者的现金股利或利润，在企业对外宣告但尚未支付前构成企业的一项负债。企业对外宣告的股票股利不属于一项现时义务，因而不能确认为负债。需要注意的是，企业董事会或类似机构做出的利润分配预案，尚未构成企业的现时义务，不能作为确认负债的依据，而只能在财务报表附注中予以披露。

（二）应付股利的会计核算

企业股东大会或类似机构审议批准利润分配方案时，按照应支付的现金股利或利润金额，借记"利润分配——应付现金股利或利润"科目，贷记"应付股利"科目；实际支付现金股利或利润时，借记"应付股利"科目，贷记"银行存款"等科目。

【例9-38】 2021年5月20日，甲公司宣告2020年度利润分配方案的具体内容为以公司现有总股本5 000 000股为基数，每10股派发现金8元（不考虑相关税费），剩余未分配利润结转以后年度分配。同时甲公司宣告本次股利分配的股权登记日为2021年6月20日，除权除息日和股利发放日为2021年6月21日。请做出甲公司应编制的会计分录。

【解析】 本例中甲公司对外宣告分配现金股利，形成一项现时义务，应当通过"应付股利"科目记录应付未付的股利。

甲公司应付股利总额=5 000 000×8÷10=4 000 000（元）

1）2021年5月20日，甲公司宣告分配现金股利时的会计分录为

借：利润分配——应付现金股利　　　　　　　　　　　　　　4 000 000
　　贷：应付股利　　　　　　　　　　　　　　　　　　　　　　4 000 000

2）2021年6月21日，甲公司实际发放现金股利时

借：应付股利　　　　　　　　　　　　　　　　　　　　　　4 000 000
　　贷：银行存款　　　　　　　　　　　　　　　　　　　　　　4 000 000

三、其他应付款

（一）其他应付款的核算内容

其他应付款，是指除应付票据、应付账款、合同负债、应付职工薪酬、应缴税费、应付利息、应付股利等以外的其他经营活动产生的各项应付、暂收的款项，这些款项一般偿付期在一年以内，其核算内容主要包括以下4项：

1）企业应付租入包装物等的租金。

2）企业发生的存入保证金。

3）出借包装物等收到的押金。

4）企业代职工缴纳的养老保险、医疗保险、失业保险三项社会保险费和住房公积金等。

（二）其他应付款的会计核算

企业发生的各种应付、暂收款项，借记"管理费用""银行存款"等科目，贷记"其他应付款"科目；实际支付其他各种应付、暂收款项时，借记"其他应付款"科目，贷记"银行存款"科目。

【例9-39】 2021年8月，甲公司收到乙公司出借包装物而支付的押金8 000元。做出支付押金的会计分录。

【解析】 会计分录如下：

借：银行存款　　　　　　　　　　　　　　　　　　　　　　8 000
　　贷：其他应付款——乙公司　　　　　　　　　　　　　　　　8 000

第十章

非流动负债

学习目标 ●

1. 掌握：长期借款的会计核算；一般公司债券的核算；租赁业务承租人的会计处理；预计负债的核算。

2. 理解：递延收益的核算；可转换公司债券的核算；借款费用的金额确定与会计处理。

3. 了解：租赁业务出租人的会计处理。

非流动负债是指偿还期在一年或者超过一年的一个营业周期以上的债务，包括长期借款、应付债券、租赁负债、预计负债、递延收益、借款费用等。

与流动负债相比，非流动负债具有偿还期限较长、金额较大的特点。相对来说，非流动负债是企业一项比较稳定且重要的资金来源。

第一节 长期借款

▶▶ 一、长期借款的性质和分类

长期借款是指企业向金融机构和其他单位借入的偿还期在一年以上的各种借款。

长期借款按照用途分类，可以分为专门借款和一般借款。

专门借款是指企业与金融机构签订的借款协议中注明专门用途的借款。

一般借款是指企业与金融机构签订的借款协议中没有注明专门用途的借款，主要用于补充流动资金。

▶▶ 二、长期借款的会计核算

（一）取得长期借款的会计核算

企业借入长期借款时，按照实际收到的金额，借记"银行存款"科目；按照取得长期借款的本金，贷记"长期借款——本金"科目；二者如果有差额，一般借记"长期借款——利息调整"科目。

（二）长期借款利息的会计核算

企业应当在资产负债表日确认长期借款当期的利息费用，按照长期借款的期初摊余成本和实际利率计算确定的利息费用，符合资本化条件的部分，借记"在建工程"等科目，不符合资本化条件的部分，借记"财务费用"科目；按照借款本金和合同利率计算确定的应支付的利息，根据分期付息或到期一次付息的借款，贷记"应付利息"或"长期借款——应计利息"科目；按照二者的差额，贷记"长期借款——利息调整"科目。（具体核算参见本章第六节"借款费用"内容）

企业在付息日实际支付利息时，按照本期应支付的利息金额，借记"应付利息"或"长期借款——应计利息"科目，贷记"银行存款"科目。

（三）偿还长期借款的会计核算

企业到期偿还长期借款时，应当按照偿还的长期借款本金金额，借记"长期借款——本金"科目；同时，贷记"银行存款"科目。

第二节　应付债券

企业为了生产经营的需要，可以依照法定程序，以对外发行债券的形式筹集资金。应付债券是指企业发行一年期以上债券形成的非流动负债。一般来说，企业发行债券需要委托中介机构代理发行，因此还需要向中介机构支付相关的发行费用。

企业发行的债券大多为一次还本债券，按照债券利息的支付方式，分为分期付息债券和到期一次付息债券；按照能否转换为股票，分为可转换公司债券和不可转换公司债券，其中不可转换公司债券属于一般公司债券。

▶▶ 一、一般公司债券

（一）一般公司债券的发行

企业发行方式有三种，即面值发行、溢价发行和折价发行。假设其他条件不变，债券的票面利率与同期银行存款利率相同，可按票面价格发行，称为面值发行；债券的票面利率高于同期银行存款利率时，可按超过债券票面价值的价格发行，称为溢价发行，溢价是企业以后各期因多付利息而事先得到的补偿；如果债券的票面利率低于同期银行存款利率，可按低于债券面值的价格发行，称为折价发行，折价是企业以后各期因少付利息而预先给投资者的补偿。溢价或折价是发行债券企业在债券存续期内对利息费用的一种调整。无论是按面值发行，还是溢价发行或折价发行，均按债券面值计入"应付债券"科目的"面值"明细科目，实际收到的款项与面值的差额，计入"利息调整"明细科目。企业发行债券时，按实际收到的款项，借记"银行存款"等科目，按债券票面价值，贷记"应付债券——面值"科目，按实际收到的款项与票面价值之间的差额，贷记或借记"应付债券——利息调整"科目。

（二）利息调整的摊销

利息调整应在债券存续期间内采用实际利率法进行摊销。实际利率法是指按照应付债券的实际利率计算其摊余成本及各期利息费用的方法；实际利率是指将应付债券在债券存续期间的未来现金流量，折现为该债券当前账面价值所使用的利率。资产负债表日，对于分期付息、一次还本的债券，企业应按应付债券的期初摊余成本和实际利率计算确定的债券利息费用，借记"财务费用""在建工程""制造费用"等科目；按票面利率计算确定的应付未付利息，贷记"应付利息"科目；按其差额，借记或贷记"应付债券——利息调整"科目。

（三）债券的偿还

采用一次还本、分期付息方式的，企业应于债券到期偿还本金并支付最后一期利息时，借记"应付债券——面值""应付利息"科目，贷记"银行存款"科目。采用一次还本付息方式的，企业应于债券到期支付债券本息时，借记"应付债券——面值""应付债券——应计利息"科目，贷记"银行存款"科目。

【例 10-1】 甲公司 2021 年 1 月 1 日发行面值总额为 100 000 000 元的公司债券，实际发行价格为 9 465 200 元（计算见后）。该公司债券的期限为 3 年、票面年利率为 4%，除最后 1 期利息随本金支付外每年年末付息，到期还本。发行债券所得款项已收存银行。假定债券发行时的市场利率为 6%。债券利息不符合资本化条件。假定不考虑发行费用。请做出甲公司对发行的公司债券的相关会计处理。

【解析】 甲公司该债券实际发行价格 = 100 000 000×(P/F,6%,3)+100 000 000×4%×(P/A,6%,3) = 100 000 000×0.8396+100 000 000×4%×2.673 = 94 652 000（元）。

甲公司根据上述资料，采用实际利率法和摊余成本计算确定的利息费用及利息摊销，见表 10-1。

表 10-1　利息费用及利息调整摊销表　　　　　　　　　　　单位：元

日　　期	应付利息	利息费用	摊销的利息调整	应付债券摊余成本
	(1)= 面值×4%	(2)= 期初(4)×6%	(3)=(2)-(1)	(4)= 期初(4)+(3)
2021 年 1 月 1 日				94 652 000
2021 年 12 月 31 日	4 000 000	5 679 120	1 679 120	96 331 120
2022 年 12 月 31 日	4 000 000	5 779 867	1 779 867	98 110 987
2023 年 12 月 31 日	4 000 000	5 889 013 *	1 889 013	100 000 000

注："*"表示尾数调整。

1）2021 年的账务处理。

① 甲公司 2021 年 1 月 1 日发行公司债券的会计分录。

借：银行存款　　　　　　　　　　　　　　　　　　　94 652 000
　　应付债券——利息调整　　　　　　　　　　　　　　 5 348 000
　　贷：应付债券——面值　　　　　　　　　　　　　　 100 000 000

② 甲公司 2021 年 12 月 31 日计提公司债券利息的会计分录。

借：财务费用　　　　　　　　　　　　　　　　　　　　5 679 120
　　贷：应付利息　　　　　　　　　　　　　　　　　　　4 000 000
　　　　应付债券——利息调整　　　　　　　　　　　　　1 679 120

③ 甲公司 2021 年 12 月 31 日支付公司债券利息的会计分录。

借：应付利息　　　　　　　　　　　　　　　　　　　　4 000 000
　　贷：银行存款　　　　　　　　　　　　　　　　　　　4 000 000

2）2022 年的账务处理。

① 甲公司 2022 年 12 月 31 日计提公司债券利息的会计分录。

借：财务费用　　　　　　　　　　　　　　　　　　　　5 779 867

　　　　贷：应付利息　　　　　　　　　　　　　　　　　　　4 000 000
　　　　　　应付债券——利息调整　　　　　　　　　　　　　1 779 867

② 甲公司 2022 年 12 月 31 日支付公司债券利息的会计分录。

　　借：应付利息　　　　　　　　　　　　　　　　　　　　　4 000 000
　　　　贷：银行存款　　　　　　　　　　　　　　　　　　　4 000 000

3）2023 年 12 月 31 日计提公司债券利息相关的会计分录。

　　借：财务费用　　　　　　　　　　　　　　　　　　　　　5 889 013
　　　　贷：应付利息　　　　　　　　　　　　　　　　　　　4 000 000
　　　　　　应付债券——利息调整　　　　　　　　　　　　　1 889 013

4）2024 年 1 月 1 日支付公司债券本金及利息的会计分录。

　　借：应付债券——面值　　　　　　　　　　　　　　　　100 000 000
　　　　应付利息　　　　　　　　　　　　　　　　　　　　　4 000 000
　　　　贷：银行存款　　　　　　　　　　　　　　　　　　104 000 000

▶▶ 二、可转换公司债券

　　我国发行可转换公司债券采取记名式无纸化发行方式。企业发行的可转换公司债券在"应付债券"科目下设置"可转换公司债券"明细科目进行核算。

　　实务中，可转换公司债券票面利息往往较低，按照一般公司债券发行的话，应该折价发行，但由于购买者将来有转换为股票的选择权，所以债券发行者一般会按照面值发行，这比一般公司债券多发行的价格一般视为权益成分的价值。企业发行的可转换公司债券，应当在初始确认时将其包含的负债成分和权益成分进行分拆，将负债成分的公允价值计入"应付债券"科目，将权益成分公允价值计入"其他权益工具"科目。

　　在进行分拆时，一般按以下顺序进行：

　　1）对负债成分的未来现金流量进行折现，确定负债成分的公允价值，计入"应付债券"科目。

　　2）按整体的发行价格总额扣除负债成分的公允价值后的金额确定权益成分的公允价值，计入"其他权益工具"科目。

　　3）发行可转换公司债券发生的交易费用，应当在负债成分和权益成分之间按照各自的公允价值进行分摊。

　　4）企业应按实际收到的款项，借记"银行存款"等科目；按可转换公司债券包含的负债成分面值，贷记"应付债券——可转换公司债券（面值）"科目；按权益成分的公允价值，贷记"其他权益工具"科目；按借贷双方之间的差额，借记或贷记"应付债券——可转换公司债券（利息调整）"科目。

　　对于可转换公司债券的负债成分，在转换为股份前，其会计处理与一般公司债券相同。

　　可转换公司债券持有人行使转换权利，将其持有的债券转换为股票，按可转换公司债券的余额，借记"应付债券——可转换公司债券（面值、利息调整）"科目；按其权益成分的金额，借记"其他权益工具"科目；按每股面值和转换的股数计算的股票面值总额，贷记"股本"科目；按其差额，贷记"资本公积——股本溢价"科目。

【例 10-2】　甲公司 2021 年 1 月 1 日按照面值发行总额为 100 000 000 元的可转换公司债券。该债券的期限为 3 年、票面年利率为 4%，除最后一期利息随本金支付外，每年年末付息，到期还本。发行债券所得款项已收存银行。假定债券发行时的市场利率为 6%。债券利息不符合资本化条件。假定不考虑发行费用。

债券发行 1 年后可转换为普通股股票，初始转股价为 10 元/股。债券持有人若在当期付息前转换股票的，应按债券面值和应计利息之和除以转股价，计算转换的股份数。假定 2022 年 1 月 1 日债券持有人将持有的可转换公司债券全部转换为普通股股票。请做出甲公司对发行的可转换公司债券的相关的会计分录。

【解析】

$$\text{可转换公司债券负债成分的公允价值} = 100\,000\,000 \times 4\% \times (P/A,6\%,3) + 100\,000\,000 \times (P/F,6\%,3)$$

$$= 4\,000\,000 \times 2.673 + 100\,000\,000 \times 0.8396 = 94\,652\,000 \text{（元）}$$

可转换公司债券权益成分的公允价值 = 100 000 000 - 94 652 000 = 5 348 000（元）

1）2021 年 1 月 1 日发行可转换公司债券。

借：银行存款	100 000 000
应付债券——可转换公司债券（利息调整）	5 348 000
贷：应付债券——可转换公司债券（面值）	100 000 000
其他权益工具	5 348 000

2）2021 年 12 月 31 日计提公司债券利息。

借：财务费用（94 652 000×6%）	5 679 120
贷：应付利息（100 000 000×4%）	4 000 000
应付债券——利息调整	1 679 120

3）2022 年 1 月 1 日债券持有人将可转换公司债券及其利息全部转换为股票。

借：应付债券——可转换公司债券（面值）	100 000 000
应付利息	4 000 000
其他权益工具	5 348 000
贷：股本	10 400 000
应付债券——可转换公司债券（利息调整）	3 668 880
资本公积——股本溢价	95 279 120

第三节　租赁负债

租赁是指在一定期间内，出租人将资产的使用权让与承租人以获取对价的合同。新租赁准则与原准则相比，承租人的会计处理不再区分经营租赁和融资租赁，除采用简化处理的短期租赁和低价值资产租赁外，对所有租赁均确认使用权资产和租赁负债，参照《企业会计准则第 4 号——固定资产》对使用权资产计提折旧，采用一定的利率确认每期利息费用。出租人租赁仍分为融资租赁和经营租赁两大类，并分别采用不同的会计处理方法。

▶▶ 一、承租人的会计处理

在租赁期开始日，承租人应当对租赁确认使用权资产和租赁负债，应用短期租赁和低价值资产租赁简化处理的除外。

（一）应付租赁款的入账价值

应付租赁款的入账价值，应当按照租赁期开始日尚未支付的租赁付款额的现值进行初始计量。在计算租赁付款额的现值时，承租人应当采用租赁内含利率作为折现率；无法确定租赁内含利率的，应当采用承租人增量借款利率作为折现率。

租赁付款额是指承租人向出租人支付的与在租赁期内使用租赁资产的权利相关的款项，主要包括固定付款额以及购买选择权的行权价格等。

按照《企业会计准则》规定，应付租赁款的入账价值需要分别在"租赁负债——租赁付款额"科目和"租赁负债——未确认融资费用"科目中登记。"租赁负债——租赁付款额"科目登记未来应付的租赁付款额，"租赁负债——未确认融资费用"科目登记租赁付款额与其现值之间的差额，即租赁期间应支付的利息费用。可以说，"租赁负债——未确认融资费用"科目是"租赁负债——租赁付款额"的抵减科目，"租赁负债——租赁付款额"账户贷方余额与"未确认租赁费用"账户借方余额的差额为租赁负债的账面价值。

在"营改增"以后，租赁公司租赁动产应缴纳增值税。按照增值税的有关规定，增值税的缴纳时点为合同规定的收款日期，因此，在计算租赁付款额及租赁付款额现值时，可以不考虑增值税。

（二）使用权资产的入账价值

"使用权资产"是指承租人可在租赁期内使用租赁资产的权利。反映承租人取得并持有的使用权资产的原价。计提折旧时，计入"使用权资产累计折旧"科目，计提减值时，计入"使用权资产减值准备"科目。使用权资产的核算原理类似于固定资产。

企业租入的使用权资产，应按照其租入成本进行初始计量。该成本包括以下四种：

1）租赁付款额的现值。

2）在租赁期开始日或之前支付的租赁付款额。

3）承租人发生的初始直接费用。初始直接费用，是指达成租赁所发生的增量成本。增量成本是指若企业不取得该租赁，则不会发生的成本，如佣金，印花税等。无论是否实际取得租赁都会发生的支出，不属于初始直接费用，如为评估是否签订租赁合同而发生的差旅费、法律费用等，此类费用发生时计入当期损益。

4）承租人为拆卸及移除租赁资产、复原租赁资产所在场地或将租赁资产恢复至租赁条款约定状态预计将发生的成本。

（三）租入固定资产的会计处理

企业取得租入固定资产时，应根据租入固定资产的入账价值，借记"使用权资产"科目；根据租入固定资产的租赁付款额，贷记"租赁负债——租赁付款额"科目；按尚未支付的租赁付款额与其现值的差额，借记"租赁负债——未确认融资费用"科目。根据支付的初始直接费用以及运杂费、安装费等，贷记"银行存款"等科目。

（四）支付应付租赁款及"租赁负债——未确认融资费用"的摊销

（1）支付应付租赁款　企业按期支付租赁款时，应根据不含增值税的租赁款，借记"租赁负债——租赁付款额"科目；根据可以抵扣的增值税进项税额，借记"应交税费——应交增值税（进项税额）"科目；根据支付的全部款项，贷记"银行存款"等科目。

（2）"租赁负债——未确认融资费用"的摊销 企业在支付租赁款的同时，还应根据期初租赁负债的账面价值和实际利率计算未确认融资费用摊销额，一般计入当期损益，借记"财务费用"等科目，贷记"租赁负债——未确认融资费用"科目，其中实际利率为计算折现值的折现率。

（五）使用权资产的折旧

企业租入固定资产，其折旧方法与企业自有固定资产的折旧方法相同，为了便于与固定资产折旧区分，应设置"使用权资产累计折旧"科目，其原理类似累计折旧。

承租人在确定使用权资产的折旧年限时，应遵循以下原则：承租人能够合理确定租赁期届满时取得租赁资产所有权的，应当在租赁资产剩余使用寿命内计提折旧；承租人无法合理确定租赁期届满时能够取得租赁资产所有权的，应当在租赁期与租赁资产剩余使用寿命两者中选择短的期间内计提折旧。

（六）租赁期届满时以支付名义价款确定租赁资产所有权

租入固定资产的租赁期届满时，企业应支付约定的名义价款，换取租赁资产的所有权。企业根据支付的不含增值税的名义价款，借记"租赁负债——租赁付款额"科目，根据支付的增值税，借记"应交税费——应交增值税（进项税额）"科目；根据支付的全部价款，贷记"银行存款"科目。

同时，在取得租赁资产的所有权以后，将租入的使用权资产转为固定资产，根据其原始价值，借记"固定资产——机器设备"等科目，贷记"使用权资产"科目；将使用权资产累计折旧转为固定资产累计折旧，借记"使用权资产累计折旧"科目，贷记"累计折旧"科目；同时，将使用权资产减值准备转为固定资产减值准备，借记"使用权资产减值准备"科目，贷记"固定资产减值准备"科目。

【例10-3】 2020年12月31日，甲公司与乙租赁公司签订了一份租赁合同，从乙租赁公司租入一台生产设备用于生产。租赁合同主要条款如下：

1）租赁资产：一台生产设备。

2）租赁期开始日：2021年1月1日。

3）租赁期：2021年1月1日至2023年12月31日，共3年。

4）固定租金支付：自2021年起，每年年末支付租金300 000元。

5）租赁开始日租赁资产的公允价值：该生产设备在2020年12月31日的公允价值为768 600元，账面价值为700 000元。

6）承租人的购买选择权：租赁期届满时，甲公司享有优惠购买该机器的选择权，购买价为30 000元，租赁资产的公允价值为200 000元。

7）生产设备的使用寿命为6年，预计净残值30 600元。租赁内含报酬率为10%。

甲、乙公司双方都是一般纳税人，增值税税率13%，不考虑其他因素。请做出甲公司对该租赁业务的相关会计处理。

【解析】 甲公司租赁该生产设备，租赁期3年，每年年末支付租金300 000元，租赁内含报酬率10%。租赁期届满时，租赁资产公允价值200 000元，支付的价款30 000元远低于公允价值，一般甲公司会购买该生产设备。

租赁付款额的现值 $=300\ 000\times(P/A,10\%,3)+30\ 000\times(P/F,10\%,3)$

$$=300\ 000\times2.4869+30\ 000\times0.751=768\ 600\ (元)$$

根据以上资料，甲公司编制的会计分录如下：

1）2021年1月1日租赁期开始时。

借：使用权资产   768 600

  租赁负债——未确认融资费用   161 400

   贷：租赁负债——租赁付款额   930 000

此时，租赁负债的账面价值 $=930\ 000-161\ 400=768\ 600$（元）。

2）2021年12月31日，支付租金、增值税，摊销未确认融资费用及计提折旧。

① 支付租金、增值税。

借：租赁负债——租赁付款额   300 000

  应交税费——应交增值税（进项税额）   39 000

   贷：银行存款   339 000

② 摊销未确认融资费用。

借：财务费用（768 600×10%）   76 860

   贷：租赁负债——未确认融资费用   76 860

③ 计提使用权资产累计折旧。

借：制造费用［（768 600−30 600）÷6］   123 000

   贷：使用权资产累计折旧   123 000

甲公司租赁期届满时一般会购买生产设备，则应该以该生产设备使用寿命6年期计提折旧。

甲公司2021年12月31日，租赁负债的账面价值 $=(930\ 000-300\ 000)-(161\ 400-76\ 860)=545\ 460$（元）。

3）2022年12月31日，支付租金、增值税，摊销未确认融资费用及计提折旧。

① 支付租金、增值税。

借：租赁负债——租赁付款额   300 000

  应交税费——应交增值税（进项税额）   39 000

   贷：银行存款   339 000

② 摊销未确认融资费用。

借：财务费用（545 460×10%）   54 546

   贷：租赁负债——未确认融资费用   54 546

③ 计提使用权资产累计折旧。

借：制造费用［（768 600−30 600）÷6］   123 000

   贷：使用权资产累计折旧   123 000

4）2023年12月31日，支付租金、增值税，摊销未确认融资费用及计提折旧等。

① 支付租金、增值税。

借：租赁负债——租赁付款额   300 000

  应交税费——应交增值税（进项税额）   39 000

　　贷：银行存款　　　　　　　　　　　　　　　　　　339 000
　② 摊销未确认融资费用。
　　借：财务费用（161 400-76 860-54 546）　　　　　29 994
　　　　贷：租赁负债——未确认融资费用　　　　　　　29 994
最后一年，应将剩余未确认的融资费用全部摊销。
　③ 计提使用权资产累计折旧。
　　借：制造费用［（768 600-30 600）÷6］　　　　　123 000
　　　　贷：使用权资产累计折旧　　　　　　　　　　　123 000
　④ 租赁期届满，支付购买选择权价款30 000元及增值税。
　　借：租赁负债——租赁付款额　　　　　　　　　　　30 000
　　　　应交税费——应交增值税（进项税额）　　　　　　3 900
　　　　贷：银行存款　　　　　　　　　　　　　　　　　33 900
　⑤ 将使用权资产转为自有固定资产。
　　借：固定资产　　　　　　　　　　　　　　　　　　768 600
　　　　使用权资产累计折旧（123 000×3）　　　　　　369 000
　　　　贷：使用权资产　　　　　　　　　　　　　　　768 600
　　　　　累计折旧　　　　　　　　　　　　　　　　　369 000

（七）短期租赁

　　短期租赁是指在租赁期开始日，租赁期不超过12个月的租赁。包含购买选择权的租赁不属于短期租赁。租赁付款额在租赁期内各个期间按照直线法或其他系统合理的方法根据租赁用途计入相关资产成本或当期损益，借记"制造费用""管理费用""销售费用"等科目，贷记"银行存款"科目。

（八）低价值资产租赁

　　低价值资产租赁，是指单项租赁资产为全新资产时价值较低的租赁。

　　承租人在判断是否是低价值资产租赁时，应基于租赁资产在全新状态下的价值进行评估，不考虑资产已被使用的年限。

　　通常情况下，符合低价值资产租赁的资产全新状态下的绝对价值应低于人民币40 000元。故承租人将普通的IT设备（例如员工个人使用的笔记本电脑、台式电脑、平板电脑、桌面打印机和手机）、办公家具、饮水机作为低价值租赁资产，可选择按照简化方法根据租赁用途进行会计处理，借记"制造费用""管理费用""销售费用"等科目，贷记"银行存款"科目。

二、出租人的会计处理

　　出租人应当在租赁开始日将租赁分为融资租赁和经营租赁。如果一项租赁实质上转移了与租赁资产所有权有关的几乎全部风险和报酬，出租人应当将该项租赁分类为融资租赁。出租人应当将除融资租赁以外的其他租赁分类为经营租赁。

　　通常分类为融资租赁的情形有以下五种：
　　1）在租赁期届满时，租赁资产的所有权转移给承租人。

2）承租人有购买租赁资产的选择权，所订立的购买价款预计将远低于行使选择权时租赁资产的公允价值，因而在租赁开始日就可以合理确定承租人将行使该选择权。

3）资产的所有权虽然不转移，但租赁期占租赁资产使用寿命的大部分。

4）在租赁开始日，租赁收款额的现值几乎相当于租赁资产的公允价值。在实务中，这里的"几乎相当于"通常是指90%以上。

5）租赁资产性质特殊，如果不做较大改造，只有承租人才能使用。

（一）出租人融资租赁时的会计处理

在租赁期开始日，出租人应当按尚未收到的租赁收款额，借记"应收融资租赁款——租赁收款额"科目，按融资租赁方式租出资产的账面价值，贷记"融资租赁资产"等科目，按融资租赁方式租出资产的公允价值与其账面价值的差额，借记或贷记"资产处置损益"科目，按发生的初始直接费用，贷记"银行存款"等科目，差额贷记"应收融资租赁款——未实现融资收益"科目。

出租人收到租赁收款额时，应当借记"银行存款"科目，贷记"应收融资租赁款——租赁收款额""应交税费——应交增值税（销项税额）"等科目。

出租人在确认租赁期内各个期间的利息收入时，一般根据期初应收融资租赁款账面价值（或者租赁投资净额）与租赁内含利率计算确定利息收入，应当借记"应收融资租赁款——未实现融资收益"科目；租赁公司贷记"租赁收入"，非租赁公司贷记"其他业务收入"科目。

【例10-4】 承【例10-3】，做出乙公司的会计分录。

【解析】 乙租赁公司的会计处理如下：

1）2021年1月1日租赁期开始日。

借：应收融资租赁款——租赁收款额	930 000
贷：融资租赁资产	700 000
资产处置损益	68 600
应收融资租赁款——未实现融资收益	161 400

此时，应收融资租赁款的账面价值=930 000-161 400=768 600（元）。

2）2021年12月31日，收到租金、增值税及摊销未实现融资收益。

① 收到租金和增值税。

借：银行存款	339 000
贷：应收融资租赁款——租赁收款额	300 000
应交税费——应交增值税（销项税额）	39 000

② 摊销未实现融资收益（即确认利息收入，下同）。

借：应收融资租赁款——未实现融资收益（768 600×10%）	76 860
贷：租赁收入	76 860

此时，应收融资租赁款的账面价值=（930 000-300 000）-（161 400-76 860）=545 460（元）。

3）2022年12月31日，收到租金、增值税及摊销未实现融资收益。

① 收到租金和增值税。

借：银行存款	339 000

　贷：应收融资租赁款——租赁收款额　　　　　　　　　　　　　300 000

　　　　应交税费——应交增值税（销项税额）　　　　　　　　　 39 000

② 摊销未实现融资收益。

借：应收融资租赁款——未实现融资收益（545 460×10%）　　　 54 546

　贷：租赁收入　　　　　　　　　　　　　　　　　　　　　　 54 546

4）2022年12月31日，收到租金和增值税及摊销未实现融资收益。

① 收到租金和增值税。

借：银行存款　　　　　　　　　　　　　　　　　　　　　　　339 000

　贷：应收融资租赁款——租赁收款额　　　　　　　　　　　　　300 000

　　　　应交税费——应交增值税（销项税额）　　　　　　　　　 39 000

② 摊销未实现融资收益。

借：应收融资租赁款——未实现融资收益（161 400−76 860−54 546）29 994

　贷：租赁收入　　　　　　　　　　　　　　　　　　　　　　 29 994

（注：最后一年，应将剩余未实现融资收益全部摊销。）

③ 租赁期届满，收到购买选择权价款30 000元及增值税。

借：银行存款　　　　　　　　　　　　　　　　　　　　　　　 33 900

　贷：应收融资租赁款——租赁收款额　　　　　　　　　　　　　 30 000

　　　　应交税费——应交增值税（销项税额）　　　　　　　　　　3 900

（二）出租人经营租赁时的会计处理

出租人应当将除融资租赁以外的其他租赁分类为经营租赁。

在租赁期内各个期间，出租人一般采用直线法或者其他系统合理的方法将经营租赁的租赁收款额确认为租金收入，借记"银行存款""应收账款"等科目，贷记"租赁收入""其他业务收入"等科目。

对于经营租赁资产中的资产，由于资产实质上还是属于出租人所有，出租人应当采用类似资产的折旧政策计提折旧或摊销。

出租人提供免租期的，出租人应将租金总额在整个租赁期（包含免租期），按直线法或其他合理的方法进行分配，免租期内应当确认租金收入。例如：甲公司将一闲置设备以经营租赁方式出租给乙公司使用。租赁合同约定，租赁期开始日为2021年7月1日，租赁期为4年，年租金为120万元，租金于每年7月1日支付，租赁期开始日起前3个月免租金，2021年7月1日，甲公司收到乙公司支付的扣除免租期后的租金90万元。不考虑其他因素，甲公司2021年确认的租金收入为56.25[450÷（4×12）×6]万元。

第四节　预 计 负 债

▶▶ 一、预计负债概述

预计负债是指基于某些或有事项引发的义务而确认的负债。掌握预计负债的确认，应首先了解或有事项的相关内容。

（一）或有事项的定义

或有事项是指由过去的交易或者事项形成的，其结果须由某些未来事项的发生或不发生才能决定的不确定事项。常见的或有事项有：未决诉讼或仲裁、债务担保、产品质量保证、亏损合同等。

（二）或有负债与或有资产

或有负债是指由过去的交易或事项形成的潜在义务，其存在须通过未来不确定事项的发生或不发生予以证实；或是由过去的交易或事项形成的现时义务，履行该义务不是很可能导致经济利益流出企业或该义务的金额不能可靠计量。

或有资产是指由过去的交易或者事项形成的潜在资产，其存在须通过未来不确定事项的发生或不发生予以证实。

或有负债与或有资产不做具体的账务处理，但要按照或有事项准则的规定进行相应的披露。

（三）或有事项的确认

（1）或有事项形成的或有资产只有在企业基本确定能够收到的情况下，才转变为真正的资产，从而予以确认。

（2）与或有事项相关的义务应当在同时符合以下三个条件时才能确认为负债，作为预计负债进行确认和计量：

1）该义务是企业承担的现时义务。

2）履行该义务很可能导致经济利益流出企业。履行或有事项相关义务导致经济利益流出的可能性，通常按照一定的概率区间加以判断。一般情况下，发生的概率分为以下四个层次：基本确定、很可能、可能、极小可能。其中，"基本确定"是指发生的可能性大于95%但小于100%；"很可能"是指发生的可能性大于50%但小于或等于95%；"可能"是指发生的可能性大于5%但小于或等于50%；"极小可能"是指发生的可能性大于0但小于或等于5%。

3）该义务的金额能够被可靠地计量。

二、预计负债的计量

（一）最佳估计数的确定

或有事项按照前述标准能够被确认为预计负债的，其金额应是清偿该负债所需支出的最佳估计数。

1. 所需支出存在一个金额范围

若所需支出存在一个连续范围，且该范围内各种结果发生的可能性相同，则最佳估计数应当按照该范围内的中间值确定，即按照该连续范围上下限金额的算术平均数确定。

【例10-5】 甲公司因违约被起诉，至2021年12月31日，人民法院尚未做出判决，经向公司法律顾问咨询，人民法院的最终判决很可能败诉，预计赔偿额为700 000元至900 000元。另外甲公司应承担的诉讼费为10 000元。请做出甲公司败诉时应编制的会计分录。

【解析】　甲公司很可能败诉。预计赔偿额为 700 000 元至 900 000 元，甲公司按照估计范围的中间值 800 000 元确认为一项预计负债。甲公司编制的分录如下：

借：管理费用——诉讼费　　　　　　　　　　　　　　　　　10 000
　　营业外支出　　　　　　　　　　　　　　　　　　　　　800 000
　　贷：预计负债　　　　　　　　　　　　　　　　　　　　　810 000

2. 所需支出不存在一个金额范围

（1）或有事项涉及单个项目的，按最可能发生金额确定

【例 10-6】　甲公司因违约被起诉，至 2021 年 12 月 31 日，人民法院尚未做出判决，经向公司法律顾问咨询，人民法院的最终判决很可能败诉，预计赔偿额 700 000 元的可能性为 80%，赔偿额 900 000 元的可能性为 20%。另外甲公司应承担的诉讼费为 10 000 元。

【解析】　甲公司很可能败诉。按最可能发生金额 700 000 元确认为一项预计负债。甲公司编制的分录如下：

借：管理费用——诉讼费　　　　　　　　　　　　　　　　　10 000
　　营业外支出　　　　　　　　　　　　　　　　　　　　　700 000
　　贷：预计负债　　　　　　　　　　　　　　　　　　　　　710 000

（2）或有事项涉及多个项目的，按各种可能结果及其发生的概率计算确定　实务中一般产品质量保证采用这种方法确定最佳估计数。

【例 10-7】　甲公司是生产并销售 A 产品的企业，2021 年第一季度，销售收入为 3 000 万元。根据公司的产品质量保证条款，该产品售出后一年内，如发生正常质量问题，公司将负责免费维修。根据公司技术部门的预测，本季度销售的产品中，90% 不会发生质量问题；8% 可能发生较小质量问题，发生的维修费用为销售收入的 1%；2% 可能发生较大质量问题，发生的维修费用为销售收入的 10%。请做出甲公司确认预计负债和实际发生质量保证支出时的会计分录。

【解析】　甲公司应进行如下处理：

1）2021 年第一季度末甲公司应确认的预计负债金额 =（3 000×90%）×0%+（3 000×8%）×1%+（3 000×2%）×10% = 8.4（万元）。

借：销售费用——产品质量保证　　　　　　　　　　　　　　84 000
　　贷：预计负债——产品质量保证　　　　　　　　　　　　　84 000

2）假定甲公司 2022 年实际发生 A 产品质量保证支出为 20 000 元，其中原材料支出为 12 000 元，人工成本为 8 000 元，则甲公司实际发生产品质量保证支出时应当编制如下会计分录：

借：预计负债——产品质量保证　　　　　　　　　　　　　　20 000
　　贷：原材料　　　　　　　　　　　　　　　　　　　　　12 000
　　　　应付职工薪酬　　　　　　　　　　　　　　　　　　8 000

（二）预期可能获得补偿的确定

企业在某些情况下，在履行因或有事项产生的现时义务时，所需支出的全部或部分金额可能会得到第三方的补偿。比如，甲公司因产品质量而被乙公司起诉，很可能要赔偿相关损失，但由于产生质量问题的重要零部件是从丙公司购买的，甲公司一般也会得到丙公

司一定的补偿。对于企业可能从第三方得到的补偿，由于存在较大的不确定性，因而企业只能在估计补偿金额基本确定能够收到时，才能将补偿金额作为资产单独认，借记"其他应收款"科目，贷记"营业外支出"科目，不能作为预计负债的抵减项目，而且确认的补偿金额也不能超过预计负债的入账价值。

【例 10-8】 甲公司 2021 年 10 月向乙公司销售一批产品，因产品存在一定的质量问题，导致乙公司发生经济损失。但由于双方对赔偿金额的认定未达成一致，乙公司于 2021 年 11 月提起诉讼，要求甲公司赔偿 1 000 000 元。甲公司在应诉过程中，发现所售产品确实存在较大的质量问题，但质量问题是由于丙公司为甲公司提供的零部件不合格所致。2021 年 12 月 31 日，甲公司预计败诉的可能性为 80%，最可能赔偿的金额为 700 000 元，且基本确定可以获得丙公司赔偿 500 000 元。假定 A 公司预计另支付诉讼费 10 000 元。请写出甲公司应编制的会计分录。

【解析】 甲公司应进行如下处理：

1）甲公司期末确认预计赔偿的损失及支付的诉讼费。

借：管理费用——诉讼费　　　　　　　　　　　　　　　　10 000
　　营业外支出——赔偿金　　　　　　　　　　　　　　　700 000
　　　贷：预计负债　　　　　　　　　　　　　　　　　　　　710 000

2）确认能够获得的补偿。

借：其他应收款——丙公司　　　　　　　　　　　　　　500 000
　　　贷：营业外支出——赔偿金　　　　　　　　　　　　　　500 000

（三）预计负债账面价值的复核

企业应当在资产负债表日对预计负债的账面价值进行复核。如果有确凿证据表明该账面价值不能真实反映当前最佳估计数，则应当按照当前最佳估计数对预计负债的账面价值进行调整。例如，企业由于生产某种产品对环境造成污染，根据相关法律规定预计清理污染所需支出的金额为 20 万元，确认为一项预计负债。期末复核时由于有关环保法律的变化导致企业预计清理该项污染的支出金额将增加至 30 万元，则该企业应当增加预计负债的账面价值 10 万元，并同时确认为当期损失。

▶▶ 三、亏损合同

亏损合同是指履行合同义务时会不可避免地发生的成本超过预期经济利益的合同。企业与其他单位签订的商品销售合同、劳务合同、租赁合同等待执行合同，均可能因环境发生变化而转化为亏损合同。企业因亏损合同而产生的义务如果符合预计负债的确认条件，应当将其确认为一项预计负债。对于因亏损合同而产生的预计负债的计量，应当反映企业退出该合同的最低成本，即履行该合同的亏损与未能履行该合同而发生的违约成本二者中的较低者。

（1）待执行合同变为亏损合同时，合同存在标的资产的，应当对标的资产进行减值测试并按规定确认减值损失

【例 10-9】 甲公司 2021 年 12 月 1 日与乙公司签订不可撤销合同，约定在 2022 年 2 月 10 向乙公司提供 A 产品 1 000 件，总价款 200 万元，若不能按期交货，将对甲公司处以

合同总价款 10% 的违约金。

2021 年 12 月 31 日，甲公司库存 A 产品 1 000 件，成本总额为 230 万元，按目前市场价格计算的市价总额为 210 万元。不考虑其他相关税费。做出甲公司应编制的会计分录。

【解析】　甲公司应进行如下处理：

1）甲公司履行合同将发生的损失＝230－200＝30（万元）。

2）甲公司不履行合同将发生的损失＝支付的违约金（200×10%）＋存货减值损失（230－210）＝40（万元）。

甲公司一般选择履行合同，并对库存的 A 商品计提减值损失，会计分录如下：

借：资产减值损失　　　　　　　　　　　　　　　　　　　　　300 000
　　贷：存货跌价准备　　　　　　　　　　　　　　　　　　　　　300 000

（2）待执行合同变为亏损合同时，合同不存在标的资产的　亏损合同相关义务满足规定条件时，应当确认预计负债。借记"营业外支出"科目，贷记"预计负债"科目。以后履行合同，则借记"预计负债"科目，贷记"库存商品"科目；支付违约金时，则借记"预计负债"科目，贷记"银行存款"科目。

【例 10-10】　甲公司 2021 年 12 月 1 日与乙公司签订不可撤销合同，约定在 2022 年 2 月 10 日向乙公司提供 A 产品 1 000 件，总价款 200 万元。若不能按期交货，将对甲公司处以合同总价款 10% 的违约金。签订合同时 A 产品尚未开始生产，甲公司 2021 年 12 月末准备生产 A 产品时，原材料价格突然上涨，预计生产 A 产品的生产成本 230 万元。请写出甲公司应编制的会计分录。

【解析】　甲公司应进行如下处理：

1）甲公司履行合同将发生的损失＝230－200＝30（万元）。

2）甲公司不履行合同将发生的损失＝200×10%＝20（万元）。

甲公司一般选择不履行合同。甲公司 2021 年 12 月末会计处理如下：

① 确认预计负债 200 000 元。

借：营业外支出　　　　　　　　　　　　　　　　　　　　　　200 000
　　贷：预计负债　　　　　　　　　　　　　　　　　　　　　　　200 000

② 以后支付违约金时。

借：预计负债　　　　　　　　　　　　　　　　　　　　　　　　200 000
　　贷：银行存款　　　　　　　　　　　　　　　　　　　　　　　200 000

【例 10-11】　甲公司 2021 年 12 月 1 日与乙公司签订不可撤销合同，约定在 2022 年 2 月 10 日向乙公司提供 A 产品 1 000 件，总价款 200 万元。若不能按期交货，将对甲公司处以合同总价款 10% 的违约金。签订合同时 A 产品尚未开始生产，甲公司 12 月末准备生产 A 产品时，原材料价格突然上涨，预计生产 A 产品的生产成本 210 万元。请做出甲公司应编制的会计分录。

【解析】　甲公司应进行如下处理：

1）甲公司履行合同将发生的损失＝210－200＝10（万元）。

2）甲公司不履行合同将发生的损失＝200×10%＝20（万元）。

所以甲公司一般选择履行合同。甲公司会计处理如下：

1）确认预计负债 100 万元。

借：营业外支出　　　　　　　　　　　　　　　　　　　　100 000
　　贷：预计负债　　　　　　　　　　　　　　　　　　　　　　100 000

2）待产品完工后，将已确认的预计负债冲减产品成本。

借：预计负债　　　　　　　　　　　　　　　　　　　　　100 000
　　贷：库存商品　　　　　　　　　　　　　　　　　　　　　　100 000

四、或有事项的披露

企业应当在附注中披露预计负债、或有负债和或有资产的有关信息。

（一）预计负债

预计负债应披露以下三项：

1）预计负债的种类、形成原因以及经济利益流出不确定性的说明。

2）各类预计负债的期初、期末余额和本期变动情况。

3）与预计负债有关的预期补偿金额和本期已确认的预期补偿金额。

（二）或有负债⊖

或有负债应披露以下三项：

1）或有负债的种类及其形成原因，包括已贴现商业承兑汇票、未决诉讼、未决仲裁、对外提供担保等形成的或有负债。

2）经济利益流出不确定性的说明。

3）或有负债预计产生的财务影响，以及获得补偿的可能性；无法预计的，应说明原因。

在涉及未决诉讼、未决仲裁的情况下，如果披露全部或部分信息预期对企业造成重大不利影响的，企业无须披露这些信息，但应当披露该未决诉讼、未决仲裁的性质，以及没有披露这些信息的事实和原因。

（三）或有资产

或有资产作为一种潜在资产，不符合资产确认的条件，因而不予确认。企业通常不应当披露或有资产，但或有资产很可能会给企业带来经济利益的，应当披露其形成的原因、预计产生的财务影响等。

第五节　递延收益

"递延收益"科目，属于负债类科目，递延收益是指不能计入当期损益，而应当在以后期间确认为收益的负债项目。递延收益的核算内容主要包括企业因政府补助形成的负债等。

一、政府补助的概念和特征

政府补助是指企业从政府无偿取得货币性资产或非货币性资产。其主要形式包括：财政拨款、财政贴息、税收返还、政府无偿划拨非货币性资产等形式。

⊖　不包括极小可能导致经济利益流出企业的或有负债。

政府补助有三个特征：①政府补助是来源于政府的经济资源；②政府补助是无偿的；③取得的是货币性资产或非货币性资产，一般实务中取得的政府补助多数是货币性资产。

直接减征、免征、增加计税抵扣额、抵免部分税额等不涉及资产直接转移的经济资源，不适用《企业会计准则第16号——政府补助》。增值税出口退税实际上是政府退回企业事先垫付的进项税，不属于政府补助。新能源汽车厂商从政府取得的补贴，与其销售新能源汽车密切相关，在性质上属于收入，不属于政府补助。

二、政府补助的分类

政府补助应当区分为与资产相关的政府补助和与收益相关的政府补助。

（1）与资产相关的政府补助　与资产相关的政府补助是指企业取得的、用于购建或以其他方式形成长期资产的政府补助。

（2）与收益相关的政府补助　与收益相关的政府补助是指除与资产相关的政府补助之外的政府补助。

三、政府补助的会计处理方法

政府补助有两种会计处理方法：总额法和净额法。

（一）总额法

在确认政府补助时，将其全额一次或分次确认为收益，而不是作为相关资产账面价值或者成本费用等的扣减。一般收到补助资金时，借记"银行存款"科目，贷记"递延收益"科目。以后期间，借记"递延收益"科目，与企业日常活动相关的政府补助则贷记"其他收益"科目，与企业日常活动无关的政府补助则贷记"营业外收入"科目。

（二）净额法

将政府补助确认为对相关资产账面价值或者所补偿成本费用等的扣减。一般收到补助资金时，借记"银行存款"科目，贷记"递延收益"科目。以后期间，借记"递延收益"科目，与资产相关的政府补助则贷记"固定资产"等科目，属于日常活动与收益相关的政府补助则贷记"管理费用""生产成本"等科目，属于非日常活动与收益相关的政府补助则贷记"营业外支出"科目。

企业应当根据经济业务的实质，判断某一类政府补助业务应当采用总额法还是净额法。通常情况下，对同类或类似政府补助业务只能选用一种方法，同时，企业对该业务应当一贯地运用该方法，不得随意变更。企业对某些补助只能采用一种方法，例如，对一般纳税人增值税即征即退等只能采用总额法进行会计处理。

实务中多数企业采用净额法核算政府补助。

《企业会计准则第16号——政府补助》规定，与企业日常活动相关的政府补助，应当按照经济业务实质，计入其他收益或冲减相关成本费用。与企业日常活动无关的政府补助，应当计入营业外收支。

可以设置"其他收益"科目，属于损益类科目。其他收益是《企业会计准则第16号——政府补助》下新设的会计科目。该科目用于核算总额法下与企业日常活动相关的政府补助等。

【例 10-12】 按照国家有关政策，企业购置环保设备可以申请补贴以补偿其环保支出。甲企业于 2020 年 1 月向政府有关部门提交了 210 万元的补助申请，作为对其购置环保设备的补贴。2020 年 3 月 15 日，甲企业收到了政府补贴款 210 万元。2020 年 4 月 20 日，甲企业购入不需要安装环保设备，实际成本为 480 万元，使用寿命 10 年，采用直线法计提折旧（不考虑净残值）。不考虑相关税费。请做出甲企业应编制的会计分录。

【解析】 与资产相关的政府补助。

（1）方法一：甲企业选择总额法进行会计处理

1）2020 年 3 月 15 日实际收到财政拨款，确认递延收益：

借：银行存款	2 100 000
贷：递延收益	2 100 000

2）2020 年 4 月 20 日购入设备：

借：固定资产	4 800 000
贷：银行存款	4 800 000

3）自 2020 年 5 月起每月末计提折旧，同时分摊递延收益。

① 月末计提折旧：

借：制造费用（4 800 000÷10÷12）	40 000
贷：累计折旧	40 000

② 月末分摊递延收益：

借：递延收益（2 100 000÷10÷12）	17 500
贷：其他收益	17 500

（2）方法二：甲企业选择净额法进行会计处理

1）2020 年 3 月 15 日实际收到财政拨款：

借：银行存款	2 100 000
贷：递延收益	2 100 000

2）2020 年 4 月 20 日购入设备：

借：固定资产	4 800 000
贷：银行存款	4 800 000
借：递延收益	2 100 000
贷：固定资产	2 100 000

3）自 2020 年 5 月起每个资产负债表日（月末）计提折旧。

借：制造费用 [（4 800 000−2 100 000）÷10÷12]	22 500
贷：累计折旧	22 500

【例 10-13】 丙企业 2020 年 8 月遭受重大自然灾害，并于 2020 年 9 月收到了政府补助资金 2 000 000 元。请做出丙企业应编制的会计分录。

【解析】 本例中属于与收益相关的政府补助。

1）丙企业按总额法进行会计处理：

借：银行存款	2 000 000
贷：营业外收入	2 000 000

2）丙企业按净额法进行会计处理：

借：银行存款　　　　　　　　　　　　　　　　　　　　　　2 000 000

　　贷：营业外支出　　　　　　　　　　　　　　　　　　　　　　2 000 000

【例10-14】　甲公司为高科技公司，2021年4月18日，收到当地即征即退的增值税100 000元。请做出甲公司应编制的会计分录。

【解析】　本例属于与收益相关的政府补助。

即征即退的增值税只能按总额法进行会计处理：

借：银行存款　　　　　　　　　　　　　　　　　　　　　　100 000

　　贷：其他收益　　　　　　　　　　　　　　　　　　　　　　100 000

【例10-15】　丙公司位于成都高新技术开发区，于2020年12月与成都科技园管委会签订合作协议，在开发区内投资设立生产基地。协议约定，开发区政府自协议签订之日起两个月内向丙公司提供500万元产业补贴资金用于奖励该企业在开发区内投资。丙公司自获得补贴起5年内注册地址不迁离本区。如果丙公司在此期间内提前搬离开发区，开发区政府允许丙公司按照实际留在本区的时间，保留部分补贴并按剩余时间追回补贴资金。丙公司于2021年1月1日收到补贴资金500万元。假设丙公司在实际收到补贴资金时，客观情况表明丙公司在未来5年内搬离开发区可能性很小。请做出丙公司应编制的会计分录。

【解析】　丙公司应进行如下处理：

1）2021年1月1日，丙公司实际收到补贴资金：

借：银行存款　　　　　　　　　　　　　　　　　　　　　　5 000 000

　　贷：递延收益　　　　　　　　　　　　　　　　　　　　　　5 000 000

2）2021年12月31日及以后年度，丙公司分期将递延收益结转计入当期损益：

借：递延收益（5 000 000÷5）　　　　　　　　　　　　　　1 000 000

　　贷：其他收益　　　　　　　　　　　　　　　　　　　　　　1 000 000

3）假设2024年1月，因丙公司重大战略调整，搬离开发区，开发区政府根据协议要求丙公司退回补贴款2 000 000元，丙公司转账支付：

借：递延收益（5 000 000-1 000 000×3）　　　　　　　　2 000 000

　　贷：银行存款　　　　　　　　　　　　　　　　　　　　　　2 000 000

第六节　借款费用

▶▶ 一、借款费用的范围

借款费用是企业因借入资金所付出的代价，它包括借款利息费用（包括因借款而发生的利息、借款折价或溢价的摊销和辅助费用）以及因外币借款而发生的汇兑差额等。租赁或者分期付款购买固定资产等情形下发生的"未确认融资费用"的摊销也属于借款费用。

1. 因借款而发生的利息

因借款而发生的利息，包括企业向银行或者其他金融机构等借入资金发生的利息、发行公司债券发生的利息以及其他带息债务所承担的利息等。

2. 因借款而发生的折价或溢价的摊销

因借款而发生的折价或溢价主要是发行债券等所发生的折价或溢价。因借款产生的折价或者溢价的摊销实质上是对债券票面利息的调整（即将债券票面利率调整为实际利率）。

3. 因借款而发生的辅助费用

因借款而发生的辅助费用，是指企业在借款过程中发生的诸如手续费、佣金等费用。由于这些费用是因安排借款而发生的，也属于借入资金所付出的成本，因而属于借款费用。

4. 因外币借款而发生的汇兑差额

因外币借款而发生的汇兑差额是指由于汇率变动对外币借款本金及其利息的记账本位币金额所产生的影响。由于汇率的变化往往和利率的变化相关，是外币借款所需承担的风险，因此，因外币借款相关汇率变化所导致的汇兑差额属于借款费用的有机组成部分。

5. 租赁或者分期付款购买固定资产等情形下发生的"未确认融资费用"的摊销

本章后续内容对此情况有详细描述，此处不再赘述。

▶▶ 二、借款费用的确认

借款费用有两种确认方法：一是将借款费用资本化计入相关资产的成本，即将借款费用确认为资产成本；二是将借款费用直接计入当期损益，即将借款费用确认为当期损益。

1. 借款费用确认为资产成本

企业发生的借款费用可直接归属于符合资本化条件的资产的购建或者生产的，应当予以资本化，计入相关资产成本，如"在建工程""制造费用""研发支出"等科目。

符合资本化条件的资产是指需要经过相当长时间（大于等于1年）购建或生产活动才能达到预定可使用或者可销售状态的固定资产、投资性房地产和存货等资产。建造合同成本、确认为无形资产的开发支出等在符合条件的情况下，也可以认定为符合资本化条件的资产。符合资本化条件的存货，主要包括房地产开发企业开发的用于对外出售的房屋、企业制造的用于对外出售的大型船舶等。这类存货通常需要经过相当长时间的建造或者生产过程，才能达到预定可销售状态。

那些购入即可使用的资产，或者购入后需要安装但所需安装时间较短的资产，人为或者故意等非正常因素导致资产的购建或者生产时间相当长的，不属于符合资本化条件的资产。

2. 借款费用确认为当期损益

不符合资本化条件的借款费用，应当在发生时直接计入当期损益，如"财务费用"科目。

▶▶ 三、资本化期间的确定

为资本化的借款费用必须发生在资本化期间内。因而，资本化期间是借款费用资本化的前提条件。借款费用的资本化期间，是指从借款费用开始资本化的时点到停止资本化时点的期间，但不包括借款费用暂停资本化的期间。

（一）借款费用开始资本化的时点

借款费用允许开始资本化必须同时满足下列三个条件：

（1）资产支出已经发生 这是指企业为购建和生产符合资本化条件资产的支出已经发生，其中，资产支出包括支付现金、承担带息债务（如带息应付票据）和转移非现金资产所发生的支出。转移非现金资产，例如企业将自己生产的产品用于符合资本化条件的资产的建造，或者用自己生产的产品换取其他企业的产品作为工程物资。

（2）借款费用已经发生 这是指企业已经发生了因购建或者生产符合资本化条件的资产而专门借入款项的借款费用，或者占用一般借款的借款费用，比如企业取得的银行借款已经开始计算利息。

（3）为使资产达到预定可使用或者可销售状态所必要的购建或者生产活动已经开始 这是指符合资本化条件资产的实体建造或者生产工作已经开始，比如设备开始安装、厂房实际开工建造等。但不包括仅仅持有资产但没有发生为改变资产形态而进行的实质上的建造或者生产活动。比如，企业为建造厂房购置了建筑用地，但是尚未开工，不能开始资本化。

企业只有在同时满足上述三个条件的情况下，相关借款费用才可以开始资本化；只要其中有一个条件没有满足，借款费用就不能资本化，而应计入当期损益。例如甲公司修建办公楼，2021年4月1日取得借款；2021年6月1日转账购买工程物资；2021年7月1日工程开工建造。则甲公司开始资本化的时点为2021年7月1日。

（二）借款费用暂停资本化的时间

符合资本化条件的资产在购建或者生产过程中发生非正常中断且中断时间连续超过3个月的，应当暂停借款费用的资本化。

非正常中断通常是由于企业管理决策上的原因或者其他不可预见的原因所导致的中断。例如企业因与施工方发生了质量纠纷，或者工程、生产用料没有及时供应，或者资金周转发生了困难，或者施工、生产发生了安全事故，或者发生了与资产购建、生产有关的劳动纠纷等，导致资产购建或者生产活动发生的中断，均属于非正常中断。非正常中断且中断时间连续超过3个月的，应当暂停借款费用的资本化。非正常中断但中断时间没有连续超过3个月的，相关借款费用仍可资本化。

正常中断通常仅限于因购建或者生产符合资本化条件的资产达到预定可使用或可销售状态所必要的程序，或者事先可预见的不可抗力因素导致的中断。比如，某项工程建造到一定阶段必须暂停进行质量或者安全检查，检查通过后才可继续下一阶段的建造工作，这类中断是在施工前可以预见的，而且是工程建造必须经过的程序，属于正常中断；还有某些地区的工程在建造过程中，由于可预见的不可抗力因素（如雨季或冰冻季节等原因）导致施工出现停顿，也属于正常中断。属于正常中断的，相关借款费用仍可资本化。

（三）停止资本化的时点

当企业购建或者生产符合资本化条件的资产达到预定可使用或者可销售状态时，应当停止借款费用的资本化。符合下列情形之一的，应当认为企业购建或生产的符合资本化条件的资产达到了预定可使用或可销售状态：

1）资产的实体建造全部完成或实质完成。

2）继续发生的支出很少或者几乎不再发生。

3）购建的固定资产与设计要求或合同要求基本相符。即使有极个别与设计、合同或者生产要求不相符的地方，也不影响其正常使用或者销售。

如果所购建或者生产的符合资本化条件资产的各部分分别完工，且每部分在其他部分继续建造或者生产过程中可供使用或者对外销售，就可以停止对已经达到预定可使用或可销售状态的部分相关借款费用的资本化。如果企业购建或者生产的资产的各部分分别完工，但必须等到整体完工后才可使用或者对外销售的，应当在该资产整体完工时停止借款费用的资本化。

▶▶ 四、借款费用资本化金额的确定

（一）借款利息费用资本化金额的确定

借款利息费用是指按照实际利率法计算的各期实际利息，既包括按照借款合同利率计算的票面利息，也包括因实际利率与合同利率不同而产生的折价或溢价的摊销额以及因借款而发生的辅助费用。

企业在确定借款利息资本化金额时，首先应当判断借款的来源。借款包括专门借款和一般借款。专门借款是指为购建或者生产符合资本化条件的资产而专门借入的款项。比如，企业为购建一条生产线而从银行取得的贷款就属于专门借款。专门借款的使用用途明确，而且其使用受与银行签订的借款合同的限制。一般借款是指除专门借款之外的借款，相对于专门借款而言，一般借款在借入时，通常没有被指定用于某项符合资本化条件资产的购建或生产。

借款费用资本化的借款范围，既包括专门借款，也可包括一般借款。对于一般借款，只有在购建或者生产某项符合资本化条件的资产占用了一般借款时，才应将与该部分一般借款相关的借款费用资本化；否则，所发生的借款费用应当计入当期损益。

1. 专门借款资本化金额的确定

在资本化期间内，专门借款利息的资本化金额，应当以专门借款当期实际发生的利息费用减去将闲置资金存银行取得的利息收入或进行暂时性投资取得的投资收益后的金额确定。

在费用化期间内，专门借款利息的费用化金额，应当以费用化期间的实际发生的利息费用减去费用化期间的存款利息收入或投资收益后的金额确定。

2. 一般借款利息资本化金额的确定

在资本化期间内，企业在购建或生产符合资本化条件的资产时，如果专门借款资金不足而占用了一般借款，应当根据为购建或生产符合资本化条件的资产而发生的累计资产支出超过专门借款部分的资产支出加权平均数（以下简称"占用的一般借款资产支出加权平均数"）乘以占用的一般借款资本化率，计算确定一般借款应予资本化的利息金额。一般借款的资本化率应当根据一般借款加权平均利率计算确定。对于一般借款本节计算不需要考虑闲置资金的收益。

$$\begin{matrix} \text{一般借款利息费用} \\ \text{资本化金额} \end{matrix} = \begin{matrix} \text{占用的一般借款} \\ \text{资产支出加权平均数} \end{matrix} \times \begin{matrix} \text{占用的一般借款} \\ \text{资本化率} \end{matrix}$$

$$\text{占用的一般借款资产支出加权平均数} = \sum \left(\text{每笔资产支出} \times \frac{\text{该笔支出在当期所占用的天数}}{\text{当期天数}} \right)$$

$$\text{占用的一般借款资本化率} = \frac{\text{所占用一般借款当期实际发生的利息之和}}{\text{所占用一般借款本金加权平均数}}$$

【例10-16】　甲公司拟在厂区内建造一幢新厂房，有关资料如下：

（1）2021年1月1日向银行专门借款5 000万元，期限为3年，年利率为6%，每年1月1日付息。

（2）除专门借款外，公司有2笔一般借款。一笔于2020年6月1日借入的长期借款3 000万元，期限为5年，年利率为8%，按年支付利息；另一笔于2020年12月1日借入的长期借款7 000万元，期限为5年，年利率为7%，按年支付利息。

（3）由于审批、办手续等原因，厂房于2021年4月1日才开始动工兴建，工程建设期间的支出情况如下：

2021年4月1日：2 000万元；

2021年6月1日：4 200万元；

2021年7月1日：3 000万元；

2022年1月1日：5 000万元；

2022年7月1日：800万元；

工程于2022年12月31日完工，达到预定可使用状态。

（4）专门借款中未支出部分全部存入银行，假定月利率为0.2%。假定全年按照360天算，每月按照30天算。

根据上述资料，请计算有关利息资本化金额和进行利息账务处理。

【解析】

（1）2021年的账务处理。

① 计算2021年专门借款利息资本化金额和费用化金额。

2021年专门借款的利息支出＝5 000×6%＝300（万元）。

2021年1月1日专门借款有5 000万闲置资金，2021年4月1日支出2 000万后专门借款剩余3 000万闲置资金，至2021年6月1日专门借款全部用完。

2021年专门借款中未支出部分存入银行取得的利息收入＝5 000×0.2%×3＋3 000×0.2%×2＝42（万元）。

其中：属于费用化期间（1月—3月）取得的利息收入＝5 000×0.25%×3＝30（万元）

属于资本化期间（4月—12月）取得的利息收入＝3 000×0.2%×2＝12（万元）

所以，2021年专门借款利息资本化金额（4月—12月）＝（5 000×6%×9/12）－12＝225－12＝213（万元）

2021年专门借款利息费用化金额（1月—3月）＝（5 000×6%×3/12）－30＝75－30＝45（万元）

对于专门借款利息，甲公司在2021年12月31日编制的会计分录如下：

借：在建工程　　　　　　　　　　　　　　　　　　　2 130 000

　　财务费用　　　　　　　　　　　　　　　　　　　　450 000

　　应收利息（银行存款）　　　　　　　　　　　　　　420 000

　　贷：应付利息　　　　　　　　　　　　　　　　　　　　3 000 000

② 计算2021年一般借款利息资本化金额和费用化金额。

占用的一般借款资产支出加权平均数＝（4 000－3 000）×7/12＋3 000×6/12＝2 200（万元）

占用的一般借款资本化率＝（3 000×8%＋7 000×7%）÷（3 000＋7 000）＝7.3%

一般借款利息费用资本化金额＝2 200×7.3%＝160.6（万元）

一般借款的总利息支出＝3 000×8%＋7 000×7%＝730（万元）

一般借款利息费用化金额＝730－160.6＝569.4（万元）

对于一般借款利息，甲公司在2021年12月31日编制的会计分录如下：

借：在建工程   1 606 000

  财务费用   5 694 000

  贷：应付利息   7 300 000

（2）2022年的账务处理。

① 计算2022年专门借款利息资本化金额和费用化金额。

2022年专门借款利息资本化金额＝5 000×6%＝300（万元）。

对于专门借款利息，甲公司在2022年12月31日编制的会计分录如下：

借：在建工程   3 000 000

  贷：应付利息   3 000 000

② 计算2022年一般借款利息资本化金额和费用化金额。

一般借款发生的利息金额＝3 000×8%＋7 000×7%＝730（万元）

占用一般借款的资产支出加权平均数＝（1 200＋3 000＋5 000）×12/12＋800×6/12＝9 600（万元）

占用一般借款的资本化率＝（3 000×8%＋7 000×7%）÷（3 000＋7 000）＝7.3%

一般借款利息资本化金额＝9 600×7.3%＝700.8（万元）

一般借款利息费用化金额＝730－700.8＝29.2（万元）

对于一般借款利息，甲公司在2022年12月31日编制的会计分录如下：

借：在建工程   7 008 000

  财务费用   292 000

  贷：应付利息   7 300 000

（二）因外币借款而发生汇兑差额资本化金额的确定

企业为购建或者生产符合资本化条件的资产所借入的专门借款为外币借款时，由于汇率变动会产生汇兑差额。为简化起见，在借款费用的资本化期间内，外币专门借款本金及利息的汇兑差额，应当予以资本化，计入符合资本化条件资产的成本。而一般借款的本金及利息所产生的汇兑差额，应当直接计入当期财务费用。

（三）租赁或者分期付款购买固定资产等情形下发生的"未确认融资费用"的摊销

租赁负债的融资费用是指承租人因租赁产生的负债每一期应当确认的融资费用，按照租赁负债的期初余额和选择的折现率计算确定。租赁负债的融资费用如果发生在资本化期间，应当予以资本化，借记"在建工程"等科目，贷记"租赁负债——未确认融资费用"科目；如果不符合资本化条件，则直接计入当期损益，借记"财务费用"科目，贷记"租赁负债——未确认融资费用"科目。

分期付款购买固定资产发生的"未确认融资费用"的摊销符合资本化条件时，借记"在建工程"等科目，贷记"未确认融资费用"科目；如果不符合资本化条件，应当直接计入当期损益，借记"财务费用"科目，贷记"未确认融资费用"科目。

第十一章

所有者权益

学习目标

1. **掌握**：实收资本（股本）、资本公积、留存收益和库存股的核算。
2. **理解**：所有者权益的分类、其他综合收益的内容。
3. **了解**：所有者权益与负债的区别

第一节 所有者权益概述

一、所有者权益的性质

（一）所有者权益的概念和特征

所有者权益是指企业资产扣除负债后由投资人所享有资产的剩余权益，是企业的净资产。公司的所有者权益又称为股东权益。

所有者权益具有以下三个特征：

1）除非发生减资、清算或分派现金股利，企业不需要偿还所有者权益。

2）企业清算时，只有在清偿所有的负债后，所有者权益才返还给所有者。

3）所有者凭借所有者权益能够参与企业利润的分配。

（二）所有者权益和负债的区别

所有者权益和负债虽然同是企业的权益，都体现企业的资金来源，但两者之间却有着本质的不同，具体表现在以下五个方面：

（1）性质不同　负债是债权人对企业资产的求偿权，是债权人的权益，债权人与企业只有债权债务关系，到期可以收回本息；而所有者权益则是企业所有者对企业净资产的求偿权，包括所有者对企业投入的资本以及其对投入资本的运作所产生的盈余的要求权，没有明确的偿还期限。

（2）偿还责任不同　负债要求企业按规定的时间和利率支付利息，到期偿还本金；而所有者权益则与企业共存亡，在企业经营期内无须偿还，国有企业按照国家规定分配收益，股份制企业按照董事会的决定支付股利，其他企业按照企业最高层管理机构的决定分配利润。

（3）享受的权利不同　债权人通常只有享受收回本金和按事先约定的利率收回利息的权利，既没有参与企业经营管理的权利，也没有参与企业收益分配的权利；而企业的所有者通常既具有参与企业经营管理的权利，也具有参与企业收益分配的权利。企业的所有者不仅享有法定的自己管理企业的权利，而且还享有委托他人管理企业的权利。

（4）计量特性不同　负债通常可以单独直接计量，而所有者权益除了投资者投资时以外，一般不能直接计量，而是通过资产和负债的计量来间接计量。

（5）风险和收益的大小不同　负债由于具有明确的偿还期限和约定的收益率，而且一旦到期就可以收回本金与相应的利息，因而风险较小，因为债权人承担的风险小，所以相应的债权人所获得的收益也较小；而所有者的投入资本，一旦投入被投资企业，一般情况下，不论企业未来经营状况如何，都不能抽回投资，因而承担的风险较大，相应的收益也较高，当然，也有可能要承担更大的损失。

二、所有者权益的分类

（一）按照来源分类

1. 所有者投入的资本

所有者投入的资本是指所有者投入企业的资本，它既包括构成企业注册资本或者股本的金额，也包括投入资本超过注册资本或者股本的金额，即资本溢价或者股本溢价。

2. 直接计入所有者权益的利得和损失

直接计入所有者权益的利得和损失是指不应计入当期损益、会导致所有者权益发生增减变动的、与所有者投入资本或者向所有者分配利润无关的利得或者损失。

3. 留存收益

留存收益是指企业历年实现的净利润留存于企业的部分，主要包括按净利润计提的盈余公积和历年累计的未分配利润。

（二）按照核算的内容和要求分类

1）实收资本（股本），是指投资者按照章程规定或合同、协议约定投入企业的资本。

2）其他权益工具，是指企业发行的除普通股以外的归类为权益工具的各种金融工具。

3）资本公积，是指投资者投入的超出其在企业注册资本（或股本）中所占份额的投资，以及直接计入所有者权益的利得和损失等。

4）其他综合收益，是指企业根据其他会计准则规定未在当期损益中确认的各项利得和损失。

5）留存收益，是指企业从历年实现的利润中提取或形成的留存于企业的内部积累，包括盈余公积和未分配利润。

第二节　实收资本（股本）

一、实收资本（股本）概述

（一）实收资本（股本）的概念

实收资本（股本）是指企业按照章程规定或合同、协议约定，接受投资者投入企业的资本。所有者向企业投入的资本，在一般情况下无须偿还，可以长期周转使用。实收资本（股本）的构成比例，即投资者的出资比例或股东的股份比例，通常是确定所有者在企业所有者权益中所占的份额和参与企业财务经营决策的基础，也是企业进行利润分配或股利分配的依据，同时还是企业清算时确定所有者对净资产要求权的依据。

我国《公司法》规定，股东可以用货币出资，也可以用实物、知识产权、土地使用权等可以用货币估价并可以依法转让的非货币财产作价出资，法律、行政法规规定不得作为出资的财产除外。企业应当对作为出资的非货币财产评估作价，核实财产，不得高估或者低估作价。法律、行政法规对评估作价有规定的，从其规定。

（二）账户设置

实收资本（股本）确认和计量的基本要求是股份有限公司应当设置"股本"账户，其他企业应设置"实收资本"账户，用于核算投资者投入资本的增减变动情况。该账户的贷方登记企业收到或转增的符合注册资本的数额，借方登记按照法定程序报经批准减少注册资本的数额，期末贷方余额反映企业期末实收资本（股本）的实有数额。本账户应按投资者设置明细核算。

二、一般企业实收资本的核算

投资者可以用现金投资，也可以用现金以外的其他有形资产投资，符合国家规定比例的，还可以用无形资产投资。按照规定，投资人的货币出资金额不得低于有限责任公司注册资本的30%。

（一）企业收到现金资产投资

企业收到投资时，一般应做如下会计处理：收到投资人投入的现金，应在实际收到或者存入企业开户银行时，按实际收到的金额，借记"银行存款"科目，按投入资本在注册资本或股本中所占份额，贷记"实收资本"科目，如有差异，按其差额贷记"资本公积——资本溢价"科目。

【例11-1】 甲、乙、丙3家公司共同出资设立有限责任公司W公司，公司注册资本为3 000 000元，甲、乙、丙公司持股比例分别为60%、30%和10%。W公司如期收到各投资者一次性缴足的款项。根据上述资料，W公司应如何做账务处理。

【解析】 W公司应做如下账务处理：

借：银行存款　　　　　　　　　　　　　　　　　　　　3 000 000
　　贷：实收资本——甲公司　　　　　　　　　　　　　　1 800 000
　　　　　　　　——乙公司　　　　　　　　　　　　　　　900 000
　　　　　　　　——丙公司　　　　　　　　　　　　　　　300 000

本例中，投资方甲、乙、丙公司分别按照60%、30%和10%的持股比例享有W公司的所有者权益，也按此比例参与W公司的利润分配和清算时对净资产的要求权。

（二）企业收到存货、固定资产和无形资产等非现金资产投资

企业接受投资者投入的存货（原材料、库存商品等）、固定资产（房屋建筑物、机器设备、运输设备等）、无形资产（专利权、商标权、土地使用权等）等非现金投资的，应按投资合同或协议约定价值（但投资合同或协议约定价值不公允的除外）确定接受资产的入账价值，按照投资合同或协议约定的在注册资本中应所占份额作为实收资本的金额，超过投资者在注册资本中所占份额的部分计入资本公积。

【**例 11-2**】 甲、乙、丙 3 家公司共同出资设立有限责任公司 W 公司，公司注册资本为 3 000 000 元，甲、乙、丙公司持股比例分别为 60%、30% 和 10%。甲公司以 A 材料投资，实际成本为 1 500 000 元，协议约定不含税价款为 1 600 000 元，增值税额为 208 000 元，甲公司开具了增值税专用发票。W 公司收到甲公司的原材料验收入库仍然作为原材料核算，合同约定价与公允价值相同。请做出 W 公司应编制的会计分录。

【**解析**】 本例中合同约定价与公允价值相同，无论原材料的成本是多少，均以协议约定价作为原材料的入账价值，按甲公司所占注册资本 3 000 000 元的 60% 即 1 800 000 元计入实收资本，超过部分入资本公积。W 公司应编制如下会计分录：

借：原材料——A 材料　　　　　　　　　　　　　　　　 1 600 000
　　应交税费——应交增值税（进项税额）　　　　　　　　 208 000
　　贷：实收资本——甲公司　　　　　　　　　　　　　　　 1 800 000
　　　　资本公积——资本溢价　　　　　　　　　　　　　　　 8 000

如果存货以计划成本核算，则收到的存货以计划成本入账，合同协议价与计划成本的差异计入"材料成本差异"。如果上例原材料的计划成本为 1 680 000 元，而协议价款为 1 600 000 元，这就形成了 80 000 元的节约差异，计入"材料成本差异"的贷方。W 公司的会计分录为

借：原材料——A 材料　　　　　　　　　　　　　　　　 1 680 000
　　应交税费——应交增值税（进项税额）　　　　　　　　 208 000
　　贷：实收资本——甲公司　　　　　　　　　　　　　　　 1 800 000
　　　　资本公积——资本溢价　　　　　　　　　　　　　　　 8 000
　　　　材料成本差异　　　　　　　　　　　　　　　　　　 80 000

【**例 11-3**】 甲、乙、丙 3 家公司共同出资设立有限责任公司 W 公司，公司注册资本为 3 000 000 元，甲、乙、丙公司持股比例分别为 60%、30% 和 10%。乙公司以 1 辆运输卡车作为投资，账面原价为 1 080 000 元，已提折旧 200 000 元，协议约定为不含税价款为 800 000 元，乙公司开具了增值税专用发票，增值税额为 104 000 元。W 公司收到运输卡车作为固定资产核算。请做出 W 公司应编制的会计分录。

【**解析**】 本例中合同约定价与公允价值相同，无论固定资产的账面价值是多少，均以协议约定价作为固定资产的入账价值，按乙公司所占注册资本 3 000 000 元的 30% 即 900 000 元计入实收资本，超过部分计入资本公积。W 公司应编制如下会计分录：

借：固定资产——运输设备（卡车）　　　　　　　　　　　 800 000
　　应交税费——应交增值税（进项税额）　　　　　　　　 104 000
　　贷：实收资本——乙公司　　　　　　　　　　　　　　　 900 000
　　　　资本公积——资本溢价　　　　　　　　　　　　　　　 4 000

【**例 11-4**】 甲、乙、丙 3 家公司共同出资设立有限责任公司 W 公司，公司注册资本为 3 000 000 元，甲、乙、丙公司持股比例分别为 60%、30% 和 10%。丙公司以 1 项非专利技术作为投资，账面原价为 350 000 元，已提摊销额为 50 000 元，协议约定为含税价款为 300 000 元，公允价值为不含税价 200 000 元，丙公司开具了增值税专用发票，增值税额为 12 000 元。W 公司收到该项非专利技术作为无形资产核算。做出 W 公司接受丙公司非专利技术投资的会计分录。

【解析】　本例中合同约定价 300 000 元与公允价值 212 000 元有较大差距，W 公司应以公允价值作为无形资产的入账价值，小于按丙公司所占注册资本的 10%，不需要计入资本公积。W 公司应编制如下会计分录：

借：无形资产——非专利技术　　　　　　　　　　　　　200 000
　　应交税费——应交增值税（进项税额）　　　　　　　 12 000
　　　贷：实收资本——丙公司　　　　　　　　　　　　　　　　212 000

（三）实收资本的增减变动

1. 实收资本的增加

实收资本增加的途径主要有三条：

（1）原投资者追加投资或新投资者投入资本　原投资者追加投资和新投资者投入资本的核算与前述接受投资相同。

（2）资本公积转增资本　将资本公积转入实收资本，应按各投资者所占注册资本的份额计入各明细科目。

【例 11-5】　W 公司按甲、乙、丙公司的出资比例 60%、30%、10%，将资本公积 12 000 元转增资本。做出 W 公司应编制的会计分录。

【解析】　W 公司应做如下会计分录：

借：资本公积——资本溢价　　　　　　　　　　　　　　12 000
　　　贷：实收资本——甲公司（12 000×60%）　　　　　　　　　 7 200
　　　　　　　　　　——乙公司（12 000×30%）　　　　　　　　　 3 600
　　　　　　　　　　——丙公司（12 000×10%）　　　　　　　　　 1 200

（3）盈余公积转增资本　将盈余公积转入实收资本，也应按各投资者所占注册资本的份额计入各明细科目。公司以法定盈余公积转增注册资本的，验资证明应当载明留存的法定盈余公积不少于转增前公司注册资本的 25%。

债务重组的债转股方式以及以权益结算的股利支付也是增加实收资本的途径，详见股份有限公司股本增加的核算。

2. 实收资本的减少

一般企业减少实收资本的情形较少，大体有两种：①资本过剩；②企业发生重大亏损而需要减少实收资本。

企业因资本过剩而减资，一般要发还投资款。此时的会计处理比较简单，按法定程序报经批准减少注册资本的，借记"实收资本"科目，贷记"库存现金""银行存款"等科目。

公司减少注册资本的，应当自公告之日起 45 日后申请变更登记，并应当提交公司在报纸上登载公司减少注册资本公告的有关证明和公司债务清偿或者债务担保情况的说明。公司减资后的注册资本不得低于法定的最低限额。

三、股份有限公司投入资本的核算

（一）股份有限公司概述

股份有限公司是指全部资本由等额股份构成并通过发行股票筹集资本、股东以其认购的股份为限对公司承担责任、公司以其全部财产对公司债务承担责任的企业法人。股份有限公司由全体股东组成股东大会,股东大会是股份有限公司的权力机构,股东出席股东大会,所持每1股份(普通股)有1份表决权。

1. 股份有限公司的设立方式

股份有限公司有两种设立方式,发起式设立和募集式设立。发起式设立的特点是公司的股份全部由发起人认购,不向发起人之外的任何人募集股份;募集式设立的特点是公司股份除发起人认购外,还可以采用向其他法人或自然人发行股票的方式进行募集。公司设立方式不同,筹集资本的风险也不同。发起式设立公司,其所需资本由发起人一次认足,一般不会发生设立公司失败的情况。因此,发起式设立的筹资风险小。社会募集股份,其筹资对象广泛,在资本市场不景气或股票的发行价格不恰当的情况下,有发行失败(即股票未被全部认购)的可能。因此,募集式设立的筹资风险大。按照有关规定,发行失败的损失由发起人负担,包括承担筹建费用、公司筹建过程中的债务和对认股人已缴纳的股款支付银行同期存款利息等责任。

2. 公司股票类型

按股东所持股票享有的权利,可以将股票分为普通股和优先股。普通股是股份有限公司的基本股份,普通股股东享有投票表决权、优先认股权、收益分配权和剩余财产分配权。优先股是一种处于公司债券和普通股股票之间的混合证券。优先股有固定的利率,这与公司债券相似;但没有固定的偿还日期,这与普通股相似。与普通股股东相比,优先股股东一般不具有投票表决权和优先认股权,但具有收益和剩余财产分配的优先权。

(二)发行股票的核算

1. 发行普通股股票的核算

股份有限公司发行普通股股票,应设置"股本"账户,核算股东投入股份有限公司的股本。贷方登记发行股票的面值,借方登记回购股票等注销股本的面值,余额在贷方,反映期末公司发行在外的股票面值。本账户可按股票种类、股东单位或姓名设置明细账户,企业应将核定的股本总额、股份总数、每股面值在股本账户中做备查记录。

股份有限公司的股本应在核定的股本总额范围内,发行股票取得。但值得注意的是,企业发行股票取得的收入与股本总额往往不一致,公司发行股票取得的收入大于股本总额的,称为溢价发行;小于股本总额的,称为折价发行;等于股本总额的,称为面值发行。我国不允许企业折价发行股票。在采用溢价发行股票的情况下,企业应将相当于股票面值的部分计入"股本"账户,其余部分在扣除发行手续费、佣金等发行费用后记入"资本公积——股本溢价"科目。

【例11-6】 H股份有限公司发行股票5 000万股,每股面值1元,发行价15元,按发行收入的2%支付发行手续费和佣金。发行完毕,扣除发行费用后的款项收存银行。请做出H公司应编制的会计分录。

【解析】 H公司应进行如下处理:

实际收到的款项 = 5 000×15×(1-2%) = 73 500(万元)

计入股本的金额 = 5 000×1 = 5 000(万元)

计入资本公积的金额＝73 500－5 000＝68 500（万元）

据上述资料，H 股份有限公司应做以下账务处理：

借：银行存款	735 000 000
贷：股本	50 000 000
资本公积——股本溢价	685 000 000

2. 发行优先股股票

股份有限公司发行优先股股票，应设置"其他权益工具——优先股"账户进行核算。贷方登记发行优先股收到的价款，借方登记可将优先股转换为普通股的账面价值，贷方余额反映发行在外的优先股账面价值。

公司在优先股发行之前或发行过程中，可能会发生各项发行费支出，如手续费和佣金等，这部分支出应冲减优先股的账面价值。发行优先股时，应按照收到的价款，借记"银行存款"等科目，贷记"其他权益工具——优先股"科目。

（三）股本增减变动的核算

1. 股本增加的核算

与一般企业实收资本增加类似，股份有限公司股本的增加也有多种方式。

（1）增发股票　这种方式类似于实收资本的追加投资，与首次发行股票的核算相同。

（2）资本公积和盈余公积转增股本　资本公积、盈余公积和股本都属于所有者权益项目，资本公积和盈余公积转增股本不会导致所有者权益总额发生变化，只是所有者权益内部结构发生变化。应按照转增的金额从"资本公积""盈余公积"的借方转入"股本"的贷方。

【例 11-7】　H 股份有限公司以盈余公积转增股本，每 10 股转 2 股，公司总股本30 000万股。请做出 H 公司应编制的会计分录。

【解析】　转增总股数＝30 000÷10×2＝6 000（万股），转增以后，公司总股本由30 000万股增加到 36 000 万股。H 公司应编制如下会计分录：

借：盈余公积	60 000 000
贷：股本	60 000 000

（3）发放股票股利　股份有限公司的利润分配可以采用发放现金股利和股票股利的方式，采用发放股票股利实现增资的，在发放股票股利时，按照股东原来持有的股数分配，如果股东所持股份按比例分配的股利不足 1 股，应采用恰当的方法处理。例如，股东会决议按股票面额的 10%发放股票股利时（假定新股发行价格及面额与原股相同），对于所持股票不足 10 股的股东，将会发生不能领取 1 股的情况。在这种情况下，有两种方法可供选择：①将不足 1 股的股票股利改为现金股利，用现金支付；②由股东相互转让，凑为整股。按照股东大会批准的利润分配方案中分配的股票股利，应在办理增资手续后，借记"利润分配"科目，贷记"股本"科目。

【例 11-8】　H 股份有限公司股东大会通过的利润分配方案是每 10 股分 3 股，总股本30 000 万股。请做出 H 公司应编制的会计分录。

【解析】　会计分录如下：

借：利润分配——转作股本的股利	90 000 000
贷：股本	90 000 000

（4）持有人行使可转换公司债券的转换权利 可转换公司债券持有人行使转换权利，将其持有的债券转换为股票，按可转换公司债券的余额，借记"应付债券——可转换公司债券（面值、利息调整）"科目；按其权益成分的金额，借记"其他权益工具"科目；按股票面值和转换的股数计算的股票面值总额，贷记"股本"科目；按其差额，贷记"资本公积——股本溢价"科目。

【例11-9】 持有人行使H股份有限公司发行的可转换公司债券，转换价每股10元，每股面值1元。转换前债券面值1 000万元，利息调整为借方余额95万元，发行时权益成分的初始确认金额为116.7万元。做出H公司可转换公司债券转换时的会计分录。

【解析】 转换时计入股本的金额＝1 000÷10＝100（万元），应编制的会计分录为

借：应付债券——可转换公司债券（面值） 10 000 000
　　其他权益工具 1 167 000
　　贷：应付债券——可转换公司债券（利息调整） 950 000
　　　　股本 1 000 000
　　　　资本公积——股本溢价 9 217 000

（5）以权益结算的股份支付的行权 以权益结算的股份支付换取职工或其他方提供服务的，应在行权日，按根据实际行权情况确定的金额，借记"资本公积——其他资本公积"科目；按应计入股本的金额，贷记"股本"科目；差额计入"资本公积——股本溢价"科目。

【例11-10】 2021年年末，H股份有限公司有120名员工行使以权益结算的股份支付权利，每名员工可以8元的价格购买本公司股票1 000股，股票面值1元，行使权利前"资本公积——其他资本公积"余额为189.6万元。请做出H公司应编制的会计分录。

【解析】 会计分录如下：

借：银行存款（120×1 000×8） 960 000
　　资本公积——其他资本公积 1 896 000
　　贷：股本（120×1 000） 120 000
　　　　资本公积——股本溢价 2 736 000

（6）债务重组中的债务转为股本 企业将重组债务转为股本的，应按重组债务的账面余额，借记"应付账款"等科目；按债权人因放弃债权而享有本企业股份的面值总额，贷记"股本"科目；按股份的公允价值总额与相应的股本之间的差额，贷记或借记"资本公积——股本溢价"科目；剩余的分录借贷差额计入"投资收益"科目。

2. 股本减少的核算

股份有限公司由于缩小经营规模而导致资本过剩等原因，经有关部门批准，可以在《公司法》规定的股份有限公司最低注册资本以上的范围内，回购已发行的股票，以核销股本。股份有限公司减少股本一般是通过回购股票的方式进行，由于发行股票的价格与股票面值可能不同，回购股票的价格也可能与发行价格不同。

股份有限公司回购股票，应当设置"库存股"账户，借方登记回购股票支付的价款，贷方登记注销股本时转销的库存股的金额，余额在借方，反映股票回购但尚未注销的股票价款。库存股的核算详见本章第五节"库存股"。

第三节 资本公积

一、资本公积概述

（一）资本公积及其内容

资本公积是指企业收到投资者出资超出其在注册资本（股本）中所占份额的部分以及某些特定情况下直接计入所有者权益的利得和损失。资本公积包括资本溢价（股本溢价）和其他资本公积。根据我国《公司法》等法律的规定，资本公积的用途主要是用来转增资本（股本）。但对于其他资本公积项目，在相关资产处置之前，不能用于转增资本或股本。

资本溢价（股本溢价）是企业收到投资者的超出其在企业注册资本（股本）中所占份额的投资，形成资本溢价（股本溢价）的原因有溢价发行股票、投资者超额缴入资本等。

直接计入所有者权益的利得和损失是指不应计入当期损益、会导致所有者权益发生增减变动的、与所有者投入资本或者向所有者分配利润无关的利得或者损失，包括除净损益、其他综合收益和利润分配以外所有者权益的其他变动以及以权益结算的股份支付形成的资本公积。

（二）资本公积与实收资本（股本）、留存收益、其他综合收益的区别

1. 资本公积与实收资本（股本）的区别

（1）从来源和性质看 实收资本（股本）是指投资者按照企业章程或合同、协议的约定，实际投入企业并依法进行注册的资本，它体现了企业所有者对企业的基本产权关系。资本公积是投资者的出资额超出其在注册资本中所占份额的部分，以及直接计入所有者权益的利得和损失，它不直接表明所有者对企业的基本产权关系。

（2）从用途看 实收资本（股本）的构成比例是确定所有者参与企业财务经营决策的基础，也是企业进行利润分配或股利分配的依据，同时还是企业清算时确定所有者对净资产的要求权的依据。资本公积的用途主要是用来转增资本（股本）。资本公积不体现各所有者的占有比例，也不能作为所有者参与企业财务经营决策或进行利润分配（股利分配）的依据。

2. 资本公积与留存收益的区别

资本公积的来源不是企业实现的利润，而主要来自资本溢价（股本溢价）等。留存收益是指企业从历年实现的利润中提取或形成的留存于企业的内部积累，来源于企业生产经营活动实现的利润。

3. 资本公积与其他综合收益的区别

资本公积和其他综合收益都会引起所有者权益的增减变动，但资本公积的资本溢价（股本溢价）不会影响损益，而其他综合收益在满足条件的情况下，可以重分类为损益进而影响当期利润。

二、资本公积的会计处理

(一) 账户设置

企业应设置"资本公积"账户,用以反映资本公积的增减变动情况。贷记登记增加的资本公积;借记登记减少的资本公积;余额在贷方,反映企业实际拥有的资本公积。资本公积应设置"资本(股本)溢价""其他资本公积"等明细账户。

(二) 资本(股本)溢价的会计处理

1. 资本溢价

在企业创立时,出资者认缴的出资额全部记入"实收资本"科目。但在企业重组并有新的投资者加入时,为了维护原有投资者的权益,新加入的投资者由于投资风险、资金利润率与原投资者差别较大,由此而带给投资者的权利也不同,往往早期出资带给投资者的权利要大于后期出资带给投资者的权利。所以,新加入的投资者要付出大于原有投资者的出资额,才能取得与投资者相同的投资比例。另外,新加入的投资者如与原投资者共享企业的留存收益,也要求其付出大于原有投资者的出资额,才能取得与原有投资者相同的投资比例。投资者投入的资本中按其投资比例计算的出资额部分,应计入"实收资本"科目,大于部分应计入"资本公积——资本溢价"科目。

【例 11-11】 某有限责任公司由甲、乙、丙 3 位股东各自出资 150 万元设立。设立时的实收资本为 450 万元。经过 3 年的经营,该企业留存收益为 240 万元。这时又有丁投资者有意参加该企业,并表示愿意以一栋仓库出资,合同协议约定不含税价为 180 万元(假定是公允的),增值税税率 9%,占该企业注册资本的 25%。企业已办妥相关增资手续。请做出该有限责任公司应编制的会计分录。

【解析】 在会计处理时,丁股东投资以后,公司的实收资本总额应是 600(150×4)万元。投入的仓库应以合同协议约定的金额 180 万元入账,计入"实收资本"的应该是注册资本总额 600 万元的 25% 即 150 万元,仓库的含税价为 196.2(180+180×9%)万元,超过 150 万元的 46.2 万元应计入"资本公积——资本溢价"科目。

借: 固定资产——房屋建筑物	1 800 000
应交税费——应交增值税(进项税额)	162 000
贷: 实收资本——丁公司	1 500 000
资本公积——资本溢价	462 000

2. 股本溢价

股份有限公司是以发行股票的方式筹集股本的,股票面值为 1 元,可以采用面值和溢价发行股票,目前我国不允许折价发行股票。在采用与股票面值相同的价格发行股票的情况下,企业发行股票取得的收入,应全部计入"股本"科目;在采用溢价发行股票的情况下,企业发行股票取得的收入,相当于股票面值的部分计入"股本"科目,超出股票面值的溢价收入计入"资本公积——股本溢价"科目。委托证券商代理发行股票而支付的手续费、佣金等,应从溢价发行的收入中扣除,企业应按扣除手续费、佣金后的数额计入"资本公积——股本溢价"科目。

【例 11-12】　H 股份有限公司委托 A 证券公司发行普通股，股票面值总额 8 000 万元，发行价每股 3 元，总额 24 000 万元，发行费按发行总额的 2% 计算（不考虑其他因素），股票发行净收入全部收到。做出甲公司应进行的账务处理。

【解析】　甲公司应进行如下处理：

发行费用 = 24 000×2% = 480（万元）

发行净收入 = 24 000−480 = 23 520（万元）

资本公积 = 23 520−8 000 = 15 520（万元）

借：银行存款　　　　　　　　　　　　　　　　　　　235 200 000

　　贷：股本　　　　　　　　　　　　　　　　　　　　80 000 000

　　　　资本公积——股本溢价　　　　　　　　　　　155 200 000

（三）其他资本公积的会计处理

其他资本公积，是指除资本溢价（股本溢价）项目以外所形成的资本公积，主要包括采用权益法核算的长期股权投资和以权益结算的股份支付形成的其他资本公积。

1. 采用权益法核算的长期股权投资

长期股权投资采用权益法核算的，被投资单位除净损益、其他综合收益和利润分配以外的所有者权益的其他变动，投资企业按持股比例计算应享有的份额，应当增加或减少长期股权投资的账面价值，同时增加或减少"资本公积——其他资本公积"。当处置采用权益法核算的长期股权投资时，应当将原计入"资本公积——其他资本公积"科目的相关金额转入"投资收益"科目，不能转入损益的项目除外。

2. 以权益结算的股份支付

以权益结算的股份支付是指企业以股份或其他权益工具作为对价进行结算的交易，最常用的工具有两类：限制性股票和股票期权。

限制性股票是指职工或其他方按照股份支付协议规定的条款和条件，从企业获得一定数量的本企业股票，企业授予职工一定数量的股票，在一个确定的等待期或在满足特定业绩指标之前，职工出售股票会受到持续服务期限或业绩条件的限制。

股票期权是指企业授予职工或其他方在未来一定期限内以预先确定的价格和条件购买本企业一定数量股票的权利。

以权益结算的股份支付换取职工或其他方提供服务的，应按照确定的金额，计入"管理费用"等科目，同时增加"资本公积——其他资本公积"。在行权日，应按实际行权的权益工具数量计算确定的金额，借记"资本公积——其他资本公积"科目，按计入实收资本或股本的金额，贷记"实收资本"或"股本"科目，并将其差额计入"资本公积——资本溢价"或"资本公积——股本溢价"科目。

【例 11-13】　A 公司为一上市公司。2019 年 1 月 1 日，公司向其 120 名管理人员每人授予 300 股股票期权，股票面值 1 元/股。条件是这些职员从 2019 年 1 月 1 日起在该公司连续服务 3 年，即可以每股 8 元的价格购买本公司股票 300 股，从而获取收益。公司估计该期权在授予日的公允价值为 20 元。

第 1 年有 18 名职员离开该公司，估计 3 年中离开的职员的比例将达到 15%；第 2 年又有 12 名职员离开公司，估计的职员离开比例修正为 25%；第 3 年又有 6 名职员离开。

管理费用和资本公积计算过程见表 11-1。请写出 A 公司的账务处理。

表 11-1　管理费用和资本公积计算表　　　　　　　　　　单位：元

年　份	计 算 过 程	当期费用	累计费用
2019	120×(1−15%)×300×20÷3	204 000	204 000
2020	120×(1−25%)×300×20×2÷3−204 000	156 000	360 000
2021	(120−18−12−6)×300×20−360 000	144 000	504 000

【解析】　A 公司的账务处理如下：

1）2019 年 1 月 1 日，授予日不做会计分录。

2）2019 年 12 月 31 日。

借：管理费用　　　　　　　　　　　　　　　　　　　　　　204 000
　　贷：资本公积——其他资本公积　　　　　　　　　　　　　　204 000

3）2020 年 12 月 31 日。

借：管理费用　　　　　　　　　　　　　　　　　　　　　　156 000
　　贷：资本公积——其他资本公积　　　　　　　　　　　　　　156 000

4）2021 年 12 月 31 日。

借：管理费用　　　　　　　　　　　　　　　　　　　　　　144 000
　　贷：资本公积——其他资本公积　　　　　　　　　　　　　　144 000

5）2022 年 12 月 31 日，如果留下的 84 名职工都行权，每人 300 股，买价 8 元/股，收到价款 201 600 元，存入银行。当日股价 26.8 元。

借：银行存款　　　　　　　　　　　　　　　　　　　　　　201 600
　　资本公积——其他资本公积　　　　　　　　　　　　　　　504 000
　　贷：股本（84×300）　　　　　　　　　　　　　　　　　　25 200
　　　　资本公积——股本溢价　　　　　　　　　　　　　　　680 400

第四节　其他综合收益

▶ 一、其他综合收益概述

其他综合收益是指企业根据其他会计准则规定的未在当期损益中确认的各项利得和损失，其他综合收益不得用于转增资本（股本）。

其他综合收益包括以后会计期间不能重分类进损益的其他综合收益和以后会计期间满足规定条件时允许重分类进损益的其他综合收益两类。

1. 以后会计期间不能重分类进损益的其他综合收益的项目

1）重新计量设定受益计划净负债或净资产导致的变动。

2）按照权益法核算因被投资单位重新计量设定受益计划净负债或净资产变动导致的权益变动，投资企业按持股比例计算确认的该部分其他综合收益项目。

3）在初始确认时，企业可以将非交易性权益工具指定为以公允价值计量且其变动计入其他综合收益的金融资产，该指定后不得撤销。即当该类非交易性权益工具终止确认时，原计入其他综合收益的公允价值变动损益不得重分类进损益。

2. 以后会计期间在满足规定条件时允许重分类进损益的其他综合收益的项目

1）以公允价值计量且其变动计入其他综合收益的金融资产公允价值的变动。

2）金融资产的重分类。

3）采用权益法核算的长期股权投资。

4）存货或自用房地产转换为投资性房地产且该投资性房地产采用公允价值模式计量。

二、其他综合收益的核算

1. 以公允价值计量且其变动计入其他综合收益的金融资产的公允价值变动

以公允价值计量且其变动计入其他综合收益的金融资产的公允价值与账面价值的差额，应确认为其他综合收益；处置时应结转与其相关的其他综合收益。这部分主要是指其他债权投资形成的公允价值与账面价值的差额。

2. 金融资产的重分类

将其他债权投资重分类为采用摊余成本计量的金融资产时，应以重分类日该金融资产的公允价值或账面价值作为摊余成本，该金融资产没有固定到期日的，与该金融资产相关、原直接计入所有者权益的利得或损失，应当仍然计入"其他综合收益"科目，在该金融资产被处置时转入当期损益。

将债权投资重分类为其他债权投资，并以公允价值进行后续计量的，在重分类日，应将该投资的账面价值与其公允价值之间的差额计入"其他综合收益"科目，在其发生减值或终止确认时转出，计入当期损益。

按照金融工具确认和计量的规定应当以公允价值计量，但以前公允价值不能可靠计量的其他债权投资，企业应当在其公允价值能够可靠计量时改按公允价值计量，将相关账面价值与公允价值之间的差额计入"其他综合收益"科目，在其发生减值或终止确认时将上述差额转出，计入当期损益。

3. 采用权益法核算的长期股权投资

采用权益法核算的长期股权投资，按照被投资单位实现其他综合收益以及持股比例计算应享有或分担的金额，调整长期股权投资的账面价值，同时增加或减少其他综合收益，其会计处理为：借记或贷记"长期股权投资——其他综合收益"科目，贷记或借记"其他综合收益"科目，待该项股权投资处置时，将原计入其他综合收益的金额转入当期损益。

4. 存货或自用房地产转换为投资性房地产

企业将作为存货的房地产转换为采用公允价值模式计量的投资性房地产时，应当按该项房地产在转换日的公允价值，借记"投资性房地产——成本"科目，原已计提跌价准备的，借记"存货跌价准备"科目，按其账面余额，贷记"开发产品"等科目；同时，转换日的公允价值小于账面价值的，按其差额，借记"公允价值变动损益"科目，转换日的公允价值大于账面价值的，按其差额，贷记"其他综合收益"科目。

企业将自用的建筑物等转换为采用公允价值模式计量的投资性房地产时，应当按该项房地产在转换日的公允价值，借记"投资性房地产——成本"科目，原已计提减值准备的，借记"固定资产减值准备"科目，按已计提的累计折旧等，借记"累计折旧"等科目，按其账面余额，贷记"固定资产"等科目；同时，转换日的公允价值小于账面价值的，按其差额，借记"公允价值变动损益"科目，转换日的公允价值大于账面价值的，按其差额，贷记"其他综合收益"科目。待该项投资性房地产处置时，因转换计入其他综合收益的部分应转入当期损益。

第五节 库 存 股

▶▶ 一、库存股概述

库存股是指公司已发行但由于各种原因又回到公司手中，为公司所持有的股票。尚未发行的股票，不属于库存股。

公司回购本公司股票，主要有以下3个目的：

1）经批准减资而回购的股票。

2）为奖励职工而回购的股票。

3）为以后再出售而回购的股票。

▶▶ 二、库存股的核算

（一）经批准减资而回购股票

股份有限公司为缩小经营规模而导致资本过剩等原因，经有关部门批准，可以在《公司法》规定的股份有限公司最低注册资本以上的范围内，回购已发行的股票，以核销资本。

1. 账户设置

股份有限公司回购股票，应当设置"库存股"账户。借方登记回购股票支付的价款，贷方登记注销股本时转销的库存股的金额，余额在借方，反映股票回购但尚未注销的股票价款。

2. 回购的账务处理

股份有限公司因减少注册资本而回购本公司股份的，应按实际支付的金额，借记"库存股"科目，贷记"银行存款"等科目。《公司法》规定，公司为减资而回购的股票，必须在10天以内注销。注销股份时，应按股票面值和注销股数计算的股票面值总额，借记"股本"科目，按注销库存股的账面余额，贷记"库存股"科目，按其差额，冲减股票发行时原计入资本公积的溢价部分，借记"资本公积——股本溢价"科目。

（1）溢价回购 回购价格超过上述冲减"股本"及"资本公积——股本溢价"科目的部分，应依次借记"盈余公积""利润分配——未分配利润"等科目。

（2）折价回购 如回购价格低于回购股份所对应的股本，所注销库存股的账面余额与所冲减股本的差额作为增加股本溢价处理，按回购股份所对应的股本面值，借记"股本"科目，按注销库存股的账面余额，贷记"库存股"科目，按其差额，贷记"资本公积——股本溢价"科目。

【例11-14】 H股份有限公司经批准回购本公司面值为1元的普通股股票5 000万股，

用以减少股本；回购股票的实际价款为 65 000 万元。假定该公司的"资本公积——股本溢价"账户的账面余额为 63 900 万元。根据以上资料，编制 H 公司的会计分录。

【解析】　H 公司应进行如下会计处理：

1）回购股票时。

借：库存股　　　　　　　　　　　　　　　　　　　　　　　　　650 000 000

　　贷：银行存款　　　　　　　　　　　　　　　　　　　　　　　650 000 000

2）注销股本时。

借：股本——普通股　　　　　　　　　　　　　　　　　　　　　　50 000 000

　　资本公积——股本溢价　　　　　　　　　　　　　　　　　　　600 000 000

　　贷：库存股　　　　　　　　　　　　　　　　　　　　　　　　650 000 000

如果本例中资本公积——股本溢价账户的余额小于 60 000 万元，则需要冲减留存收益。

【例 11-15】　若"资本公积——股本溢价"账户余额为 58 900 万元，"盈余公积"账户余额为 13 500 万元。其余资料同【例 11-14】。请做出 H 公司应编制的会计分录。

【解析】　如上例所示，库存股与股本之间的差额是 60 000 万元，资本公积不足，则需要冲减盈余公积。

借：股本——普通股　　　　　　　　　　　　　　　　　　　　　　50 000 000

　　资本公积—股本溢价　　　　　　　　　　　　　　　　　　　　589 000 000

　　盈余公积　　　　　　　　　　　　　　　　　　　　　　　　　11 000 000

　　贷：库存股　　　　　　　　　　　　　　　　　　　　　　　　650 000 000

若盈余公积也不够冲减，差额借记"利润分配——未分配利润"科目。

【例 11-16】　H 股份有限公司经批准回购本公司面值为 1 元的普通股股票 5 000 万股，用以减少股本；回购股票的实际价款为 4 500 万元。请做出 H 公司应编制的会计分录。

【解析】　本例的回购价低于股票面值，属于折价回购。

借：股本　　　　　　　　　　　　　　　　　　　　　　　　　　　50 000 000

　　贷：库存股　　　　　　　　　　　　　　　　　　　　　　　　45 000 000

　　　　资本公积——股本溢价　　　　　　　　　　　　　　　　　　5 000 000

（二）为奖励职工而回购的股票

股份有限公司实行股权激励计划，授予职工或其他方在未来一定期限内以预先确定的价格和条件购买本企业一定数量股票的权利。公司可以采用回购股票的方式来实施该项计划。

公司为奖励本公司职工而回购的股票，应按实际支付的价款，借记"库存股"科目，贷记"银行存款"等科目。将回购的股票奖励给本公司职工时，按向职工收取的价款，借记"银行存款"科目，根据以权益结算的股份支付累计的金额，借记"资本公积——其他资本公积"科目，按奖励股票的账面余额贷记"库存股"科目，按差额借记或贷记"资本公积——股本溢价"科目。

【例 11-17】　H 公司于 2019 年 1 月 1 日实行一项股权激励计划，可行权日为 2021 年 12 月 31 日，每股行权价为 6 元。至 2021 年 12 月 31 日，H 公司因股权激励累计确认的资本公积——其他资本公积为 952 200 元，可行权数量为 105 800 股。假定 H 公司于 2021 年 12 月 31 日回购本股票 105 800 股，每股价格 23.8 元，实际支付价款 2 518 040 元（不考虑相关税费）。2022 年 1 月 1 日，股权激励对象全部行权，收到行权价款 634 800 元，以回购的库存股向行权激励对象发放股票。假定公司的"资本公积——股本溢价"账户的账面余额为 2 890 000 元。根据以上资料，做出 H 公司应编制的会计分录。

【解析】 H 公司应编制会计分录如下：

1）2021 年 12 月 31 日回购股票时。

借：库存股——股权激励库存股 　　　　　　　　　　　　　2 518 040
　贷：银行存款 　　　　　　　　　　　　　　　　　　　　　　　2 518 040

2）2022 年 1 月 1 日发放股票时。

借：银行存款 　　　　　　　　　　　　　　　　　　　　　　634 800
　　资本公积——其他资本公积 　　　　　　　　　　　　　　952 200
　　　　　　——股本溢价 　　　　　　　　　　　　　　　　931 040
　贷：库存股 　　　　　　　　　　　　　　　　　　　　　　　2 518 040

（三）为以后再出售而回购股票

如果股份有限公司的股票价格严重低于其价值等情况下，可能暂时回购本公司的股票，在股票价格回升至正常水平再将其出售。公司在回购股票时，应按实际支付的价款借记"库存股"科目，贷记"银行存款"科目。

日后再出售股票时，实收价款与库存股成本的差额，应调整"资本公积——股本溢价"科目，如果"资本公积——股本溢价"科目不够冲减的，应冲减留存收益。企业出售库存股时，如果实收价款大于库存股成本的，按实收价款借记"银行存款"科目，按库存股成本贷记"库存股"科目，按其差额贷记"资本公积——股本溢价"科目。如果实收价款小于库存股成本的，按实收价款借记"银行存款"，按库存股成本贷记"库存股"科目，按其差额借记"资本公积——股本溢价"科目，不足的借记"盈余公积"和"利润分配——未分配利润"科目。

【例 11-18】 2021 年 3 月 25 日丙股份有限公司的股票价格严重低于其价值，以银行存款暂时回购本公司的股票 50 万股，每股买价 11.8 元（不考虑相关税费），在股票价格回升至正常水平再将其出售。2021 年 8 月 10 日将其全部出售，每股价款 20.6 元。做出丙公司应编制的会计分录。

【解析】 丙公司应编制会计分录如下：

1）2021 年 3 月 25 日回购时。

借：库存股——再出售股票 　　　　　　　　　　　　　　5 900 000
　贷：银行存款 　　　　　　　　　　　　　　　　　　　　　　5 900 000

2）2021 年 8 月 10 日再出售时。

借：银行存款 　　　　　　　　　　　　　　　　　　　10 300 000
　贷：库存股——再出售股票 　　　　　　　　　　　　　　5 900 000
　　　资本公积——股本溢价 　　　　　　　　　　　　　　4 400 000

第六节　留存收益

留存收益是指企业从历年实现的利润中提取或形成的留存于企业的内部积累。它是从企业经营所得的净利润中积累而形成的，也属于所有者权益，但不同于实收资本和资本公积。其区别在于：实收资本和资本公积来源于企业的资本投入，而留存收益则来源于企业资本的增值。留存收益主要包括盈余公积和未分配利润。

一、盈余公积

（一）盈余公积及其内容

盈余公积是指企业按照规定从净利润中提取的各种积累资金。公司制企业的盈余公积分为法定盈余公积和任意盈余公积。两者的区别就在于其各自计提的依据不同。前者以国家的法律或行政规章为依据提取，后者则由企业自行决定提取。

1. 法定盈余公积

法定盈余公积是指企业按照法律规定的比例从净利润中提取的盈余公积。按照《公司法》规定，公司制企业的法定公积金按照税后利润的 10% 的比例提取，非公司制企业也可按照超过 10% 的比例提取，公司法定盈余公积累计额为公司注册资本的 50% 以上时，可以不再提取法定盈余公积。

2. 任意盈余公积

任意盈余公积是指企业经股东大会或类似机构批准按照规定的比例从净利润中提取的盈余公积。任意盈余公积的提取比例由企业自行确定，国家有关法规不做强制规定。

外商投资企业盈余公积的组成内容具体包括储备基金、企业发展基金和利润归还投资。其中，储备基金是指按照法律、行政法规规定从净利润中提取的，经批准用于弥补亏损和增加资本的储备基金；企业发展基金是指按照法律、行政法规规定从净利润中提取的，用于企业发展和经批准用于增加资本的企业发展基金；利润归还投资是指中外合作经营企业按规定在合作期间以利润归还投资者的投资。按规定从净利润中提取的职工奖励及福利基金，在"应付职工薪酬"科目核算，不属于盈余公积的范畴。

（二）盈余公积的核算

1. 账户设置

为了反映盈余公积的形成和使用情况，企业应设置"盈余公积"账户，贷方登记从净利润中提取形成盈余公积的数额，借方登记使用导致盈余公积减少的数额，并分别设置"法定盈余公积"和"任意盈余公积"明细账户。外商投资企业还应设置"储备基金""企业发展基金"等明细账户。

2. 盈余公积增加的核算

盈余公积主要来源就是从净利润中提取法定盈余公积和任意盈余公积。在计算提取法定盈余公积的基数时，不应包括企业年初的未分配利润。公司的法定公积金不足以弥补以前年度亏损的，在提取法定盈余公积之前，应当先用当年利润弥补亏损。按应该计提的盈余公积金额借记"利润分配——提取法定盈余公积（或任意盈余公积）"科目，贷记"盈余公积——法定盈余公积（或任意盈余公积）"科目。

【例 11-19】 H 股份有限公司年初未分配利润 856 万元，本年实现净利润 3 640 万元，按净利润的 10% 和 8% 分别计提法定盈余公积和任意盈余公积。做出 H 公司应编制的会计分录。

【解析】 会计分录如下：

借：利润分配——提取法定盈余公积   3 640 000

    ——提取任意盈余公积   2 912 000

 贷：盈余公积——法定盈余公积   3 640 000

     ——任意盈余公积   2 912 000

如本例中年初未分配利润为借方余额856万元（即往年有亏损），其他数据不变，则年末应该计提的法定盈余公积为278.4［(3 640－856)×10%］万元，任意盈余公积为222.72［(3 640－856)×8%］万元。

3. 盈余公积减少的核算

盈余公积的使用是其减少的主要原因，其用途主要有转增资本（股本）、扩大企业生产经营、弥补亏损和发放现金股利或利润4个方面。

（1）转增资本（股本） 企业将盈余公积转增资本时，应先办理增资手续并经股东大会或类似机构批准在实际将盈余公积转增资本时，要按股东原有持股比例结转。按转增额借记"盈余公积——法定盈余公积"科目，按股份面值或应计入注册资本的份额贷记"股本"或"实收资本"科目，按差额贷记"资本公积——股本溢价（或资本溢价）"科目。

按规定，用盈余公积转增资本时，转增后留存的盈余公积不得少于转增前公司注册资本的25%。

【例11-20】 某股份有限公司经股东大会决议，决定将盈余公积6 000万元按面值转增股本，每10股转增1股，原总股本30 000万元。按规定的增资程序获得批准转增以后，公司总股本为33 000万股。做出该公司应编制的会计分录。

【解析】 会计分录如下：

借：盈余公积——法定盈余公积   60 000 000

 贷：股本   30 000 000

   资本公积——股本溢价   30 000 000

（2）扩大企业生产经营 盈余公积的用途，并不是指其实际占用形态，提取盈余公积也并不是单独将这部分资金从企业资金周转过程中抽出。企业盈余公积的结存数，实际只表现为企业所有者权益的组成部分，表明企业生产经营资金的一个来源而已。其形成的资金可能表现为一定的货币资金，也可能表现为一定的实物资产，例如存货和固定资产等随同企业的其他来源所形成的资金进行循环周转，用于企业的生产经营。

（3）弥补亏损 企业发生亏损时，应由企业自行弥补。弥补亏损的渠道主要有3条：①用以后年度税前利润弥补，按照现行制度规定，企业发生亏损时，可以用以后5年内实现的税前利润弥补，即税前利润弥补亏损的期间为5年；②用以后年度税后利润弥补，企业发生的亏损经过5年税前利润未弥补足额的，尚未弥补的亏损应用所得税后的利润弥补；③以盈余公积弥补亏损，企业以提取的盈余公积弥补亏损时，应当由公司董事会提议，并经股东大会批准。

弥补亏损时，借记"盈余公积——法定盈余公积"科目，贷记"利润分配——盈余公积补亏"科目。

【例11-21】 某公司的所有者权益总额为18 000万元，其中法定盈余公积为6 000万元，未分配利润为－1 200万元，公司决定以盈余公积弥补亏损。做出该公司应编制的会计分录。

【解析】　会计分录如下：

借：盈余公积——法定盈余公积　　　　　　　　　　　　12 000 000
　　贷：利润分配——盈余公积补亏　　　　　　　　　　　　　12 000 000

（4）用盈余公积发放现金股利或利润　企业在用盈余公积弥补亏损后，如果仍有结余，经股东大会或类似机构决议，用于发放现金股利或利润时，应当借记"盈余公积"科目，贷记"应付股利"科目。

【例11-22】　2022年3月18日，H股份有限公司股东大会通过了2021年度利润分配方案，其中用任意盈余公积发放3 600万元现金股利。做出H公司应编制的会计分录。

【解析】　会计分录如下：

借：盈余公积——任意盈余公积　　　　　　　　　　　　36 000 000
　　贷：应付股利　　　　　　　　　　　　　　　　　　　　36 000 000

▶▶ 二、未分配利润

未分配利润是指企业留待以后年度进行分配的结存利润，也是企业所有者权益的组成部分。相对于所有者权益的其他部分来讲，企业对于未分配利润的使用分配有较大的自主权。从数量上来讲，未分配利润是期初的未分配利润，加上本期实现的净利润，减去提取的各种盈余公积和分出利润后的余额。

（一）未分配利润的账户设置

未分配利润是通过"利润分配——未分配利润"账户进行明细核算的，贷方登记从"本年利润"账户转入的当年实现的净利润和从"利润分配——盈余公积补亏"账户转入的弥补亏损额，借方登记从"利润分配"其他明细账户结转入的各项利润分配以及从本年利润转入的当年发生的亏损额。结转后，除"未分配利润"明细账户以外，"利润分配"账户所属的其他明细账户应无余额。"利润分配——未分配利润"账户如为贷方余额，表示累积未分配的利润数额；如为借方余额，则表示累积未弥补的亏损数额。

（二）未分配利润的核算

1. 未分配利润增加

未分配利润增加的最主要途径就是从本年利润转入当年实现的净利润，即结转前本年利润的贷方余额。按此余额借记"本年利润"科目，贷记"利润分配——未分配利润"科目。结转后，"本年利润"账户无余额。

【例11-23】　H股份有限公司年末结转当年实现的净利润13 600万元。做出H公司应编制的会计分录。

【解析】　H公司应做会计分录如下：

借：本年利润　　　　　　　　　　　　　　　　　　　136 000 000
　　贷：利润分配——未分配利润　　　　　　　　　　　　　136 000 000

结转盈余公积补亏也会增加未分配利润。例如承【例11-21】，结转用盈余公积弥补1 200万元的亏损。

则此时应编制的会计分录是

借：利润分配——盈余公积补亏　　　　　　　　　　　　12 000 000

　　　　贷：利润分配——未分配利润　　　　　　　　　　　　　　　　　12 000 000

结转后，"利润分配——盈余公积补亏"账户无余额。

2. 未分配利润减少

未分配利润减少的原因主要有当年发生亏损以及进行的提取盈余公积和分配现金股利或利润的结转。导致未分配利润减少的金额计入"利润分配——未分配利润"账户的借方。

1）结转当年净亏损。

【例 11-24】　K 股份有限公司年末结转发生的亏损 485 万元。请做出 K 公司应编制的会计分录。

【解析】　会计分录如下：

　　借：利润分配——未分配利润　　　　　　　　　　　　　　　　　　4 850 000
　　　　贷：本年利润　　　　　　　　　　　　　　　　　　　　　　　　4 850 000

2）结转利润的各项分配，包括提取的法定盈余公积、任意盈余公积以及用利润分配的现金股利或股票股利（现金股利和股票股利的分配详见利润章节内容）。

【例 11-25】　年末，H 公司结转提取的法定盈余公积 364 万元、任意盈余公积 291.2 万元，分配的现金股利 1 080 万元和 680 万元。做出 H 公司应编制的会计分录。

【解析】　会计分录如下：

　　借：利润分配——未分配利润　　　　　　　　　　　　　　　　　24 152 000
　　　　贷：利润分配——提取法定盈余公积　　　　　　　　　　　　　3 640 000
　　　　　　　　　　——提取任意盈余公积　　　　　　　　　　　　　2 912 000
　　　　　　　　　　——应付现金股利　　　　　　　　　　　　　　10 800 000
　　　　　　　　　　——转作股本的股利　　　　　　　　　　　　　　6 800 000

结转后，除"利润分配——未分配利润"账户以外，利润分配的其他明细账户均无余额。

（三）亏损弥补的会计处理

企业在生产经营过程中既可能产生盈利，也有可能发生亏损。企业发生亏损时，应由企业自行弥补。

1. 亏损弥补的渠道

亏损弥补的渠道主要有三条。

（1）用以后年度税前利润弥补　按照现行制度规定，企业发生亏损时，可以用 5 年内实现的税前利润弥补，即税前利润弥补亏损的期间为 5 年。

（2）用以后年度税后利润弥补　企业发生的亏损经过五年税前利润未弥补足额的，尚未弥补的亏损应用所得税后的利润弥补。

（3）以盈余公积弥补亏损　企业以提取的盈余公积弥补亏损时，应当由公司董事会提议，并经股东大会批准。

2. 亏损弥补的账务处理

由于未弥补亏损形成的时间长短不同等原因，以前年度未弥补亏损有的可以用当年实现的税前利润弥补，有的则须用税后利润弥补。以当年实现的利润弥补以前年度结转的未弥补亏损，不需要进行专门的账务处理。企业应将当年实现的利润自"本年利润"科目转入"利润分配——未分配利润"科目的贷方,其贷方发生额与原"利润分配——未分配利润"科目的借方余额自然抵补,就实现了亏损弥补。

无论是以税前利润还是以税后利润弥补亏损,其会计处理方法均相同。但是,两者在计算缴纳所得税时的处理是不同的。在以税前利润弥补亏损的情况下,其弥补的数额可以抵减当期企业应纳税所得额,而以税后利润弥补的数额,则不能作为纳税所得扣除处理。

【例 11-26】 甲股份有限公司的股本为 10 000 万元,每股面值 1 元/股。2020 年年初未分配利润为贷方余额 1 390 万元,2020 年实现利润总额 5 000 万元,所得税税率 25%。假定公司按照 2020 年实现净利润的 10% 提取法定盈余公积、5% 提取任意盈余公积,同时向股东按每股 0.3 元派发现金股利,按每 10 股送 1 股的比例派发股票股利。2021 年 3 月 15 日,公司以银行存款支付了全部现金股利,新增股本也已经办理完股权登记和相关增资手续。2021 年由于经营环境发生重大变化,当年发生亏损 1 050 万元。2022 年经营状况有所好转,实现了 1 890 万元的利润总额。做出甲公司相关的账务处理。

【解析】

(1) 2020 年的账务处理。

1) 计提并结转所得税(不考虑纳税调整)。

借:所得税费用(50 000 000×25%)　　　　　　　　　　　12 500 000
　　贷:应交税费——应交所得税　　　　　　　　　　　　　　　12 500 000

2) 结转所得税。

借:本年利润　　　　　　　　　　　　　　　　　　　　　　12 500 000
　　贷:所得税费用　　　　　　　　　　　　　　　　　　　　　12 500 000

3) 企业结转本年实现的净利润。

借:本年利润　　　　　　　　　　　　　　　　　　　　　　37 500 000
　　贷:利润分配——未分配利润　　　　　　　　　　　　　　　37 500 000

4) 提取法定盈余公积和任意盈余公积。

借:利润分配——提取法定盈余公积　　　　　　　　　　　　3 750 000
　　　　　　——提取任意盈余公积　　　　　　　　　　　　1 875 000
　　贷:盈余公积——提取法定盈余公积　　　　　　　　　　　　3 750 000
　　　　　　　——提取任意盈余公积　　　　　　　　　　　　1 875 000

5) 分配现金股利,每股 0.3 元,共 10 000×0.3＝3 000(万元)。

借:利润分配——应付现金股利　　　　　　　　　　　　　30 000 000
　　贷:应付股利　　　　　　　　　　　　　　　　　　　　　30 000 000

6) 结转各项利润分配。

借:利润分配——未分配利润　　　　　　　　　　　　　　35 625 000
　　贷:利润分配——提取法定盈余公积　　　　　　　　　　　　3 750 000
　　　　　　　——提取任意盈余公积　　　　　　　　　　　　1 875 000
　　　　　　　——应付现金股利　　　　　　　　　　　　　30 000 000

2020 年"利润分配——未分配利润"账户的贷方余额为 1 577.50(1 390+3 750−3 562.5)万元。

(2) 2021 年的账务处理。

1）3月15日发放现金股利。

借：应付股利　　　　　　　　　　　　　　　　　　　　30 000 000

　　贷：银行存款　　　　　　　　　　　　　　　　　　30 000 000

2）办理完股权登记和相关增资手续。

借：利润分配——转作股本的股利　　　　　　　　　　　10 000 000

　　贷：股本　　　　　　　　　　　　　　　　　　　　10 000 000

3）结转利润分配。

借：利润分配——未分配利润　　　　　　　　　　　　　10 000 000

　　贷：利润分配——转作股本的股利　　　　　　　　　10 000 000

结转以后，"利润分配——未分配利润"账户的贷方余额为577.5（1 577.5-1 000）万元。

4）2021年年末，因发生亏损，所得税为0，结转净亏损。

借：利润分配——未分配利润　　　　　　　　　　　　　10 500 000

　　贷：本年利润　　　　　　　　　　　　　　　　　　10 500 000

亏损额计入"利润分配——未分配利润"账户的借方，与贷方余额577.5万元相抵，自动弥补577.5万元的亏损，借方余额472.5万元，表示2021年尚未弥补的亏损。

（3）2022年的账务处理。

1）当年实现了1 890万元的利润，计算所得税时可以抵扣2021年发生的亏损，因而，当年的所得税和净利润计算如下：

所得税=（1 890-1 050）×25%=210（万元）。

净利润=1 890-210=1 680（万元）。

所得税的计提和结转分录与前述类似，此处省略。

借：本年利润　　　　　　　　　　　　　　　　　　　　16 800 000

　　贷：利润分配——未分配利润　　　　　　　　　　　16 800 000

转入净利润后，未分配利润自动弥补了2022年年初未弥补亏损额472.5万元，无须单独做会计分录。

2）分别按10%和5%计提法定盈余公积和任意盈余公积。注意计提基数应扣减未分配利润2022年年初的借方余额。

借：利润分配——提取法定盈余公积（16 800 000-4 725 000）×10%

　　　　　　　　　　　　　　　　　　　　　　　　　　1 207 500

　　　　　　——提取任意盈余公积（16 800 000-4 725 000）×5%　603 750

　　贷：盈余公积——提取法定盈余公积　　　　　　　　1 207 500

　　　　　　　——提取任意盈余公积　　　　　　　　　603 750

3）结转各项分配。

借：利润分配——未分配利润　　　　　　　　　　　　　1 811 250

　　贷：利润分配——提取法定盈余公积　　　　　　　　1 207 500

　　　　　　——提取任意盈余公积　　　　　　　　　　603 750

2022年年末，"利润分配——未分配利润"账户的贷方余额为10 263 750元，是累计的未分配利润，可供以后年度分配利润。

第十二章

收入、费用与利润

学习目标 ·

1. 掌握：收入确认和计量的五步法；利润计算的三个层次；营业收入和营业成本的会计处理；其他损益的会计处理；利润形成、利润分配及结转的会计处理。

2. 理解：收入与利得的关系；费用与损失的关系。

3. 了解：收入、费用、利润的定义。

第一节　收入、费用与利润概述

一、收入概述

广义的收入是指企业在一定会计期间内经济利益的总流入，包括营业收入、投资收益、公允价值变动收益、资产处置收益、其他收益和营业外收入等。按照《企业会计准则第14号——收入》的相关规定，收入是指企业在日常活动中形成的、会导致所有者权益增加的、与所有者投入资本无关的经济利益的总流入。日常活动，是指企业为完成其经营目标所从事的经常性活动以及与之相关的活动。工业企业制造并销售产品、商品流通企业销售商品、咨询公司提供咨询服务、软件公司为客户开发软件、安装公司提供安装服务、建筑企业提供建造服务等，均属于企业的日常活动。这是一个狭义的收入概念，即本章所指的营业收入。狭义的收入与利得是不同的概念。利得是指由企业非日常活动所形成的、会导致所有者权益增加的、与所有者投入资本无关的经济利益的流入。

营业收入按其在经营业务中所占的比重，可分为主营业务收入和其他业务收入。主营业务收入，是指企业由主要经营活动取得的收入。例如，工业企业的主营业务是制造和销售产品；咨询公司的主营业务是提供咨询服务等。其他业务收入，是指企业除主营业务以外的其他经营活动实现的收入。例如，工业企业出租固定资产、销售不需用的原材料等取得的收入。其中，出租固定资产的会计处理应遵循《企业会计准则第21号——租赁》的规定。

二、费用概述

广义的费用是指企业在一定会计期间内经济利益的总流出，包括营业成本、税金及附加、销售费用、管理费用、研发费用、财务费用、投资损失、公允价值变动损失、资产减值损失、信用减值损失、资产处置损失、营业外支出和所得税费用等。

我国《企业会计准则》所定义的费用是狭义的费用概念，狭义的费用是指企业在日常活动中发生的、会导致所有者权益减少的、与向所有者分配利润无关的经济利益的总流出。狭义的费用和损失是不同的概念。损失是指企业非日常活动所发生的、会导致所有者权益减少的、与向所有者分配利润无关的经济利益的流出。

费用的确认以权责发生制为基础，需要考虑归属于哪个会计期间。

▶▶ 三、利润概述

利润是对企业在一定会计期间的经营成果的反映，其数额广义的收入减去广义的费用后的净额。利润包括来源于日常活动产生的经营成果和直接计入当期损益的利得和损失。

利润需要根据收入、费用的确认和计量，分三个层次进行计算，这部分内容会在本章第四节进行详细阐述。

第二节　营业收入与营业成本

▶▶ 一、营业收入的确认和计量

按照《企业会计准则第 14 号——收入》的相关规定，收入的确认和计量大致分为五步：第一步，识别与客户订立的合同；第二步，识别合同中的单项履约义务；第三步，确定交易价格；第四步，将交易价格分摊至各单项履约义务；第五步，履行每一单项履约义务时确认收入。其中，第一步、第二步和第五步主要与收入的确认有关，第三步和第四步主要与收入的计量有关。

（一）识别与客户订立的合同

合同是指双方或多方之间订立有法律约束力的权利义务的协议。合同包括书面形式、口头形式以及其他形式（例如隐含于商业惯例或企业以往的习惯做法中等）。

1. 收入确认的原则

企业应当在履行了合同中的履约义务，即在客户取得相关商品控制权时确认收入。取得相关商品控制权，是指能够主导该商品的使用并从中获得几乎全部的经济利益，也包括有能力阻止其他方主导该商品的使用并从中获得经济利益。

取得商品控制权包括以下三个要素：

一是能力，即客户必须拥有现时权利，能够主导该商品的使用并从中获得几乎全部经济利益。如果客户只能在未来的某一期间主导该商品的使用并从中获益，则表明其尚未取得该商品的控制权。

二是能够主导该商品的使用。客户应该有能力主导该商品的使用，这个要素是指客户有权使用该商品，或者能够允许或阻止其他方使用该商品。

三是能够获得由该商品产生的几乎全部的经济利益。商品的经济利益是指该商品的潜在现金流量，既包括现金流入的增加，也包括现金流出的减少。客户可以通过很多方式直接或间接地获得商品的经济利益，如使用、消耗、出售或持有该商品、使用该商品提升其他资产的价值，以及将该商品用于清偿债务、支付费用或抵押等。

2. 收入确认的五项条件

企业与客户之间的合同同时满足下列条件的，企业应当在客户取得相关商品控制权时确认收入。

1）合同各方已批准该合同并承诺将履行各自义务。

2）该合同明确了合同各方与所转让商品或提供服务（以下简称转让商品）相关的权利和义务。

3）该合同有明确的与所转让的商品相关的支付条款。

4）该合同具有商业实质，即履行该合同将改变企业未来现金流量的风险、时间分布或金额。

5）企业因向客户转让商品而有权取得的对价很可能收回。

对于不能同时满足上述收入确认的五项条件的合同，企业只有在不再负有向客户转让商品的剩余义务（例如合同已完成或取消），且已向客户收取的对价（包括全部或部分对价）无须退回时，才能将已收取的对价确认为收入。否则，应当将已收取的对价作为负债进行会计处理。

企业在进行上述判断时，需要注意以下三点：

1）合同约定的权利和义务是否具有法律约束力，需要根据企业所处的法律环境和实务操作进行判断。

2）合同是否具有商业实质，合同的商业实质是指履行该合同将改变企业未来现金流量的风险、时间分布或金额。

3）企业在评估其因向客户转让商品而有权取得的对价是否很可能收回时，仅应考虑客户到期时支付对价的能力和意图（即客户的信用风险）。企业预期很可能无法收回全部合同对价时，应当判断其原因是客户的信用风险还是企业向客户提供了价格折让。

3. 合同的持续评估

企业与客户之间的合同，在合同开始日即满足收入确认的五项条件的，企业在后续期间无须对其进行重新评估，除非有迹象表明相关事实和情况发生重大变化。合同开始日，是指合同开始赋予合同各方具有法律约束力的权利和义务的日期，通常也是合同生效日。

例如，企业与客户签订一份合同，在合同开始日，企业认为该合同满足收入确认的五项条件，但是在后续期间，客户的信用风险显著升高，企业需要评估其在未来向客户转让剩余商品而有权取得的对价是否很可能收回，如果不能满足很可能收回的条件，则该合同自此开始不再满足相关条件，应当停止确认收入，并且只有当后续合同条件再度满足时或者当企业不再负有向客户转让商品的剩余义务，且已向客户收取的对价无须退回时，才能将已收取的对价确认为收入，但是，不应当调整在此之前已经确认的收入。

【例 12-1】 甲公司与乙公司签订合同，将一项专利技术授权给乙公司使用，并按其使用情况收取特许权使用费。甲公司评估认为，该合同在合同开始日满足收入确认的五项条件。该专利技术在合同开始日即授权给乙公司使用。

【解析】 在合同开始日后的第一年内，乙公司每季度向甲公司提供该专利技术的使用情况报告，并在约定的期间内支付特许权使用费。甲公司评估认为，该合同在合同开始日满足收入确认的五项条件，因此，甲公司按照约定的特许权使用费确认收入。

在合同开始日后的第二年内，乙公司继续使用该专利技术，但是，乙公司的财务状况下滑，融资能力下降，可用资金不足，因此，乙公司仅按合同支付了当年第一季度的特许权使用费，而后三个季度仅按象征性金额付款。由于乙公司的信用风险升高，甲公司在确认收入的同时，应同时对乙公司的应收款项按照《企业会计准则第22号——金融工具确认和计量》的要求进行减值测试。

在合同开始日后的第三年内，乙公司继续使用甲公司的专利技术。但是，甲公司得知，乙公司已经完全丧失了融资能力，且流失了大部分客户，因此，乙公司的付款能力进一步恶化，信用风险显著升高。甲公司对该合同进行了重新评估，认为不再满足"企业因向客户转让商品而有权取得的对价很可能收回"这一条件，因此，甲公司不再确认特许权使用费的收入。同时，根据《企业会计准则第22号——金融工具确认和计量》，对现有应收款项是否发生减值继续进行评估。

企业与客户之间的合同，不符合收入确认的五项条件的，企业应当在后续期间对其进行持续评估，判断其什么时候能满足收入确认的五项条件。如果企业在此之前已经向客户转移了部分商品，当该合同在后续期间满足收入确认的五项条件时，企业应当将在此之前已经转移的商品所分摊的交易价格确认为收入。

4. 合同合并

企业与同一客户（或该客户的关联方）同时订立或在相近时间内先后订立的两份或多份合同的，在满足下列条件之一时，应当将两份或多份合同合并为一份合同进行会计处理。

1）该两份或多份合同基于同一商业目的而订立并构成"一揽子"交易，例如一份合同在不考虑另一份合同对价的情况下将会发生亏损。

2）该两份或多份合同中的一份合同的对价金额取决于其他合同的定价或履行情况，例如一份合同如果发生违约，将会影响另一份合同的对价金额。

3）该两份或多份合同中所承诺的商品（或每份合同中所承诺的部分商品）构成单项履约义务。两份或多份合同合并为一份合同进行会计处理的，仍然需要区分该一份合同中包含的各单项履约义务。

【例12-2】 为建造一个冶炼厂，某建造承包商与客户"一揽子"签订了三项合同，分别建造一个选矿车间、一个冶炼车间和一个工业污水处理系统。根据合同规定，这三个工程将由该建造承包商同时施工，并根据整个项目的施工进度办理价款结算。

【解析】 根据上述资料分析，由于这三项合同是"一揽子"签订的，表明符合合同合并确认的第（一）的规定条件。同时，它们是基于同一商业目的而订立的，因为对客户而言，只有这三项合同全部完工交付使用时，该冶炼厂才能投料生产，发挥效益。

5. 合同变更

合同变更是指经合同各方批准对原合同范围或价格做出的变更。合同各方可能以书面形式、口头形式或其他形式（如隐含于企业以往的习惯做法中）批准合同变更。企业应当区分下列三种情形对合同变更分别进行会计处理。

（1）合同变更部分作为单独合同 合同变更增加了可明确区分的商品（见后文所述）及合同价款，且新增合同价款反映了新增商品单独售价的，应当将该合同变更部分作为一份单独的合同进行会计处理。此类合同变更不影响原合同的会计处理。

（2）合同变更作为原合同终止及新合同订立　合同变更不属于上述第（1）种情形，且在合同变更日已转让的商品与未转让的商品之间可明确区分的，应当视为原合同终止，同时，将原合同未履约部分与合同变更部分合并为新合同进行会计处理。新合同的交易价格应当为原合同交易价格中尚未确认为收入的部分和合同变更部分客户已经承诺的对价金额之和。

（3）合同变更部分作为原合同的组成部分　合同变更不属于上述第（1）种情形，且在合同变更日已转让的商品与未转让的商品之间不可明确区分的，应当将该合同变更部分作为原合同的组成部分，在合同变更日重新计算履约进度，并调整当期收入和相应成本等。

【例12-3】　2021年1月15日，乙建筑公司和客户签订了一项总金额为1 000万元的固定造价合同，在客户自有土地上建造一幢办公楼，预计合同总成本为700万元。假定该建造服务属于在某一时段内履行的履约义务，并根据累计发生的合同成本占合同预计总成本的比例确定履约进度。

【解析】　截至2021年年末，乙公司累计已发生成本420万元，履约进度为60%（420÷700）。因此，乙公司在2021年确认收入600（1 000×60%）万元。2022年年初，合同双方同意更改该办公楼屋顶的设计，合同价格和预计总成本因此而分别增加200万元和120万元。

在本例中，由于合同变更后拟提供的剩余服务与在合同变更日或之前已提供的服务不可明确区分（即该合同仍为单项履约义务），因此，乙公司应当将合同变更作为原合同的组成部分进行会计处理。合同变更后的交易价格为1 200（1 000+200）万元，乙公司重新估计的履约进度为51.2%［420÷（700+120）］，乙公司在合同变更日应额外确认收入14.4（51.2%×1 200-600）万元。

（二）识别合同中的单项履约义务

合同开始日，企业应当对合同进行评估，识别该合同所包含的各单项履约义务，并确定各单项履约义务是在某一时段内履行，还是在某一时点履行，然后在履行了各单项履约义务时分别确认收入。履约义务是指合同中企业向客户转让可明确区分商品的承诺。

企业应当将下列向客户转让商品的承诺作为单项履约义务。

1. 企业向客户转让可明确区分的商品（或者商品或服务的组合）**的承诺**

企业向客户承诺的商品同时满足下列条件的，应当作为可明确区分的商品：①客户能够从该商品本身或从该商品与其他易于获得资源一起使用中受益，即该商品本身能够明确区分；在评估某项商品是否能够明确区分时，应当基于该商品自身的特征，而与客户可能使用该商品的方式无关；因此，企业无须考虑合同中可能存在的阻止客户从其他来源取得相关资源的限制性条款；②企业向客户转让该商品的承诺与合同中其他承诺可单独区分，即转让该商品的承诺在合同中是可明确区分的；企业确定了商品本身能够明确区分后，还应当在合同层面继续评估转让该商品的承诺是否与合同中其他承诺彼此之间可明确区分；这一评估的目的在于确定承诺的性质，即根据合同约定，企业承诺转让的究竟是每一单项商品，还是由这些商品组成的一个或多个组合产出。很多情况下，组合产出的价值应当高于或者显著不同于各单项商品的价值总和。

下列情形通常表明企业向客户转让商品的承诺与合同中的其他承诺不可明确区分：

1）企业需提供重大服务以便将该商品与合同中承诺的其他商品进行整合，形成合同约定的某个或某些组合产出转让给客户。例如，企业为客户建造写字楼的合同中，企业向客户提供的砖头、水泥、人工等都能够使客户受益，但是在该合同下，企业对客户承诺的是为其建造一栋写字楼，而不是提供这些砖头、水泥、人工等，企业需提供重大服务将这些商品或服务进行整合，以形成合同约定的一项产出（即写字楼）转让给客户。因此，在该合同中，砖头、水泥、人工等商品或服务彼此之间不能单独区分。

2）该商品将对合同中承诺的其他商品予以重大修改或定制。例如，企业承诺向客户提供其开发的一款现有软件，并提供安装服务，虽然该软件无须更新或技术支持也可直接使用，但是企业在安装过程中需要在该软件现有基础上对其进行定制化的重大修改，以使其能够与客户现有的信息系统相兼容。此时，转入软件的承诺与提供定制化重大修改的承诺在合同层面是不可明确区分的。

3）该商品与合同中承诺的其他商品具有高度关联性。也就是说，合同中承诺的每一单项商品均受到合同中其他商品的重大影响。例如，企业承诺为客户设计一种新产品并负责生产 10 个样品，企业在生产和测试样品的过程中需要对产品的设计进行不断的修正，导致已生产的样品均可能需要进行不同程度的返工。此时，企业提供的设计服务和生产样品的服务是不断交替反复进行的，二者高度关联，因此，在合同层面是不可明确区分的。

需要说明的是，企业向客户销售商品时，往往约定企业需要将商品运送至客户指定的地方。通常情况下，商品控制权转移给客户之前发生的运输活动不构成单项履约义务；相反，商品控制权转移给客户之后发生的运输活动可能表明企业向客户提供了一项运输服务，企业应当考虑该项服务是否构成单项履约义务。

2. 企业向客户转让一系列实质相同且转让模式相同的、可明确区分商品的承诺

企业应当将实质相同且转让模式相同的一系列商品作为单项履约义务，即使这些商品可明确区分。其中，转让模式相同，是指每一项可明确区分的商品均满足在某一时段内履行履约义务的条件，且采用相同方法确定其履约进度。例如每天为客户提供保洁服务的长期劳务合同等。企业在判断所转让的一系列商品是否实质相同时，应当考虑合同承诺的性质，如果企业承诺的是提供确定数量的商品，那么需要考虑这些商品本身是否实质相同；如果企业承诺的是在某一期间内随时向客户提供某项服务，则需要考虑企业在该期间内的各个时间段（如每天或每小时）的承诺是否相同，而并非具体的服务行为本身。例如，企业向客户提供 2 年的酒店管理服务，具体包括保洁、维修、安保等，但没有具体的服务次数或时间要求，尽管企业每天提供的具体服务不一定相同，但是企业每天对客户的承诺是相同的，因此，该服务符合"实质相同"的条件。

企业为履行合同而应开展的初始活动，通常不构成履约义务，除非该活动向客户转让了承诺的商品。例如，某俱乐部为注册会员建立档案，该活动并未向会员转让承诺的商品，因此不构成单项履约义务。

（三）确定交易价格

交易价格是指企业因向客户转让商品而预期有权收取的对价金额。企业代第三方收取的款项以及企业预期将退还给客户的款项，应当作为负债进行会计处理，不计入交易价格。合同标价不一定代表交易价格，企业应当根据合同条款，并结合以往的习惯做法等确定交易价格。

影响交易价格的因素有可变对价、合同中存在的重大融资成分、非现金对价和应付客户对价。

1. 可变对价

企业与客户的合同约定的对价金额可能会因折扣、价格折让、返利、退款、奖励积分、激励措施、业绩奖金、索赔等因素而变化。此外，根据一项或多项或有事项的发生而收取不同对价金额的合同，也属于可变对价的情形。合同中存在可变对价的，企业应当对计入交易价格的可变对价进行估计。

（1）可变对价最佳估计数的确定 企业应该按照期望值或最可能发生金额确定可变对价的最佳估计数。期望值是按照各自可能发生的对价金额及相关概率计算确定的金额。最可能发生金额是一系列可能发生的对价金额中最可能发生的单一金额，即合同最可能产生的单一结果。企业所选择的方法应当能够更好地预测其有权收取的对价金额，并对于类似的合同，应当采用相同的方法。

【例12-4】 甲公司与乙公司签订固定资产造价合同，在乙公司的厂区内为其建造一栋办公楼，合同价款为500万元。根据合同约定，该项工程的完工日期为2021年3月31日，如果甲公司能够在该日期之前完工，则每提前一天，合同价款将增加2万元；相反，如果甲公司未能按期完工，则每推迟一天，合同价款将会减少2万元。此外，合同约定，该项工程完工之后将参与省级优质工程奖的评选，如果能够获奖，乙公司将额外奖励甲公司20万元。

【解析】 本例中，产生可变对价的事项有两项：一是是否按期完工，二是能否获得省级优质工程奖。甲公司可以采用不同的方法对其进行估计：对于前者，甲公司按照期望值进行估计；对于后者，甲公司按照最有可能的金额进行估计。

（2）计入交易价格的可变对价金额的限制 企业按照期望值或最可能发生金额确定可变对价金额之后，计入交易价格的可变对价金额还应该满足限制条件，即包含可变对价的交易价格，应当不超过在相关不确定性消除时，累计已确认收入极可能不会发生重大转回的金额。企业在评估累计已确认收入是否极可能不会发生重大转回时，应当同时考虑收入转回的可能性及其比重。其中，"极可能"发生的概率应远大于"很可能"（即可能性大于50%），但不要求达到"基本确定"（即可能性大于95%），其目的是避免因为一些不确定因素的发生导致之前已经确认的收入发生转回；在评估收入转回金额的比重时，应同时考虑合同中包含的固定对价和可变对价，即可能发生的收入转回金额相对于合同总对价（固定对价和可变对价的总和）的比重。企业应当将满足上述限制条件的可变对价的金额，计入交易价格。需要说明的是，将可变对价计入交易价格的限制条件不适用于企业向客户授予知识产权许可并约定按客户实际销售或使用情况收入特许权使用费的情况。

每一资产负债表日，企业应当重新估计可变对价金额（包括重新评估对可变对价的估计是否受到限制），以如实反映报告期末存在的情况以及报告期内发生的情况变化。

【例12-5】 2021年1月1日，甲公司与乙公司签订合同，向其销售A产品。合同约定，当乙公司在 2021 年的采购量不超过 2 000 件时，每件产品的价格为 80 元/件；当乙公司在 2021 年的采购量超过 2 000 件时，每件产品的价格为 70 元/件。这里的单价 80 元/件或 70 元/件就是一个可变对价。2021 年第一季度，乙公司实际采购量为 150 件。据此，甲公司估计乙公司全年的采购量将不会超过 2 000 件，甲公司按照 80 元/件的单价确认收入，因此，甲公司在第一季度确认的收入金额为 12 000（80×150）元。

【解析】 2021 年第二季度，乙公司因完成产能升级而增加了原材料的采购量，第二季度共向甲公司采购 A 产品 1 000 件。甲公司预计乙公司全年的采购量将超过 2 000 件，按照 70 元/件的单价确认收入，才满足极可能不会导致累计已确认的收入发生重大转回的要求。因此，甲公司在第二季度确认收入 68 500［70×（1 000+150）-12 000］元。

2. 合同中存在重大融资成分

当合同各方以在合同中约定的付款时间为客户或企业就该交易提供了重大融资利益时，合同中即包含了重大融资成分。例如企业以赊销的方法销售商品等。合同中存在重大融资成分的，企业应当按照客户在取得商品控制权时即以现金支付的应付金额（现销价格）确定交易价格。企业在确定该重大融资成分的金额时，应使用将合同对价的名义金额折现为商品的现销价格的折现率。该折现率一经确定，不得因后续市场利率或客户信用风险等情况的变化而变更。企业确定的交易价格与合同承诺的对价金额之间的差额，应当在合同期间内采用实际利率法摊销。

为简化实务操作，如果在合同开始日，企业预计客户取得商品控制权与客户支付价款间隔不超过一年的，可以不考虑合同中存在的重大融资成分。企业应当对类似情形下的类似合同一致地应用这一简化处理方法。

3. 非现金对价

非现金对价包括实物资产、无形资产、股权、客户提供的广告服务等。通常情况下，当企业向客户转让商品，客户以非现金对价支付的，企业应当按照非现金对价在合同开始日的公允价值确定交易价格；非现金对价公允价值不能合理估计的，企业应当参照其承诺向客户转让商品的单独售价间接确定交易价格。

非现金对价的公允价值可能会因对价的形式而发生变动（例如，企业有权向客户收取的对价是股票，股票本身的价格会发生变动），也可能会因为其形式以外的原因而发生变动。合同开始日后，非现金对价的公允价值因对价形式以外的原因而发生变动的，应当作为可变对价，按照与计入交易价格的可变对价金额的限制条件相关的规定进行处理；合同开始日后，非现金对价的公允价值因对价形式而发生变动的，该变动金额不应计入交易价格。

4. 应付客户对价

企业在向客户转让商品的同时，需要向客户或第三方支付对价的，应当将该应付对价冲减交易价格，但应付客户对价是为了自客户取得其他可明确区分商品的除外。企业应付客户对价是为了向客户取得其他可明确区分的商品的，应当采用与企业其他采购相一致的方式确认所购买的商品。企业应付客户对价超过向客户取得可明确区分商品公允价值的，超过金额应当冲减交易价格。向客户取得的可明确区分商品公允价值不能合理估计的，企业应当将应付客户对价全额冲减交易价格。在对应付客户对价冲减交易价格进行会计处理时，企业应当在确认相关收入和支付（或承诺支付）客户对价两者之间较晚的时点冲减当期收入。

（四）将交易价格分摊至各单项履约义务

当合同中包含两项或多项履约义务的，企业应当在合同开始日，按照各单项履约义务所承诺商品的单独售价的相对比例，将交易价格分摊至各单项履约义务。

单独售价是指企业向客户单独销售商品的价格。企业在类似环境下向类似客户单独销售某商品的价格，应作为该商品的单独售价。单独售价无法直接观察，企业应当综合考虑其能够合理取得的全部相关信息，采用市场调整法、成本加成法、余值法等方法合理估计单独售价。企业在估计单独售价时，应当最大限度地采用可观察的输入值，并对类似情况采用一致的估计方法。

1）市场调整法是指企业根据某商品或类似商品的市场售价对本企业的成本和毛利等进行适当调整后，确定其单独售价的方法。

2）成本加成法是指企业根据某商品的预计成本加上其合理毛利后的价格，确定其单独售价的方法。

3）余值法是指企业根据合同交易价格减去合同中其他商品可观察的单独售价后的余值，确定某商品单独售价的方法。

（五）履行每一单项履约义务时确认收入

企业应当在履行了合同中的履约义务，即客户取得相关商品控制权时确认收入，控制权的转移是确认收入的前提。

对于履约义务，企业应首先判断履约义务是否满足在某一时段内履行的条件，如不满足，则该履约义务属于在某一时点履行的履约义务。对于在某一时段内履行的履约义务，企业应当选取恰当的方法来确定履约进度；对于在某一时点履行的履约义务，企业应当综合分析控制权转移的迹象，判断其转移时点。

1. 在某一时段内履行的履约义务的收入确认

（1）在某一时段内履行的履约义务的判断条件 满足下列条件之一的，属于在某一时段内履行的履约义务，相关收入应当在该履约义务履行的期间内确认：

1）客户在企业履约的同时即取得并消耗企业履约所带来的经济利益。企业在履约过程中是持续地向客户转移该服务的控制权的，该履约义务属于在某一时段内履行的履约义务，企业应当在提供该服务的期间内确认收入。例如对于保洁服务的一些服务类的合同而言，可以通过直观的判断获知，企业在履行履约义务（即提供保洁服务）的同时，客户即取得并消耗了企业履约所带来的经济利益。

2）客户能够控制企业履约过程中在建的商品。企业在履约过程中在建的商品包括在产品、在建工程、尚未完成的研发项目、正在进行的服务等，如果客户在企业创建该商品的过程中就能够控制这些商品，则企业提供该商品的履约义务属于在某一时段内履行的履约义务。

【例12-6】甲企业与客户签订合同，在客户拥有的土地上按照客户的设计要求为其建造厂房。在建造过程中客户有权修改厂房设计，并与甲企业重新协商设计变更后的合同价款。客户每月末按当月工程进度向甲企业支付工程款。如果客户终止合同，已完成建造部分的厂房归客户所有。

【解析】　本例中，甲企业为客户建造厂房，该厂房位于客户的土地上，客户终止合同时，已建造的厂房归客户，所有这些条件均表明客户在该厂房建造的过程中就能够控制该在建的厂房。因此，甲企业提供的该建造服务属于在某一时段内履行的履约义务，企业应当在提供该服务的期间内确认收入。

3）企业履约过程中所产出的商品具有不可替代的用途，且该企业在整个合同期间内有权就累计至今已完成的履约部分收取款项。

商品具有不可替代用途是指因合同限制或实际可行性限制，企业不能轻易地将商品用于其他用途。当企业产出的商品只能提供给某特定客户，而不能被轻易地用于其他用途（例如销售给其他客户）时，该商品就具有不可替代用途。注意：第一，企业应当在合同开始日判断所承诺的商品是否具有不可替代用途；第二，判断时应考虑合同中是否存在实质性的限制条款，导致企业不能将合同约定的商品用于其他用途；第三，判断时应考虑是否存在实际可行性限制，比如企业将合同中约定的商品用作其他用途，将会导致企业遭受重大的经济损失时，则企业将该商品用作其他用途的能力实际上受到了限制；第四，企业应基于最终转移给客户的商品的特征判断是否具有不可替代用途。

企业在整个合同期间内有权就累计至今已完成的履约部分收取款项，是指在由于客户或其他方原因终止合同的情况下，企业有权就累计至今已完成的履约部分收取能够补偿其已发生成本和合理利润的款项，并且该权利受法律保护。

【例12-7】　甲公司与乙公司签订合同，针对乙公司的实际情况和面临的具体问题，为改善其业务流程提供咨询服务，并出具专业的咨询意见。双方约定，甲公司仅需要向乙公司提交最终的咨询意见，而无须提交任何其在工作过程中编制的工作底稿和其他相关资料；在整个合同期间内，如果乙公司单方面终止合同，乙公司需要向甲公司支付违约金，违约金的金额等于甲公司已发生的成本加上15%的毛利率，该毛利率与甲公司在类似合同中能够赚取的毛利率大致相同。

【解析】　本例中，在合同执行过程中，由于乙公司无法获得甲公司已经完成工作的工作底稿和其他任何资料，假设在执行合同的过程中，因甲公司无法履约而需要由其他公司来继续提供后续咨询服务并出具咨询意见时，其他公司需要重新执行甲公司已经完成的工作，表明乙公司并未在甲公司履约的同时即取得并消耗了甲公司履约所带来的经济利益。然而，由于该咨询服务是针对乙公司的具体情况而提供的，甲公司无法将最终的咨询意见用作其他用途，表明其具有不可替代用途；此外，在整个合同期间内，如果乙公司单方面终止合同，甲公司根据合同条款可以主张其已发生的成本及合理利润，表明甲公司在整个合同期间内有权就累计至今已完成的履约部分收取款项。因此，甲公司向乙公司提供的咨询服务属于在某一时段内履行的履约义务，甲公司应当在其提供服务的期间内按照适当的履约进度确认收入。

（2）在某一时段内履行的履约义务的收入确认方法　企业应当在该段时间内按照履约进度确认收入，履约进度不能合理确定的除外。企业应当采用恰当的方法确定履约进度，以使其如实反映企业向客户转让商品的履约情况。企业应考虑商品的性质，采用产出法或投入法确定恰当的履约进度。

资产负债表日，企业应当在按照合同的交易价格总额乘以履约进度扣除以前会计期间累计已确认的收入后的金额，确认为当期收入。

当履约进度不能合理确定时，企业已经发生的成本预计能够得到补偿的，应当按照已经发生的成本金额确认收入，直到履约进度能够合理确定为止。每一资产负债表日，企业应当对履约进度进行重新估计。

1）产出法。产出法根据已转移给客户的商品对于客户的价值确定履约进度。主要包括根据实际测量的完工进度、评估已实现的结果、已达到的里程碑、时间进度、已完工或交付的产品等确定履约进度的方法。企业在评估是否采用产出法确定履约进度时，应当考虑所选择的产出指标是否能够如实地反映向客户转移商品的进度。

【例 12-8】 甲公司与客户签订合同，为该客户拥有的一条铁路更换 100 根铁轨，合同价格为 10 万元（不含税价）。截至 2021 年 12 月 31 日，甲公司共更换铁轨 60 根，剩余部分预计在 2022 年 3 月 31 日之前完成。该合同仅包含一项履约义务，且该履约义务满足在某一时段内履行的条件。假定不考虑其他情况。

【解析】 本例中，甲公司提供的更换铁轨的服务属于在某一时段内履行的履约义务，甲公司按照已完成的工作量确定履约进度。因此，截至 2021 年 12 月 31 日，该合同的履约进度为 60%（60÷100），甲公司应确认的收入为 6（10×60%）万元。

产出法直接计量已完成的产出，一般能够客观地反映履约进度。当产出法所需要的信息可能无法直接通过观察获得，或者为获得这些信息需要花费很高的成本时，可采用投入法。

2）投入法。投入法根据企业履行履约义务的投入确定履约进度，主要根据投入的材料数量、花费的人工工时或机器工时，发生的成本和时间进度等投入指标确定履约进度，当企业从事的工作或发生的投入是在整个履约期间内平均发生时，按照直线法确认收入。

【例 12-9】 乙公司经营一家健身俱乐部。2021 年 2 月 1 日，某客户与乙公司签订合同，成为乙公司的会员，并向乙公司支付会员费 3 600 元，可在未来的 12 个月内在该俱乐部健身，且没有次数的限制。

【解析】 乙公司在该合同下的履约义务是承诺随时准备在客户需要时为其提供健身服务，没有次数限制，该履约义务在会员的会籍期间内随时间的流逝而被履行，故该履约义务属于在某一时段内的履约义务。因此，乙公司按照直线法确认收入，即每月应当确认的收入为 300 元，截至 2021 年 12 月 31 日，乙公司应确认的收入为 3 300 元。若客户购买的是健身 100 次服务，有效期 1 年。则乙公司的履约义务是为客户提供 100 次健身服务。此时，乙公司应当按照客户已使用健身服务的次数确认收入。

2. 在某一时点履行的履约义务的收入确认

当一项履约义务不属于在某一时段内履行的履约义务时，应当属于在某一时点履行的履约义务。对于在某一时点履行的履约义务，企业应当在客户取得相关商品控制权的时点确认收入。在判断客户是否已取得商品控制权时，企业应当考虑下列迹象：

（1）企业就该商品享有现时收款权利，即客户就该商品负有现时付款义务 当企业就该商品享有现时收款权利时，可能表明客户已经有能力主导该商品的使用并从中获得几乎全部的经济利益。

（2）企业已将该商品的法定所有权转移给客户，即客户已拥有该商品的法定所有权 当客户取得了商品的法定所有权时，表明客户可能已取得对该商品的控制权。如果企业仅仅是为了确保到期收回货款而保留商品的法定所有权，那么企业拥有的该权利通常并不妨碍客户取得对该商品的控制权。

（3）企业已将该商品实物转移给客户，即客户已占有该商品实物 客户占有了某项商品，表明客户可能已取得了对该商品的控制权。但是占有了某项商品实物并不意味着其就一定取得了该商品的控制权；反之亦然。

例如，采用支付手续费方式的委托代销安排下，虽然企业作为委托方已将商品发送给受托方，但是受托方并未取得该商品的控制权。因此，企业不应在向受托方发货时确认销售商品的收入，而仍然应当根据控制权是否转移来判断何时确认收入，通常应当在受托方售出商品时确认销售商品收入；受托方应当在商品销售后，按合同或协议约定的方法计算确定的手续费确认收入。

实务中，企业有时根据合同已经就销售的商品向客户收款或取得了收款权利，但是，由于客户因为缺乏足够的仓储空间或生产进度延迟等原因，直到在未来某一时点将该商品交付给客户之前，企业仍然继续持有该商品实物，这种情况通常称为"售后代管商品"安排。此时，企业除了考虑客户是否有取得商品控制权的迹象之外，还应当同时满足下列条件，才表明客户取得了该商品的控制权：①该安排必须具有商业实质，例如该安排是应客户的要求而订立的；②属于客户的商品必须能够单独识别，例如将属于客户的商品单独存放在指定地点；③该商品可以随时交付给客户；④企业不能自行使用该商品或将该商品提供给其他客户。企业根据上述条件对尚未发货的商品确认了收入的，还应当考虑是否还承担了其他履约义务，例如向客户提供保管服务等，从而应当将部分交易价格分摊至其他履约义务。越是通用的、可以和其他商品互相替换的商品，可能越难满足上述条件。

（4）企业已将该商品所有权上的主要风险和报酬转移给客户，即客户已取得该商品所有权上的主要风险和报酬 企业在判断时，不应当考虑保留了除转让商品之外产生其他履约义务的风险的情形。例如，企业将产品销售给客户，并承诺提供后续维护服务，销售产品和维护服务均构成单项履约义务，企业保留的因维护服务而产生的风险并不影响企业有关主要风险和报酬转移的判断。

（5）客户已接受该商品 企业在判断是否已经将商品的控制权转移给客户时，应当考虑客户是否已接受该商品，特别是客户的验收是否仅仅是一个形式。如果企业能够客观地确定其已经按照合同约定的标准和条件将商品的控制权转移给客户，那么客户验收可能只是一个形式，并不会影响企业判断客户取得该商品控制权的时点。实务中，企业应当考虑，在过去执行类似合同的过程中已经积累的经验以及客户验收的结果，以证明其所提供的商品是否能够满足合同约定的具体条件。如果在取得客户验收之前已经确认了收入，企业应当考虑是否还存在剩余的履约义务，例如设备安装、运输等，并且评估是否应当对其单独进行核算。相反地，如果企业无法客观地确定其向客户转让商品见否符合合同规定的条件，那么在客户验收之前，企业不能认为已经将该商品的控制权转移。例如，客户主要基于主观判断进行验收时，在验收完成之前，企业无法确定其商品是否能够满足客户的主观标准，因此，企业应当在客户完成验收接受该商品时才能确认收入。在实务中，定制化程度越高的商品，可能越难证明客户验收仅仅是一个形式。此外，如果企业将商品发送给客户供其试用或者测评，且客户并未做出试用期结束前支付任何对价的承诺，则在客户接受该商品或者在商品试用期结束之前，该商品的控制权并未转移给客户。

（6）其他表明客户已取得商品控制权的迹象　需要强调的是，任上述迹象中，并没有哪一个或哪几个迹象是决定性的，企业应当根据合同条款和交易实质进行分析，综合判断其是否以及何时将商品的控制权转移给客户，从而确定收入确认的时点。此外，企业应当从客户的角度进行评估，而不应当仅考虑企业自身的看法。

二、关于合同成本

（一）合同履约成本

企业为履行合同可能会发生各种成本，企业在确认收入的同时应当对这些成本进行分析，属于存货、固定资产、无形资产等规范范围的，应当按照相关章节的内容进行会计处理；不属于其他章节规范范围且同时满足下列条件的，应当作为合同履约成本确认为一项资产。

1）该成本与一份当前或预期取得的合同直接相关。预期取得的合同应当是企业能够明确识别的合同，例如，现有合同续约后的合同、尚未获得批准的特定合同等。与合同直接相关的成本包括直接人工（例如支付给直接为客户提供所承诺服务的人员的工资、奖金等）、直接材料（例如为履行合同耗用的原材料、辅助材料、构配件、零件、半成品的成本和周转材料的摊销及租赁费用等）、制造费用或类似费用（例如与组织和管理生产、施工、服务等活动发生的费用，包括管理人员的职工薪酬、劳动保护费、固定资产折旧费及修理费、物料消耗、取暖费、水电费、办公费、差旅费、财产保险费、工程保修费、排污费、临时设施摊销费等）、明确由客户承担的成本以及仅因该合同而发生的其他成本（例如支付给分包商的成本、机械使用费、设计和技术援助费用、施工现场二次搬运费、生产工具和用具使用费、检验试验费、工程定位复测费、工程点交费用、场地清理费等）。

2）该成本增加了企业未来用于履行（或持续履行）履约义务的资源。

3）该成本预期能够收回。

下列支出不属于合同履约成本，因此，企业应当在下列支出发生时，将其计入当期损益：①管理费用，除非这些费用明确由客户承担；②非正常消耗的直接材料、直接人工和制造费用（或类似费用），这些支出为履行合同发生，但未反映在合同价格中；③与履约义务中已履行（包括已全部履行或部分履行）部分相关的支出，即该支出与企业过去的履约活动相关；④无法在尚未履行的与已履行（或已部分履行）的履约义务之间区分的相关支出。

（二）合同取得成本

企业为取得合同发生的增量成本预期能够收回的，应当作为合同取得成本确认为一项资产。增量成本是指企业不取得合同就不会发生的成本，例如销售佣金等。为简化实务操作，合同取得成本摊销期限不超过一年的，可以在发生时计入当期损益。企业采用该简化处理方法的，应当对所有类似合同一致采用。企业为取得合同发生的、除预期能够收回的增量成本之外的其他支出，应当在发生时计入当期损益，除非这些支出明确由客户承担，如无论是否取得合同均会发生的差旅费、投标费、为准备投标资料发生的相关费用等。

【例 12-10】 甲公司是一家咨询公司，通过竞标赢得一个新客户，为取得和该客户的合同，甲公司发生下列支出：①聘请外部律师进行尽职调查的支出为 15 000 元；②因投标发生的差旅费为 10 000 元；③销售人员佣金为 5 000 元，甲公司预期这些支出未来能够收回。此外，甲公司根据其年度销售目标、整体盈利情况及个人业绩等，向销售部门经理支付年度奖金 10 000 元。

【解析】 本例中，甲公司向销售人员支付的佣金属于为取得合同发生的增量成本，应当将其作为合同取得成本确认为一项资产。甲公司聘请外部律师进行尽职调查发生的支出和为投标发生的差旅费，无论是否取得合同都会发生，不属于增量成本，因此，应当于发生时直接计入当期损益。甲公司向销售部门经理支付的年度奖金也不是为取得合同发生的增量成本，这是因为该奖金发放与否以及发放金额还取决于其他因素（包括公司的盈利情况和个人业绩），其并不能直接归属于可识别的合同。

企业因现有合同续约或发生合同变更需要支付的额外佣金，也属于为取得合同发生的增量成本。实务中，当涉及合同取得成本的安排比较复杂时，对于合同续约或合同变更时需要支付额外的佣金、企业支付的佣金金额取决于客户未来的履约情况或者取决于累计取得的合同数量或金额等，企业需要运用判断，对发生的合同取得成本进行恰当的会计处理。

满足上述条件的支出确认为资产的合同取得成本，初始确认时摊销期限不超过一年或一个正常营业周期的，在资产负债表中列示为其他流动资产；初始确认时摊销期限在一年或一个正常营业周期以上的，在资产负债表中列示为其他非流动资产。

（三）与合同履约成本和合同取得成本有关的资产的摊销和减值

1. 摊销

确认为企业资产的合同履约成本和合同取得成本（以下简称"与合同成本相关的资产"），应当采用与该资产相关的商品收入确认相同的基础（即在履约义务履行的时点或按照履约义务的履约进度）进行摊销，计入当期损益。

2. 减值

与合同成本相关的资产，其账面价值高于下列第一项减去第二项的差额的，应按超出部分的金额计提减值准备，并确认为资产减值损失。第一项是企业因转让与该资产相关的商品预期能够取得的剩余对价；第二项是为转让该相关商品估计将要发生的成本。以前期间减值的因素之后发生变化，使得第一项减去第二项的差额高于该资产账面价值的，应当转回原已计提的资产减值准备，并计入当期损益，但转回后的资产账面价值不应超过假定不计提减值准备情况下该资产在转回日的账面价值。

▶▶ 三、营业收入和营业成本的会计处理

（一）科目设置

营业收入的会计处理需要设置"主营业务收入"和"其他业务收入"科目，当确认收入时，应借记有关科目，贷记"主营业务收入""其他业务收入"科目。而营业成本的会计处理需要设置"主营业务成本"和"其他业务成本"科目，当结转营业成本时，应借记"主营业务成本""其他业务成本"科目，贷记有关科目。

期末将"主营业务收入""其他业务收入""主营业务成本""其他业务成本"账户的余额转入"本年利润"账户，结转后，这4个账户应无余额。

（二）一般转让商品业务

企业销售商品，应在符合收入的确认条件时，确认收入。应根据不同的结算方式，借记"银行存款""应收票据""应收账款""合同资产"等科目；根据确定的交易价格，贷记"主营业务收入"科目，根据收取的增值税销项税额，贷记"应交税费——应交增值税（销项税额）"等科目。合同资产是指企业已向客户转让商品而有权收取对价的权利，且该权利取决于时间流逝之外的其他因素；应收款项是指企业无条件收取合同对价的权利，即企业仅仅随着时间的流逝即可收款。

销售退回是指企业已经销售的商品由于品种、质量等不符合合同的规定而发生的退货。销售折让是指因商品的品种、质量等与购销合同不符但客户仍可继续使用，企业给予客户商品价格上的减让。当企业发生销售退回或者销售折让时，企业需要根据购买方在增值税发票管理新系统里填开并经税务机关系统效验通过的《开具红字增值税专用发票信息表》开具的红字增值税专用发票，退还货款或冲减应收账款，并冲减退货当月的主营业务收入（资产负债表日后事项除外）和增值税销项税额，借记"主营业务收入""应交税费——应交增值税（销项税额）"等科目，贷记"银行存款""应收票据""应收账款""合同资产"等科目。应由企业负担的发货及退货运杂费，计入销售费用。

企业销售商品的过程中，可能会发生商业折扣和现金折扣。商业折扣是指企业为促进商品销售而从商品标价上给予的价格折扣。商品标价扣除商业折扣后的金额为双方的实际交易价格，即发票价格。现金折扣的目的是鼓励购货方早日付款，当购货方享受了现金折扣后，就可以相应的少支付一部分款项，现金折扣作为交易价格的可变对价，企业应按扣除极可能发生的现金折扣确认收入；资产负债表日，应重新估计可能收到的对价，根据其差额调整营业收入。

企业发出商品，不符合收入确认条件的，不确认收入，发出的商品成本计入"发出商品"科目，待满足收入确认条件后，再确认收入。

企业不论采用现销还是赊销方式销售商品，当符合收入的确认条件，确认收入的同时，所销售商品或提供服务的成本应结转营业成本。借记"主营业务成本""其他业务成本"等科目，贷记"库存商品""合同履约成本""原材料"等科目。

【例12-11】 汪洋公司（一般纳税人）生产销售甲产品，售价500元/件，增值税率13%，根据公司2021年12月份发生的业务，编制相关会计分录。

【解析】 该公司应进行如下处理：

1）12月3日，采用支票结算方式销售甲产品20件，产品已发出，增值税专用发票已出具，符合收入的确认条件，应确认收入。

借：银行存款　11 300
　　贷：主营业务收入　10 000
　　　　应交税费——应交增值税（销项税额）　1 300

2）12月8日，向胜利公司赊销甲产品1 000件，根据规定的折扣条件，可得到10%的商业折扣，产品已发出，增值税专用发票已出具，双方约定胜利公司应在一个月内付款。该项经济业务符合收入的全部确认条件，应确认收入。

发票价格 = 500×1 000×(1-10%) = 450 000（元）。

销项税额 = 450 000×13% = 58 500（元）。

借：应收账款——胜利公司 508 500
　　贷：主营业务收入 450 000
　　　　应交税费——应交增值税（销项税额） 58 500

3）12 月 12 日，向长江公司赊销甲产品 500 件，现金折扣（按不含增值税的价款计算）条件为"2/10，1/20，n/30"，产品已发出，增值税专用发票已出具，符合收入的确认条件。汪洋公司估计长江公司极可能在 12 月 22 日之前付款。

极可能发生的现金折扣 = 500×500×2% = 5 000（元）。

扣除现金折扣的交易价格 = 500×500-5 000 = 245 000（元）。

销项税额 = 500×500×13% = 32 500（元）。

借：应收账款——长江公司 277 500
　　贷：主营业务收入 245 000
　　　　应交税费——应交增值税（销项税额） 32 500

4）12 月 15 日，某客户因产品质量问题退回上月销售的甲产品 5 件，销售时确认的交易价格为每件 500 元。汪洋公司已经开具红字增值税专用发票并用支票退回有关款项。

借：主营业务收入 2 500
　　应交税费——应交增值税（销项税额） 325
　　贷：银行存款 2 825

5）12 月 22 日，向丰源公司发出甲产品 100 件。汪洋公司了解到丰源公司资金周转困难，但为了减少存货积压，同时也为了维持与丰源公司的长期建立的商业合作关系，仍将商品发往丰源公司并办妥托收手续。

该交易不满足收入确认条件，不确认收入。

6）12 月 31 日，长江公司尚未支付货款，汪洋公司与长江公司沟通后，估计长江公司需要在 2022 年 1 月 10 日才能支付货款，不能享受现金折扣，汪洋公司调整营业收入。

借：应收账款——长江公司 5 000
　　贷：主营业务收入 5 000

7）12 月 31 日，结转发出商品成本；本月一共发出甲产品 1 615（20+1 000+500-5+100）件，其中销售甲产品 1 515 件，单位成本 200 元/件，总成本 323 000 元。

借：主营业务成本 303 000
　　发出商品 20 000
　　贷：库存商品 323 000

【例 12-12】 甲公司与鑫源公司签订一项合同，为鑫源公司提供设备安装服务。合同开始日为 2021 年 11 月 1 日，安装期为 3 个月，合同总收入 600 000 元，估计合同总成本为 400 000 元。不考虑增值税等其他因素，甲公司判断该笔履约义务为某一时段履行的履约义务，做出应编制的会计分录。

【解析】 甲公司应进行如下处理：

1）11 月 1 日至年底实际发生安装费用为 280 000 元（假定均为安装人员薪酬）。

借：合同履约成本——设备安装   280 000

  贷：应付职工薪酬   280 000

2）11 月 3 日，甲公司预收安装费 440 000 元，存入银行。

借：银行存款   440 000

  贷：合同负债——鑫源公司   440 000

3）12 月 31 日，甲公司按实际发生的成本占估计总成本的比例确定安装的履约进度，并确认收入。

履约进度 = 280 000 ÷（280 000 + 120 000）× 100% = 70%

2021 年 12 月 31 日确认的收入 = 600 000 × 70% − 0 = 420 000（元）。

借：合同负债——鑫源公司   420 000

  贷：主营业务收入——设备安装   420 000

借：主营业务成本——设备安装   280 000

  贷：合同履约成本——设备安装   280 000

4）2022 年 1 月，又发生安装费用 120 000 元（假定均为安装人员薪酬）。

借：合同履约成本——设备安装   120 000

  贷：应付职工薪酬   120 000

5）2022 年 1 月 30 日，设备安装完工，鑫源公司验收合格并支付剩余款项 160 000 元。

甲公司应确认收入 = 600 000 × 100% − 420 000 = 180 000（元）。

借：银行存款   160 000

  合同负债——鑫源公司   20 000

    贷：主营业务收入   180 000

借：主营业务成本——设备安装   120 000

  贷：合同履约成本——设备安装   120 000

值得注意的是，对于同一合同下属于某一时段内履行的履约义务涉及与客户结算对价的，通常情况下，企业对其已向客户转让商品而有权收取的对价金额应当确认为合同资产或应收账款，对于其已收或应收客户对价而应向客户转让商品的义务，应当按照已收或应收的金额确认合同负债。由于同一合同下的合同资产和合同负债应当以净额列示，企业也可以设置"合同结算"账户（或其他类似账户），以核算同一合同下属于在一时段内履行的履约义务涉及与客户结算对价所产生的合同资产或合同负债，并在此账户下设置"合同结算——价款结算"账户反映定期与客户进行结算的金额，设置"合同结算——收入结转"账户反映按履约进度结转的收入金额。资产负债表日，"合同结算"账户的期末余额在借方的，根据其流动性，在资产负债表中分别列示为"合同资产"或"其他非流动资产"项目；期末余额在贷方的，根据其流动性，在资产负债表中分别列示为"合同负债"或"其他非流动负债"项目。

（三）含有两项以上履约义务的合同

根据收入确认和计量的五步法，含有两项以上履约义务的合同的交易价格应该在各单项履约义务之间进行分配，再在履行每一单项履约义务时确认收入。

【例 12-13】 2021 年 3 月 1 日，甲公司（一般纳税人）与客户签订合同，向其销售

A、B 两项商品。A 商品的单独售价为 6 000 元，B 商品的单独售价为 24 000 元，合同价款为 25 000 元。合同约定，A 商品于合同开始日交付，B 商品在一个月后交付，只有当两项商品全部交付之后，甲公司才有权收取 25 000 元的合同对价。假定 A、B 商品分别构成单项履约义务，其控制权在交付时转移给客户。假定不考虑相关税费。请做出甲公司应编制的会计分录。

【解析】 分摊至 A 商品的合同价款为 5 000(6 000÷[6 000+24 000]×25 000] 元。

分摊至 B 商品的合同价款为 20 000 （25 000-5 000） 元。

1) 交付 A 商品时。

借：合同资产　　　　　　　　　　　　　　　　　　　　　5 000
　　贷：主营业务收入　　　　　　　　　　　　　　　　　　　5 000

2) 交付 B 商品时。

借：应收账款　　　　　　　　　　　　　　　　　　　　　25 000
　　贷：主营业务收入　　　　　　　　　　　　　　　　　　20 000
　　　　合同资产　　　　　　　　　　　　　　　　　　　　5 000

（四）具有重大融资成分的分期收款销售

企业发生具有重大融资成分的分期收款销售，应当按照客户在取得商品控制权时的现销价格（如果该商品没有现销价格，则按分期收款总额的现值）确定交易价格确认收入。企业确定的交易价格与合同承诺的对价金额之间的差额，应当在合同期间内采用实际利率法摊销。

【例 12-14】 2019 年 1 月 1 日，甲公司（一般纳税人）采用分期收款方式销售商品 1 件，满足收入的确认条件，不含增值税的总价款为 1 500 000 元，适用的增值税税率为 13%，合同规定 2019 年 1 月 1 日收取 40%，即价税合计 678 000 元，2019 年 12 月 31 日、2020 年 12 月 31 日和 2021 年 12 月 31 日各收取 20% 即价税合计共 339 000 元；该商品成本为 900 000 元。甲公司按合同规定的日期收到了有关款项存入银行，并开具增值税专用发票。假定实际利率为 10%。做出甲公司应编制的会计分录。

【解析】 甲公司应进行如下处理：

1) 2019 年 1 月 1 日，销售商品，确认收入时。

分期收款不含税总额的现值 = 600 000+300 000×(P/A,10%,3) = 600 000+300 000×2.4 869 = 600 000+746 070 = 1 346 070 （元）。

待转销项税额 = 1 500 000×13% = 195 000 （元）。

借：长期应收款　　　　　　　　　　　　　　　　　　　1 695 000
　　贷：应交税费——待转销项税额　　　　　　　　　　　　195 000
　　　　主营业务收入　　　　　　　　　　　　　　　　1 346 070
　　　　未实现融资收益　　　　　　　　　　　　　　　　153 930

借：主营业务成本　　　　　　　　　　　　　　　　　　900 000
　　贷：库存商品　　　　　　　　　　　　　　　　　　　900 000

2) 对未实现融资收益进行摊销，摊销表见表 12-1。

表 12-1　未实现融资收益的摊销表　　　　　　　　　　单位：元

年　　度	现金流入 ①	实际利息 ②=上一期④× 实际利率10%	应收本金减少额 ③=①-②	应收本金余额 ④=上一期④-③
0				746 070.00(1)
1	300 000.00	74 607.00	225 393.00	520 677.00
2	300 000.00	52 067.70	247 932.30	272 744.70
3	300 000.00	27 255.30(2)	272 744.70	0
合计	900 000.00	153 930.00	746 070.00	

（1）1 346 070.00-600 000.00=746 070.00（元）。

（2）最后一年倒算调差=300 000.00-272 744.70=27 255.30（元）。

3）2019 年 1 月 1 日，收到款项。

转销的销项税额=195 000×40%=78 000（元）。

借：银行存款　　　　　　　　　　　　　　　　678 000
　　贷：长期应收款　　　　　　　　　　　　　　　　678 000
借：应交税费——待转销项税额　　　　　　　　78 000
　　贷：应交税费——应交增值税（销项税额）　　　　78 000

4）2019 年 12 月 31 日，收到款项。

借：银行存款　　　　　　　　　　　　　　　　339 000
　　贷：长期应收款　　　　　　　　　　　　　　　　339 000
借：应交税费——待转销项税额　　　　　　　　39 000
　　贷：应交税费——应交增值税（销项税额）　　　　39 000
借：未实现融资收益　　　　　　　　　　　　　74 607
　　贷：财务费用　　　　　　　　　　　　　　　　　74 607

5）2020 年 12 月 31 日，收到款项。

借：银行存款　　　　　　　　　　　　　　　　339 000
　　贷：长期应收款　　　　　　　　　　　　　　　　339 000
借：应交税费——待转销项税额　　　　　　　　39 000
　　贷：应交税费——应交增值税（销项税额）　　　　39 000
借：未实现融资收益　　　　　　　　　　　　　52 067.7
　　贷：财务费用　　　　　　　　　　　　　　　　　52 067.7

6）2021 年 12 月 31 日，收到款项。

借：银行存款　　　　　　　　　　　　　　　　339 000
　　贷：长期应收款　　　　　　　　　　　　　　　　339 000
借：应交税费——待转销项税额　　　　　　　　39 000
　　贷：应交税费——应交增值税（销项税额）　　　　39 000
借：未实现融资收益　　　　　　　　　　　　　27 255.3
　　贷：财务费用　　　　　　　　　　　　　　　　　27 255.3

（五）委托代销业务

委托代销业务是指委托方和受托方签订代销合同，委托方将商品交由受托方代为销售。委托代销业务，在委托方发出商品时，受托方未获得商品控制权，尚未完成合同规定的履约义务，不能确认收入。当受托方将商品销售给第三方客户并交付委托方代销清单时，视为完成了履约义务，委托方能够收取款项，才能确认收入实现。受托方获得对商品控制权的，委托方应该按销售商品进行会计处理，不属于委托代销业务。

委托代销业务可以采用视同买断和收取手续费两种方式。

1. 视同买断方式

视同买断方式是指由委托方和受托方签订合同，委托方按合同价格收取所代销的货款，实际售价可由受托方自定，实际售价与合同价格之间的差额归受托方所有的销售方式。

【例 12-15】 2021 年 6 月 1 日，甲公司与乙公司签订合同，委托乙公司销售商品 100 件，乙公司无法售出的商品可以退还给甲公司，合同约定的代销价格为 1 000 元/件，增值税税率为 13%，该商品成本 800 元/件。同日，甲公司发出商品给乙公司。2021 年 8 月 26 日，乙公司实际销售商品 100 件给第三方公司，销售价格为 1 100 元/件。2021 年 9 月 6 日，甲公司收到乙公司交来的代销清单。甲公司向乙公司开具增值税专用发票。2021 年 9 月 15 日，甲公司收到乙公司支付的代销商品全部款项。分别做出甲、乙公司的相关会计分录。

【解析】

（1）甲公司（委托方）的账务处理

1）6 月 1 日，发出商品，此时不确认收入。

借：发出商品　　　　　　　　　　　　　　　　　　　　　　　80 000
　　贷：库存商品　　　　　　　　　　　　　　　　　　　　　　80 000

2）9 月 6 日，收到代销清单，此时确认收入。

借：应收账款　　　　　　　　　　　　　　　　　　　　　　113 000
　　贷：主营业务收入　　　　　　　　　　　　　　　　　　　100 000
　　　　应交税费——应交增值税（销项税额）　　　　　　　　13 000

借：主营业务成本　　　　　　　　　　　　　　　　　　　　　80 000
　　贷：发出商品　　　　　　　　　　　　　　　　　　　　　　80 000

3）9 月 15 日，收到代销全部款项。

借：银行存款　　　　　　　　　　　　　　　　　　　　　　113 000
　　贷：应收账款　　　　　　　　　　　　　　　　　　　　　113 000

（2）乙公司（受托方）的账务处理

1）6 月 1 日，收到受托代销商品。

借：受托代销商品　　　　　　　　　　　　　　　　　　　　100 000
　　贷：受托代销商品款　　　　　　　　　　　　　　　　　　100 000

2）8 月 26 日，将商品销售给第三方。

借：银行存款　　　　　　　　　　　　　　　　　　　　　　124 300

贷：主营业务收入　110 000

应交税费——应交增值税（销项税额）　14 300

借：主营业务成本　100 000

贷：受托代销商品　100 000

借：受托代销商品款　100 000

贷：应付账款　100 000

3）9月6日，交付代销清单，收到增值税专用发票。

借：应交税费——应交增值税（进项税额）　13 000

贷：应付账款　13 000

4）9月15日，支付代销全部款项。

借：应付账款　113 000

贷：银行存款　113 000

2. 收取手续费方式

收取手续费方式是指委托方与受托方签订合同，受托方按照委托方规定的售价出售商品，并向委托方收取手续费的销售方式。

【例12-16】　2021年6月1日，甲公司与乙公司签订合同，委托乙公司按照合同约定的单位代销价格1 000元/件销售商品100件，乙公司按售价的10%收取代销手续费，增值税率13%，该商品成本800元/件。同日，甲公司发出商品给乙公司。2021年8月26日，乙公司实际销售商品100件给第三方公司。2021年9月6日，甲公司收到乙公司交来的代销清单及代销手续费发票并向乙公司开具增值税专用发票，委托代销业务手续费增值税税率为6%。2021年9月15日，甲公司收到乙公司支付的扣除手续费的代销商品款项。分别做出甲、乙公司的相关会计分录。

【解析】

（1）甲公司（委托方）的账务处理。

1）6月1日，发出商品，因此时不满足收入确认条件，不确认为收入。

借：发出商品　80 000

贷：库存商品　80 000

2）9月6日，收到代销清单，确认收入，收到代销手续费发票，确认销售费用。

借：应收账款　113 000

贷：主营业务收入　100 000

应交税费——应交增值税（销项税额）　13 000

借：主营业务成本　80 000

贷：发出商品　80 000

借：销售费用　10 000

应交税费——应交增值税（进项税额）　600

贷：应收账款　10 600

3）9月15日，收到扣除手续费的代销商品款项。

借：银行存款　102 400

      贷：应收账款   102 400

（2）乙公司（受托方）的账务处理

1）6月1日，收到受托代销商品。

    借：受托代销商品   100 000

        贷：受托代销商品款   100 000

2）8月26日，将商品销售给第三方公司。

    借：银行存款   113 000

        贷：受托代销商品   100 000

           应交税费——应交增值税（销项税额）   13 000

    借：受托代销商品款   100 000

        贷：应付账款   100 000

    借：应付账款   10 600

        贷：主营业务收入   10 000

           应交税费——应交增值税（销项税额）   600

3）9月6日，交付代销清单及代销手续费发票，收到增值税专用发票。

    借：应交税费——应交增值税（进项税额）   13 000

        贷：应付账款   13 000

4）9月15日，支付扣除手续费后的代销款项。

    借：应付账款   102 400

        贷：银行存款   102 400

（六）附有销售退回条款的销售

企业将商品控制权转让给客户之后，可能会因为各种原因（例如客户对所购商品的款式不满意等）允许客户依照有关合同、法律要求、声明或承诺、以往的习惯做法等选择退货，此销售为附有销售退回条款的销售。

企业应当在客户取得相关商品控制权时，按照因向客户转让商品而预期有权收取的对价金额（即不包含预期因销售退回将退还的金额）确认收入，按照预期因销售退回将退还的金额确认负债；同时，按照预期将退回商品转让时的账面价值，扣除收回该商品预计发生的成本（包括退回商品的价值减损）后的余额，确认为一项资产，按照所转让商品转让时的账面价值，扣除上述资产成本的净额结转成本。每一资产负债表日，企业应当重新估计未来销售退回情况，并对上述资产和负债进行重新计量。如有变化，应当作为会计估计变更进行会计处理。

【例12-17】 2021年10月1日，甲公司向乙公司销售商品1 000件，单位销售价格为500元/件，单位成本为350元/件，开出的增值税专用发票上注明的销售价格为500 000元，增值税税额为65 000元。商品已经发出，乙公司取得商品控制权，甲公司收到全部款项存入银行。根据协议约定，乙公司可以在2个月内无条件退货。甲公司根据过去的经验，估计该批商品的退货率约为10%。2021年11月30日，乙公司实际退回商品80件，甲公司已收到退回的商品，并开具红字增值税专用发票，用银行存款退回相应价款。做出甲公司的账务处理。

【解析】

1）2021年10月1日发出商品时，预期退货的部分不确认收入。

确认的收入 = 500×1 000×（1−10%）= 450 000（元）。

预计退回的金额确认的负债 = 500×1 000×10% = 50 000（元）。

借：银行存款	565 000
贷：主营业务收入	450 000
预计负债——应付退货款	50 000
应交税费——应交增值税（销项税额）	65 000

确认的主营业务成本 = 350×1 000×（1−10%）= 315 000（元）。

确认的应收退货成本 = 350×1 000×10% = 35 000（元）。

借：主营业务成本	315 000
应收退货成本	35 000
贷：库存商品	350 000

2）2021年10月30日实际发生退货80件，未退货20件应确认收入并结转成本。

确认的收入 = 20×500 = 10 000（元）。

结转成本 = 20×350 = 7 000（元）。

借：预计负债——应付退货款	10 000
贷：主营业务收入	10 000
借：主营业务成本	7 000
贷：应收退货成本	7 000

3）收到实际退回的货物80件，开具红字增值税专用发票冲减销项税额，退回相应款项。

应收退货成本 = 80×350 = 28 000（元）。

销项税额抵减 = 65 000×10%×80% = 5 200（元）。

借：库存商品	28 000
贷：应收退货成本	28 000
借：预计负债——应付退货款	40 000
应交税费——应交增值税（销项税额）	5 200
贷：银行存款	45 200

第三节 其他损益

除营业收入和营业成本外的其他损益主要包括税金及附加、期间费用（销售费用、管理费用、财务费用）、其他收益、投资收益、公允价值变动损益、信用减值损失和资产减值损失、资产处置损益、营业外收入和营业外支出、所得税费用。其中，投资收益、公允价值变动损益、信用减值损失和资产减值损失、资产处置损益的内部在前面有关章节中已经阐述。

一、税金及附加

税金及附加是指企业经营活动应负担的各种税金及附加费，主要包括消费税、城市维护建设税、教育费附加、资源税、房产税、城镇土地使用税、车船税、印花税等。

企业应当设置"税金及附加"科目，核算税金及附加的发生和结转情况。企业应按规定计算结转消费税、城市维护建设税、教育费附加、资源税、房产税、城镇土地使用税、车船税等税费，借记"税金及附加"科目，贷记"应交税费"科目。期末，应将"税金及附加"账户余额转入"本年利润"账户，结转后，"税金及附加"账户无余额。企业缴纳的印花税，不会发生未付税款的情况，不需要预计应纳税金额，同时也不存在与税务机关结算或者清算的问题。因此，企业缴纳的印花税不通过"应交税费"科目核算，而是在购买印花税票时，直接借记"税金及附加"科目，贷记"银行存款"科目。

【例 12-18】 甲公司（一般纳税人）12 月份根据发生的税金及附加业务，编制相关会计分录。

【解析】

1）销售应纳消费税的商品（消费税税率 10%）一批，不含增值税的售价为 50 000 元，增值税销项税额为 6 500 元，共计 56 500 元，款项已全部收到，存入银行，符合收入确认条件。

借：银行存款		56 500
贷：主营业务收入		50 000
应交税费——应交增值税（销项税额）		6 500

应交消费税=50 000×10%=5 000（元）。

借：税金及附加		5 000
贷：应交税费——应交消费税		5 000

2）根据增值税和消费税情况，计算结转应交城市维护建设税 1 253 元，应交教育费附加 537 元。

借：税金及附加		1 790
贷：应交税费——应交城市维护建设税		1 253
——应交教育费附加		537

3）结转应交房产税 3000 元，车船税 500 元。

借：税金及附加		3 500
贷：应交税费——应交房产税		3 000
——应交车船税		500

4）购买印花税票 100 元。

借：税金及附加		100
贷：银行存款		100

▶▶ 二、期间费用

（一）销售费用

销售费用是指企业在销售商品和提供服务的过程中发生的各种费用，包括企业在销售商品过程中发生的运输费、装卸费、保险费、包装费、展览费和广告费、商品维修费、预计产品质量保证损失等以及为销售本企业商品而专设的销售机构（含销售网点、售后服务网点等）的职工薪酬、业务费、折旧费等经营费用。企业发生的与专设销售机构相关的固定资产修理费用等后续支出也属于销售费用。

销售费用是与企业销售商品活动有关的费用，但不包括销售商品本身的成本，该成本属于营业成本。

企业应设置"销售费用"账户，用于核算销售费用的发生和结转情况。该账户借方登记企业所发生的各项销售费用，贷方登记期末转入"本年利润"账户的销售费用，结转后，"销售费用"账户应无余额。"销售费用"账户应按销售费用的费用项目进行明细核算。

【例 12-19】 甲公司 12 月份根据发生的销售费用，编制相关会计分录。

【解析】

1）应付销售部门职工薪酬 230 000 元。

借：销售费用   230 000

    贷：应付职工薪酬   230 000

2）销售部门固定资产计提折旧 8 000 元。

借：销售费用   8 000

    贷：累计折旧   8 000

3）用银行存款支付广告费 5 000 元，增值税 300 元（经税务机关认证可以抵扣），合计 5 300 元。

借：销售费用   5 000

    应交税费——应交增值税（进项税额）   300

        贷：银行存款   5 300

4）销售一批产品，用银行存款支付运输费 7 000 元，增值税 630 元（经税务机关认证可以抵扣），合计 7 630 元。

借：销售费用   7 000

    应交税费——应交增值税（进项税额）   630

        贷：银行存款   7 630

（二）管理费用

管理费用是指企业为组织和管理生产经营发生的各种费用，包括企业在筹建期间内发生的开办费、董事会和行政管理部门在企业的经营管理中发生的以及应由企业统一负担的公司经费（包括行政管理部门职工薪酬、物料消耗、办公费、差旅费、固定资产折旧费、修理费、低值易耗品摊销等）、董事会费（包括董事会成员津贴、会议费和差旅费等）、聘请中介机构费、咨询费（含顾问费）、诉讼费、业务招待费、技术转让费、排污费、绿化费、无形资产摊销、研发费用、存货盘亏和毁损（减去盘盈）等。研发费用指的是企业进行研究与开发无形资产过程中发生的费用化支出。

企业应设置"管理费用"账户，用于核算管理费用的发生和结转情况。"管理费用"账户借方登记企业发生的各项管理费用，贷方登记期末转入"本年利润"账户的管理费用，结转后，"管理费用"账户应无余额。"管理费用"账户按管理费用的费用项目进行明细核算。

【例 12-20】 甲公司 12 月份根据发生的管理费用，编制相关会计分录。

【解析】

1）应付管理部门（含财务部门）职工薪酬 50 000 元。

借：管理费用 50 000

  贷：应付职工薪酬 50 000

2）管理部门固定资产计提折旧费 20 000 元。

借：管理费用 20 000

  贷：累计折旧 20 000

3）无形资产摊销 1 000 元。

借：管理费用 1 000

  贷：累计摊销 1 000

4）用银行存款支付办公费 400 元，增值税 52 元（经税务机关认证可以抵扣），合计 452 元。

借：管理费用 400

  应交税费——应交增值税（进项税额） 52

  贷：银行存款 452

5）管理部门人员报销差旅费合计 1 258 元（报销人员以前预借差旅费 1 000 元），用现金补足差额。差旅费中有住宿费 800 元，增值税 48 元（经税务机关认证可以抵扣），其他差旅费 410 元。

借：管理费用 1 210

  应交税费——应交增值税（进项税额） 48

  贷：其他应收款 1 000

   库存现金 258

6）结转无形资产研发过程中发生费用化的支出 60 000 元。

借：管理费用 60 000

  贷：研发支出——费用化支出 60 000

（三）财务费用

财务费用是指企业在筹集资金过程中发生的各项费用，包括生产经营期间发生的不计入符合资本化条件的资产（如固定资产）成本的利息支出（减利息收入）、金融机构手续费、汇兑损益以及其他财务费用。

企业应设置"财务费用"账户，用于核算财务费用的发生和结转情况。借方登记企业发生的财务费用和利息支出，贷方登记企业的利息收入。期末将"财务费用"账户的余额转入"本年利润"账户，结转后，"财务费用"账户应无余额。"财务费用"账户应按财务费用的费用项目进行明细核算。

【例 12-21】 甲公司 12 月份根据发生的财务费用，编制相关会计分录。

【解析】

1）实际支付短期借款利息 900（元）（以前没有预提）。

借：财务费用——利息支出 900

贷：银行存款　　　　　　　　　　　　　　　　　　　　　　　　　900

2）收到银行存款利息 100 元。

借：银行存款　　　　　　　　　　　　　　　　　　　　　　　　100

　　贷：财务费用——利息收入　　　　　　　　　　　　　　　　　　100

▶▶ 三、其他收益

其他收益主要是指企业收到的与日常活动相关的政府补助形成的收益。当企业取得其他收益时，应借记有关科目，贷记"其他收益"科目。期末，将"其他收益"账户的余额转入"本年利润"账户，结转后，"其他收益"账户应无余额。

【例 12-22】　乙企业销售其自主开发生产的动漫软件。按照国家有关规定，该企业的这种产品适用增值税即征即退政策，按 13% 的税率征收增值税后，对其增值税实际税负超过 3% 的部分，实行即征即退。乙企业 2021 年 8 月在进行纳税申报时，对归属于 7 月的增值税即征即退提交退税申请，经主管税务机关审核后的退税额为 10 万元。做出乙企业的相关会计分录。

【解析】　本例中，软件企业即征即退增值税与企业日常销售密切相关，属于与企业的日常活动相关的政府补助。乙企业 2021 年 8 月申请退税并确定了增值税退税额，账务处理如下：

借：其他应收款　　　　　　　　　　　　　　　　　　　　　　100 000

　　贷：其他收益　　　　　　　　　　　　　　　　　　　　　　100 000

▶▶ 四、投资收益

投资收益是指企业从事各项对外投资活动取得的收益（即各项投资业务取得的收入大于其成本的差额）。投资损失是指企业从事各项对外投资活动发生的损失（即各项投资业务取得的收入小于其成本的差额）。

企业应设置"投资收益"账户，核算投资收益和投资损失。该账户的借方登记企业产生投资收益，贷方登记企业产生投资损失。期末结转本年利润前，本账户借方余额为投资的净损失，贷方余额为投资的净收益。期末将"投资收益"账户的余额转入"本年利润"账户，结转后，"投资收益"账户应无余额。"投资收益"账户应按投资项目进行明细核算。

▶▶ 五、公允价值变动损益

公允价值变动损益是指交易性金融资产和以公允价值计量的投资性房地产等因公允价值变动形成的损益。

当有关资产的公允价值高于其账面价值时，应确认公允价值变动收益，借记有关资产科目，贷记"公允价值变动损益"科目；有关资产的公允价值低于其账面价值时，应确认公允价值变动损失，借记"公允价值变动损益"科目，贷记有关资产科目。期末，将"公允价值变动损益"账户的余额转入"本年利润"账户，结转后，"公允价值变动损益"账户应无余额。

六、信用减值损失和资产减值损失

信用减值损失是指金融资产中因应收款项、债权投资、其他债权投资等资产价值下跌而发生的损失。当企业确认信用减值损失时，应借记"信用减值损失"科目，贷记有关科目。当金融资产的减值恢复时，应编制相反的会计分录。

资产减值损失是指企业存货、长期股权投资、固定资产、在建工程、工程物资、无形资产等发生减值确认的减值损失。

企业应根据确认的减值损失，借记"资产减值损失"科目，贷记有关科目。企业计提存货跌价准备后，相关资产的价值又得以恢复的，应编制相反的会计分录。企业计提的长期股权投资、固定资产、在建工程、工程物资、无形资产等减值准备，按照《企业会计准则第8号——资产减值》的规定，不得转回。

期末，将"信用减值损失""资产减值损失"账户的余额转入"本年利润"账户，结转后，"信用减值损失""资产减值损失"账户应无余额。

七、资产处置损益

资产处置损益主要是处置固定资产、在建工程及无形资产等产生的损益。企业发生资产处置收益时，应借记有关科目，贷记"资产处置损益"科目；发生资产处置损失时，应借记"资产处置损益"科目，贷记有关科目。期末，将"资产处置损益"账户的余额转入"本年利润"账户，结转后，"资产处置损益"账户应无余额。

八、营业外收入和营业外支出

营业外收入是指企业发生的营业利润以外的收益，主要包括非流动资产毁损报废利得、与企业日常活动无关的政府补助、盘盈利得、接受捐赠利得、获得的赔偿金等。企业取得营业外收入时，应借记有关科目，贷记"营业外收入"科目。期末，将"营业外收入"账户的余额转入"本年利润"账户，结转后，"营业外收入"账户应无余额。

营业外支出是指企业在营业利润以外发生的支出，主要包括非流动资产毁损报废损失、公益性捐赠支出、非常损失、盘亏损失、支付的赔偿金和违约金等。企业发生营业外支出时，应借记"营业外支出"科目，贷记有关科目。期末，将"营业外支出"账户的余额转入"本年利润"账户，结转后，"营业外支出"账户应无余额。

营业外收入和营业外支出所包括的收支项目互不相关，两者的发生额应当分别核算，不能相互抵消。

【例12-23】 根据某公司12月份发生的营业外收支业务，编制相关会计分录。

【解析】

1）取得客户因违反合同约定而支付的罚款500元，存入银行。

借：银行存款　　　　　　　　　　　　　　　　　　　　　　500

　　贷：营业外收入　　　　　　　　　　　　　　　　　　　　　500

2）用银行存款对外进行非公益性捐赠2 000元。

借：营业外支出　　　　　　　　　　　　　　　　　　　　2 000

　　贷：银行存款　　　　　　　　　　　　　　　　　　　　　2 000

九、所得税费用

所得税费用是指应在会计税前利润中扣除的所得税费用，包括当期所得税费用和递延所得税费用（或收益，下同）。我国现行会计准则规定，所得税费用的确认应采用资产负债表债务法。

企业会计税前利润是按照企业会计准则的规定计算确认的税前利润。应纳税所得额是按《企业所得税法》规定的项目计算确定的收益，是计算缴纳企业所得税的依据。由于企业会计税前利润和应纳税所得额的计算口径、计算时间可能不一致，因而两者之间可能存在差异。比如，企业购买国债取得利息收入，在会计核算中作为投资收益计入了会计税前利润，而《企业所得税法》规定国债利息收入免征所得税，不计入应纳税所得额。故而企业应从会计税前利润中扣除上述差异，计算应纳税所得额，形成当期所得税费用。企业应借记"所得税费用"科目，贷记"应交税费——应交企业所得税"科目。又如，企业购买的某项固定资产，企业所得税法规定的折旧年限为 5 年，而企业会计上采用 4 年为折旧年限，这就导致该固定资产除取得时账面价值和计税基础一致外，其他年份由于每年折旧额的不同导致该固定资产的账面价值和计税基础不一致，产生暂时性差异，形成递延所得税费用。对于所得税的具体会计处理，将在高级财务会计中学习。

第四节　利润形成与利润分配

一、利润形成

（一）利润的构成

利润是对企业在一定会计期间的经营成果的反映，其数额广义的收入减去广义的费用后的净额。利润包括来源于日常活动产生的经营成果和直接计入当期损益的利得和损失。

利润需要根据收入、费用的确认和计量，分三个层次进行计算。

1. 营业利润

营业利润＝营业收入－营业成本－税金及附加－销售费用－管理费用－研发费用－财务费用＋
　　　　 其他收益＋投资收益(－投资损失)＋公允价值变动收益(－公允价值变动损失)－
　　　　 信用减值损失－资产减值损失＋资产处置收益(－资产处置损失)

其中，研发费用是指企业进行研究与开发过程中发生的费用化支出，以及计入管理费用的自行开发无形资产的摊销。企业没有单独设置"研发费用"科目的情况下，应从"管理费用"科目里有关明细科目的金额中分析。

2. 利润总额

利润总额＝营业利润＋营业外收入－营业外支出

3. 净利润

净利润＝利润总额－所得税费用

（二）本年利润形成和结转的会计处理

企业应设置"本年利润"账户，核算企业当期实现的净利润（或发生的净亏损）。

企业期末结转利润时，应将各损益类科目的金额转入"本年利润"账户，结转后，各损益类账户期末没有余额。"本年利润"账户的贷方余额为当期实现的净利润；借方余额为当期发生的净亏损。

年度终了，应将本年收入、利得和费用、损失相抵后结算出的本年实现的净利润，转入"利润分配"账户，借记"本年利润"科目，贷记"利润分配——未分配利润"科目；如为净亏损，则借记"利润分配——未分配利润"科目，贷记"本年利润"科目。年末结转后，"本年利润"账户应无余额。

1. 账结法

账结法是指每月月末将所有损益类科目的本月累计发生额转入"本年利润"账户，借记所有收入类科目，贷记"本年利润"科目；借记"本年利润"科目，贷记所有费用类科目。结转后，所有损益类科目每月月末均没有余额，"本年利润"账户的贷方余额表示本年内累计实现的净利润，借方余额表示本年内累计发生的净亏损。采用账结法，账面上能够直接反映各月末累计实现的净利润和累计发生的净亏损，但每月结转本年利润的工作量较大。年末，再将"本年利润"账户的期末余额结转入"利润分配——未分配利润"账户，年末结转后，"本年利润"账户没有余额。

【例 12-24】 甲公司 2021 年 12 月份月初"本年利润"账户贷方余额为 6 000 000 元，12 月份在月末结转前，有关损益类账户的月末余额见表 12-2，做出月末结转各损益类账户余额的会计分录。

表 12-2 甲公司有关损益类账户 12 月份期末结转前余额　　　　单位：元

账 户 名 称	借 方 余 额	贷 方 余 额
1. 主营业务收入		2 600 000
2. 其他业务收入		200 000
3. 公允价值变动损益		30 000
4. 投资收益		56 000
5. 营业外收入		40 000
6. 其他收益		3 000
7. 主营业务成本	1 860 000	
8. 其他业务成本	136 000	
9. 税金及附加	25 800	
10. 销售费用	23 200	
11. 管理费用	86 400	
12. 财务费用	2 300	
13. 信用减值损失	800	
14. 资产减值损失	2 800	
15. 资产处置损益	3 700	
16. 营业外支出	30 000	
17. 所得税费用	200 000	

【解析】

1）月末结转本月"主营业务收入""其他业务收入""公允价值变动损益""投资收益""其他收益"等账户余额。

借：主营业务收入 2 600 000
　　其他业务收入 200 000
　　公允价值变动损益 30 000
　　投资收益 56 000
　　其他收益 3 000
　　贷：本年利润 2 889 000

2）月末结转本月"主营业务成本""其他业务成本""税金及附加""销售费用""管理费用""财务费用""信用减值损失""资产减值损失""资产处置损益"等账户余额。

借：本年利润 2 141 000
　　贷：主营业务成本 1 860 000
　　　　其他业务成本 136 000
　　　　税金及附加 25 800
　　　　销售费用 23 200
　　　　管理费用 86 400
　　　　财务费用 2 300
　　　　信用减值损失 800
　　　　资产减值损失 2 800
　　　　资产处置损益 3 700

通过上述结转，可以计算出甲公司本月营业利润：

本月营业利润=2 889 000-2 141 000=748 000（元）。

3）月末结转本月"营业外收入""营业外支出"等账户余额。

借：营业外收入 40 000
　　贷：本年利润 40 000

借：本年利润 30 000
　　贷：营业外支出 30 000

通过上述结转，可以计算出甲公司本月利润总额：

本月利润总额=748 000+40 000-30 000=758 000（元）。

4）月末结转本月"所得税费用"账户余额，并编制会计分录。

借：本年利润 200 000
　　贷：所得税费用 200 000

通过上述结转，可以计算出甲公司本月的净利润：

本月净利润=758 000-200 000=558 000（元）。

5）年末，将"本年利润"账户的余额转入"利润分配——未分配利润"账户。"本年利润"账户年末无余额。

12月月末"本年利润"账户的贷方余额=6 000 000+558 000=6 558 000（元）。

借：本年利润   6 558 000
　　贷：利润分配——未分配利润   6 558 000

2. 表结法

表结法是指每月月末不结转本年利润，只有在年末才将所有损益类科目的全年发生额结转入"本年利润"账户。采用表结法时，"本年利润"账户1—11月没有任何记录，1—11月末的累计利润或亏损额不能反映在"本年利润"账户中。1—11月末各损益类账户的月末余额表示累计的收入或费用。12月月末结转本年利润，借记所有收入类科目，贷记"本年利润"科目；借记"本年利润"科目，贷记所有费用类科目。年末损益类科目没有余额，此时，"本年利润"账户的贷方余额表示本年内累计实现的净利润，借方余额表示本年内累计发生的净亏损。年末，再将"本年利润"账户的期末余额结转入"利润分配——未分配利润"账户，结转后，"本年利润"账户没有余额。

▶▶ 二、利润分配

（一）利润分配的含义和内容

利润分配是指企业根据国家有关规定和企业章程、投资者协议等，对企业累计的净利润进行分配。利润分配的主要内容包括弥补以前年度亏损、提取盈余公积和向投资者分配利润等。

1. 弥补以前年度亏损

企业本年实现的净利润首先要弥补以前年度的亏损，如果弥补后仍有利润，才能提取盈余公积和向投资者分配利润。

需要注意的是，企业以前年度的亏损按《企业所得税法》规定，可以用亏损年度以后5年的税前利润弥补，即先弥补亏损后再计算缴纳企业所得税。所以企业一般是超过5年期限后，才会用净利润弥补以前年度亏损。如果净利润还不够弥补亏损，则可以用发生亏损以前提取的盈余公积来弥补。

2. 提取盈余公积

企业的净利润在弥补了以前年度亏损以后，如果还有剩余，才能按规定提取盈余公积。

3. 向投资者分配利润

企业当年实现的净利润在弥补以前年度亏损和提取盈余公积后，如果还有剩余，则再加上年初的未分配利润，即为当年可以向投资者分配的利润。企业可以在此限额内，决定向投资者分配利润的具体数额。

（二）利润分配的会计处理

为了反映利润分配的具体数额，应设置"利润分配"科目，并设置"未分配利润""提取法定盈余公积""提取任意盈余公积""应付利润""应付现金股利""转作股本的股利""盈余公积补亏"等二级科目。

如果企业存在以前年度未弥补的亏损，其数额就是"利润分配——未分配利润"科目的期初借方余额，当企业今年实现了净利润，其数额反映在"本年利润"科目的贷方，通过前面本年利润的结转，借记"本年利润"科目，贷记"利润分配——未分配利润"科目，就自然弥补了以前年度亏损，所以用净利润弥补以前年度的亏损不需要额外编制会计分录。

企业提取盈余公积时，应借记"利润分配——提取法定盈余公积""利润分配——提取任意盈余公积"科目，贷记"盈余公积"科目。

如果企业发生盈余公积弥补亏损，则应借记"盈余公积"科目，贷记"利润分配——盈余公积补亏"科目。

有限责任公司向投资者分配利润，在决定分配具体数额时，应借记"利润分配——应付利润"科目，贷记"应付利润"科目；实际支付利润时，借记"应付利润"科目，贷记"银行存款"等科目。

股份有限公司派发现金股利，应在宣告分派时，借记"利润分配——应付现金股利"科目，贷记"应付股利"科目；实际支付现金股利时，应借记"应付股利"科目，贷记"银行存款"等科目。股份有限公司派发股票股利，在宣告日，不需要进行账务处理，在办妥增资手续后进行账务处理，借记"利润分配——转作股本的股利"科目，贷记"股本"科目。

【例 12-25】　甲股份有限公司股本 100 000 000 元，每股面值 1 元。2021 年年初"利润分配——未分配利润"账户贷方余额 80 000 000 元，2021 年实现净利润 50 000 000 元，甲公司按净利润的 10% 提取法定盈余公积。公司于 2022 年 3 月 1 日，召开股东大会，宣告利润分配方案为：向股东按每股 0.2 元派发现金股利，按每 10 股送 3 股的比例派发股票股利。2022 年 3 月 15 日，公司以银行存款支付了全部现金股利，新增股本已经办妥股权登记和相关增资手续。做出甲公司的相关会计处理。

【解析】　甲公司的账务处理如下：

1）2021 年年末，企业结转本年实现的净利润。

借：本年利润　　　　　　　　　　　　　　　　　　　　　　50 000 000
　　贷：利润分配——未分配利润　　　　　　　　　　　　　　　　50 000 000

2）提取盈余公积。

借：利润分配——提取法定盈余公积　　　　　　　　　　　　　5 000 000
　　贷：盈余公积——法定盈余公积　　　　　　　　　　　　　　　5 000 000

3）2022 年 3 月 1 日，宣告发放现金股利。

借：利润分配——应付现金股利　　　　　　　　　　　　　　　20 000 000
　　贷：应付股利　　　　　　　　　　　　　　　　　　　　　　20 000 000

4）2022 年 3 月 15 日，实际发放现金股利。

借：应付股利　　　　　　　　　　　　　　　　　　　　　　　20 000 000
　　贷：银行存款　　　　　　　　　　　　　　　　　　　　　　20 000 000

5）2022 年 3 月 15 日，办妥派发股票股利的相关手续。

借：利润分配——转作股本的股利　　　　　　　　　　　　　　30 000 000
　　贷：股本　　　　　　　　　　　　　　　　　　　　　　　　30 000 000

（三）利润分配结转的会计处理

企业在完成了利润分配后，应将"利润分配"账户所属的其他二级账户的余额转入"未分配利润"二级账户。结转后，"利润分配"账户所属的二级账户，除"未分配利润"二级账户以外，其他二级账户应无余额。"利润分配——未分配利润"账户的贷方余额表示年末的未分配利润；借方余额表示年末的未弥补亏损。

【例12-26】 接【例12-25】，对该公司的利润分配进行结转。

【解析】 该公司应编制如下会计分录：

借：利润分配——未分配利润　　　　　　　　　　　　　　55 000 000

　　贷：利润分配——提取法定盈余公积　　　　　　　　　　5 000 000

　　　　　　　　——应付现金股利　　　　　　　　　　　20 000 000

　　　　　　　　——转作股本的股利　　　　　　　　　　30 000 000

结转后，"未分配利润"二级账户余额=80 000 000+50 000 000-55 000 000=75 000 000（元）。

【例12-27】 假定甲公司各年的税前会计利润与应税所得、会计亏损与纳税亏损完全相同。该公司第1年发生亏损6 000 000元，第2~7年，每年实现税前会计利润1 000 000元。"盈余公积"账户有贷方余额800 000元。做出甲公司的相关会计分录。

【解析】 甲公司应进行如下处理：

1) 该公司第1年亏损，年末进行本年利润结转。

借：利润分配——未分配利润　　　　　　　　　　　　　　6 000 000

　　贷：本年利润　　　　　　　　　　　　　　　　　　　6 000 000

第1年年末，"利润分配——未分配利润"账户的年末余额为借方6 000 000元。

2) 第2~6年属于所得税法规定的5年弥补期，不计算企业所得税，年末进行本年利润结转。每年的账务处理如下：

借：本年利润　　　　　　　　　　　　　　　　　　　　　1 000 000

　　贷：利润分配——未分配利润　　　　　　　　　　　　1 000 000

第6年年末，"利润分配——未分配利润"账户的年末余额为借方1 000 000元。原亏损6 000 000元，经过5年的税前利润弥补，还有1 000 000元亏损没有弥补。这5年也不能提取盈余公积。

3) 第7年，应先按所得税税率25%计算企业所得税1 000 000×25%=250 000（元）。

借：所得税费用　　　　　　　　　　　　　　　　　　　　250 000

　　贷：应交税费——应交企业所得税　　　　　　　　　　250 000

计算结转净利润。

借：本年利润　　　　　　　　　　　　　　　　　　　　　250 000

　　贷：所得税费用　　　　　　　　　　　　　　　　　　250 000

结转本年利润，用第7年净利润弥补亏损。

借：本年利润　　　　　　　　　　　　　　　　　　　　　750 000

　　贷：利润分配——未分配利润　　　　　　　　　　　　750 000

此时，"利润分配——未分配利润"账户的年末余额为借方250 000元，为尚未弥补的亏损。由于公司有盈余公积800 000元，故决定用盈余公积250 000元弥补亏损。

借：盈余公积　　　　　　　　　　　　　　　　　　　　　250 000

　　贷：利润分配——盈余公积补亏　　　　　　　　　　　250 000

借：利润分配——盈余公积补亏　　　　　　　　　　　　　250 000

　　贷：利润分配——未分配利润　　　　　　　　　　　　250 000

弥补后，"利润分配——未分配利润"账户余额为0，亏损已经弥补完。

第十三章

财 务 报 告

学习目标

1. **掌握**：资产负债表、利润表、现金流量表和所有者权益变动表的编制方法。
2. **理解**：财务报表的意义；报表附注的重要性和附注披露的主要内容。
3. **了解**：综合收益的列报。

第一节 财务报告概述

财务报告（又称"财务会计报告"）是指企业对外提供的反映企业某一特定日期的财务状况和某一会计期间的经营成果、现金流量等会计信息的文件。

财务报告是企业财务会计确认与计量的最终结果体现，是向投资者等财务报告使用者提供决策有用信息的媒介和渠道，是投资者、债权人等财务报告使用者与企业管理层之间沟通信息的桥梁和纽带。

财务报告包括财务报表和其他应当在财务报告中披露的相关信息和资料。财务报表是财务报告的核心内容。

▶ 一、财务报表概述

财务报表是会计要素确认、计量的结果和综合性描述，会计准则中对会计要素确认、计量过程中所采用的各项会计政策被企业实际应用后将有助于企业可持续发展，反映企业管理层受托责任的履行情况。

▶ 二、财务报表的构成

财务报表由报表本身及其附注两部分构成。一套完整的财务报表至少应当包括"四表一注"，即资产负债表、利润表、现金流量表、所有者权益（或股东权益，下同）变动表以及附注。

（1）资产负债表　资产负债表是指反映企业在某一特定日期的财务状况的会计报表。企业编制资产负债表的目的是通过如实反映企业的资产、负债和所有者权益金额及其结构情况。它有助于使用者评价企业资产的质量以及短期偿债能力、长期偿债能力、利润分配能力等。

（2）利润表　利润表是指反映企业在一定会计期间的经营成果和综合收益的会计报表。企业编制利润表的目的是通过如实反映企业实现的收入、发生的费用以及应当计入当期利润的利得和损失、其他综合收益、综合收益等金额及其结构情况。它有助于使用者分析评价企业的盈利能力及其构成与质量。

（3）现金流量表　现金流量表是指反映企业在一定会计期间的现金和现金等价物流入和流出的会计报表。企业编制现金流量表的目的是通过如实反映企业各项活动的现金流入和现金流出，从而有助于使用者评价企业生产经营过程，特别是经营活动中所形成的现金流量和资金周转情况。

（4）所有者权益变动表　所有者权益变动表是指反映构成企业所有者权益的各组成部分当期的增减变动情况的报表。所有者权益变动表应当全面反映一定时期所有者权益变动的情况，不仅包括所有者权益总量的增减变动，还包括所有者权益增减变动的重要结构性信息，特别是要反映直接计入所有者权益的利得和损失，让使用者准确理解所有者权益增减变动的根源。

（5）附注　附注是指对财务报表中列示项目所做的进一步说明，以及对未能在这些报表中列示项目的说明等。附注由若干附表和对有关项目的文字性说明组成。企业编制附注的目的是通过对报表本身做补充说明，以更加全面、系统地反映企业财务状况、经营成果和现金流量的全貌。

三、财务报表的分类

财务报表可以按照不同的标准进行分类。

1）按财务报表编报期间的不同，可以分为中期财务报表和年度财务报表。中期财务报表是指以短于一个完整会计年度的报告期间为基础编制的财务报表，包括月报、季报和半年报等。中期财务报表至少应当包括资产负债表、利润表、现金流量表和附注。中期资产负债表、利润表和现金流量表应当是完整报表，其格式和内容应当与年度财务报表相一致。与年度财务报表相比，中期财务报表中的附注披露可适当简略。

2）按财务报表编报主体的不同，可以分为个别财务报表和合并财务报表。个别财务报表是指企业在自身会计核算基础上对账簿记录进行加工而编制的财务报表，它主要用以反映企业自身的财务状况、经营成果和现金流量情况。合并财务报表以母公司和子公司组成的企业集团为会计主体，是指根据母公司和所属子公司的财务报表，由母公司编制的综合反映企业集团财务状况、经营成果及现金流量情况的财务报表。

四、财务报表列报的基本要求

（一）依据各项会计准则确认和计量的结果编制财务报表

企业应当根据实际发生的交易和事项，遵循《企业会计准则——基本准则》、各项具体会计准则及解释的规定进行确认和计量，并在此基础上编制财务报表。企业不应以在附注中披露代替对交易和事项的确认和计量，即企业采用的不恰当的会计政策，不得通过在附注中披露等其他形式予以更正，企业应当对交易和事项进行正确的确认和计量。

（二）列报基础

持续经营是会计的基本前提，也是会计确认、计量及编制财务报表的基础。在编制财务报表的过程中，企业管理层应当全面评估企业的持续经营能力。企业管理层在对企业持续经营能力进行评估时，应当利用其所有可获得的信息，评估涵盖的期间应包括企业自报告期末起至少 12 个月，评估需要考虑的因素包括宏观政策风险、市场经营风险、企业目前或长期的盈利能力、偿债能力、财务弹性以及企业管理层改变经营政策的意向等。评价结果表明对持续经营能力产生重大怀疑的，企业应当在附注中披露导致对持续经营能力产生重大怀疑的影响因素。

（三）权责发生制

除现金流量表按照收付实现制编制外，企业应当按照权责发生制编制其他财务报表。

（四）列报的一致性

可比性是会计信息质量的一项重要质量要求，目的是使同一企业不同期间和同一期间不同企业的财务报表相互可比。可比性要求财务报表项目的列报应当在各个会计期间保持一致，不得随意变更，这一要求不仅针对财务报表中的项目名称，还包括财务报表项目的分类、排列顺序等方面。

当会计准则要求改变，或者企业经营业务的性质发生重大变化或重大的购买或处置事项等对企业经营影响较大的交易或事项发生后，变更财务报表项目的列报能够提供更可靠、更相关的会计信息时，财务报表项目的列报是可以改变的，此时企业应当按照会计准则的规定提供编制的比较信息。

（五）重要性和项目列报

财务报表通过对大量的交易或事项进行处理后编制，这些交易或事项按其性质或功能汇总归类列入财务报表中的相关项目。项目在财务报表中是单独列报还是合并列报，应当依据重要性原则来判断。如果某项目单个看不具有重要性，则可将其与其他项目合并列报；如具有重要性，则应当单独列报。具体而言，应当遵循以下原则：

1）性质或功能不同的项目，一般应当在财务报表中单独列报。例如存货和固定资产在性质和功能上都有本质差别，必须分别在资产负债表上单独列报。

2）性质或功能类似的项目，一般可以合并列报。例如原材料、低值易耗品等项目在性质上类似，均通过生产过程形成企业的产品存货，因此可以合并列报，合并之后的类别统称为"存货"，在资产负债表上单独列报。

3）项目单独列报的原则不仅适用于报表，还适用于附注。某些项目的重要程度不足以在资产负债表、利润表、现金流量表或所有者权益变动表中单独列示，但是可能对附注而言却具有重要性，在这种情况下应当在附注中单独披露。仍以存货为例，对某制造业企业而言，原材料、包装物及低值易耗品、在产品、库存商品等项目的重要程度不足以在资产负债表上单独列示，但是鉴于其对该制造业企业的重要性，应当在附注中单独披露。

4）无论是财务报表列报准则规定的单独列报项目，还是其他具体会计准则规定单独列报的项目，企业都应当予以单独列报。

重要性是判断项目是否单独列报的重要标准。企业在进行重要性判断时，应当根据所处环境，从项目的性质和金额大小两方面予以判断：一方面，应当考虑该项目的性质是否属于企业日常活动、是否显著影响企业的财务状况、经营成果和现金流量等因素；另一方面，判断项目金额大小的重要性，应当通过单项金额占资产总额、负债总额、所有者权益总额、营业收入总额、营业成本总额、净利润、综合收益总额等直接相关或所属报表单列项目金额的比重加以确定。此外，对于同一项目而言，其重要性的判断标准一经确定，不得随意变更。

（六）财务报表项目金额间的相互抵销

财务报表项目应当以总额列报，资产和负债、收入和费用、直接计入当期利润的利得项目和损失项目的金额不能相互抵销，即不得以净额列报。如果相互抵销，所提供的信息就不完整，信息的可比性大幅度降低，难以在同一企业不同期间以及同一期间不同企业的财务报表之间实现相互可比，报表使用者难以据此做出判断。比如企业欠客户的应付款不得与其他客户欠本企业的应收款相抵销，如果相互抵销就掩盖了交易的实质。再比如收入和费用反映了企业投入和产出之间的关系，是企业经营成果的两个方面，为了更好地反映经济交易的实质、考核企业经营管理水平以及预测企业未来现金流量，收入和费用不得相互抵销。

以下三种情况不属于抵销：①一组类似交易形成的利得和损失以净额列示的，不属于抵销。如汇兑损益，应当以净额列报；又如为交易目的而持有的金融工具形成的利得和损失，应按净额列报。②资产扣除备抵项目，如资产计提的减值准备，实质上意味着资产的价值确实发生了减损，资产项目应当按扣除减值准备后的净额列示，这样才反映了资产当时的真实价值，并不属于上面所述的抵销；又如固定资产扣除累计折旧后的净额列示，也不属于上述的抵销。③非日常活动产生的损益以同一交易或一组类似交易形成的净额列示，其不属于抵销。非日常活动并非企业主要的业务，且具有偶然性，从重要性来讲，非日常活动产生的损益以净额列示，对公允反映企业财务状况和经营成果影响不大，以净额列示反而更有利于报表使用者的理解。如非流动资产处置形成的利得和损失，应按处置所得扣除该资产的账面价值和相关处置费用后的余额列示。

（七）比较信息的列报

企业在列报当期财务报表时，至少应当提供所有列报项目上一个可比会计期间的比较数据，以及与理解当期财务报表相关的说明。其目的是向报表使用者提供对比数据，提高信息在会计期间的可比性，以反映企业财务状况、经营成果和现金流量的发展趋势，提高报表使用者的判断与决策能力。列报比较信息的这一要求既适用于四张报表，也适用于附注。

企业列报所有列报项目上一个可比会计期间的比较数据，至少包括两套报表及其相关附注；当企业追溯应用会计政策或追溯重述，或者重新分类财务报表项目时，企业应当在一套完整的财务报表中列报最早可比期间期初的财务报表，即应当至少列报三份资产负债表、两份其他各报表及其相关附注。其中，列报的三份资产负债表分别是指当期期末的资产负债表、上一期末（即当期期初）的资产负债表，以及最早可比期间的期初资产负债表。

在财务报表项目的列报确需发生变更的情况下，企业应当对上期比较数据按照当期的列报要求进行调整，并在附注中披露调整的原因和性质，以及调整的各项目金额，通常应当列报两期各报表和相关附注。但是，对上期比较数据进行调整是不切实可行的，企业应当在附注中披露不能调整的原因，以及假设金额重新分类可能进行的调整的性质。

（八）财务报表表首部分的列报要求

财务报表通常与其他信息（如企业年度报告等）一起公布，按照《企业会计准则》

编制的财务报表应当与一起公布的同一文件中的其他信息相区分。财务报表一般分为表首、正表两部分。企业应当在表首部分概括地说明下列基本信息：①编报企业的名称，如果企业名称在所属当期发生变更的，还应明确标明；②对资产负债表而言，须披露资产负债表日，对利润表、现金流量表、所有者权益变动表而言，须披露报表涵盖的会计期间；③货币名称和单位，按照我国《企业会计准则》的规定，企业应当以人民币作为记账本位币列报，并标明金额单位，如人民币元、人民币万元等；④财务报表是合并财务报表的，应当予以标明。

（九）报告期间

企业至少应当编制年度财务报表。根据《中华人民共和国会计法》的规定，会计年度自公历 1 月 1 日起至 12 月 31 日止。编制年度财务报表涵盖的期间短于一年的情况下，例如企业在年度中间（3 月 1 日）开始设立等，企业应当披露年度财务报表的实际涵盖期间及其短于一年的原因，并应当说明由此引起的财务报表项目与比较数据不具可比性这一事实。

第二节　资产负债表

一、资产负债表的内容

资产负债表是指反映企业在某一特定日期财务状况的报表。它反映企业在某一特定日期拥有或控制的经济资源、所承担的现时义务和所有者对净资产的要求权。通过资产负债表，可以提供某一日期资产的总额及其结构，表明企业拥有或控制的资源及其分布情况，使用者可以一目了然地从资产负债表上了解企业在某一特定日期所拥有的资产。

二、资产负债表的结构

资产负债表一般由表头、表体两部分组成。表头部分应列明报表名称、编制单位名称、资产负债表日、报表编号和计量单位；表体部分是资产负债表的主体，列示了用以说明企业财务状况的各个项目。资产负债表的表体格式一般有两种：报告式资产负债表和账户式资产负债表。报告式资产负债表是上下结构，上半部分列示资产各项目，下半部分列示负债和所有者权益各项目。账户式资产负债表是左右结构，左边列示资产各项目，反映全部资产的分布及存在状态；右边列示负债和所有者权益各项目，反映全部负债和所有者权益的内容及构成情况。不管采取什么格式，资产各项目的合计一定等于负债和所有者权益各项目的合计。

我国企业的资产负债表采用账户式结构，分为左右两方，左方为资产项目，大体按资产的流动性大小排列，流动性大的资产如"货币资金""交易性金融资产"等排在前面，流动性小的资产如"长期股权投资""固定资产"等排在后面。右方为负债及所有者权益项目，一般按要求清偿时间的先后顺序排列，"短期借款""应付票据""应付账款"等需要在一年以内或者长于一年的一个正常营业周期内偿还的流动负债排在前面，"长期借款"等在一年以上才需偿还的非流动负债排在中间，在企业清算之前不需要偿还的所有者权益项目排在后面。账户式资产负债表中的资产各项目的合计等于负债和所有者权益各项目的合计，即资产负债表左方和右方平衡。通过账户式资产负债表，可以反映资产、负债、所有者权益之间的内在关系，即"资产=负债+所有者权益"。我国一般企业资产负债表格式见表13-1。

表 13-1 资产负债表

编制单位：年　月　日　　　　　　　　　　　　　　　　　　　　　　　　　单位：元

资　产	期末余额	上年年末余额	负债和所有者权益（或股东权益）	期末余额	上年年末余额
流动资产：			流动负债：		
货币资金			短期借款		
交易性金融资产			交易性金融负债		
衍生金融资产			衍生金融负债		
应收票据			应付票据		
应收账款			应付账款		
应收款项融资			预收款项		
预付款项			合同负债		
其他应收款			应付职工薪酬		
存货			应交税费		
合同资产			其他应付款		
持有待售资产			持有待售负债		
一年内到期的非流动资产			一年内到期的非流动负债		
其他流动资产			其他流动负债		
流动资产合计			流动负债合计		
非流动资产：			非流动负债：		
债权投资			长期借款		
其他债权投资			应付债券		
长期应收款			其中：优先股		
长期股权投资			永续债		
其他权益工具投资			租赁负债		
其他非流动金融资产			长期应付款		
投资性房地产			预计负债		
固定资产			递延收益		
在建工程			递延所得税负债		
生产性生物资产			其他非流动负债		
油气资产			非流动负债合计		
使用权资产			负债合计		
无形资产			所有者权益（或股东权益）：		

（续）

资　　产	期末余额	上年年末余额	负债和所有者权益（或股东权益）	期末余额	上年年末余额
开发支出			实收资本（或股本）		
商誉			其他权益工具		
长期待摊费用			其中：优先股		
递延所得税资产			永续债		
其他非流动资产			资本公积		
非流动资产合计			减：库存股		
			其他综合收益		
			专项储备		
			盈余公积		
			未分配利润		
			所有者权益（或股东权益）合计		
资产总计			负债和所有者权益（或股东权益）总计		

▶▶ 三、资产负债表项目的填列方法

资产负债表各项目均需填列"期末余额"和"上年年末余额"两栏。

资产负债表的"上年年末余额"栏内各项数字，应根据上年年末资产负债表的"期末余额"栏内所列数字填列。如果上年度资产负债表规定的各个项目的名称和内容与本年度不一致，应按照本年度的规定对上年年末资产负债表各项目的名称和数字进行调整，填入本表"上年年末余额"栏内。

资产负债表的"期末余额"栏主要有以下几种填列方法：

（1）根据总账科目余额填列　例如"短期借款""资本公积"等项目，根据"短期借款""资本公积"各总账科目的余额直接填列；有些项目则需根据几个总账科目的期末余额计算填列，例如"货币资金"项目，需根据"库存现金""银行存款""其他货币资金"三个总账科目的期末余额的合计数填列。

（2）根据明细账科目余额计算填列　例如"应付账款"项目，需要根据"应付账款"和"预付账款"两个科目所属的相关明细科目的期末贷方余额计算填列；"预付款项"项目，需要根据"应付账款"科目和"预付账款"科目所属的相关明细科目的期末借方余额减去与"预付账款"有关的坏账准备贷方余额计算填列；"预收款项"项目，需要根据"应收账款"科目和"预收账款"科目所属相关明细科目的期末贷方金额合计填列；"开发支出"项目，需要根据"研发支出"科目所属的"资本化支出"明细科目期末余额计算填列；"应付职工薪酬"项目，需要根据"应付职工薪酬"科目的明细科目期末余额计算填列；"一年内到期的非流动资产""一年内到期的非流动负债"项目，需要根据相关非流动资产和非流动负债项目的明细科目余额计算填列。

（3）根据总账科目和明细账科目余额分析计算填列　例如"长期借款"项目，需要

根据"长期借款"总账科目余额扣除"长期借款"科目所属的明细科目中将在一年内到期且企业不能自主地将清偿义务展期的长期借款后的金额计算填列;"其他非流动资产"项目,应根据有关科目的期末余额减去将于一年内(含一年)收回数后的金额计算填列;"其他非流动负债"项目,应根据有关科目的期末余额减去将于一年内(含一年)到期偿还数后的金额计算填列。

(4)根据有关科目余额减去其备抵科目余额后的净额填列 例如资产负债表中"应收票据""应收账款""长期股权投资""在建工程"等项目,应当根据"应收票据""应收账款""长期股权投资""在建工程"等科目的期末余额减去"坏账准备""长期股权投资减值准备""在建工程减值准备"等备抵科目余额后的净额填列;"投资性房地产"(采用成本模式计量)"固定资产"项目,应当根据"投资性房地产""固定资产"科目的期末余额,减去"投资性房地产累计折旧""投资性房地产减值准备""累计折旧""固定资产减值准备"等备抵科目的期末余额,以及"固定资产清理"科目期末余额后的净额填列;"无形资产"项目,应当根据"无形资产"科目的期末余额,减去"累计摊销""无形资产减值准备"等备抵科目余额后的净额填列。

(5)综合运用上述填列方法分析填列 例如资产负债表中的"存货"项目,需要根据"原材料""库存商品""委托加工物资""周转材料""材料采购""在途物资""发出商品""材料成本差异"等总账科目期末余额的分析汇总数,再减去"存货跌价准备"科目余额后的净额填列。

▶▶ 四、资产负债表项目的填列说明

(一)资产项目的填列说明

"货币资金"项目,反映企业库存现金、银行结算户存款、外埠存款、银行汇票存款、银行本票存款、信用卡存款、信用证保证金存款等的合计数。本项目应根据"库存现金""银行存款""其他货币资金"科目期末余额的合计数填列。

【例13-1】 2021年12月31日,甲公司"库存现金"科目余额为1万元,"银行存款"科目余额为100万元,"其他货币资金"科目余额为99万元,计算2021年12月31日,甲公司资产负债表中"货币资金"项目"期末余额"栏的列报金额。

【解析】 "货币资金"项目的期末余额=1+100+99=200(万元)。

"交易性金融资产"项目,反映资产负债表日企业分类为以公允价值计量且其变动计入当期损益的金融资产,以及企业持有的指定为以公允价值计量且其变动计入当期损益的金融资产的期末账面价值。该项目应根据"交易性金融资产"科目的相关明细科目期末余额分析填列。自资产负债表日起超过一年到期且预期持有超过一年的以公允价值计量且其变动计入当期损益的非流动金融资产的期末账面价值,在"其他非流动金融资产"项目反映。

"应收票据"项目,反映资产负债表日以摊余成本计量的、企业因销售商品、提供服务等收到的商业汇票,包括银行承兑汇票和商业承兑汇票。该项目应根据"应收票据"科目的期末余额,减去"坏账准备"科目中相关坏账准备期末余额后的金额分析填列。

【例13-2】 2021年12月31日,甲公司"应收票据"科目的余额为650万元;"坏账

准备"科目中有关应收票据计提的坏账准备余额为 21 万元，计算 2021 年 12 月 31 日，甲公司资产负债表中"应收票据"项目"期末余额"栏的列报金额。

【解析】　"应收票据"项目的期末余额＝650－21＝629（万元）。

"应收账款"项目，反映资产负债表日以摊余成本计量的、企业因销售商品、提供服务等经营活动应收取的款项。该项目应根据"应收账款"科目的期末余额，减去"坏账准备"科目中相关坏账准备期末余额后的金额分析填列。

"应收款项融资"项目，反映资产负债表日以公允价值计量且其变动计入其他综合收益的应收票据和应收账款等。

"预付款项"项目，反映企业按照购货合同规定预付给供应单位的款项等。本项目应根据"预付账款"和"应付账款"科目所属各明细科目的期末借方余额合计数，减去"坏账准备"科目中有关预付账款计提的坏账准备期末余额后的净额填列。例如"预付账款"科目所属明细科目期末为贷方余额的，应在资产负债表"应付账款"项目内填列。

"其他应收款"项目，反映企业除应收票据、应收账款、预付账款等经营活动以外的其他各种应收、暂付的款项。本项目应根据"应收利息""应收股利""其他应收款"科目的期末余额合计数，减去"坏账准备"科目中相关坏账准备期末余额后的金额填列。其中，"应收利息"科目仅反映相关金融工具已到期可收取但于资产负债表日尚未收到的利息。基于实际利率法计提的金融工具的利息应包含在相应金融工具的账面余额中。

"存货"项目，反映企业期末在库、在途和在加工中的各种存货的可变现净值或成本（成本与可变现净值孰低）。存货包括各种材料、商品、在产品、半成品、包装物、低值易耗品、发出商品等。本项目应根据"材料采购""原材料""库存商品""周转材料""委托加工物资""发出商品""生产成本""受托代销商品"等科目的期末余额合计数，减去"受托代销商品款""存货跌价准备"科目期末余额后的净额填列。材料采用计划成本核算，以及库存商品采用计划成本核算或售价核算的企业，还应按加或减材料成本差异、商品进销差价后的金额填列。

【例 13-3】　2021 年 12 月 31 日，甲公司有关科目余额如下："发出商品"科目借方余额为 400 万元，"生产成本"科目借方余额为 150 万元，"原材料"科目借方余额为 50 万元，"委托加工物资"科目借方余额为 100 万元，"材料成本差异"科目贷方余额为 12.5 万元，"存货跌价准备"科目贷方余额为 50 万元，"受托代销商品"科目借方余额为 200 万元，"受托代销商品款"科目贷方余额为 200 万元，计算 2021 年 12 月 31 日，甲公司资产负债表中"存货"项目"期末余额"栏的列报金额。

【解析】　"存货"项目的期末余额＝400＋150＋50＋100－12.5－50＋200－200＝637.5（万元）。

"合同资产"项目，反映企业按照《企业会计准则第 14 号——收入》的相关规定，根据本企业履行履约义务与客户付款之间的关系在资产负债表中列示的合同资产。"合同资产"项目应根据"合同资产"科目的相关明细科目期末余额分析填列，同一合同下的合同资产和合同负债应当以净额列示，其中净额为借方余额的，应当根据其流动性在"合同资产"或"其他非流动资产"项目中填列，已计提减值准备的，还应以减去"合同资产减值准备"科目中相关的期末余额后的金额填列；其中净额为贷方余额的，应当根据其流动性在"合同负债"或"其他非流动负债"项目中填列。

"持有待售资产"项目，反映资产负债表日划分为持有待售类别的非流动资产及划分为持有待售类别的处置组中的流动资产和非流动资产的期末账面价值。该项目应根据"持有待售资产"科目的期末余额，减去"持有待售资产减值准备"科目的期末余额后的金额填列。

【例13-4】 甲公司计划出售一项固定资产，该固定资产于2021年12月31日被划分为持有待售固定资产，其账面价值为210万元，从划归为持有待售的下个月起停止计提折旧，不考虑其他因素，计算2021年12月31日，甲公司资产负债表中"持有待售资产"项目"期末余额"栏的列报金额。

【解析】 "期末余额"栏的列报金额应为210万元。

"一年内到期的非流动资产"项目，反映企业预计自资产负债表日起一年内变现的非流动资产。本项目应根据有关科目的期末余额分析填列。

"债权投资"项目，反映资产负债表日企业以摊余成本计量的长期债权投资的期末账面价值。该项目应根据"债权投资"科目的相关明细科目期末余额，减去"债权投资减值准备"科目中相关减值准备的期末余额后的金额分析填列。自资产负债表日起一年内到期的长期债权投资的期末账面价值，在"一年内到期的非流动资产"项目反映。企业购入的以摊余成本计量的一年内到期的债权投资的期末账面价值，在"其他流动资产"项目反映。

"其他债权投资"项目，反映资产负债表日企业分类为以公允价值计量且其变动计入其他综合收益的长期债权投资的期末账面价值。该项目应根据"其他债权投资"科目的相关明细科目期末余额分析填列。自资产负债表日起一年内到期的长期债权投资的期末账面价值，在"一年内到期的非流动资产"项目反映。企业购入的以公允价值计量且其变动计入其他综合收益的一年内到期的债权投资的期末账面价值，在"其他流动资产"项目反映。

"长期应收款"项目，反映企业因租赁产生的应收款项和采用递延方式分期收款、实质上具有融资性质的销售商品和提供劳务等经营活动产生的应收款项。本项目应根据"长期应收款"科目的期末余额，减去相应的"未实现融资收益"科目和"坏账准备"科目所属相关明细科目期末余额后的金额填列。

"长期股权投资"项目，反映投资方对被投资单位实施控制、重大影响的权益。"其他权益工具投资"项目，反映资产负债表日企业指定为以公允价值计量且其变动计入其他综合收益的非交易性权益工具投资的期末账面价值。该项目应根据"其他权益工具投资"科目的期末余额填列。

"固定资产"项目，反映资产负债表日企业固定资产的期末账面价值和企业尚未清理完毕的固定资产清理净损益。该项目应根据"固定资产"科目的期末余额，减去"累计折旧"和"固定资产减值准备"科目的期末余额后的金额，以及"固定资产清理"科目的期末余额填列。

【例13-5】 2021年12月31日，甲公司"固定资产"科目借方余额为2 000万元，"累计折旧"科目贷方余额为1 000万元，"固定资产减值准备"科目贷方余额为250万元，"固定资产清理"科目借方余额为250万元，计算2021年12月31日，甲公司资产负债表中"固定资产"项目"期末余额"栏的列报金额。

【解析】 "固定资产"项目的期末余额＝2 000－1 000－250＋250＝1 000（万元）。

"在建工程"项目，反映资产负债表日企业尚未达到预定可使用状态的在建工程的期末账面价值和企业为在建工程准备的各种物资的期末账面价值。该项目应根据"在建工程"科目的期末余额，减去"在建工程减值准备"科目的期末余额后的金额，以及"工程物资"科目的期末余额，减去"工程物资减值准备"科目的期末余额后的金额填列。

"使用权资产"项目，反映资产负债表日承租人企业持有的使用权资产的期末账面价值。该项目应根据"使用权资产"科目的期末余额，减去"使用权资产累计折旧"和"使用权资产减值准备"科目的期末余额后的金额填列。

"无形资产"项目，反映企业持有的专利权、非专利技术、商标权、著作权、土地使用权等无形资产的成本减去累计摊销和减值准备后的净值。本项目应根据"无形资产"科目的期末余额，减去"累计摊销"和"无形资产减值准备"科目期末余额后的净额填列。

【例13-6】 2021年12月31日，甲公司"无形资产"科目借方余额为400万元，"累计摊销"科目贷方余额为100万元，"无形资产减值准备"科目贷方余额为50万元，计算2021年12月31日，甲公司资产负债表中"无形资产"项目"期末余额"栏的列报金额。

【解析】 "无形资产"项目的期末余额＝400－100－50＝250（万元）。

"开发支出"项目，反映企业开发无形资产过程中能够资本化形成无形资产成本的支出部分。本项目应当根据"研发支出"科目所属的"资本化支出"明细科目期末余额填列。

"长期待摊费用"项目，反映企业已经发生但应由本期和以后各期负担的分摊期限在一年以上的各项费用。本项目应根据"长期待摊费用"科目的期末余额，减去将于一年内（含一年）摊销的数额后的金额分析填列。但长期待摊费用的摊销年限只剩一年或不足一年的，或预计在一年内（含一年）进行摊销的部分，不得归类为流动资产，仍在各该非流动资产项目中填列，不转入"一年内到期的非流动资产"项目。

"递延所得税资产"项目，反映企业根据所得税准则确认的可抵扣暂时性差异产生的所得税资产。本项目应根据"递延所得税资产"科目的期末余额填列。

"其他非流动资产"项目，反映企业除上述非流动资产以外的其他非流动资产。本项目应根据有关科目的期末余额填列。

（二）负债项目的填列说明

"短期借款"项目，反映企业向银行或其他金融机构等借入的期限在一年以下（含一年）的各种借款。本项目应根据"短期借款"科目的期末余额填列。

【例13-7】 2021年12月31日，甲公司"短期借款"科目的余额如下所示：银行借款20万元，信用借款80万元，计算2021年12月31日，甲公司资产负债表中"短期借款"项目"期末余额"栏的列报金额。

【解析】 "短期借款"项目的期末余额＝20＋80＝100（万元）。

"交易性金融负债"项目，反映企业资产负债表日承担的交易性金融负债，以及企业持有的直接指定为以公允价值计量且其变动计入当期损益的金融负债的期末账面价值。该项目应根据"交易性金融负债"科目的相关明细科目期末余额填列。

"应付票据"项目，反映资产负债表日以摊余成本计量的、企业因购买材料、商品和接受服务等开出、承兑的商业汇票，包括银行承兑汇票和商业承兑汇票。该项目应根据"应付票据"科目的期末余额填列。

【例13-8】 2021年12月31日，甲公司"应付票据"科目的余额如下所示：250万元的银行承兑汇票，100万元的商业承兑汇票，计算2021年12月31日，甲公司资产负债表中"应付票据"项目"期末余额"栏的列报金额。

【解析】 "应付票据"项目的期末余额=250+100=350（万元）。

"应付账款"项目，反映企业在资产负债表日以摊余成本计量的、企业因购买材料、商品和接受服务等经营活动应支付的款项。该项目应根据"应付账款"和"预付账款"科目所属的相关明细科目的期末贷方余额合计数填列。

"预收款项"项目，反映企业按照合同规定预收的款项。本项目应根据"预收账款"和"应收账款"科目所属各明细科目的期末贷方余额合计数填列。例如"预收账款"科目所属明细科目期末为借方余额的，应在资产负债表"应收账款"项目内填列。

"合同负债"项目，反映企业按照《企业会计准则第14号——收入》的相关规定，根据本企业履行履约义务与客户付款之间的关系在资产负债表中列示的合同负债。"合同负债"项目应根据"合同负债"的相关明细科目期末余额分析填列。

"应付职工薪酬"项目，反映企业为获得职工提供的服务或解除劳动关系而给予的各种形式的报酬或补偿。本项目应根据"应付职工薪酬"科目所属各明细科目的期末贷方余额分析填列。外商投资企业按规定从净利润中提取的职工奖励及福利基金，也在本项目列示。

【例13-9】 2021年12月31日，甲公司"应付职工薪酬"科目明细项目为工资35万元，社会保险费（含医疗保险、工伤保险）2.05万元，设定提存计划（含基本养老保险费）1.25万元，住房公积金1万元，工会经费0.7万元，计算2021年12月31日，甲公司资产负债表中"应付职工薪酬"项目"期末余额"栏的列报金额。

【解析】 "应付职工薪酬"项目的期末余额=35+2.05+1.25+1+0.7=40（万元）。

"应交税费"项目，反映企业按照税法规定计算应交纳的各种税费，包括增值税、消费税、城市维护建设税、教育费附加、企业所得税、资源税、土地增值税、房产税、城镇土地使用税、车船税等。企业代扣代缴的个人所得税，也通过本项目列示。企业所交纳的税金不需要预计应交数的，如印花税、耕地占用税等，不在本项目列示。本项目应根据"应交税费"科目的期末贷方余额填列。需要说明的是，"应交税费"科目下的"应交增值税""未交增值税""待抵扣进项税额""待认证进项税额""增值税留抵税额"等明细科目期末借方余额应根据情况，在资产负债表中的"其他流动资产"或"其他非流动资产"项目列示；"应交税费——待转销项税额"等科目期末贷方余额应根据情况，在资产负债表中的"其他流动负债"或"其他非流动负债"项目列示；"应交税费"科目下的"未交增值税""简易计税""转让金融商品应交增值税""代扣代交增值税"等科目期末贷方余额应在资产负债表中的"应交税费"项目列示。

"其他应付款"项目，反映企业除应付票据、应付账款、预收账款、应付职工薪酬、应交税费等经营活动以外的其他各项应付、暂收的款项。本项目应根据"应付利息""应付股利""其他应付款"科目的期末余额合计数填列。其中，"应付利息"科目仅反映相关金融工具已到期应支付但于资产负债表日尚未支付的利息。基于实际利率法计提的金融工具的利息应包含在相应金融工具的账面余额中。

"持有待售负债"项目，反映资产负债表日处置组中与划分为持有待售类别的资产直接相关的负债的期末账面价值。本项目应根据"持有待售负债"科目的期末余额填列。

"一年内到期的非流动负债"项目，反映企业非流动负债中将于资产负债表日后一年内到期部分的金额，如将于一年内偿还的长期借款。本项目应根据有关科目的期末余额分析填列。

"长期借款"项目，反映企业向银行或其他金融机构借入的期限在一年以上（不含一年）的各项借款。本项目应根据"长期借款"科目的期末余额，扣除"长期借款"科目所属的明细科目中将在资产负债表日起一年内到期且企业不能自主地将清偿义务展期的长期借款后的金额计算填列。

【例13-10】 2021年12月31日，甲公司"长期借款"科目余额为310万元，其中自乙银行借入的10万元借款将于一年内到期，甲公司不具有自主展期清偿的权利，计算甲公司2021年12月31日资产负债表中"长期借款"项目"期末余额"栏的列报金额和"一年内到期的非流动负债"项目"期末余额"栏的列报金额。

【解析】 "长期借款"项目"期末余额"栏的列报金额为310−10＝300（万元）；"一年内到期的非流动负债"项目"期末余额"栏的列报金额为10万元。

"应付债券"项目，反映企业为筹集长期资金而发行的债券本金及应付的利息。本项目应根据"应付债券"科目的期末余额分析填列。对于资产负债表日企业发行的金融工具，分类为金融负债的，应在本项目填列，对于优先股和永续债还应在本项目下的"优先股"项目和"永续债"项目分别填列。

"租赁负债"项目，反映资产负债表日承租人企业尚未支付的租赁付款额的期末账面价值。该项目应根据"租赁负债"科目的期末余额填列。自资产负债表日起一年内到期应予以清偿的租赁负债的期末账面价值，在"一年内到期的非流动负债"项目反映。

"长期应付款"项目，应根据"长期应付款"科目的期末余额，减去相关的"未确认融资费用"科目的期末余额后的金额，以及"专项应付款"科目的期末余额填列。"预计负债"项目，反映企业根据或有事项等相关准则确认的各项预计负债，包括对外提供担保、未决诉讼、产品质量保证、重组义务以及固定资产和矿区权益弃置义务等产生的预计负债。本项目应根据"预计负债"科目的期末余额填列。企业按照《企业会计准则第22号——金融工具确认和计量》的相关规定，对贷款承诺等项目计提的损失准备，应当在本项目中填列。

"递延收益"项目，反映尚待确认的收入或收益。本项目核算包括企业根据政府补助准则确认的应在以后期间计入当期损益的政府补助金额、售后租回形成融资租赁的售价与资产账面价值差额等其他递延性收入。本项目应根据"递延收益"科目的期末余额填列。本项目中摊销期限只剩一年或不足一年的，或预计在一年内（含一年）进行摊销的部分，不得归类为流动负债，仍在本项目中填列，不转入"一年内到期的非流动负债"项目。

"递延所得税负债"项目，反映企业根据所得税准则确认的应纳税暂时性差异产生的所得税负债。本项目应根据"递延所得税负债"科目的期末余额填列。

"其他非流动负债"项目，反映企业除以上非流动负债以外的其他非流动负债。本项目应根据有关科目期末余额，减去将于一年内（含一年）到期偿还数后的余额分析填列。非流动负债各项目中将于一年内（含一年）到期的非流动负债，应在"一年内到期的非流动负债"项目内反映。

（三）所有者权益项目的填列说明

"实收资本（或股本）"项目，反映企业各投资者实际投入的资本（或股本）总额。本项目应根据"实收资本（或股本）"科目的期末余额填列。

【例 13-11】 甲公司是由 A 公司于 2001 年 6 月 1 日注册成立的有限责任公司，注册资本为人民币 2 500 万元，A 公司以货币资金人民币 2 000 万元出资，占注册资本的 100%，持有甲公司 100% 的权益。上述实收资本已于 2001 年 6 月 1 日经相关会计师事务所出具的验资报告验证。该资本投入自 2001 年至 2021 年末未发生变动，计算 2021 年 12 月 31 日，甲公司资产负债表中"实收资本（或股本）"项目"期末余额"栏的列报金额。

【解析】 该栏的列报金额应为 2 000 万元。

"其他权益工具"项目，反映资产负债表日企业发行在外的除普通股以外分类为权益工具的金融工具的期末账面价值，并下设"优先股"和"永续债"两个项目，分别反映企业发行的分类为权益工具的优先股和永续债的账面价值。

"资本公积"项目，反映企业收到投资者出资超出其在注册资本或股本中所占的份额以及直接计入所有者权益的利得和损失等。本项目应根据"资本公积"科目的期末余额填列。

"其他综合收益"项目，反映企业其他综合收益的期末余额。本项目应根据"其他综合收益"科目的期末余额填列。

"专项储备"项目，反映高危行业的企业按国家规定提取的安全生产费的期末账面价值。本项目应根据"专项储备"科目的期末余额填列。

"盈余公积"项目，反映企业盈余公积的期末余额。本项目应根据"盈余公积"科目的期末余额填列。

"未分配利润"项目，反映企业尚未分配的利润。本项目应根据"本年利润"科目和"利润分配"科目的余额计算填列。未弥补的亏损在本项目内以"–"号填列。

【例 13-12】 承【例 13-1】至【例 13-11】甲公司编制的 2021 年 12 月 31 日的资产负债表见表 13-2。

表 13-2　资产负债表　　　　　　　　　　　　　　　　　　会企 01 表

编制单位：甲公司　　　　　　　　　2021 年 12 月 31 日　　　　　　　　　单位：元

资　　产	期末余额	上年年末余额（略）	负债和所有者权益	期末余额	上年年末余额（略）
流动资产：			流动负债：		
货币资金	2 000 000		短期借款	1 000 000	
交易性金融资产			交易性金融负债		
衍生金融资产			衍生金融负债		
应收票据	6 290		应付票据	350 000	
应收账款			应付账款		
应收款项融资			预收款项		
预付款项			合同负债		

（续）

资 产	期末余额	上年年末余额（略）	负债和所有者权益	期末余额	上年年末余额（略）
其他应收款			应付职工薪酬	400 000	
存货	6 375 000		应交税费		
合同资产			其他应付款		
持有待售资产	2 100 000		持有待售负债		
一年内到期的非流动资产			一年内到期的非流动负债	100 000	
其他流动资产			其他流动负债		
流动资产合计	16 765		流动负债合计	5 000 000	
非流动资产：			非流动负债：		
债权投资			长期借款	3 000 000	
其他债权投资			应付债券		
长期应收款			其中：优先股		
长期股权投资			永续债		
其他权益工具投资			租赁负债		
其他非流动金融资产			长期应付款		
投资性房地产			预计负债		
固定资产	10 000		递延收益		
在建工程			递延所得税负债		
生产性生物资产			其他非流动负债		
油气资产			非流动负债合计	3 000 000	
使用权资产			负债合计	8 000 000	
无形资产	2 500 000		所有者权益：		
开发支出			实收资本	20 000	
商誉			其他权益工具		
长期待摊费用			其中：优先股		
递延所得税资产			永续债		
其他非流动资产			资本公积		
非流动资产合计	1 250 000		减：库存股		
			其他综合收益		
			专项储备		
			盈余公积		
			未分配利润	1 265 000	
			所有者权益合计	21 265	
资产总计	29 265		负债和所有者权益总计	29 265	

第三节 利润表与综合收益表

▶ 一、利润表

(一) 利润表概述

利润表，又称损益表。利润表可以反映企业在一定会计期间收入、费用、利润（或亏损）的金额和构成情况，为财务报表使用者全面了解企业的经营成果、分析企业的获利能力及盈利增长趋势、做出经济决策提供依据。

(二) 利润表的结构

利润表的结构有单步式和多步式两种。单步式利润表是将当期所有的收入列在一起，所有的费用列在一起，然后将两者相减得出当期净损益。我国企业的利润表采用多步式格式，即通过对当期的收入、费用、支出项目按性质加以归类，按利润形成的主要环节列示一些中间性利润指标，分步计算当期净损益，以便财务报表使用者理解企业经营成果的不同来源。

利润表一般由表头、表体两部分组成。表头部分应列明报表名称、编制单位名称、编制日期、报表编号和计量单位。表体部分为利润表的主体，列示了形成经营成果的各个项目和计算过程。

为了使财务报表使用者通过比较不同期间利润的实现情况，判断企业经营成果的未来发展趋势，企业需要提供比较利润表。为此，利润表金额栏分为"本期金额"和"上期金额"两栏分别填列。我国一般企业利润表的格式见表 13-3。

表 13-3 利润表   会企 02 表

编制单位：   年 月 日   单位：元

项　目	本 期 金 额	上 期 金 额
一、营业收入		
减：营业成本		
税金及附加		
销售费用		
管理费用		
研发费用		
财务费用		
其中：利息费用		
利息收入		
加：其他收益		
投资收益（损失以"−"号填列）		
其中：对联营企业和合营企业的投资收益		
以摊余成本计量的金融资产终止确认收益（损失以"−"号填列）		

（续）

项 目	本 期 金 额	上 期 金 额
净敞口套期收益（损失以"-"号填列）		
公允价值变动收益（损失以"-"号填列）		
信用减值损失（损失以"-"号填列）		
资产减值损失（损失以"-"号填列）		
资产处置收益（损失以"-"号填列）		
二、营业利润（亏损以"-"号填列）		
加：营业外收入		
减：营业外支出		
三、利润总额（亏损总额以"-"号填列）		
减：所得税费用		
四、净利润（净亏损以"-"号填列）		
（一）持续经营净利润（净亏损以"-"号填列）		
（二）终止经营净利润（净亏损以"-"号填列）		
五、其他综合收益的税后净额		
（一）不能重分类进损益的其他综合收益		
1. 重新计量设定受益计划变动额		
2. 权益法下不能转损益的其他综合收益		
3. 其他权益工具投资公允价值变动		
4. 企业自身信用风险公允价值变动		
（二）将重分类进损益的其他综合收益		
1. 权益法下可转损益的其他综合收益		
2. 其他债权投资公允价值变动		
3. 金融资产重分类计入其他综合收益的金额		
4. 其他债权投资信用减值准备		
5. 现金流量套期		
6. 外币财务报表折算差额		
六、综合收益总额		
七、每股收益		
（一）基本每股收益		
（二）稀释每股收益		

（三）利润表项目的填列方法

利润表编制的原理是"收入-费用=利润"的会计平衡公式和收入与费用的配比原则。企业在生产经营中不断地取得各项收入，同时发生各种费用，收入减去费用剩余部分为企业的盈利。如果企业经营不善，发生的生产经营费用超过取得的收入，超过部分为企业的亏损。将取得的收入和发生的相关费用进行对比，对比结果表现为企业的经营成果。企业将经营成果的核算过程和结果编成报表，即利润表。

我国一般企业利润表的主要编制步骤和内容如下：

第一步，以营业收入为基础，减去营业成本、税金及附加、销售费用、管理费用、研发费用、财务费用，加上其他收益、投资收益（或减去投资损失）、净敞口套期收益（或减去净敞口套期损失）、公允价值变动收益（或减去公允价值变动损失）、资产减值损失、信用减值损失、资产处置收益（或减去资产处置损失），计算出营业利润。

第二步，以营业利润为基础，加上营业外收入，减去营业外支出，计算出利润总额。

第三步，以利润总额为基础，减去所得税费用，计算出净利润（或净亏损）。

第四步，以净利润（或净亏损）为基础，计算出每股收益。

第五步，以净利润（或净亏损）和其他综合收益为基础，计算出综合收益总额。

利润表各项目均需填列"本期金额"和"上期金额"两栏。其中"上期金额"栏内各项数字，应根据上年该期利润表的"本期金额"栏内所列数字填列。"本期金额"栏内各期数字，除"基本每股收益"和"稀释每股收益"项目外，应当按照相关科目的发生额分析填列。例如"营业收入"项目，根据"主营业务收入""其他业务收入"科目的发生额分析计算填列；"营业成本"项目，根据"主营业务成本""其他业务成本"科目的发生额分析计算填列。

（四）利润表主要项目的填列说明

"营业收入"项目，反映企业经营主要业务和其他业务所确认的收入总额。本项目应根据"主营业务收入"和"其他业务收入"科目的发生额分析填列。

【例13-13】 乙公司2021年度"主营业务收入"科目发生额明细如下所示：销售收入合计4 000万元，销售收入合计700万元；"其他业务收入"科目发生额合计300万元。计算乙公司2021年度利润表中"营业收入"项目"本期金额"栏的列报金额。

【解析】 "营业收入"项目"本期金额"栏的列报金额为4 000+700+300＝5 000（万元）。

"营业成本"项目，反映企业经营主要业务和其他业务所发生的成本总额。本项目应根据"主营业务成本"和"其他业务成本"科目的发生额分析填列。

【例13-14】 乙公司2021年度"主营业务成本"科目发生额合计3 750万元，"其他业务成本"科目发生额合计250万元，计算乙公司2021年度利润表中"营业成本"项目"本期金额"栏的列报金额。

【解析】 "营业成本"项目"本期金额"栏的列报金额为3 750+250＝4 000（万元）。

"税金及附加"项目，反映企业经营业务应负担的消费税、城市维护建设税、教育费附加、资源税、土地增值税、房产税、车船税、城镇土地使用税、印花税等相关税费。本项目应根据"税金及附加"科目的发生额分析填列。

【例13-15】 乙公司2021年度"税金及附加"科目的发生额如下：城市维护建设税合计25万元，教育费附加合计15万元，房产税合计200万元，城镇土地使用税合计10万元，计算乙公司2021年度利润表中"税金及附加"项目"本期金额"栏的列报金额。

【解析】 该栏的列报金额为25+15+200+10＝250（万元）。

"销售费用"项目，反映企业在销售商品过程中发生的包装费、广告费等费用和为销售本企业商品而专设的销售机构的职工薪酬、业务费等经营费用。本项目应根据"销售费用"科目的发生额分析填列。

"管理费用"项目,反映企业为组织和管理生产经营发生的管理费用。本项目应根据"管理费用"科目的发生额分析填列。

【例13-16】 乙公司2021年度"管理费用"科目发生额合计数为300万元。计算乙公司2021年度利润表中"管理费用"项目"本期金额"栏的列报金额。

【解析】 该栏的列报金额为300万元。

"研发费用"项目,反映企业进行研究与开发过程中发生的费用化支出以及计入管理费用的自行开发无形资产的摊销。本项目应根据"管理费用"科目下的"研发费用"明细科目的发生额以及"管理费用"科目下"无形资产摊销"明细科目的发生额分析填列。

"财务费用"项目,反映企业为筹集生产经营所需资金等而发生的应予费用化的利息支出。本项目应根据"财务费用"科目的相关明细科目发生额分析填列。其中,"利息费用"项目,反映企业为筹集生产经营所需资金等而发生的应予费用化的利息支出,本项目应根据"财务费用"科目的相关明细科目的发生额分析填列。"利息收入"项目,反映企业应冲减财务费用的利息收入,本项目应根据"财务费用"科目的相关明细科目的发生额分析填列。

【例13-17】 乙公司2021年度"财务费用"科目的发生额如下所示:银行长期借款利息费用合计200万元,银行短期借款利息费用45万元,银行存款利息收入合计4万元,银行手续费支出合计9万元,计算乙公司2021年度利润表中"财务费用"项目"本期金额"栏的列报金额。

【解析】 该栏的列报金额为200+45-4+9=250(万元)。

"其他收益"项目,反映计入其他收益的政府补助,以及其他与日常活动相关且计入其他收益的项目。本项目应根据"其他收益"科目的发生额分析填列。企业作为个人所得税的扣缴义务人,根据《中华人民共和国个人所得税法》收到的扣缴税款手续费,应作为其他与日常活动相关的收益在本项目中填列。

"投资收益"项目,反映企业以各种方式对外投资所取得的收益。本项目应根据"投资收益"科目的发生额分析填列。如为投资损失,本项目以"-"号填列。

【例13-18】 乙公司2021年度"投资收益"科目的发生额如下所示:按权益法核算的长期股权投资收益合计145万元,按成本法核算的长期股权投资收益合计100万元,处置长期股权投资发生的投资损失合计250万元,计算乙公司2021年度利润表中"投资收益"项目"本期金额"栏的列报金额。

【解析】 该栏的列报金额为145+100-250=-5(万元)。

"净敞口套期收益"项目,反映净敞口套期下被套期项目累计公允价值变动转入当期损益的金额或现金流量套期储备转入当期损益的金额。本项目应根据"净敞口套期损益"科目的发生额分析填列;如为套期损失,本项目以"-"号填列。

"公允价值变动收益"项目,反映企业应当计入当期损益的资产或负债公允价值变动收益。本项目应根据"公允价值变动损益"科目的发生额分析填列,如为净损失,本项目以"-"号填列。

"信用减值损失"项目,反映企业按照《企业会计准则第22号——金融工具确认和计量》的要求计提的各项金融工具信用减值准备所确认的信用损失。本项目应根据"信用减值损失"科目的发生额分析填列。

"资产减值损失"项目，反映企业有关资产发生的减值损失。本项目应根据"资产减值损失"科目的发生额分析填列。

【例13-19】 乙公司2021年度"资产减值损失"科目的发生额如下所示：存货减值损失合计42.5万元，固定资产减值损失合计94.5万元，无形资产减值损失合计13万元，计算乙公司2021年度利润表中"资产减值损失"项目"本期金额"栏的列报金额。

【解析】 该栏的列报金额为42.5+94.5+13=150（万元）。

"资产处置收益"项目，反映企业出售划分为持有待售的非流动资产（金融工具、长期股权投资和投资性房地产除外）或处置（子公司和业务除外）时确认的处置利得或损失，以及处置未划分为持有待售的固定资产、在建工程、生产性生物资产及无形资产而产生的处置利得或损失。债务重组中因处置非流动资产（金融工具、长期股权投资和投资性房地产除外）产生的利得或损失和非货币性资产交换中换出非流动资产（金融工具、长期股权投资和投资性房地产除外）产生的利得或损失也包括在本项目内。本项目应根据"资产处置损益"科目的发生额分析填列；如为处置损失，本项目以"-"号填列。

"营业利润"项目，反映企业实现的营业利润。如为亏损，本项目以"-"号填列。

"营业外收入"项目，反映企业发生的除营业利润以外的收益，主要包括与企业日常活动无关的政府补助、盘盈利得、捐赠利得（企业接受股东或股东的子公司直接或间接的捐赠，经济实质属于股东对企业的资本性投入的除外）等。本项目应根据"营业外收入"科目的发生额分析填列。

【例13-20】 乙公司2021年度"营业外收入"科目的发生额如下所示：接受无偿捐赠利得34万元，现金盘盈利得合计1万元，计算乙公司2021年度利润表中"营业外收入"项目"本期金额"栏的列报金额。

【解析】 该栏的列报金额为34+1=35（万元）。

"营业外支出"项目，反映企业发生的除营业利润以外的支出，主要包括公益性捐赠支出、非常损失、盘亏损失、非流动资产毁损报废损失等。本项目应根据"营业外支出"科目的发生额分析填列。

【例13-21】 乙公司2021年度"营业外支出"科目的发生额如下所示：固定资产盘亏损失7万元，罚没支出合计5万元，捐赠支出合计2万元，其他支出1万元，计算乙公司2021年度利润表中"营业外支出"项目"本期金额"栏的列报金额。

【解析】 该栏的列报金额为7+5+2+1=15（万元）。

"利润总额"项目，反映企业实现的利润。如为亏损，本项目以"-"号填列。

"所得税费用"项目，反映企业应从当期利润总额中扣除的所得税费用。本项目应根据"所得税费用"科目的发生额分析填列。

【例13-22】 乙公司2021年度"所得税费用"科目的发生额合计18万元，计算乙公司2021年度利润表中"所得税费用"项目"本期金额"栏的列报金额。

【解析】 该栏的列报金额为18万元。

"净利润"项目，反映企业实现的净利润。如为亏损，本项目以"-"号填列。

"其他综合收益的税后净额"项目，反映企业根据企业会计准则规定未在损益中确认的各项利得和损失扣除所得税影响后的净额。

"综合收益总额"项目，反映企业净利润与其他综合收益（税后净额）的合计金额。

"每股收益"项目，包括基本每股收益和稀释每股收益两项指标，反映普通股或潜在普通股已公开交易的企业，以及正处在公开发行普通股或潜在普通股过程中的企业的每股收益信息。

【例 13-23】 承【例 13-13】至【例 13-22】，请编制乙公司 2021 年度利润表。

【解析】 乙公司编制的 2021 年度利润表见表 13-4。

表 13-4 利润表

编制单位：乙公司　　　　　　　　　　　　2021 年　　　　　　　　　　　　会企 02 表
　　　　　　　　　　　　　　　　　　　　　　　　　　　　　　　　　　　单位：元

项　目	本期金额	上期金额
一、营业收入	50 000 000	
减：营业成本	40 000 000	
税金及附加	2 500 000	
销售费用		
管理费用	3 000 000	
研发费用		
财务费用	2 500 000	
其中：利息费用	2 540 000	
利息收入	40 000	
加：其他收益		
投资收益（损失以"-"号填列）	-50 000	
其中：对联营企业和合营企业的投资收益	1 450 000	
以摊余成本计量的金融资产终止确认收益（损失以"-"号填列）		
净敞口套期收益（损失以"-"号填列）		
公允价值变动收益（损失以"-"号填列）		
信用减值损失（损失以"-"号填列）		
资产减值损失（损失以"-"号填列）	-1 500 000	
资产处置收益（损失以"-"号填列）		
二、营业利润（亏损以"-"号填列）	450 000	
加：营业外收入	350 000	
减：营业外支出	150 000	
三、利润总额（亏损总额以"-"号填列）	650 000	
减：所得税费用	180 000	
四、净利润（净亏损以"-"号填列）	470 000	
（一）持续经营净利润（净亏损以"-"号填列）	470 000	
（二）终止经营净利润（净亏损以"-"号填列）		
五、其他综合收益的税后净额		
其中：不能重分类进损益的其他综合收益		

二、综合收益表

（一）综合收益的性质

综合收益（comprehensive income）是指企业在一定时期内除所有者投资和对所有者分配等与所有者之间的资本业务之外的交易或其他事项所形成的所有者权益的变化额。综合收益包括净利润和其他综合收益。净利润是综合收益的主要组成部分。其他综合收益是除净利润之外的所有综合收益，包括：以公允价值计量且其变动计入其他综合收益的金融资产的公允价值变动、按照权益法核算的在被投资单位其他综合收益中所享有的份额等。

（二）综合收益的列报

综合收益的列报可以有不同的方式。

编制独立的综合收益表。该表的第一部分列示净利润，第二部分列示其他综合收益的具体构成项目及其调整内容。综合收益表的基本格式见表 13-5。

表 13-5　综合收益表

编制单位：甲公司　　　　　　　　　　　2001 年度　　　　　　　　　　　单位：元

项　　目	本 年 金 额	上 年 金 额
一、净利润		
二、其他综合收益的税后净额		
（一）不能重分类进损益的其他综合收益		
1. 重新计量设定受益计划变动额		
2. 权益法下不能转损益的其他综合收益		
3. 其他权益工具投资公允价值变动		
4. 企业自身信用风险公允价值变动		
（二）将重分类进损益的其他综合收益		
1. 权益法下可转损益的其他综合收益		
2. 其他债权投资公允价值变动		
3. 金融资产重分类计入其他综合收益的金额		
4. 其他债权投资信用减值准备		
5. 现金流量套期储备		
6. 外币财务报表折算差额		
7. 其他		
三、综合收益总额		

将其他综合收益的数据与利润表数据列示于同一张报表。该表的上半部分列示传统的利润表数据，下半部分则列示其他综合收益数据。我国现行会计准则要求采用这种列报方式，并且将其称为利润表。

其他综合收益部分相关项目的含义与填列方法如下：

"重新计量设定受益计划变动额"项目，反映企业重新计量设定受益计划净负债或净资产导致的变动。该项目应根据"其他综合收益"科目的相关明细科目的发生额分析填列。

"权益法下不能转损益的其他综合收益"项目，反映企业按照权益法核算因被投资单位重新计量设定受益计划净负债或净资产变动、被投资企业其他权益工具投资公允价值变动、被投资企业自身信用风险公允价值变动等不能转损益的其他综合收益，投资企业按持股比例计算确认的该部分其他综合收益。该项目应根据"其他综合收益"科目的相关明细科目的发生额分析填列。

"其他权益工具投资公允价值变动"项目，反映企业指定为以公允价值计量且其变动计入其他综合收益的非交易性权益工具投资发生的公允价值变动。该项目应根据"其他综合收益"科目的相关明细科目的发生额分析填列。

"企业自身信用风险公允价值变动"项目，反映企业指定为以公允价值计量且其变动计入当期损益的金融负债和由企业自身信用风险变动引起的公允价值变动而计入其他综合收益的金额。该项目应根据"其他综合收益"科目的相关明细科目的发生额分析填列。

"权益法下可转损益的其他综合收益"项目，反映企业按照权益法核算因被投资企业确认可转损益的其他综合收益，投资企业按持股比例计算确认的该部分其他综合收益。该项目应根据"其他综合收益"科目的相关明细科目的发生额分析填列。

"其他债权投资公允价值变动"项目，反映企业分类为以公允价值计量且其变动计入其他综合收益的债权投资发生的公允价值变动。企业将一项以公允价值计量且其变动计入其他综合收益的金融资产重分类为以摊余成本计量的金融资产，或重分类为以公允价值计量且其变动计入当期损益的金融资产时，之前计入其他综合收益的累计利得或损失从其他综合收益中转出的金额作为该项目的减项。该项目应根据"其他综合收益"科目下的相关明细科目的发生额分析填列。

"金融资产重分类计入其他综合收益的金额"项目，反映企业将一项以摊余成本计量的金融资产重分类为以公允价值计量且其变动计入其他综合收益的金融资产时，计入其他综合收益的原账面价值与公允价值之间的差额。该项目应根据"其他综合收益"科目下的相关明细科目的发生额分析填列。

"其他债权投资信用减值准备"项目，反映企业按照《企业会计准则第22号——金融工具确认和计量》规定分类为以公允价值计量且其变动计入其他综合收益的金融资产的损失准备。该项目应根据"其他综合收益"科目下的"信用减值准备"明细科目的发生额分析填列。

"现金流量套期储备"项目，反映企业按照《企业会计准则第24号——套期会计》，满足运用套期会计方法条件的，套期工具产生的利得或损失中属于套期有效的部分，作为现金流量套期储备，应当计入其他综合收益。

"外币财务报表折算差额"项目，反映企业按照《企业会计准则第19号——外币折算》，在编制合并财务报表时，把国外子公司或分支机构以所在国家货币编制的财务报表折算成以记账本位币表达的财务报表时，由于报表项目采用不同汇率折算而形成的汇兑损益。

第四节　所有者权益变动表

▶▶ 一、所有者权益变动表的内容

所有者权益变动表是指反映构成所有者权益各组成部分当期增减变动情况的报表。所有者权益变动表应当全面反映一定时期所有者权益变动的情况，不仅包括所有者权益总量

的增减变动，还包括所有者权益增减变动的重要结构性信息，让报表使用者准确理解所有者权益增减变动的根源。

在所有者权益变动表中，综合收益和与所有者（或股东）的资本交易导致的所有者权益的变动，应当分别列示。企业至少应当单独列示反映下列信息的项目：①综合收益总额；②会计政策变更和前期差错更正的累积影响金额；③所有者投入资本和向所有者分配利润等；④提取的盈余公积；⑤所有者权益各组成部分的期初和期末余额及其调节情况。

▶▶ 二、所有者权益变动表的结构

为了清楚地表明构成所有者权益的各组成部分当期的增减变动情况，所有者权益变动表应当以矩阵的形式列示：一方面，列示导致所有者权益变动的交易或事项，改变以往仅仅按照所有者权益的各组成部分反映所有者权益变动情况，而是从所有者权益变动的来源对一定时期所有者权益变动情况进行全面反映；另一方面，按照所有者权益各组成部分（包括实收资本、资本公积、其他综合收益、盈余公积、未分配利润等）及其总额列示交易或事项对所有者权益的影响。此外，企业还需要提供比较所有者权益变动表，所有者权益变动表还就各项目再分为"本年金额"和"上年金额"两栏分别填列。所有者权益变动表的具体格式见表13-6。

▶▶ 三、所有者权益变动表的填列方法

（一）所有者权益变动表项目的填列方法

所有者权益变动表各项目均需填列"本年金额"和"上年金额"两栏。

所有者权益变动表"上年金额"栏内各项数字，应根据上年度所有者权益变动表"本年金额"栏内所列数字填列。上年度所有者权益变动表规定的各个项目的名称和内容同本年度不一致的，应对上年度所有者权益变动表各项目的名称和数字按照本年度的规定进行调整，填入所有者权益变动表的"上年金额"栏内。

所有者权益变动表"本年金额"栏内各项数字一般应根据"实收资本（或股本）""其他权益工具""资本公积""库存股""其他综合收益""专项储备""盈余公积""利润分配""以前年度损益调整"科目的发生额分析填列。

企业的净利润及其分配情况作为所有者权益变动的组成部分，不需要单独编制利润分配表列示。

（二）所有者权益变动表的主要项目说明

"上年年末余额"项目，反映企业上年资产负债表中实收资本（或股本）、其他权益工具、资本公积、库存股、其他综合收益、专项储备、盈余公积、未分配利润的年末余额。

"会计政策变更""前期差错更正"项目，分别反映企业采用追溯调整法处理的会计政策变更的累积影响金额和采用追溯重述法处理的会计差错更正的累积影响金额。

"综合收益总额"项目，反映净利润和其他综合收益扣除所得税影响后的净额相加后的合计金额。

表 13-6 所有者权益变动表

2021 年度

会企 04 表

编制单位：　　　　　　　　　　　　　　　　　　　　　　　　　　　　　　　　　　　　　单位：元

项目	本年金额										上年金额									
	实收资本（或股本）	其他权益工具			资本公积	减：库存股	其他综合收益	专项储备	盈余公积	未分配利润	所有者权益合计	实收资本（或股本）	其他权益工具			资本公积	减：库存股	其他综合收益	专项储备	盈余公积	未分配利润	所有者权益合计
		优先股	永续债	其他									优先股	永续债	其他							
一、上年年末余额																						
加：会计政策变更																						
前期差错更正																						
其他																						
二、本年初余额																						
三、本年增减变动金额（减少以"－"号填列）																						
（一）综合收益总额																						
（二）所有者投入和减少资本																						
1. 所有者投入的普通股																						
2. 其他权益工具持有者投入资本																						
3. 股份支付计入所有者权益的金额																						
4. 其他																						
（三）利润分配																						
1. 提取盈余公积																						
2. 对所有者（或股东）的分配																						
3. 其他																						
（四）所有者权益内部结转																						
1. 资本公积转增资本（或股本）																						
2. 盈余公积转增资本（或股本）																						
3. 盈余公积弥补亏损																						
4. 设定受益计划变动额结转留存收益																						
5. 其他综合收益结转留存收益																						
6. 其他																						
四、本年末余额																						

財　务　会　计

"所有者投入和减少资本"项目，反映企业当年所有者投入的资本和减少的资本。

"所有者投入的普通股"项目，反映企业接受投资者投入形成的实收资本（或股本）和资本溢价或股本溢价。

"其他权益工具持有者投入资本"项目，反映企业发行的除普通股以外分类为权益工具的金融工具的持有者投入资本的金额。

"股份支付计入所有者权益的金额"项目，反映企业处于等待期中的权益结算的股份支付当年计入资本公积的金额。

"利润分配"项目，反映企业当年的利润分配金额。

"所有者权益内部结转"项目，反映企业构成所有者权益的组成部分之间当年的增减变动情况。

"资本公积转增资本（或股本）"项目，反映企业当年以资本公积转增资本或股本的金额。

"盈余公积转增资本（或股本）"项目，反映企业当年以盈余公积转增资本或股本的金额。

"盈余公积弥补亏损"项目，反映企业当年以盈余公积弥补亏损的金额。

"设定受益计划变动额结转留存收益"项目，反映企业因重新计量设定受益计划净负债或净资产所产生的变动计入其他综合收益，结转至留存收益的金额。

"其他综合收益结转留存收益"项目，主要反映以下两点：①企业指定为以公允价值计量且其变动计入其他综合收益的非交易性权益工具投资终止确认时，之前计入其他综合收益的累计利得或损失从其他综合收益中转入留存收益的金额；②企业指定为以公允价值计量且其变动计入当期损益的金融负债终止确认时，之前由企业自身信用风险变动引起而计入其他综合收益的累计利得或损失从其他综合收益中转入留存收益的金额等。

第五节　现金流量表

一、现金流量表的内容

现金流量表，是指反映企业在一定会计期间现金和现金等价物流入和流出的报表。

从编制原则上看，现金流量表按照收付实现制原则编制，将权责发生制下的盈利信息调整为收付实现制下的现金流量信息，便于信息使用者了解企业净利润的质量。从内容上看，现金流量表被划分为经营活动、投资活动和筹资活动三个部分，每类活动又分为各具体项目，这些项目从不同角度反映企业业务活动的现金流入与流出，弥补了资产负债表和利润表提供信息的不足。通过现金流量表，报表使用者能够了解现金流量的影响因素，评价企业的支付能力、偿债能力和周转能力预测企业未来现金流量，为其决策提供有力依据。

二、现金流量表的结构

在现金流量表中，现金及现金等价物被视为一个整体，企业现金形式的转换不会产生现金的流入和流出。例如，企业从银行提取现金，是企业现金存放形式的转换，并未流出企业，不构成现金流量。同样，现金与现金等价物之间的转换也不属于现金流量，例如，企业用现金购买三个月到期的国库券。根据企业业务活动的性质和现金流量的来源现金流量表在结构上将企业一定期间产生的现金流量分为三类：经营活动产生的现金流量、投资活动产生的现金流量和筹资活动产生的现金流量。现金流量表的具体格式见表13-7。

表 13-7　现金流量表　　　　　　　　　会企 03 表

编制单位：　　　　　　　　　年　月　　　　　　　　　　单位：元

项　　目	本 期 金 额	上 期 金 额
一、经营活动产生的现金流量：		
销售商品、提供劳务收到的现金		
收到的税费返还		
收到其他与经营活动有关的现金		
经营活动现金流入小计		
购买商品、接受劳务支付的现金		
支付给职工以及为职工支付的现金		
支付的各项税费		
支付其他与经营活动有关的现金		
经营活动现金流出小计		
经营活动产生的现金流量净额		
二、投资活动产生的现金流量：		
收回投资收到的现金		
取得投资收益收到的现金		
处置固定资产、无形资产和其他长期资产收回的现金净额		
处置子公司及其他营业单位收到的现金净额		
收到其他与投资活动有关的现金		
投资活动现金流入小计		
购建固定资产、无形资产和其他长期资产支付的现金		
投资支付的现金		

三、现金流量表的编制基础

现金流量表是以现金为基础编制的，编制现金流量表，首先应明确现金的含义。根据我国《企业会计准则第 31 号——现金流量表》的规定，现金流量表所指的现金是广义的现金概念，它包括库存现金、可以随时用于支付的存款以及现金等价物，具体内容如下：

（1）库存现金　库存现金是指企业持有的可随时用于支付的纸币与硬币。

（2）银行存款　银行存款是指企业存在金融企业中随时可以用于支付的存款。如果存在金融企业的款项不能随时用于支付，例如，不能随时支取的定期存款，不能作为现金流量表中的现金，但提前通知金融企业便可支取的定期存款，也应包括在现金流量表中的现金范围内。

（3）其他货币资金　其他货币资金是指企业存在金融企业有特定用途的资金，例如外埠存款、银行汇票存款、银行本票存款、信用证保证金存款、信用卡存款等。

（4）现金等价物　现金等价物是指企业持有的期限短、流动性强、易于转换为已知金额的现金、价值变动风险很小的投资。现金等价物虽然不是严格意义上的现金，但其支付能力与现金的差别不大，可视为现金。认定现金等价物时，期限短通常是指从购买日起3个月内到期。

四、现金流量的分类

编制现金流量表的目的，是为会计信息使用者提供企业一定会计期间内有关现金流入和流出的信息。企业在一定时期内的现金流入和流出是由企业的各种业务活动产生的，例如购买商品支付价款、销售商品收到现金、支付职工工资等。首先要对企业的业务活动进行合理的分类，据此对现金流量进行适当分类。我国《企业会计准则第31号——现金流量表》将企业的业务活动按其性质分为经营活动、投资活动与筹资活动，为了在现金流量表中反映企业在一定时期内现金净流量变动的原因，相应地将企业一定期间内产生的现金流量分为以下三类：

（1）经营活动产生的现金流量　经营活动是指企业发生的投资活动和筹资活动以外的所有交易和事项，包括销售商品或提供劳务、经营性租赁、购买货物、接受劳务、制造产品、广告宣传、推销产品、缴纳税款等。

（2）投资活动产生的现金流量　投资活动是指企业长期资产的购建和不包括在现金等价物范围内的投资及其处置活动。

（3）筹资活动产生的现金流量　筹资活动是指导致企业资本及债务规模和构成发生变化的活动。这里所说的资本，既包括实收资本（股本），也包括资本溢价（股本溢价）；这里所说的债务，是指对外举债，包括向银行借款、发行债券以及偿还债务等。通常情况下，应付票据、应付账款等商业应付款等属于经营活动，不属于筹资活动。

此外，对于企业日常活动之外的、不经常发生的特殊项目，例如自然灾害损失、保险赔款、捐赠等，应当归并到相关类别中，并单独反映。比如，对于自然灾害损失和保险赔款，如果能够确定属于流动资产损失，应当列入经营活动产生的现金流量；如果确定属于固定资产损失，应当列入投资活动产生的现金流量。

企业应当结合行业特点判断相关业务活动产生的现金流量的分类。不同形式现金之间的转换以及现金与现金等价物之间的转换均不产生现金流量。例如，因银行承兑汇票贴现而取得的现金，若银行承兑汇票贴现不符合金融资产终止确认条件，因票据贴现取得的现金在资产负债表中应确认为一项借款，该现金流入在现金流量表中相应分类为筹资活动现金流量；若银行承兑汇票贴现符合金融资产终止确认的条件，相关现金流入则分类为经营活动现金流量；若银行承兑汇票贴现不符合金融资产终止确认条件，后续票据到期偿付等导致应收票据和借款终止确认时，因不涉及现金收付，在编制现金流量表时，不得虚拟现金流量。公司发生以银行承兑汇票背书购买原材料等业务时，比照该原则处理。再如，定期存单的质押与解除质押业务，企业首先应当结合定期存单是否存在限制、是否能够随时支取等因素，判断其是否属于现金及现金等价物。如果定期存单本身不属于现金及现金等价物，其质押或解除质押不会产生现金流量；如果定期存单本身属于现金及现金等价物，被用于质押就不再满足现金及现金等价物的定义，质押解除后重新符合现金及现金等价物的定义时，均会产生现金流量。在后者情况下，对相关现金流量进行分类时，应当根据企业所属行业特点进行判断。如果企业属于金融行业，通过定期存款质押获取短期借款的活动可能属于经营活动，相关现金流量分类为经营活动现金流量；如果企业为一般非金融企业，通过定期存款质押获取短期借款的活动属于筹资活动，相关现金流量应被分类为筹资活动现金流量。

五、现金流量表的列报方法

（一）现金流量表列报的总体要求

现金流量表列报应当遵循的总体要求主要有以下两点：

1）按经营活动产生的现金流量、投资活动产生的现金流量和筹资活动产生的现金流量分别列报不同种类业务活动产生的现金流量。同时，各种类的现金流量应当分别列报现金流入小计数额和现金流出小计数额。

2）比较信息的列报。现金流量表各项目的信息应当分别列示本期金额和上期金额，以便于报表使用者将本期金额和上期金额进行比较，分析企业现金流量的变动情况和变动趋势。

（二）经营活动产生的现金流量的列报方法

经营活动产生的现金流量应当采用直接法列报。

所谓直接法，是指通过现金收入和现金支出的主要类别列示经营活动现金流量的方法。

经营活动产生的现金流量采用直接法列报，可以方便财务报表使用者分析企业经营活动产生的现金流量的来源和用途，预测企业现金流量的未来前景。

有关经营活动产生的现金流量的信息，企业应当以有关的会计记录为基础进行分析、计算取得，通常可以通过以下途径取得，即根据下列项目对利润表中的营业收入、营业成本以及其他项目进行调整取得：

1）当期存货及经营性应收和应付项目的变动。

2）固定资产折旧、无形资产摊销、计提资产减值准备等其他非现金项目。

3）属于投资活动或筹资活动现金流量的其他非现金项目。

1. 经营活动产生的现金流入

（1）销售商品、提供劳务收到的现金 该项目反映企业销售商品、提供劳务实际收到的现金。具体包括：本期销售商品、提供劳务收到的现金，以及前期销售商品、提供劳务本期收到的现金和本期预收的款项，减去本期销售本期退回商品和前期销售本期退回商品支付的现金。该项目可根据"库存现金""银行存款""应收票据""应收账款""预收账款""主营业务收入""其他业务收入"等科目的记录分析填列。

【例13-24】 甲公司2021年度销售商品共收到银行存款239 000元；应收票据的期初余额为130 000元，期末余额为73 000元；应收账款的期初余额为183 000元，期末余额为120 000元，年度内核销的坏账损失为5 000元；本年度因商品质量问题发生销货退回，共支付银行存款7 000元。计算甲公司2021年度销售商品、提供劳务收到的现金。

【解析】 甲公司应进行如下处理：

本期销售商品收到的现金	239 000
加：本期收到前期的应收票据（130 000−73 000）	57 000
本期收到前期的应收账款（183 000−120 000−5 000）	58 000
减：本期因销售退回支付的现金	7 000
本期销售商品、提供劳务收到的现金	347 000

（2）收到的税费返还　该项目反映企业收到返还的各种税费，例如收到返还的增值税、所得税、消费税、关税和教育费附加等。该项目可根据有关科目的记录分析填列。

【例 13-25】 甲公司 2021 年度共收到出口商品增值税退税 210 000 元、教育费附加返还 41 000 元。计算甲公司 2021 年度收到的税费返还。

【解析】 甲公司应进行如下处理：

本期收到的出口商品增值税退税	210 000
加：本期收到的教育费附加返还	41 000
本期收到的税费返还	251 000

（3）收到其他与经营活动有关的现金　该项目反映除以上项目外，企业收到的其他与经营活动有关的现金。例如收到的罚款收入、经营租赁固定资产租金收入、投资性房地产租金收入、流动资产损失中由个人赔偿的现金收入、政府补助收入等。该项目可根据"库存现金""银行存款"等有关科目的记录分析填列。根据现行相关规定，企业实际收到的政府补助，无论是与资产相关还是与收益相关，均在"收到其他与经营活动有关的现金"项目填列。

2. 经营活动产生的现金流出

（1）购买商品、接受劳务支付的现金　该项目反映企业购买商品、接受劳务实际支付的现金。用本期购买商品、接受劳务支付的现金，以及前期购买商品、接受劳务本期支付的现金和本期预付的款项，减去本期购货本期退回商品和前期购货本期退回商品收到的现金得到确定的数值。该项目可根据"库存现金""银行存款""应付票据""应付账款""预付账款""主营业务成本""其他业务成本"等科目的记录分析填列。

【例 13-26】 甲公司 2021 年度购买商品共支付银行存款 463 000 元；应付票据的期初余额为 252 000 元，期末余额为 110 000 元；应付账款的期初余额为 364 000 元，期末余额为 320 000 元；预付账款的期初余额为 0 元，期末余额为 50 000 元；本年度因商品质量问题发生购货退回，共收到银行存款 10 000 元。计算甲公司 2021 年度购买商品、接受劳务支付的现金。

【解析】 甲公司应进行如下处理：

本期购买商品支付的现金	463 000
加：本期支付前期的应付票据（252 000−110 000）	142 000
本期支付前期的应付账款（364 000−320 000）	44 000
本期预付的账款（50 000−0）	50 000
减：本期因购货退回收到的现金	10 000
本期购买商品、接受劳务支付的现金	689 000

（2）支付给职工以及为职工支付的现金 该项目反映企业本期实际支付给职工的现金以及企业本期实际为职工支付的现金。其中，企业本期实际支付给职工的现金（例如企业为取得职工提供的劳务而向职工支付的工资、奖金、各种津贴和补贴等职工薪酬）包括由企业代扣代缴的职工个人所得税。企业本期实际为职工支付的现金如企业为职工交纳的医疗、养老、失业、工伤、生育等社会保险基金、补充养老保险、住房公积金，企业为职工交纳的商业保险金，因解除与职工的劳动关系而给予职工的补偿，现金结算的股份支付等。该项目可根据"库存现金""银行存款""应付职工薪酬"等科目的记录分析填列。

【例 13-27】 甲公司 2021 年度实际支付给职工的工资为 388 000 元，实际为职工交纳的医疗、养老、失业等社会保险基金为 43 000 元，实际为职工交纳的住房公积金为 15 000 元。计算甲公司 2021 年度支付给职工以及为职工支付的现金。

【解析】 甲公司应进行如下处理：

本期支付给职工的工资	388 000
加：本期为职工交纳的医疗、养老、失业等社会保险基金	43 000
本期为职工交纳的住房公积金	15 000
本期支付给职工以及为职工支付的现金	446 000

（3）支付的各项税费 该项目反映企业按规定支付的各项税费。包括本期发生并支付的税费，以及以前各期发生本期支付的税费和预缴的税金，例如支付的增值税、消费税、所得税、教育费附加、印花税、房产税、车船税等，不包括本期退回的增值税、所得税等。该项目可根据"库存现金""银行存款""应交税费"等科目的记录分析填列。

【例 13-28】 甲公司 2021 年度已缴纳的增值税为 200 000 元，本期发生的所得税 551 000 元已全部缴纳，前期发生本期缴纳的所得税为 44 000 元。计算甲公司 2021 年度支付的各项税费。

【解析】 甲公司应进行如下处理：

本期支付的增值税	200 000
加：本期发生并支付的所得税	551 000
前期发生本期支付的所得税	44 000
本期支付的各项税费	795 000

（4）支付的其他与经营活动有关的现金 该项目反映除以上项目外，企业支付的其他与经营活动有关的现金，例如支付的罚款、差旅费、业务招待费、保险费、短期租赁和低价值资产租赁支付的相关付款额等。该项目可根据"库存现金""银行存款"等有关科目的记录分析填列。

（三）投资活动产生的现金流量的列报方法

1. 投资活动产生的现金流入

（1）收回投资收到的现金 该项目反映企业出售、转让或到期收回除现金等价物以外的交易性金融资产、债权投资、其他债权投资、长期股权投资等而收到的现金，其中不包括债权性投资收到的利息、股权性投资收到的股利、收回的非现金资产以及处置子公司及其他营业单位收到的现金净额。该项目可根据"交易性金融资产""债权投资""其他债权投资""其他权益工具投资""长期股权投资""库存现金""银行存款"等有关科目的记录分析填列。

【例 13-29】 甲公司 2021 年度出售某项长期股权投资，收回的全部投资金额为 260 000 元；出售某项债权投资，收回的全部投资金额为 165 000 元，其中，15 000 元是债券利息。计算甲公司 2021 年度收回投资收到的现金。

【解析】 甲公司应进行如下处理：

本期收回长期股权投资金额	260 000
加：本期收回债权投资本金（165 000-17 000）	148 000
本期收回投资收到的现金	408 000

（2）取得投资收益收到的现金　该项目反映企业因股权性投资而收到的现金股利，以及因债权性投资而收到的利息收入，包括在现金等价物范围内的债券性投资，其利息收入也在该项目反映。股票股利因不产生现金流量，不在该项目反映。该项目可根据"应收股利""应收利息""投资收益""库存现金""银行存款"等有关科目的记录分析填列。

【例 13-30】 甲公司 2021 年度收到债权投资的利息收入 40 000 元，收到长期股权投资的现金股利收入 150 000 元。计算 2021 年度取得投资收益收到的现金。

【解析】 甲公司应进行如下处理：

本期收到债权投资的利息收入	40 000
加：本期收到长期股权投资的现金股利收入	150 000
本期取得投资收益收到的现金	190 000

（3）处置固定资产、无形资产和其他长期资产收回的现金净额　该项目反映企业出售、报废固定资产、无形资产和其他长期资产所取得的现金，减去出售、报废过程中支付的有关税费后的净额。因固定资产等意外毁损而收到的保险赔偿收入，也在该项目反映。该项目以净额列报，能更好地反映相应的处置活动对现金流量的影响。如果净额为负数，在"支付其他与投资活动有关的现金"项目中反映。该项目可根据"固定资产清理""无形资产""投资性房地产""库存现金""银行存款"等有关科目的记录分析填列。

【例 13-31】 丙公司 2021 年度报废一台设备，收到出售价款 12 000 元，款项存入开户银行；支付设备拆卸和运输费用 3 000 元，款项以银行存款支付。计算 2021 年度处置固定资产、无形资产和其他长期资产收回的现金净额。

【解析】 甲公司应进行如下处理：

本期出售固定资产收到的现金	12 000
减：本期支付出售固定资产的清理费用	3 000
本期处置固定资产、无形资产和其他长期资产收回的现金净额	9 000

（4）处置子公司及其他营业单位收到的现金净额　该项目反映企业处置子公司及其他营业单位所取得的现金，减去子公司或其他营业单位持有的现金和现金等价物以及相关处置费用后的净额。企业处置子公司及其他营业单位是整体交易。对于该整体交易单独以净额列报，能更好地反映相应的处置活动对现金流量的影响。在处置过程中，如果净额为负数，在"支付其他与投资活动有关的现金"项目中反映。该项目根据有关科目的记录分析填列。

（5）收到其他与投资活动有关的现金　该项目反映除以上项目外，企业收到的其他与投资活动有关的现金。该项目可根据有关科目的记录分析填列。

2. 投资活动产生的现金流出

（1）购建固定资产、无形资产和其他长期资产支付的现金 该项目反映购买或建造固定资产、无形资产和其他长期资产而支付的现金。包括购买固定资产、无形资产等支付的现金、建造工程支付的现金等。建造工程支付的现金包括购买工程物资支付的现金、支付在建工程人员工资支付的现金等。该项目不包括为购建固定资产、无形资产和其他长期资产而发生的借款利息资本化部分，以及租入固定资产所支付的租赁费。该项目可根据"固定资产""在建工程""工程物资""无形资产""投资性房地产""库存现金""银行存款"等有关科目的记录分析填列。

【例 13-32】 丙公司 2021 年度购入一台机器设备，价款 85 000 元，款项以银行存款支付。为在建办公用房购入一批工程物资，价款 240 000 元，款项通过银行转账支付。以银行存款 50 000 元购入一项无形资产。计算 2021 年度购建固定资产、无形资产和其他长期资产支付的现金。

【解析】 丙公司应进行如下处理：

本期购买固定资产支付的现金	85 000
加：本期购买工程物资支付的现金	231 000
本期购买无形资产支付的现金	50 000
本期购建固定资产、无形资产和其他长期资产支付的现金	366 000

（2）投资支付的现金 该项目反映企业进行权益性投资和债权性投资所支付的现金。包括企业在取得除现金等价物以外的交易性金融资产、债权投资、其他债权投资、长期股权投资等时支付的现金，以及支付的佣金、手续费等交易费用，不包括企业取得子公司及其他营业单位支付的现金净额。企业在购买股票和债券时，实际支付的价款中包含的已宣告但尚未领取的现金股利，或已到付息期但尚未领取的债券利息，在"支付其他与投资活动有关的现金"项目反映；收到的这部分现金股利或债券利息，在"收到其他与投资活动有关的现金"项目反映。该项目可根据"交易性金融资产""债权投资""其他债权投资""其他权益工具投资""长期股权投资""库存现金""银行存款"等有关科目的记录分析填列。

【例 13-33】 丙公司 2021 年度以银行存款购入交易性金融资产 149 000 元，购入价款中包含已宣告但尚未领取的现金股利 3 000 元；同时，以银行存款购入其他债权投资 235 000 元。计算 2021 年度投资支付的现金。

【解析】 丙公司应进行如下处理：

本期购买交易性金融资产支付的现金（149 000-3 000）	146 000
加：本期购买其他债权投资支付的现金	235 000
本期投资支付的现金	381 000

（3）取得子公司及其他营业单位支付的现金净额 该项目反映企业取得子公司及其他营业单位支付的现金减去子公司或其他营业单位持有的现金和现金等价物后的净额。该项目可根据有关科目的记录分析填列。企业购买子公司或其他营业单位是整体交易，企业可能会全部以现金支付，也可能会一部分以现金支付而另一部分以实物清偿。如果企业支付的现金减去子公司或其他营业单位持有的现金和现金等价物后的净额为负数，则相应的数额在"收到其他与投资活动有关的现金"项目反映。

【例 13-34】 丙公司 2021 年度购买某公司的一个子公司，购买价款为 986 000 元，款项全部以银行存款支付。购买日，该子公司有现金和银行存款共计 10 000 元，没有现金等价物。计算 2021 年度取得子公司及其他营业单位支付的现金净额。

【解析】 丙公司应进行如下处理：

本期购买子公司支付的现金	986 000
减：子公司持有的现金和现金等价物	10 000
本期取得子公司及其他营业单位支付的现金净额	976 000

（4）支付其他与投资活动有关的现金　该项目反映除以上项目外，企业支付的其他与投资活动有关的现金。该项目可根据有关科目的记录分析填列。

（四）筹资活动产生的现金流量的列报方法

1. 筹资活动产生的现金流入

（1）吸收投资收到的现金　该项目反映企业以发行股票等方式筹集资金实际收到的款项净额，即发行收入总额减去支付的佣金等发行费用后的净额。企业在发行股票等过程中支付的审计、咨询等费用，在"支付其他与筹资活动有关的现金"项目反映。该项目可根据"实收资本（或股本）""资本公积""库存现金""银行存款"等有关科目的记录分析填列。

【例 13-35】 丙公司 2021 年度对外发行股票 1 000 000 股，发行价格为 1 元/股，取得发行收入总额 1 000 000 元，同时，向代理发行股票的证券公司支付佣金等发行费用 16 000 元。计算 2021 年度吸收投资收到的现金。

【解析】 丙公司应进行如下处理：

本期发行股票取得的发行收入总额	1 000 000
减：向证券公司支付代发股票的佣金等发行费用	16 000
本期吸收投资收到的现金	984 000

（2）取得借款收到的现金　该项目反映企业举借各种短期、长期借款收到的现金，以及发行债券实际收到的款项净额，即发行债券取得的发行收入总额减去支付的佣金等发行费用后的净额。该项目可根据"短期借款""长期借款""应付债券""库存现金""银行存款"等有关科目的记录分析填列。

【例 13-36】 丙公司 2021 年度向银行取得短期借款 50 000 元，取得长期借款 300 000 元，借入的款项存入企业的银行存款账户。计算 2021 年度取得借款收到的现金。

【解析】 丙公司应进行如下处理：

本期取得短期借款收到的现金	50 000
加：本期取得长期借款收到的现金	300 000
本期取得借款收到的现金	350 000

（3）收到其他与筹资活动有关的现金　该项目反映除以上项目外，企业收到的其他与筹资活动有关的现金。该项目可根据有关科目的记录分析填列。

2. 筹资活动产生的现金流出

（1）偿还债务支付的现金　该项目反映企业以现金偿还的债务本金。包括偿还的短期借款本金、长期借款本金、应付债券本金等，不包括偿付的借款利息、债券利息等。企业以现金偿付的借款利息、债券利息等，在"分配股利、利润或偿付利息支付的现金"项目反映。该项目可根据"短期借款""长期借款""应付债券""库存现金""银行存款"等有关科目的记录分析填列。

【例 13-37】 丙公司 2021 年度向银行偿还短期借款本金 50 000 元，偿还到期应付债券本金 210 000 元。以上款项以银行存款支付。计算 2021 年度偿还债务支付的现金。

【解析】 丙公司应进行如下处理：

本期偿还短期借款本金支付的现金	50 000
加：本期偿还到期应付债券本金支付的现金	210 000
本期偿还债务支付的现金	260 000

（2）分配股利、利润或偿付利息支付的现金　该项目反映企业实际支付的现金股利、支付给其他投资单位的利润，以及以现金支付的借款利息和债券利息等。企业借款的用途不同，其利息开支的渠道也有所差别，如开支的利息可能会计入在建工程、财务费用、研发支出等。各种开支渠道的借款利息都在该项目中反映。该项目可根据"应付股利""应付利息""利润分配""财务费用""在建工程""制造费用""研发支出""库存现金""银行存款"等有关科目的记录分析填列。

【例 13-38】 丙公司 2021 年度期初应付现金股利为 68 000 元，本年度宣告并已发放的现金股利为 40 000 元，期末应付现金股利为 16 000 元；同时，本年度实际支付的借款利息为 33 000 元。计算 2021 年度分配股利、利润或偿付利息支付的现金。

【解析】 丙公司应进行如下处理：

本期宣告并已发放的现金股利	40 000
加：本期支付的前期应付股利（68 000−16 000）	52 000
本期支付的借款利息	33 000
本期分配股利、利润或偿付利息支付的现金	125 000

（3）支付其他与筹资活动有关的现金　该项目反映除以上项目外，企业支付的其他与筹资活动有关的现金。例如在发行股票、债券等筹资活动中支付的审计、咨询等费用，偿还租赁负债本金和利息支付的现金，分期付款购买固定资产支付的购买价款等。该项目可根据有关科目的记录分析填列。

（五）汇率变动对现金及现金等价物的影响的列报方法

我国《企业会计准则第 31 号——现金流量表》规定，外币现金流量以及境外子公司的现金流量，应当采用现金流量发生日的即期汇率或按照系统合理的方法确定的、与现金流量发生日即期汇率近似的汇率折算。在现金流量表中，"现金及现金等价物净增加额"项目中的外币现金净增加额，是按资产负债表日的即期汇率折算的。这两者之间的差额，即为汇率变动对现金的影响。

（六）现金流量表中上期金额的列报方法

现金流量表中的"上期金额"栏通常应当根据上年该期现金流量表中"本期金额"栏内所列的数字填列。如果企业上年该期现金流量表规定的项目名称和内容与本期不一致，应当对上年该期现金流量表相应项目的名称和数字按照本期的规定进行调整。现金流量表中"本期金额"栏中的项目和数字与"上期金额"栏中的项目和数字，在本年度和上年度之间以及在本年度某一会计中期与上年度同一会计中期之间应当具有可比性。

企业在具体编制现金流量表时，可以采用工作底稿法或 T 型账户法，也可以采用分析填列法。

采用工作底稿法编制现金流量表，一般以工作底稿为手段，以资产负债表和利润表数据为基础，对每一项目进行分析并编制调整分录，从而编制现金流量表。工作底稿法的程序如下：

1）将资产负债表的期初数和期末数过入工作底稿的期初数栏和期末数栏。

2）对当期业务进行分析并编制调整分录。编制调整分录时，要以利润表项目为基础，从"营业收入"开始，结合资产负债表项目逐一进行分析。在调整分录中，有关现金和现金等价物的事项，并不直接借记或贷记现金，而是分别计入"经营活动产生的现金流量""投资活动产生的现金流量""筹资活动产生的现金流量"有关项目，借记表示现金流入，贷记表示现金流出。

3）将调整分录过入工作底稿中的相应部分。

4）核对调整分录，借方、贷方合计数均已经相等，资产负债表项目期初数加减调整分录中的借贷金额以后，也等于期末数。

5）根据工作底稿中的现金流量表项目部分编制正式的现金流量表。

采用 T 型账户法编制现金流量表，一般以 T 型账户为手段，以资产负债表和利润表数据为基础，对每一项目进行分析并编制调整分录，从而编制现金流量表。T 型账户法的程序如下：

1）为所有的非现金项目（包括资产负债表项目和利润表项目）分别开设 T 型账户，并将各自的期末期初变动数过入各该账户。如果项目的期末数大于期初数，则将差额过入和项目余额相同的方向；反之，过入相反的方向。

2）开设一个大的"现金及现金等价物" T 型账户，每边分为经营活动、投资活动和筹资活动三个部分，左边记现金流入，右边记现金流出。与其他账户一样，过入期末期初变动数.

3）以利润表项目为基础，结合资产负债表分析每一个非现金项目的增减变动，并据此编制调整分录。

4）将调整分录过入各 T 型账户，并进行核对，该账户借贷相抵后的余额与原先过入的期末期初变动数应当一致。

5）根据大的"现金及现金等价物" T 型账户编制正式的现金流量表。

分析填列法是指直接根据资产负债表、利润表和有关会计科目明细账的记录，分析计算出现金流量表各项目的金额，并据以编制现金流量表的一种方法。

▶▶ 六、现金流量表补充资料的列报方法

（一）将净利润调节为经营活动现金流量

在现金流量表中，企业采用直接法反映经营活动产生的现金流量。在现金流量表补充资料中，企业应当采用间接法反映经营活动产生的现金流量。间接法是指以本期净利润为起点，通过调整不涉及现金的收入、费用、营业外收支以及经营性应收应付等项目的增减

变动，调整不属于经营活动的现金收支项目，在此基础上计算并列报经营活动产生的现金流量的方法。将净利润调节为经营活动现金流量的有关项目具体列报方法如下：

（1）信用减值准备　这是指企业当期计提扣除当期转回的各项信用减值准备。包括坏账准备、债权投资减值准备、其他债权投资减值准备等。企业当期计提的各项信用减值准备和按规定转回的各项信用减值准备包括在利润表中，属于利润的减除项目，但没有发生现金流出。因此，在将净利润调节为经营活动现金流量时，需要加回。该项目可根据"信用减值损失"科目的记录分析填列。

（2）资产减值准备　这是指企业当期计提扣除当期转回的各项资产减值准备。包括存货跌价准备、长期股权投资减值准备、固定资产减值准备、投资性房地产减值准备、无形资产减值准备等。企业当期计提的各项资产减值准备和按规定转回的各项资产减值准备包括在利润表中，属于利润的减除项目，但没有发生现金流出。因此，在将净利润调节为经营活动现金流量时，需要加回。该项目可根据"资产减值损失"科目的记录分析填列。

（3）固定资产折旧、油气资产折耗、生产性生物资产折旧　这是指企业当期计提的固定资产折旧、油气资产折耗和生产性生物资产折旧。企业当期计提的固定资产折旧，有的计入管理费用，有的计入制造费用。计入管理费用的部分，作为期间费用包括在利润表中，属于利润的减除项目，但没有发生现金流出。因此，在将净利润调节为经营活动现金流量时，需要加回。该项目可根据"累计折旧""生产性生物资产累计折旧"科目的贷方发生额分析填列。

（4）无形资产摊销　这是指企业当期对使用寿命有限的无形资产计提的摊销。企业当期计提的无形资产摊销计入管理费用或制造费用。与固定资产折旧同理，对于无形资产摊销，企业在将净利润调节为经营活动现金流量时，需要加回。该项目可根据"累计摊销"科目的贷方发生额分析填列。

（5）长期待摊费用摊销　这是指企业当期摊销的长期待摊费用。企业当期摊销长期待摊费用时，有的计入管理费用，有的计入制造费用，有的计入销售费用。与固定资产折旧同理，对于长期待摊费用摊销，企业在将净利润调节为经营活动现金流量时，需要加回。该项目可根据"长期待摊费用"科目的贷方发生额分析填列。

（6）处置固定资产、无形资产和其他长期资产的损失或收益　这是指企业当期在处置固定资产、无形资产和其他长期资产过程中发生的损失或取得的收益。在现金流量表中，此类活动属于投资活动，不属于经营活动。但在利润表中，企业处置固定资产、无形资产和其他长期资产发生的损失或取得的收益包括在净利润的计算中。因此，企业在将净利润调节为经营活动现金流量时，损失需要予以加回，收益则予以减除。该项目可根据"资产处置损益"等科目所属有关明细科目的记录分析填列。

（7）固定资产报废损失或收益　这是指企业当期在报废固定资产过程中发生的损失或取得的收益。其调节原理同处置固定资产、无形资产和其他长期资产的损失或收益。该项目可根据"营业外支出""营业外收入"等科目所属有关明细科目的记录分析填列。

（8）公允价值变动损失或收益　这是指企业当期由于交易性金融资产、投资性房地产等公允价值的变动而引起的计入当期利润的损失或收益。公允价值变动损益通常与企业的投资活动或筹资活动相关，而且并不影响企业当期的现金流量。因此，企业在将净利润调节为经营活动现金流量时，损失需要予以加回，收益需要予以减除。该项目可根据"公允价值变动损益"科目的记录分析填列。

(9) 财务费用或收益 这是指企业当期发生的财务费用或取得的财务收益中不属于经营活动的部分。企业发生的财务费用，有的属于经营活动的内容，有的属于筹资活动的内容。企业利润表中的财务费用包括了企业在当期确认的所有财务费用。因此，企业在将净利润调节为经营活动现金流量时，对不属于经营活动的财务费用，需要加回；对不属于经营活动的财务收益，则需要减除。该项目可根据"财务费用"科目的本期借方发生额分析填列。

(10) 投资损失或收益 这是指企业当期发生的投资损失或取得的投资收益。投资损失或投资收益属于投资活动的内容，不属于经营活动的内容。因此，企业在将净利润调节为经营活动现金流量时，对于发生的投资损失，需要加回；对于取得的投资收益，则需要减除。该项目可根据"投资收益"科目的记录分析填列。

(11) 递延所得税资产减少或增加 这是指企业当期发生的递延所得税资产的减少或增加。递延所得税资产的减少使得当期计入所得税费用的金额大于当期应缴纳的所得税金额，其差额在计算净利润时予以了扣减，但并没有发生现金流出。递延所得税资产的增加使得当期计入所得税费用的金额小于当期应交纳的所得税金额，其差额在计算净利润时纳入了其中，但并没有发生现金流入。因此，企业在将净利润调节为经营活动现金流量时，对于递延所得税资产的减少，需要加回；对于递延所得税资产的增加，则需要减除。该项目可根据资产负债表中"递延所得税资产"项目的期初、期末余额分析填列。

(12) 递延所得税负债增加或减少 这是指企业当期发生的递延所得税负债的增加或减少。递延所得税负债的增加使得当期计入所得税费用的金额大于当期应缴纳的所得税金额，其差额在计算净利润时予以扣减，但并没有发生现金流出。递延所得税负债的减少使得当期计入所得税费用的金额小于当期应缴纳的所得税金额，其差额在计算净利润时纳入了其中，但并没有发生现金流入。因此，企业在将净利润调节为经营活动现金流量时，对于递延所得税负债的增加，需要加回；对于递延所得税负债的减少，则需要减除。该项目可根据资产负债表中"递延所得税负债"项目的期初、期末余额分析填列。

(13) 存货的减少或增加 这是指企业当期发生的存货的减少或增加。企业存货的减少，表明企业本期耗用的存货中有一部分是期初存货，在计算净利润时已经作为成本费用项目扣除，但这部分存货在当期可能并没有发生现金流出。企业存货的增加同理。因此，企业在将净利润调节为经营活动现金流量时，对于存货的减少，需要予以加回；对于存货的增加，则需要予以减除。当然，存货的增减变动还涉及应付项目，这一因素在"经营性应付项目的增加或减少"项目中单独调节。另外，存货的增减变动如果属于投资活动，例如在建工程领用存货，这一因素应当予以剔除。该项目可根据资产负债表中"存货"项目的期初、期末余额分析填列。

(14) 经营性应收项目的减少或增加 这是指企业当期发生的经营性应收项目的减少或增加。其中，经营性应收项目包括应收票据、应收账款、预付账款、长期应收款和其他应收款等中与经营活动有关的部分。经营性应收项目的减少，即期末余额小于期初余额，表明本期经营性活动中收回的现金大于利润表中确认的营业收入，或本期收回了以前期间部分经营性应收项目。经营性应收项目的增加同理。因此，企业在将净利润调节为经营活动现金流量时，对于经营性应收项目的减少，需要予以加回；对于经营性应收项目的增加，则需要予以减除。该项目可根据资产负债表中"应收票据""应收账款""预付账款"

"长期应收款"和"其他应收款"等项目的期初、期末余额分析填列。

(二) 不涉及现金收支的重大投资和筹资活动

不涉及现金收支的重大投资和筹资活动，反映企业当期不形成现金收支但影响企业财务状况的重大投资和筹资活动。这些重大投资和筹资活动虽然不涉及当期现金收支，但对以后各期的现金流量有重大影响。因此，有必要在现金流量表补充资料中对这些活动进行披露。不涉及现金收支的重大投资和筹资活动的有关项目具体列报方法如下：

（1）债务转为资本 反映企业当期转为资本的债务金额。债务转为资本的业务，从债务得以偿还来看，属于筹资活动，但没有现金流出；从资本得以增加来看，也属于筹资活动，但没有现金流入。因此，它属于不涉及现金收支的投资和筹资活动。债务转为资本后，企业以后不再需要偿还债务金额，即不再发生现金流出。

（2）一年内到期的可转换公司债券 反映企业一年内到期的可转换公司债券的本息。企业一年内到期的可转换公司债券，在到期时，可能会转换成资本，也可能会需要以现金偿付。如果转换成资本，则不需要再偿还债券本息；如果没有转换成资本，企业需要在到期时以现金偿付债券本息。

（3）租入固定资产，其中不包括短期租赁和低价值资产租赁 反映企业当期租入的固定资产。企业当期租入的固定资产，尽管当期不支付租金或只支付当期的租金，但在以后一定期间内需要定期的支付租金，即在以后一定期间内形成了一项固定的现金支出。

现金流量表的编制过程是全面将权责发生制下的日常记录结果转换为收付实现制下的结果。无论采用何种方法编制，现金流量表中的"现金及现金等价物净增加额"的金额应当等于资产负债表中期末现金与现金等价物余额减去期初现金与现金等价物余额的差额。另外，现金流量表中的"经营活动产生的现金流量净额"的金额应当等于现金流量表补充资料中的"经营活动产生的现金流量净额"的金额。

第六节 附 注

一、附注的定义与作用

附注是对资产负债表、利润表、现金流量表和所有者权益变动表等报表中列示项目的文字描述或明细资料，以及对未能在这些报表中列示项目的说明等。附注主要起到两方面的作用：①附注的披露，是对资产负债表、利润表、现金流量表和所有者权益变动表列示项目含义的补充说明，以帮助财务报表使用者更准确地把握其含义。例如，通过阅读附注中披露的固定资产折旧政策的说明，使用者可以掌握报告企业与其他企业在固定资产折旧政策上的异同，以便进行更准确的比较。②附注提供了对资产负债表、利润表、现金流量表和所有者权益变动表中未列示项目的详细或明细说明。例如，通过阅读附注中披露的存货增减变动情况，财务报表使用者可以了解资产负债表中未单列的存货分类信息。

通过附注与资产负债表、利润表、现金流量表和所有者权益变动表列示项目的相互参照关系，以及对未能在财务报表中列示项目的说明，可以使财务报表使用者全面了解企业的财务状况、经营成果和现金流量以及所有者权益的情况。

二、附注披露的主要内容

附注是财务报表的重要组成部分。根据《企业会计准则》的规定，企业应当按照如下顺序披露附注的内容：

（1）企业的基本情况

1）企业注册地、组织形式和总部地址。

2）企业的业务性质和主要经营活动。

3）母公司以及集团最终母公司的名称。

4）财务报告的批准报出者和财务报告的批准报出日。

5）营业期限有限的企业，还应当披露有关营业期限的信息。

（2）财务报表的编制基础　财务报表的编制基础是指财务报表是在持续经营基础上还是非持续经营基础上编制的。企业一般是在持续经营基础上编制财务报表的，当企业面临清算、破产时应在非持续经营基础上编财务报表。

（3）遵循《企业会计准则》的声明　企业应当声明编制的财务报表符合《企业会计准则》的要求，真实、完整地反映了企业的财务状况、经营成果和现金流量等有关信息，以此明确企业编制财务报表所依据的制度基础。

（4）重要会计政策和会计估计　企业应当披露采用的重要会计政策和会计估计，不重要的会计政策和会计估计可以不披露。在披露重要会计政策和会计估计时，应当披露重要会计政策的确定依据和财务报表项目的计量基础、会计政策的确定依据、项目金额最具影响的判断，增加财务报表的可理解性。

财务报表项目的计量基础是指企业计量该项目采用的是历史成本、重置成本、可变现净值、现值还是公允价值，这直接影响财务报表使用者对财务报表的理解和分析。在确定财务报表里资产和负债的账面价值过程中，企业需要对不确定的未来事项在资产负债表日对这些资产和负债的影响加以估计，例如企业预计固定资产未来现金流量采用的折现率和假设。这类假设的变动对资产和负债项目金额的确定影响很大，有可能会在下一个会计年度内做出重大调整，因此，强调这一披露要求，有助于提高财务报表的可理解性。

（5）遵循《企业会计准则第28号——会计政策、会计估计变更和差错更正》的说明
企业应当按照《企业会计准则第28号——会计政策、会计估计变更和差错更正》的规定，披露会计政策和会计估计变更以及差错更正的有关情况。

（6）报表重要项目的说明　企业对报表重要项目的说明，应当按照资产负债表、利润表、现金流量表、所有者权益变动表及其项目列示的顺序，采用文字和数字描述相结合的方式进行披露。报表重要项目的明细金额合计应当与报表项目金额相衔接，主要包括以下重要项目：应收票据、应收账款、存货、长期股权投资、投资性房地产、固定资产、无形资产、应付职工薪酬、应交税费、短期借款和长期借款、应付债券、长期应付款、营业收入、公允价值变动收益、投资收益、资产减值损失、营业外收入、营业外支出、所得税费用、其他综合收益、政府补助、借款费用。

（7）或有和承诺事项、资产负债表日后非调整事项、关联方关系及其交易等需要说明的事项。

（8）有助于财务报表使用者评价企业管理资本的目标、政策及程序的信息。

第十四章

资产负债表日后事项

学习目标 •

1. 掌握：会计准则对资产负债表日后事项的基本分类方法以及分类的依据；调整事项和非调整事项的具体会计处理方法。

2. 理解：资产负债表日后事项的性质与意义。

3. 了解：调整事项的定义；调整事项与非调整事项的区别。

第一节　资产负债表日后事项概述

在我国，企业的会计年度从 1 月 1 日开始，至 12 月 31 日结束。因此，企业的年度财务报告应该反映企业在该年度 12 月 31 日（资产负债表日）的财务状况，以及于 12 月 31 日结束的会计年度的经营成果与现金流量信息。然而，企业的年度财务报告从编制、审批到最后报出，往往要经历较长一段时间。企业在资产负债表日以后、财务报告批准报出日之前的这段时间里，会发生许多交易或其他事项，这些交易或事项有的可能对企业报告期的财务状况、经营成果产生较大的影响；有的虽然与企业的报告期无关，但可能会影响财务报告使用者做出正确的估计和决策。因此，为了使财务报告使用者能够全面、客观地了解企业的财务信息，就有必要对上述交易或事项进行分析和评价，以确定是否需要调整将要报出的会计年度财务报告，或是否需要在财务报表附注中进行说明，以便使用者能够获取与财务报告公布日最为相关的信息。为了规范年度资产负债表日以后、财务报告批准报出日之前发生的与报告期的财务报告有关的交易或其他事项，我国制定了专门的会计准则《企业会计准则第 29 号——资产负债表日后事项》。

▶▶ 一、资产负债表日后事项的定义

资产负债表日后事项，是指资产负债表日至财务报告批准报出日之间发生的有利或不利事项。理解这一定义，需要注意以下方面：

（1）资产负债表日　资产负债表日是指会计年度末和会计中期期末。中期是指短于一个完整的会计年度的报告期间，包括半年度、季度和月度。按照我国《会计法》，会计年度采用公历年度，即 1 月 1 日至 12 月 31 日。因此，年度资产负债表日是指每年的 12 月 31 日，中期资产负债表日是指各会计中期期末。例如，提供第一季度财务报告时，资产负债表日是该年度的 3 月 31 日；提供半年度财务报告时，资产负债表日是该年度的 6 月 30 日。

如果母公司或者子公司在国外，无论该母公司或子公司如何确定会计年度和会计中

期，其向国内提供的财务报告都应根据我国《会计法》和《企业会计准则》的要求确定资产负债表日。

（2）财务报告批准报出日　财务报告批准报出日是指董事会或类似机构批准财务报告报出的日期，通常是指对财务报告的内容负有法律责任的单位或个人批准财务报告对外公布的日期。

财务报告的批准者包括所有者、所有者中的多数、董事会或类似的管理单位、部门和个人。根据我国《公司法》，董事会有权制定公司的年度财务预算方案、决算方案、利润分配方案和弥补亏损方案。因此，对于设置董事会的公司制企业，财务报告批准报出日是指董事会批准财务报告报出的日期。对于其他企业，财务报告批准报出日一般是指经理（厂长）会议或类似机构批准财务报告报出的日期。

（3）有利事项和不利事项　资产负债表日后事项包括有利事项和不利事项。有利事项或不利事项，是指资产负债表日后对企业财务状况、经营成果等具有一定影响（既包括有利影响也包括不利影响）的事项。如果某些事项的发生对企业并无任何影响，那么，这些事项既不是有利事项，也不是不利事项，也就不属于这里所说的资产负债表日后事项。

▶ 二、资产负债表日后事项涵盖的期间

资产负债表日后事项涵盖的期间是自资产负债表次日起至财务报告批准报出日止的一段时间。对上市公司而言，这一期间内涉及几个日期，包括完成财务报告编制日、注册会计师出具审计报告日、董事会批准财务报告可以对外公布日、实际对外公布日等。具体而言，资产负债表日后事项涵盖的期间应当包括：

1）报告期下一期间的第一天至董事会或类似机构批准财务报告对外公布的日期，即以董事会或经理（厂长）会议或类似权力机构批准财务报告对外公布的日期为截止日期。

2）财务报告批准报出以后、实际报出之前又发生的与资产负债表日后事项有关的事项，并由此影响财务报告对外公布日期的，应以董事会或经理（厂长）会议或类似机构再次批准财务报告对外公布的日期为截止日期。

如果企业管理层由此修改了财务会计报告，注册会计师应当根据具体情况实施必要的审计程序，并针对修改后的财务报表重新出具审计报告。新的审计报告日不应早于董事会或类似机构批准修改后的财务报告对外公布的日期。

【例14-1】　甲上市公司2021年的年度财务报告于2022年3月20日编制完成，注册会计师完成年度财务报表审计工作并签署审计报告的日期为2022年4月15日，董事会批准财务报告对外公布的日期为2022年4月17日，财务报告实际对外公布日期为2022年4月21日，股东大会召开日期为2022年5月12日。请判断其资产负债表日后事项涵盖的期间。

【解析】　根据资产负债表日后事项涵盖期间的规定，甲上市公司2021年年度财务报告资产负债表日后事项涵盖期间为2022年1月1日至4月17日（财务报告批准报出日）。如果在2022年4月17日至21日之间发生了重大事项，需要调整财务报表相关项目的数字或需要在财务报表附注中披露，假设经调整或说明后的财务报告再经董事会批准报出的日期为2022年4月26日，实际报出的日期为2022年4月29日，则资产负债表日后事项涵盖的期间为2022年1月1日至4月26日。

三、资产负债表日后事项的分类

资产负债表日后事项并非涵盖上述特定期间内发生的所有事项，而是指该期间内发生的两类事项：①与资产负债表日存在的状况有关的事项；②虽然与资产负债表日存在的状况无关，但对企业财务状况具有重大影响的事项。也就是说，在上述特定期间内发生的事项中，那些既与资产负债表日存在的状况无关又对企业财务状况无重大影响的事项，不属于资产负债表日后事项。

通常将资产负债表日后事项按其性质和处理方法分为资产负债表日后调整事项（简称"调整事项"）和资产负债表日后非调整事项（简称"非调整事项"）。

（一）调整事项

资产负债表日后调整事项，是指对资产负债表日已经存在的情况提供了新的或进一步证据的事项。

资产负债表日及所属会计期间已经存在某些情况，当时并不知道其存在或者不能知道其确切结果，而在资产负债表日后发生的事项能够证明该情况的存在或者确切结果，则该事项属于资产负债表日后调整事项。即资产负债表日后调整事项对资产负债表日的情况提供了进一步的证据，表明的情况与原来的估计不完全一致，则需要对原来的会计处理进行调整。

企业发生的资产负债表日后调整事项，通常包括下列事项：①资产负债表日后诉讼案件结案，法院判决证实了企业在资产负债表日已经存在现时义务，需要调整原先确认的与该诉讼案件相关的预计负债，或确认一项新负债；②资产负债表日后取得确凿证据，表明某项资产在资产负债表日发生了减值或者需要调整该项资产原先确认的减值金额；③资产负债表日后进一步确定了资产负债表日前购入资产的成本或售出资产的收入；④资产负债表日后发生了财务报告舞弊或差错。

【例14-2】　甲公司因产品质量问题被客户投诉。2021年12月31日人民法院尚未判决，考虑到客户胜诉要求甲公司赔偿的可能性较大，甲公司为此确认了4 000 000元的预计负债。2022年2月25日，在甲公司2021年年度财务报告批准报出之前，人民法院判决客户胜诉，要求甲公司支付赔偿款6 000 000元。请判断该日后事项的类型。

【解析】　本例中，甲公司在2021年12月31日结账时已经知道客户胜诉的可能性较大，但不知道人民法院判决的确切结果，因此确认了4 000 000元的预计负债。2022年2月25日人民法院判决结果为甲公司预计负债的存在提供了进一步的证据。此时，按照2021年12月31日存在状况编制的财务报告所提供的信息已不能真实反映甲公司的实际情况，应据此对财务报告相关项目的数字进行调整。

值得注意的是，在确定存货可变现净值时，应当以资产负债表日取得最可靠的证据估计的售价为基础并考虑持有存货的目的，资产负债表日至财务报告批准报出日之间存在售价发生波动的，如果有确凿证据表明其对资产负债表日存货已经存在的情况提供了新的或进一步的证据，应当作为调整事项进行处理；否则，应当作为非调整事项进行处理。

（二）非调整事项

资产负债表日后非调整事项，是指表明资产负债表日以后才发生或存在的、不影响资产负债表日存在的状况，但如不加以说明，将会影响财务报告使用者做出正确估计和决策的事项。

企业发生的资产负债表日后非调整事项，通常包括下列事项：①资产负债表日后发生重大诉讼、仲裁、承诺；②资产负债表日后资产价格、税收政策、外汇汇率发生重大变化；③资产负债表日后因自然灾害导致资产发生重大损失；④资产负债表日后发行股票和债券以及其他巨额举债；⑤资产负债表日后资本公积转增资本；⑥资产负债表日后发生巨额亏损；⑦资产负债表日后发生企业合并或处置子公司；⑧资产负债表日后，企业利润分配方案中拟分配的以及经审议批准宣告发放的股利或利润。

【例 14-3】 甲公司 2021 年年度财务报告于 2022 年 3 月 20 日经董事会批准对外公布。2022 年 2 月 25 日，甲公司与银行签订了 80 000 000 元的贷款合同，用于生产设备的购置，贷款期限自 2022 年 3 月 1 日起至 2024 年 12 月 31 日止。判断该日后事项的类型。

【解析】 在本例中，2022 年 2 月 25 日，在公司 2021 年年度财务报告尚未批准对外公布前，甲公司发生了向银行贷款的事项，该事项发生在资产负债表日后事项所涵盖的期间内。该事项在 2021 年 12 月 31 日尚未发生，与资产负债表日存在的状况无关，不影响资产负债表日甲公司的财务报表数字。但是，该事项属于重要事项，会影响甲公司以后期间的财务状况和经营成果，因此，需要在附注中予以披露。

（三）调整事项和非调整事项的区别

资产负债表日后发生的某一事项究竟是调整事项还是非调整事项，取决于该事项表明的情况在资产负债表日或资产负债表日以前是否已经存在。若该情况在资产负债表日或之前已经存在，则属于调整事项；反之，则属于非调整事项。这是因为在会计期间假设下，调整事项虽然发生在资产负债表日的下一会计期间，但其指向的情况在资产负债表日已经存在，资产负债表日后所获得的证据只为资产负债表日已存在状况提供了进一步的证据，便于真实、公允地反映企业财务状况和经营成果，需要对资产负债表的财务报表进行调整。

【例 14-4】 甲公司 2021 年 10 月向乙公司出售一批原材料，价款为 2 000 万元，根据销售合同，乙公司应在收到原材料后 3 个月内付款，至 2021 年 12 月 31 日，乙公司尚未付款。假定甲公司在编制 2021 年年度财务报告时有两种情况：①2021 年 12 月 31 日甲公司根据掌握的资料判断，乙公司有可能破产清算，估计该应收账款将有 20% 无法收回，故按 20% 的比例计提坏账准备；2022 年 1 月 20 日，甲公司收到通知，乙公司已被宣告破产清算，甲公司估计有 70% 的债权无法收回。②2021 年 12 月 31 日乙公司的财务状况良好，甲公司预计应收账款可按时收回；2022 年 1 月 21 日，乙公司发生重大火灾，导致甲公司 50% 的应收账款无法收回。2022 年 3 月 15 日，甲公司的财务报告经批准对外公布。请分别判断两种情况下该日后事项的类型。

【解析】 本例中，①导致甲公司应收账款无法收回的事实是乙公司财务状况恶化，该事实在资产负债表日已经存在，乙公司被宣告破产只是证实了资产负债表日乙公司财务状况恶化的情况。因此，乙公司破产导致甲公司应收款项无法收回的事项属于调整事项。②导致甲公司应收账款损失的因素是火灾，火灾是不可预计的。应收账款发生损失这一事实，在资产负债表日以后才发生。因此，乙公司发生火灾导致甲公司应收款项发生坏账的事项属于非调整事项。

在理解资产负债表日后事项的会计处理时，还需要明确以下两个问题：

1）如何确定资产负债表日后某一事项是调整事项还是非调整事项，是对资产负债表日后事项进行会计处理的关键。调整事项和非调整事项是一个广泛的概念，就事项本身而言，可以有各种各样的性质，只要符合《企业会计准则》中对这两类事项的判断原则即可。另外，同一性质的事项可能是调整事项，也可能是非调整事项。这取决于该事项表明的情况是在资产负债表日成资产负债表日以前已经存在或发生，还是在资产负债表日后才发生的。

2）《企业会计准则》以列举的方式说明了资产负债表日后事项中，哪些属于调整事项，哪些属于非调整事项，但并没有列举详尽。实务中，会计人员应按照资产负债表日后事项的判断原则，确定资产负债表日后发生的事项中哪些属于调整事项，哪些属于非调整事项。

第二节 资产负债表日后调整事项的会计处理

▶▶ 一、资产负债表日后调整事项的处理原则

企业发生的资产负债表日后调整事项，应当调整资产负债表日的财务报表。对于年度财务报告而言，由于资产负债表日后事项发生在报告年度的次年，报告年度的有关账目已经结转，特别是损益类账户在结账后已无余额。因此，资产负债表日后发生的调整事项，应具体分以下情况进行处理：

1）涉及损益的事项，通过"以前年度损益调整"账户核算。调整增加以前年度利润或调整减少以前年度亏损的事项，计入"以前年度损益调整"账户的贷方；调整减少以前年度利润或调整增加以前年度亏损的事项，计入"以前年度损益调整"账户的借方。

涉及损益的调整事项，如果发生的资产负债表日所属年度（即报告年度）所得税汇算清缴前的，应调整报告年度应纳税所得额、应纳所得税额；由于以前年度损益调整增加的所得税费用，计入"以前年度损益调整"账户的借方，同时贷记"应交税费——应交所得税"等科目；由于以前年度损益调整减少的所得税费用，计入"以前年度损益调整"账户的贷方，同时借记"应交税费——应交所得税"等科目。调整完成后，将"以前年度损益调整"账户的贷方或借方余额，转入"利润分配——未分配利润"科目。

涉及损益的调整事项，发生在报告年度所得税汇算清缴后的，应调整本年度（即报告年度的次年）应纳所得税额。

2）涉及利润分配调整的事项，直接在"利润分配——未分配利润"科目结算。

3）不涉及损益及利润分配的事项，调整相关科目。

4）通过上述账务处理后，还应同时调整财务报表相关项目的数字，包括以下几点：

① 资产负债表日编制的财务报表相关项目的期末数或本年发生数。

② 当期编制的财务报表相关项目的期初数或上年数。

③ 上述调整如果涉及报表附注内容的，还应当做出相应调整。

二、资产负债表日后调整事项的具体会计处理方法

为简化处理，如无特别说明，本章所有的例子均假定：财务报告批准报出日是次年3月31日，所得税税率为25%，按净利润的10%提取法定盈余公积，提取法定盈余公积后不再做其他分配；调整事项按税法规定均可调整应缴纳的所得税；涉及递延所得税资产的，均假定未来期间很可能取得用来抵扣暂时性差异的应纳税所得额；不考虑报表附注中有关现金流量表项目的数字。

1. 资产的负债表日后诉讼案件结案，人民法院判决证实了企业在资产负债表日已经存在现时义务，需要调整原先确认的与该诉讼案件相关的预计负债，或确认一项新负债

这一事项是指导致诉讼或的事项在资产负债表日已经发生，但尚不具备确认负债的条件而未确认，资产负债表日后至财务报告批准报出日之间获得了新的或进一步的证据（人民法院判决结果），表明符合负债的确认条件，因此应在财务报告中却认为一项新负债；或者在资产负债表日已确认某项负债，但在资产负债表日至财务报告批准报出日之间获得新的或进一步的证明，表明需要对已经确认的金额进行调整。

【例14-5】 甲公司与乙公司签订一项销售合同，约定甲公司应在2021年8月向乙公司交付A产品3 000件。由于甲公司未按照合同发货，致使乙公司遭受重大经济损失。2021年11月，乙公司将甲公司告上法庭，要求甲公司赔偿9 000 000元。2021年12月31日人民法院尚未判决，甲公司对该诉讼事项确认预计负债6 000 000元，乙公司未确认应收赔偿款。2022年2月8日，经人民法院判决甲公司应赔偿乙公司8 000 000元，甲、乙双方均服从判决。判决当日，甲公司向乙公司支付赔偿款8 000 000元。甲、乙两公司2021年所得税汇算清缴均在2022年3月10日完成（假定该项预计负债产生的损失不允许在预计时税前抵扣，只有在损失实际发生时，才允许税前抵扣）。做出甲公司的相关账务处理。

【解析】 本例中，人民法院2022年2月8日的判决证实了甲、乙两公司在资产负债表日（即2021年12月31日）分别储存在现实赔偿义务和获赔权利，因此两公司均应将"人民法院判决"这一事项作为调整事项进行处理。甲公司和乙公司2021年所得税汇算清缴均在2022年3月10日完成，因此，应根据人民法院判决结果调整报告年度应纳税所得额和应纳所得税额。

甲公司的账务处理如下：

1）记录支付的赔偿款。

借：以前年度损益调整——营业外支出　　　　　　　　　2 000 000

　　贷：其他应付款——乙公司　　　　　　　　　　　　　　　　2 000 000

借：预计负债——未决诉讼　　　　　　　　　　　　　　6 000 000

　　贷：其他应付款——乙公司　　　　　　　　　　　　　　　　6 000 000

借：其他应付款——乙公司　　　　　　　　　　　　　　8 000 000

　　贷：银行存款　　　　　　　　　　　　　　　　　　　　　　8 000 000

资产负债表日后事项如涉及现金收支项目，均不调整报告年度资产负债表的货币资金项目和现金流量表各项目数字。本例中，虽然已经支付了赔偿款，但在调整会计报表相关

数字时，只需调整上述第一笔和第二笔分录，第三笔分录作为 2022 年的会计事项处理。

2）调整递延所得税资产。

借：以前年度损益调整——所得税费用（6 000 000×25%）   1 500 000

  贷：递延所得税资产   1 500 000

2021 年年末因确认预计负债 6 000 000 元时已确认相应的递延所得税资产，资产负债表日后事项发生后递延所得税资产不复存在，应予转回。

3）调整应交所得税。

借：应交税费——应交所得税（8 000 000×25%）   2 000 000

  贷：以前年度损益调整——所得税费用   2 000 000

4）将"以前年度损益调整"科目余额转入"未分配利润"科目。

借：利润分配——未分配利润   1 500 000

  贷：以前年度损益调整——本年利润   1 500 000

5）因净利润减少，调减盈余公积。

借：盈余公积——提取法定盈余公积（1 500 000×10%）   150 000

  贷：利润分配——未分配利润   150 000

6）调整报告年度财务报表相关项目的数字（财务报表略）。

① 资产负债表项目的调整。

调减"递延所得税资产"1 500 000 元，调减"应交税费——应交所得税"2 000 000 元；调增"其他应付款"8 000 000 元，调减"预计负债"6 000 000 元；调减"盈余公积"150 000 元，调减"未分配利润"1 350 000 元。

② 利润表项目的调整。

调增"营业外支出"2 000 000 元，调减"所得税费用"500 000 元，调减"净利润"1 500 000 元。

③ 所有者权益变动表项目的调整。

调减"净利润"1 500 000 元；"提取盈余公积"项目中"盈余公积"一栏调减 150 000 元；"未分配利润"调减 1 350 000 元。

7）调整 2022 年 2 月份资产负债表相关项目的年初数（资产负债表略）。

甲公司在编制 2022 年 1 月份的资产负债表时，按照调整前 2021 年 12 月 31 日的资产负债表的数字作为资产负债表的年初数，由于发生了资产负债表日后调整事项，甲公司除了调整 2021 年度资产负债表相关项目的数字外，还应当调整 2022 年 2 月份资产负债表相关项目的年初数，其年初数按照 2021 年 12 月 31 日调整后的数字填列。

乙公司的账务处理如下：

1）记录收到的赔款。

借：其他应收款——甲公司   8 000 000

  贷：以前年度损益调整——营业外收入   8 000 000

借：银行存款   8 000 000

  贷：其他应收款——甲公司   8 000 000

资产负债表日后事项如涉及现金收支项目，均不调整报告年度资产负债表的货币资金项目和现金流量表各项目数字。本例中，虽然已经收到了赔偿款，但在调整会计报表相关数字时，只需调整上述第一笔分录，第二笔分录作为 2022 年的会计事项处理。

2）调整应交所得税。

借：以前年度损益调整——所得税费用（8 000 000×25%）　　　2 000 000
　　贷：应交税费——应交所得税　　　　　　　　　　　　　　　　　　2 000 000

3）将"以前年度损益调整"账户余额转入"未分配利润"账户。

借：以前年度损益调整——本年利润　　　　　　　　　　　　　　6 000 000
　　贷：利润分配——未分配利润　　　　　　　　　　　　　　　　　6 000 000

4）因净利润增加，补提盈余公积。

借：利润分配——未分配利润　　　　　　　　　　　　　　　　　　600 000
　　贷：盈余公积——提取法定盈余公积（6 000 000×10%）　　　　　600 000

5）调整报告年度财务报表相关项目的数字（财务报表略）。

① 资产负债表项目的调整。调增"其他应收款"8 000 000 元；调增"应交税费"2 000 000 元；调增"盈余公积"600 000 元，调增"未分配利润"5 400 000 元。

② 利润表项目的调整。调增"营业外收入"8 000 000 元，调增"所得税费用"2 000 000 元，调增"净利润"6 000 000 元。

③ 所有者权益变动表项目的调整。调增"净利润"6 000 000 元；"提取盈余公积"项目中"盈余公积"一栏调增 600 000 元；"未分配利润"调增 5 400 000 元。

6）调整 2022 年 2 月份资产负债表相关项目的年初数（资产负债表略）。

乙公司在编制 2022 年 1 月份的资产负债表时，按照调整前 2021 年 12 月 31 日的资产负债表的数字作为资产负债表的年初数。由于发生了资产负债表日后调整事项，乙公司除了调整 2021 年度资产负债表相关项目的数字外，还应当调整 2022 年 2 月份资产负债表相关项目的年初数，其年初数按照 2021 年 12 月 31 日调整后的数字填列。

2. 资产负债表日后取得确凿证据，表明某项资产在资产负债表日发生了减值或者需要调整该项资产原先确认的减值金额

这一事项是指在资产负债表日，根据当时的资料判断某项资产可能发生了损失或减值，但没有最后确定是否会发生，因而按照当时的最佳估计金额反映在财务报表中；但在资产负债表日至财务报告批准报出日之间，所取得的确凿证据能证明该事实成立，即某项资产已经发生了损失或减值，则应对资产负债表日所做的估计予以修正。

【例 14-6】　甲公司 2021 年 6 月销售给乙公司一批物资，货款为 2 000 000 元（含增值税）。乙公司于 7 月份收到所购物资并验收入库。按合同规定，乙公司应于收到所购物资后 3 个月内付款。由于乙公司财务状况不佳，到 2021 年 12 月 31 日仍未付款。甲公司于 2021 年 12 月 31 日按预期信用损失法为该项应收账款计提坏账准备 100 000 元。2021 年 12 月 31 日资产负债表上"应收账款"项目的金额为 4 000 000 元，其中 1 900 000 元为该项应收账款。甲公司于 2022 年 2 月 3 日（所得税汇算清缴前）收到人民法院通知，乙公司已宣告破产清算，无力偿还所欠部分货款。甲公司预计可收回应收账款的 60%。做出甲公司相关的财务处理。

【解析】　本例中，甲公司在收到人民法院通知后，首先可判断该事项属于资产负债表日后调整事项。甲公司原按预期信用损失法对应收乙公司账款计提了 100 000 元的坏账准备，按照新的证据应计提的坏账准备为 800 000（2 000 000×40%）元，差额 700 000 元应当调整 2021 年度财务报表相关项目的数字。

甲公司的账务处理如下：

1）补提坏账准备。

应补提的坏账准备 = 2 000 000×40%−100 000 = 700 000（元）

借：以前年度损益调整——信用减值损失   700 000

     贷：坏账准备   700 000

2）调整递延所得税资产。

借：递延所得税资产   175 000

     贷：以前年度损益调整——所得税费用（700 000×25%）   175 000

3）将"以前年度损益调整"账户的余额转入"未分配利润"账户。

借：利润分配——未分配利润   525 000

     贷：以前年度损益调整——本年利润   525 000

4）因净利润减少，调减盈余公积。

借：盈余公积——提取法定盈余公积   52 500

     贷：利润分配——未分配利润（525 000×10%）   52 500

5）调整报告年度财务报表相关项目的数字（财务报表略）。

① 资产负债表项目的调整。调减"应收账款" 700 000 元，调增"递延所得税资产" 175 000 元；调减"盈余公积" 52 500 元，调减"未分配利润" 472 500 元。

② 利润表项目的调整。调增"信用减值损失" 700 000 元，调减"所得税费用" 175 000 元，调减"净利润" 525 000 元。

③ 所有者权益变动表项目的调整。调减"净利润" 525 000 元；"提取盈余公积"项目中"盈余公积"一栏调减 52 500 元；"未分配利润"调减 472 500 元。

④ 调整 2022 年 2 月资产负债表相关项目的年初数（资产负债表略）。

甲公司在编制 2022 年 1 月的资产负债表时，按照调整前 2021 年 12 月 31 日的资产负债表的数字作为资产负债表的年初数。由于发生了资产负债表日后调整事项，甲公司除了调整 2021 年度资产负债表相关项目的数字外，还应当调整 2022 年 2 月资产负债表相关项目的年初数，其年初数按照 2021 年 12 月 31 日调整后的数字填列。

3. 资产负债表日后进一步确定了资产负债表日前购入资产的成本或售出资产的收入

这类调整事项包括两方面的内容：①若资产负债表日前购入的资产已经按暂估金额等入账，资产负债表日后获得证据，可以进一步确定该资产的成本，则应该对已入账的资产成本进行调整。例如购建固定资产已经达到预定可使用状态，但尚未办理竣工决算，企业已办理暂估入账；资产负债表日后办理决算，此时应根据竣工决算的金额调整暂估入账的固定资产成本等。②企业在报告年度已根据收入确认条件确认资产销售收入，但资产负债表日后获得关于资产收入的进一步证据，例如发生销售退回、销售折让等，此时也应调整财务报表相关项目的金额。需要说明的是，资产负债表日后发生的销售退回，既包括报告年度或报告中期销售的商品在资产负债表日后发生的销售退回，也包括以前期间销售的商品在资产负债表日后发生的销售退回。

　　资产负债表所属期间或以前期间所售商品在资产负债表日后退回的，应作为资产负债表日后调整事项处理。发生于资产负债表日后至财务报告批准报出日之间的销售退回事项，可能发生于年度所得税汇算清缴之前，也可能发生于年度所得税汇算清缴之后，其会计处理分别为：

　　（1）清缴之前　涉及报告年度所属期间的销售退回发生于报告年度所得税汇算清缴之前，应调整报告年度利润表的收入、成本等，并相应调整报告年度的应纳税所得额以及报告年度应缴纳的所得税等。

　　【例 14-7】　甲公司 2021 年 10 月 25 日销售一批 A 商品给乙公司，预计退货率为 0。取得收入 2 400 000 元（不含增值税），并结转成本 2 000 000 元。2021 年 12 月 31 日，该笔货款尚未收到，甲公司未对该应收账款计提坏账准备。2022 年 2 月 8 日，由于产品质量问题，本批货物被全部退回。甲公司于 2022 年 2 月 20 日完成 2021 年所得税汇算清缴。甲公司适用的增值税税率为 13%。做出甲公司相关的会计分录。

　　【解析】　本例中，销售退回业务发生在资产负债表日后事项涵盖期间内，属于资产负债表日后调整事项。由于销售退回发生在甲公司报告年度所得税汇算清缴之前，因此在所得税汇算清缴时，应扣除该部分销售退回所实现的应纳税所得额。

　　甲公司的账务处理如下：

　　1）调整销售收入。

　　借：以前年度损益调整——主营业务收入　　　　　　　　　　2 400 000
　　　　应交税费——应交增值税（销项税额）　　　　　　　　　312 000
　　　　　贷：应收账款——乙公司　　　　　　　　　　　　　　　　　2 712 000

　　2）调整销售成本。

　　借：库存存商品——A 商品　　　　　　　　　　　　　　　　2 000 000
　　　　　贷：以前年度损益调整——主营业务成本　　　　　　　　　　2 000 000

　　3）调整应缴纳的所得税。

　　借：应交税费——应交所得税　[（2 400 000-2 000 000）×25%]　100 000
　　　　　贷：以前年度损益调整——所得税费用　　　　　　　　　　　100 000

　　4）将"以前年度损益调整"账户的余额转入"未分配利润"账户。

　　借：利润分配——未分配利润　　　　　　　　　　　　　　　300 000
　　　　　贷：以前年度损益调整——本年利润　　　　　　　　　　　　300 000

　　5）因净利润减少，调减盈余公积。

　　借：盈余公积——提取法定盈余公积（300 000×10%）　　　　30 000
　　　　　贷：利润分配——未分配利润　　　　　　　　　　　　　　　30 000

　　6）调整报告年度相关财务报表（财务报表略）。

　　① 资产负债表项目的调整。调减"应收账款"2 712 000 元，调增"存货"2 000 000 元；调减"应交税费"412 000 元；调减"盈余公积"30 000 元，调减"未分配利润"270 000 元。

　　② 利润表项目的调整。调减"营业收入"2 400 000 元，调减"营业成本"2 000 000 元，调减"所得税费用"100 000 元，调减"净利润"300 000 元。

　　③ 所有者权益变动表项目的调整。调减"净利润"300 000 元；"提取盈余公积"项

目中"盈余公积"一栏调减 30 000 元;"未分配利润"调减 270 000 元。

7) 调整 2022 年 2 月资产负债表相关项目的年初数（资产负债表略）。甲公司在编制 2022 年 1 月份的资产负债表时，按照调整前 2021 年 12 月 31 日的资产负债表的数字作为资产负债表的年初数。由于发生了资产负债表日后调整事项，甲公司除了调整 2021 年度资产负债表相关项目的数字外，还应当调整 2022 年 2 月资产负债表相关项目的年初数，其年初数按照 2021 年 12 月 31 日调整后的数字填列。

（2）清缴之后 资产负债表日后事项中涉及报告年度所属期间的销售退回发生于报告年度所得税汇算清缴之后，应调整报告年度会计报表的收入、成本等，但按照税法规定，在此期间的销售退回所涉及的应缴所得税，应作为本年度的纳税调整事项。

4. 资产负债表日后发现了财务报表舞弊或差错

这一事项是指资产负债表日至财务报告批准报出日之间发生的属于资产负债表期间或以前期间存在的财务报表舞弊或差错。这种舞弊或差错应当作为资产负债表日后调整事项，调整报告年度的年度财务报告或中期财务报告相关项目的数字。具体会计处理可以参见本书第十五章的相关内容。

第三节 资产负债表日后非调整事项的会计处理

一、资产负债表日后非调整事项的处理原则

资产负债表日后发生的非调整事项，是表明资产负债表日以后才发生的事项。非调整事项是属于应在新的会计年度的财务报表中反映的事项，与资产负债表日存在状况无关，不应当调整资产负债表日的财务报表，否则会计年度的划分就失去了意义：上年度的资产负债表所反映的就不再是该公司上年 12 月 31 日的财务状况，利润表反映的也不再是截至上年 12 月 31 日的全年经营成果。但由于这些事项重大，又在上年度的财务报告的批准报出日之前已经发生，对财务报告使用者具有重大影响，如不加以说明，将影响财务报告使用者做出正确估计和决策。因此，应当在附注中进行披露。

二、资产负债表日后非调整事项的具体会计处理方法

对于资产负债表日后发生的非调整事项，应当在报表附注中披露每项重要的资产负债表日后非调整事项的性质、内容，及其对财务状况和经营成果的影响。无法做出估计的，应当说明原因。

下面就资产负债表日后非调整事项举例说明。

1. 资产负债表日后发生重大诉讼、仲裁、承诺

资产负债表日后发生的重大诉讼等事项，对企业影响较大，为防止误导投资者及其他财务报告使用者，应当在财务报表附注中予以披露。

【例 14-8】 甲公司是房地产的销售代理商，在买卖双方同意房地产的销售条款时确认佣金收入，佣金由卖方支付。2021 年，甲公司同意替乙公司的房地产寻找买主。2021 年 12 月 10 日，甲公司找到一位有意向的买主丁公司，丁公司在对该房地产实地观察后，与

乙公司在 2021 年 12 月 30 日签订了购买该房地产的合同，乙公司随即向甲公司支付了销售佣金。但在 2022 年 1 月 20 日，当乙公司催促丁公司履行合同时，丁公司称其在获得银行贷款方面有困难，资金不足，拒绝履行合同。2022 年 2 月，乙公司通过法律手段起诉丁公司。2022 年 3 月 1 日，丁公司同意赔偿给乙公司 2 000 000 元现金以使其撤回法律诉讼。假设该赔偿额对乙公司和丁公司均存在较大影响。请问甲乙两公司应如何处理该事项？

【解析】 本例中，乙公司提起诉讼是在 2022 年才发生的，在 2021 年资产负债表日（2021 年 12 月 31 日）并不存在。但由于资产负债表日后发生的重大诉讼、仲裁、承诺等事项影响较大，应在财务报表附注中进行相关披露，即乙公司和丁公司均应在 2021 年的年度财务报表附注中披露诉讼事项的信息。

2. 资产负债表日后资产价格、税收政策、外汇汇率发生重大变化

资产负债表日后发生的资产价格、税收政策和外汇汇率的重大变化，虽然不会影响资产负债表日财务报表相关项目的数字，但对企业资产负债表日后的财务状况和经营成果有重大影响，应当在财务报表附注中予以披露。

【例 14-9】 甲公司 2021 年 9 月采用分期付款方式从英国购入某大型生产线，分 3 年付款，每年支付 300 000 英镑。甲公司在编制 2021 年度财务报表时已按 2021 年 12 月 31 日的即期汇率对该笔长期应付款进行了折算（假设 2021 年 12 月 31 日的汇率为 1 英镑兑 9.69 元人民币）。假设国家规定从 2022 年 1 月 1 日起调整人民币兑英镑的汇率，人民币兑英镑的汇率发生重大变化。请问甲公司应如何处理此事项？

【解析】 本例中，甲公司在资产负债表日（2021 年 12 月 31 日）已经按规定的汇率对有关账户进行调整，因此，无论资产负债表日后汇率如何变化，均不影响资产负债表日的财务状况和经营成果。但是，如果资产负债表日后外汇汇率发生重大变化，甲公司应对由此产生的影响在财务报表附注中进行披露。

3. 资产负债表日后因自然灾害导致资产发生重大损失

自然灾害导致资产发生重大损失对企业资产负债表日后财务状况的影响较大，如果不加以披露，有可能使财务报告使用者做出错误的决策，因此应作为非调整事项在财务报表附注中进行披露。

【例 14-10】 甲公司 2021 年 12 月购入一批商品 10 000 000 元，至 2021 年 12 月 31 日该批商品已全部验收入库，货款通过银行支付。2022 年 1 月 12 日，甲公司所在地发生百年不遇的冰冻灾害，该批商品全部毁损。请问甲公司应如何处理此事项？

【解析】 本例中，冰冻灾害发生于 2022 年 1 月 12 日，属于资产负债表日后才发生或存在的事项，但对公司资产负债表日后财务状况的影响较大，甲公司应当将此事项作为非调整事项在 2021 年的年度财务报表附注中进行披露。

4. 资产负债表日后发行股票和债券以及其他巨额举债

企业在资产负债表日后发行股票、债券以及向银行或非银行金融机构举借巨额债务都是比较重大的事项，虽然这一事项与企业资产负债表日的存在状况无关，但这一事项的披露能使财务报告使用者了解与此有关的情况及可能带来的影响，因此应当在财务报表附注中进行披露。

【例 14-11】 甲公司于 2022 年 1 月 20 日经批准发行 5 年期债券 10 000 000 元，面值

100 元，年利率 6%，公司按 105 元的价格发行，并于 2022 年 3 月 5 日结束发行。甲公司应如何处理此事项？

【解析】　本例中，甲公司发行债券虽然与公司资产负债表日（2021 年 12 月 31 日）的存在状况无关，但这一事项的披露能使财务报告使用者了解与此有关的情况及可能带来的影响，甲公司应当将此事项作为非调整事项在 2021 年的年度财务报表附注中进行披露。

5. 资产负债表日后资本公积转增资本

资产负债表日后企业以资本公积转增资本将会改变企业的资本（或股本）结构，影响较大，应当在财务报表附注中进行披露。

【例 14-12】　甲公司 2022 年 1 月经批准将 80 000 000 元资本公积转增资本。甲公司应如何处理此事项？

【解析】　本例中，甲公司于 2022 年 1 月将资本公积转增资本，属于资产负债表日后才发生的事项，但对公司资产负债表日后财务状况的影响较大，甲公司应当将此事项作为非调整事项在 2021 年的年度财务报表附注中进行披露。

6. 资产负债表日后发生巨额亏损

企业资产负债表日后发生巨额亏损将会对企业报告期以后的财务状况和经营成果产生重大影响，应当在财务报表附注中及时披露该事项，以便为投资者或其他财务报告使用者做出正确决策提供信息。

【例 14-13】　甲公司 2022 年 1 月出现巨额亏损，净利润由 2021 年 12 月的 70 000 000 元变为亏损 5 000 000 元。甲公司应如何处理此事项？

【解析】　本例中，甲公司出现巨额亏损发生于 2022 年 1 月，虽然属于资产负债表日后才发生的事项，但由盈利转为亏损，会对公司资产负债表日后财务状况和经营成果产生重大影响，甲公司应当将此事项作为非调整事项在 2021 年的年度财务报表附注中进行披露。

7. 资产负债表日后发生企业合并或处置子企业

企业合并或者处置子企业的行为可以影响股权结构、经营范围等，对企业未来的生产经营活动会产生重大影响，应当在财务报表附注中进行披露。

【例 14-14】　甲公司 2022 年 1 月 15 日将其全资子公司丙公司出售给乙公司。甲公司应如何处理此事项？

【解析】　本例中，甲公司出售子公司发生于 2022 年 1 月，与公司资产负债表日（2021 年 12 月 31 日）存在的状况无关，但是出售子公司可能对甲公司的股权结构、经营范围等方面产生较大影响，甲公司应当将此事项作为非调整事项在 2021 年的年度财务报表附注中进行披露。

8. 资产负债表日后，企业利润分配方案中拟分配的以及经审议批准宣告发放的股利或利润

资产负债表日后，企业制定利润分配方案，拟分配或经审议批准宣告发放现金股利或利润的行为，并不会导致企业在资产负债表日形成现时义务，虽然该事项的发生可导致企业负有支付股利或利润的义务，但支付义务在资产负债表日尚不存在，不应该调整资产负

债表日的财务报告。因此，该事项为非调整事项。但为便于财务报告使用者更充分地了解相关信息，企业需要在财务报告中适当披露该信息。

【例14-15】 2022年1月16日，甲上市公司董事会审议通过了2021年利润分配方案，决定以公司2021年年末总股本为基数，分派现金股利10 000 000元，每10股派送1元（含税），该利润分配方案于2022年4月10日经公司股东大会审议批准。甲公司应如何处理此事项？

【解析】 本例中，甲上市公司制定利润分配方案，拟分配或经审议批准宣告发放股利或利润的行为，并不会使公司在资产负债表日（2021年12月31日）形成现时义务，虽然发生该事项可导致公司负有支付股利或利润的义务，但支付义务在资产负债表日尚不存在，不应该调整资产负债表日的财务报告，因此，该事项为非调整事项。但由于该事项对公司资产负债表日后的财务状况有较大影响，可能导致现金较大规模流出、公司股权结构变动等，为便于财务报告使用者更充分地了解相关信息，甲上市公司需要在2021年的年度财务报表附注中单独披露该信息。

另外，对于在报告期资产负债表日已经存在的债务，在其资产负债表日后期间与债权人达成的债务重组交易不属于资产负债表日后调整事项，不能据以调整报告期资产、负债项目的确认和计量。在报告期资产负债表中，债务重组中涉及的相关负债仍应按照达成债务重组协议前具有法律效力的有关协议等约定进行确认和计量。

第十五章

会计政策、会计估计变更和前期差错更正

> **学习目标** •
>
> **1. 掌握：** 会计政策变更与会计估计变更的会计处理方法，追溯调整法与未来适用法；前期差错更正的会计处理方法。
> **2. 理解：** 会计变更与差错更正的基本概念与分类。
> **3. 了解：** 会计政策变更的条件。

第一节　会计政策及其变更

▶▶ 一、会计政策的概念

会计政策是指企业在会计确认、计量和报告中所采用的原则、基础和会计处理方法。其中，原则，是指企业按照国家统一的会计准则制度规定的、适合于企业会计核算所采用的特定会计原则。基础，是指为了将会计原则应用于交易或者事项而采取的会计基础。会计处理方法，是指企业在会计核算中从诸多可选择的会计处理方法中所选择的、适合本企业的具体会计处理方法。

会计原则包括具体原则和特定原则，会计政策所指的会计原则是某一类会计业务的核算所应遵循的特定原则，而不是笼统地指所有的会计原则。例如借款费用是费用化还是资本化，即属于特定原则。可靠性、相关性、实质重于形式等属于会计信息质量要求，是为了满足会计信息质量要求而制定的原则，是统一的、不可选择的，不属于特定原则。又如，《企业会计准则第 13 号——或有事项》规定的义务是企业承担的现时义务、履行该义务很可能导致经济利益流出企业、该义务的金额能够可靠地计量作为预计负债的确认条件就是预计负债确认的具体会计原则。

会计基础包括会计确认基础和会计计量基础。可供选择的会计确认基础包括权责发生制和收付实现制。会计计量基础主要包括历史成本、重置成本、可变现净值、现值和公允价值等。由于我国企业应当采用权责发生制作为会计确认基础，不具备选择性，所以会计政策所指的会计基础，主要是会计计量基础（即计量属性）。例如，《企业会计准则第 3 号——投资性房地产》中涉及成本模式和公允价值模式，成本（历史成本）和公允价值就是计量基础；再如，《企业会计准则第 8 号——资产减值》中涉及的公允价也是计量基础。

具体会计处理方法，是指企业根据国家统一的会计准则制度允许选择的、对某一类会计业务的具体处理方法做出的具体选择。例如《企业会计准则第 1 号——存货》允许企业在先进先出法、加权平均法和个别计价法之间对发出存货实际成本的确定方法做出选择，

这些方法就是具体会计处理方法。再如《企业会计准则第 15 号——建造合同》规定的完工百分比法也是会计处理方法。

会计原则、会计基础和会计处理方法三者之间是一个具有逻辑性的、密不可分的整体，通过这个整体，会计政策才能得以应用和落实。

1. 企业会计政策选择和运用的要求

1）企业应在国家统一的会计准则制度规定的会计政策范围内选择适用的会计政策，并正确地运用所选定的会计政策进行相关交易或事项的会计确认、计量和报告。会计政策是在允许的会计原则、会计基础和会计处理方法中做出指定或具体选择。由于企业经济业务的复杂性和多样化，某些经济业务在符合会计原则和计量基础的要求下，可以有多种会计处理方法，即存在不止一种可供选择的会计政策。例如确定发出存货的实际成本时可以在先进先出法、加权平均法或者个别计价法中进行选择。

同时，我国的会计准则和会计制度属于行政规章，会计政策所包括的会计原则、会计基础和具体会计处理方法由会计准则或会计制度规定，具有一定的强制性。企业必须在法规允许的范围内选择适合本企业实际情况的会计政策，即企业在发生某项经济业务时，必须从允许的会计原则、会计基础和会计处理方法中选择出适合本企业特点的会计政策。

2）会计政策应当保持前后各期的一致性。企业通常应在每期采用相同的会计政策。企业选用的会计政策一般情况下不能也不应当随意变更，以保持会计信息的可比性。

2. 企业会计政策披露的要求

1）企业应当披露采用的重要会计政策，不具有重要性的会计政策可以不予披露。判断会计政策是否重要，应当考虑与会计政策相关的项目的性质和金额。企业应当披露的会计政策项目包括但不限于以下各项：

① 财务报表的编制基础、计量基础和会计政策的确定依据等。

② 存货的计价，是指企业存货的计价方法。例如企业发出存货成本的计量是采用先进先出法，还是采用其他计量方法。

③ 固定资产的初始计量，是指对取得的固定资产初始成本的计量。例如企业取得的固定资产初始成本是以购买价款，还是以购买价款的现值为基础进行计量。

④ 无形资产的确认，是指对无形项目的支出是否确认为无形资产。例如企业内部研究开发项目开发阶段的支出是确认为无形资产，还是在发生时计入当期损益。

⑤ 投资性房地产的后续计量，是指企业在资产负债表日对投资性房地产进行后续计量所采用的会计处理。例如企业对投资性房地产的后续计量是采用成本模式，还是公允价值模式。

⑥ 长期股权投资的核算，是指长期股权投资的具体会计处理方法。例如企业对被投资单位的长期股权投资是采用成本法，还是采用权益法核算。

⑦ 收入的确认，是指收入确认所采用的会计方法。

⑧ 借款费用的处理，是指借款费用的处理方法，即采用资本化还是费用化。

⑨ 外币折算，是指外币折算所采用的方法以及汇兑损益的处理。

⑩ 合并政策，是指编制合并财务报表所采用的原则。例如母公司与子公司的会计年度不一致的处理原则、合并范围的确定原则等。

2）企业应当在附注中披露与会计政策变更有关的以下信息：

① 会计政策变更的性质、内容和原因。包括：对会计政策变更的简要阐述，变更的日期、变更前采用的会计政策和变更后所采用的新会计政策及会计政策变更的原因。

② 当期和各个列报前期财务报表中受影响的项目名称和调整金额。包括：采用追溯调整法时，计算出的会计政策变更的累积影响数；当期和各个列报前期财务报表中需要调整的净损益及其影响金额，以及其他需要调整的项目名称和调整金额。

③ 无法进行追溯调整的，说明该事实和原因以及开始应用变更后会计政策的时点和具体应用情况。包括：无法进行追溯调整的事实；确定会计政策变更对列报前期累积影响数不切实可行的原因；在当期期初确定会计政策变更对以前各期累积影响数不切实可行的原因；开始应用新会计政策的时点和具体应用情况。

需要注意的是，在以后期间的财务报表中，不需要重复披露在以前期间的附注中已披露的会计政策变更的信息。

▶▶ 二、会计政策变更及其条件

（一）会计政策变更的概念

会计政策变更，是指企业对相同的交易或者事项由原来采用的会计政策改用另一会计政策的行为。企业应当按照会计准则和会计制度规定的原则和方法进行会计确认、计量和报告。一般情况下，为保证会计信息的可比性，使财务报告使用者在比较企业一个以上期间的财务报表时，能够正确判断企业的财务状况、经营成果和现金流量的趋势，企业在不同的会计期间应采用相同的会计政策，不能随意变更会计政策。

需要注意的是，企业不能随意变更会计政策并不意味着企业的会计政策在任何情况下均不能变更。如果确实需要改变会计政策，则应当将变更的情况、变更的原因及其对企业财务状况和经营成果的影响在财务报告中说明。

（二）会计政策变更的条件

会计政策变更，并不意味着以前期间的会计政策是错误的，而是由于情况发生了变化，或者掌握了新的信息、积累了更多的经验，采用新的会计政策能够更好地反映企业的财务状况、经营成果和现金流量。如果以前期间会计政策的选择和运用是错误的，则属于前期差错，应按前期差错更正的会计处理方法进行处理。符合下列条件之一，企业可以变更会计政策：

（1）法律、行政法规或国家统一的会计制度等要求变更　这种情况是指，按照法律、行政法规以及国家统一的会计准则制度的规定，要求企业采用新的会计政策。在这种情况下，企业应按规定改变原会计政策，采用新的会计政策。例如《企业会计准则第 16 号——政府补助》在 2017 年修订实施以后，对财政贴息采用新的会计政策进行处理；再如采用 2017 年修订的《企业会计准则第 14 号——收入》的企业，应在履行了合同履约义务，即在客户取得相关商品控制权时确认收入；再如，《企业会计准则第 1 号——存货》对发出存货实际成本的计价取消了后进先出法。这就要求执行企业会计准则体系的企业按照新规定，将原来以后进先出法核算的发出存货成本改为准则规定可以采用的其他发出存货成本计价方法。

（2）会计政策的变更能够提供更可靠、更相关的会计信息　这种情况是指，由于经济环境、客观情况的改变，使企业原来采用的会计政策所提供的会计信息，已不能恰当地反映企业的财务状况、经营成果和现金流量等情况。在这种情况下，应改变原有会计政策，按变更后的新的会计政策进行核算，以对外提供更可靠、更相关的会计信息。例如，企业原来采用直线法计提固定资产折旧，由于技术进步，采用加速折旧法更能反映企业的财务状况和经营成果；会计政策进行会计处理，以便对外提供更可靠、更相关的会计信息。再如，企业一直采用成本模式对投资性房地产进行后续计量，如果企业能够从房地产交易市场上持续地取得同类或类似房地产的市场价格及其他相关信息。从而能够对投资性房地产的公允价值做出合理的估计，此时，企业可以将投资性房地产的后续计量方法由成本模式变更为公允价值模式。

需要注意的是，除法律、行政法规或者国家统一的会计准则制度等要求变更会计政策应当按照规定执行和披露外，企业因满足上述第（2）条的条件变更会计政策时，必须有充分、合理的证据表明其变更的合理性，并说明变更会计政策后，能够提供关于企业财务状况、经营成果和现金流量等更可靠、更相关会计信息的理由。对会计政策的变更，应经股东大会或董事会等类似机构批准。如果无充分、合理的证据表明会计政策变更的合理性或者未经股东大会等类似机构批准擅自变更会计政策的，或者连续、反复地自行变更会计政策的，视为滥用会计政策，应按照前期差错更正的方法进行处理。

（三）不属于会计政策变更的情形

对会计政策变更的认定，直接影响到会计处理方法的选择。实务中，企业应当分清哪些属于会计政策变更，哪些不属于会计政策变更，以便正确选择会计处理方法。下列情况不属于会计政策变更：

（1）本期发生的交易或事项与以前相比具有本质差别而对其采用新的会计政策　例如将自用的办公楼改为出租，不属于会计政策变更，而是采用新的会计政策。再如，甲公司持有对乙公司的长期股权投资，由于甲公司对乙公司具有重大影响，因而过去一直采用权益法核算。本期甲公司对乙公司追加投资，从而达到能对其施加控制的程度，因而改按成本法核算。因为追加投资后与追加投资前相比对乙公司的投资已经发生了本质区别，即由重大影响变为控制，作为会计政策的权益法与成本法分别适用于不同类型的长期股权投资，因而在这种情况下改变会计处理方法不属于会计政策变更。

（2）对初次发生的或不重要的交易或者事项采用新的会计政策　对初次发生的某类交易或事项采用适当的会计政策，并没有改变原有的会计政策，因而不属于会计政策变更。例如，企业以前没有对外长期股权投资业务，当年对外进行长期股权投资属于初次发生的交易，企业采用成本法或权益法进行核算，并不属于会计政策变更。再如某企业第一次签订一项建造合同，为另一企业建造三栋厂房，该企业对该项建造合同采用完工百分比法确认收入。由于该企业初次发生该项交易，采用完工百分比法确认该项交易的收入，不属于会计政策变更。对于不重要的交易或事项变更会计政策，虽然符合会计政策变更的定义，但根据重要性原则，如果不按照会计政策变更的会计处理方法进行核算，不会影响会计信息的可比性，也不会引起会计信息使用者的误解，因而不作为会计政策变更处理。例如，企业长期以来一直将小型工具方面的开支计入当期损益，本期改变其会计处理方法，将此类开支予以资本化,按工具的使用年限分年计提折旧。由于小型工具的费用在该企业费用总额中所占比重很小,对于会计政策的这种改变不做会计政策变更处理并不影响会计信息的可比性,因而不属于会计准则所定义的会计政策变更。

三、会计政策变更的会计处理

发生会计政策变更时,有两种会计处理方法,即追溯调整法和未来适用法,两种方法适用于不同的情形。

(一)追溯调整法

追溯调整法,是指对某项交易或事项变更会计政策,视同该项交易或事项初次发生时即采用变更后的会计政策,计算会计政策变更的累积影响数,据以对本期期初留存收益和相关财务报表项目以及比较财务报表中相关项目进行调整的方法。

追溯调整法的运用通常由以下几个步骤构成:

(1)计算会计政策变更的累积影响数 会计政策变更累积影响数,是指按照变更后的会计政策对以前各期追溯计算的列报前期最早期初留存收益应有金额与现有金额之间的差额。会计政策变更的累积影响,是假设与会计政策变更相关的交易或事项在初次发生时即采用新的会计政策,而得出的列报前期最早期初留存收益应有金额与现有金额之间的差额。这里的留存收益,包括当年和以前年度的未分配利润和按照相关法律规定提取并累积的盈余公积,不需要考虑由于会计政策变更使以前期间净利润的变化而需要分派的股利。会计政策变更的累积影响数,是对变更会计政策所导致的对净利润的累积影响,以及由此导致的对利润分配及未分配利润的累积影响金额,不包括分配的利润或股利。

上述变更会计政策当期期初现有的留存收益金额,即上期资产负债表所反映的留存收益期末数,可以从上期资产负债表项目中获得。追溯调整后的留存收益金额,是指扣除所得税后的净额,即按新的会计政策计算确定留存收益时,应当考虑由于损益变化所导致的所得税影响的情况。

会计政策变更的累积影响数,通常可以通过以下各步计算获得:

1)根据新的会计政策重新计算受影响的前期交易或事项。

2)计算两种会计政策下的差异。

3)计算差异的所得税影响金额。

4)确定前期中每一期的税后差异。

5)计算会计政策变更的累积影响数。

(2)相关的账务处理

(3)调整财务报表相关项目

(4)财务报表附注说明

采用追溯调整法时,会计政策变更的累积影响数应包括在变更当期期初留存收益中。但是,如果提供可比财务报表,对于比较财务报表期间的会计政策变更,应调整各该期间净利润各项目和财务报表其他相关项目,视同该政策在比较财务报表期间一直采用。对于比较财务报表可比期间以前的会计政策变更的累积影响数,应调整比较财务报表最早期间的期初留存收益,财务报表其他相关项目的数字也应一并调整。

【例 15-1】 甲股份有限公司（以下简称"甲公司"）是一家海洋石油开采公司，于2014 年开始建造一座海上石油开采平台，根据法律法规规定，该开采平台在使用期满后要将其拆除，需要对其造成的环境污染进行整治。2015 年 12 月 15 日，该开采平台建造完成并交付使用，建造成本共 120 000 000 元，预计使用寿命 10 年，采用平均年限法计提折旧。2021 年 1 月 1 日，甲公司开始执行《企业会计准则》，《企业会计准则》对于具有弃置义务的固定资产，要求将相关弃置费用计入固定资产成本，对之前尚未计入资产成本弃置费用，应当进行追溯调整。已知甲公司保存的会计资料比较齐备，可以通过会计资料追溯计算。甲公司预计该开采平台的弃置费用 10 000 000 元。假定折现率（即为实际利率）为 10%。不考虑企业所得税和其他税法因素影响。该公司按净利润的 10% 提取法定盈余公积。做出甲公司的相关账务处理。

【解析】 根据上述资料，甲公司的会计处理如下：

1）计算确认弃置义务后的 2016 年—2020 年累积影响数（见表 15-1）。

表 15-1　2016 年—2020 年累积影响数

年份	计息金额（元）	实际利率（%）	利息费用（元）①	折旧（元）②	税前差异（元）-（①+②）	税后差异（元）
2016	3 855 000.00	10	385 500.00	385 500.00	-771 000.00	-771 000.00
2017	4 240 500.00	10	424 050.00	385 500.00	-809 550.00	-809 550.00
2018	4 664 550.00	10	466 455.00	385 500.00	-851 955.00	-851 955.00
2019	5 131 005.00	10	513 100.50	385 500.00	-898 600.50	-898 600.50
小计	—	—	1 789 105.50	1 542 000.00	-3 331 105.50	-3 331 105.50
2020	5 644 105.50	10	564 410.55	385 500.00	-949 910.55	-949 910.55
合计	—	—	2 353 516.05	1 927 500.00	-4 281 016.05	-4 281 016.05

2016 年 1 月 1 日，该开采平台计入资产成本的弃置费用的现值 = 10 000 000×(P/F,10%,10) = 10 000 000×0.3855 = 3 855 000（元）；每年应计提折旧 = 3 855 000÷10 = 385 500（元）。

甲公司确认该开采平台弃置费用后的税后累积净影响额为 -4 281 016.05 元，即为该公司确认资产弃置费用后的累积影响数。

2）会计处理。

① 调整确认的弃置费用。

借：固定资产——开采平台弃置义务　　　　　　　　　　　3 855 000

　　贷：预计负债——开采平台弃置义务　　　　　　　　　　　　　3 855 000

② 调整会计政策变更累积影响数。

借：利润分配——未分配利润　　　　　　　　　　　　　4 281 016.05

　　贷：累计折旧　　　　　　　　　　　　　　　　　　　　　　1 927 500

　　　　预计负债——开采平台弃置义务　　　　　　　　　　　2 353 516.05

③ 调整利润分配。

借：盈余公积——法定盈余公积（4 281 016.05×10%）　　　428 101.61

　　贷：利润分配——未分配利润　　　　　　　　　　　　　　　428 101.61

3）报表调整。甲公司在编制 2021 年度的财务报表时，应调整资产负债表的年初数（见表 15-2），利润表、股东权益变动表的上年数（见表 15-3 和表 15-4）也应做相应调整。2021 年 12 月 31 日资产负债表的期末数栏、股东权益变动表的未分配利润项目上年数栏应以调整后的数字为基础编制。

表 15-2　资产负债表（简表）　　会企 01 表

编制单位：甲公司　　2021 年 12 月 31 日　　单位：元

资　产	年 初 余 额		负债和股东权益	年 初 余 额	
	调 整 前	调 整 后		调 整 前	调 整 后
⋮			⋮		
固定资产	60 000 000	61 927 500	预计负债	0	6 208 516.05
开采平台	60 000 000	61 927 500	⋮		
			盈余公积	1 700 000	1 271 898.39
			未分配利润	4 000 000	147 085.56
⋮			⋮		

在利润表中，根据账簿的记录，甲公司重新确认了 2020 年度营业成本和财务费用分别调增 385 500 元和 564 410.55 元，其结果为净利润调减 949 910.55 元。

表 15-3　利润表（简表）　　会企 02 表

编制单位：甲公司　　2021 年度　　单位：元

项　目	上 期 金 额	
	调 整 前	调 整 后
一、营业收入	18 000 000	18 000 000
减：营业成本	13 000 000	13 385 500
⋮		
财务费用	260 000	824 410.55
⋮		
二、营业利润	3 900 000	2 950 089.45
四、净利润	4 060 000	3 110 089.45
⋮		

表 15-4　股东权益变动表（简表）　　会企 04 表

编制单位：甲公司　　2021 年度　　单位：元

项　目	本 年 金 额			
…	…	盈余公积	未分配利润	…
⋮				
一、上年年末余额		1 700 000	4 000 000	
加：会计政策变更		−428 101.61	−3 852 914.44	

（续）

项 目		本 年 金 额		
…	…	盈余公积	未分配利润	…
前期差错更正				
二、本年年初余额		1 271 898.39	147 085.56	
⋮				

4）附注说明。2021 年 1 月 1 日，甲公司按照《企业会计准则》规定，对 2015 年 12 月 15 日建造完成并交付使用的开采平台的弃置义务进行确认。此项会计政策变更采用追溯调整法，2020 年的比较报表已重新表述。2020 年运用新的方法追溯计算的会计政策变更累积影响数为 −4 281 016.05 元。会计政策变更对 2020 年度报告的损益的影响为减少净利润 949 910.55 元，调减 2020 年的期末留存收益 4 281 016.05 元，其中，调减盈余公积 428 101.61 元，调减未分配利润 3 852 914.44 元。

（二）未来适用法

未来适用法，是指将变更后的会计政策应用于变更日及以后发生的交易或者事项，或者在会计估计变更当期和未来期间确认会计估计变更影响数的方法。

在未来适用法下，对某项交易或事项变更会计政策时不进行追溯调整，不需要计算会计政策变更产生的累积影响数，也无须重编以前年度的财务报表方法，但根据披露要求，企业应计算确定会计政策变更对当期净利润的影响数。对于企业会计账簿记录及财务报表上反映的金额，在变更之日仍保留原有的金额，不因会计政策变更而改变以前年度的既定结果，在现有金额的基础上再按新的会计政策进行核算。

【例 15-2】 乙公司原对发出存货采用后进先出法，由于采用新准则，按其规定，公司从 2021 年 1 月 1 日起改用先进先出法。2021 年 1 月 1 日存货的价值为 2 500 000 元。公司当年购入存货的实际成本为 18 000 000 元，2021 年 12 月 31 日按先进先出法计算确定的存货价值为 4 500 000 元，当年销售额为 25 000 000 元，假设该年度其他费用为 1 200 000 元，所得税税率为 25%。2021 年 12 月 31 日按后进先出法计算的存货价值为 2 200 000 元。请问乙公司对此变更应采用何种会计处理方法？变更对乙公司报表有哪些影响？

【解析】 乙公司由于法律环境变化而改变会计政策，假定对其采用未来适用法进行处理，即对存货采用先进先出法从 2021 年及以后才适用，不需要计算 2021 年 1 月 1 日以前按先进先出法计算存货应有的余额以及对留存收益的影响金额。

计算确定会计政策变更对当期净利润的影响数见表 15-5。

表 15-5　当期净利润的影响数计算表　　　　　　　　　　　　单位：元

项 目	先进先出法	后进先出法
营业收入	25 000 000	25 000 000
减：营业成本	16 000 000	18 300 000
减：其他费用	1 200 000	1 200 000
⋮	⋮	⋮
利润总额	7 800 000	5 500 000
减：所得税	1 950 000	1 375 000
净利润	5 850 000	4 125 000
差额	1 725 000	

乙公司由于会计政策变更使当期净利润增加了 1 725 000 元。其中，采用先进先出法的销售成本为：期初存货+购入存货实际成本−期末存货 = 2 500 000+18 000 000−4 500 000 = 16 000 000（元）；采用后进先出法的销售成本为期初存货+购入存货实际成本−期末存货 = 2 500 000+18 000 000−2 200 000 = 18 300 000（元）。

（三）会计政策变更处理方法的选择

根据《企业会计准则第 28 号——会计政策、会计估计变更和会计差错更正》的规定，企业发生会计政策变更，要分下列具体情况进行相应的会计处理：

1）企业依据法律、行政法规或者国家统一的会计制度等的要求变更会计政策的，如果国家发布了相关的会计处理办法，应当按照国家相关规定执行。例如财政部 2006 年 2 月 15 日发布并于 2007 年 1 月 1 日起实施的《企业会计准则第 38 号——首次执行企业会计准则》对首次执行企业会计准则涉及职工薪酬的会计调整做了如下规定：对于首次执行日存在的解除与职工的劳动关系，满足《企业会计准则第 9 号——职工薪酬》预计负债确认条件的，应当确认因解除与职工的劳动关系给予补偿而产生的负债，并调整留存收益。如果国家没有发布相关的会计处理办法，而且会计政策变更的累积影响数能够合理确定，则采用追溯调整法进行会计处理。

2）如果由于经济环境、客观情况发生变化，企业为了提供更可靠、更相关的有关企业财务状况、经营成果和现金流量等方面的会计信息而变更会计政策，而且会计政策变更的累积影响数能够合理确定，则应采用追溯调整法进行会计处理，将会计政策变更累积影响数调整列报前期最早期初留存收益，其他相关项目的期初余额和列报前期披露的其他比较数据也应当一并调整，但确定该项会计政策变更累积影响数不切实可行的除外。

3）确定会计政策变更对列报前期影响数不切实可行的，应当从可追溯调整的最早期间期初开始应用变更后的会计政策。在当期期初确定会计政策变更对以前各期累积影响数不切实可行的，应当采用未来适用法处理。

不切实可行，是指企业在做出所有合理努力后仍然无法采用某项规定。即企业在采取所有合理的方法后，仍然不能获得采用某项规定所必需的相关信息，而导致无法采用该项规定，则该项规定在此时是不切实可行的。

对于以下特定前期，对某项会计政策变更应用追溯调整法或进行追溯重述以更正一项前期差错是不切实可行的：

1）应用追溯调整法或追溯重述法的累积影响数不能确定。

2）应用追溯调整法或追溯重述法要求对管理层在该期当时的意图做出假定。

3）应用追溯调整法或追溯重述法要求对有关金额进行重新估计，并且不可能将提供有关交易发生时存在状况的证据（如有关金额确认、计量或披露日期存在事实的证据，以及在受变更影响的当期和未来期间确认会计估计变更的影响的证据）和该期间财务报告批准报出时能够取得的信息，这两类信息与其他信息应客观地加以区分。

在某些情况下，调整一个或者多个前期比较信息以获得与当期会计信息的可比性是不切实可行的。例如企业因账簿、凭证超过法定保存期限而销毁，或因不可抗力而毁坏、遗失，使当期期初确定会计政策变更对以前各期累积影响数无法计算，即不切实可行，此时会计政策变更应当采用未来适用法进行处理。

对根据某项交易或者事项确认、披露的财务报表项目应用会计政策时常常需要进行估计。本质上，估计是根据现有状况所做出的最佳判断，而且可能在资产负债表日后才做出。当追溯调整会计政策变更或者追溯重述前期差错更正时，要做出切实可行的估计更加困难，因为有关交易或者事项已经发生较长一段时间，要获得做出切实可行的估计所需要的相关信息往往比较困难。

当在前期采用一项新会计政策时，不论是对管理层在某个前期的意图做出假定，还是估计在前期确认、计量或者披露的金额，都不应当使用"后见之明"。例如，按照《企业会计准则第 22 号——金融工具确认和计量》的规定，企业对原先划归为按摊余成本计量的金融资产计量的前期差错，即便管理层随后决定不将这些投资划归为按摊余成本计量，也不能改变它们在前期的计量基础，即该项金融资产应当仍然按照摊余成本进行计量。

第二节　会计估计及其变更

▶▶ 一、会计估计变更的概念

（一）会计估计的概念

在实际工作中，会计经常需要运用判断和估计。这是因为，企业需要定期、及时地为有关方面提供有用的会计信息，因而必须将持续不断的经营活动人为地划分为一定的期间，并在权责发生制的基础上定期反映企业的财务状况与经营成果。然而，在企业进行会计处理时，与本期经营成果和期末财务状况有关的某些重要的事实尚不可知，或具有较大的不确定性。例如，应收账款能在多大程度上收回；对本企业产品进行质量担保将会发生多大的成本等。这就要求企业对那些结果尚不确定的交易或事项予以估计入账。

会计估计，是指企业对其结果不确定的交易或事项以最近可利用的信息为基础所做的判断。会计估计具有以下特点：

（1）会计估计的存在是由于经济活动中内在的不确定性所决定的　企业总是力求保持会计核算的准确性，但有些交易或事项本身具有不确定性，因而需要根据经验做出估计；同时由于采用权责发生制为基础编制财务报表，也使得有必要充分估计未来交易或事项的影响。可以说，在会计核算和信息披露过程中，会计估计是不可避免的，会计估计的存在是由于经济活动中内在的不确定性因素的影响所造成的。例如对于固定资产折旧年限和金额，需要根据固定资产消耗方式、性能、技术发展等情况进行估计；再如固定资产残余价值的确定、无形资产摊销年限等。

（2）会计估计应当以最近可利用的信息或资料为基础　由于经营活动内在的不确定性，企业在会计核算中不得不经常进行估计。某些估计主要用于确定资产或负债的账面价值，例如法律诉讼可能引起的赔偿等来估计资产或负债的账面价值；另一些估计主要用于确定将在某一期间记录的收入或费用的金额，例如某一期间的折旧费用、摊销费用的金额，在某一期间内按照投入法或产出法确定的履约进度核算建造合同已实现收入的金额。企业在进行会计估计时，通常应根据当时的情况和经验，以最近可利用的信息或资料为基础进行。但是，随着时间的推移、环境的变化，进行会计估计的基础可能会发生变化，进行会计估计所依据的信息或资料应进行更新。由于最新的信息是最接近现实的信息，以其为基础所做的估计最接近实际，所以进行会计估计时应以最近可利用的信息或资料为基础。

（3）会计估计应当建立在可靠的基础上　会计估计建立在具有确凿证据的前提下，而不是随意的。例如企业估计固定资产预计使用寿命，应当考虑该项固定资产的技术性能、历史资料、同行业同类固定资产的预计使用年限、本企业经营性质等诸多因素，并掌握确凿证据后才能确定。企业根据当时所掌握的可靠证据做出的最佳估计，不会削弱会计核算的可靠性。

下列各项属于常见的需要进行估计的项目：

1）存货可变现净值的确定。

2）固定资产的预计使用寿命与净残值，固定资产的折旧方法。

3）使用寿命有限的无形资产的预计使用寿命与净残值。

4）可收回金额按照资产组的公允价值减去处置费用后的净额确定的，确定公允价值减去处置费用后的净额的方法；可收回金额按照资产组预计未来现金流量的现值确定的，预计未来现金流量的确定。

5）建造合同或劳务合同履约进度的确定。

6）公允价值的确定。

7）预计负债初始计量的最佳估计数的确定。

（二）会计估计变更的概念及其原因

由于企业经营活动中内在不确定因素的影响，某些财务报表项目不能精确地计量，而只能加以估计，估计过程涉及以最近可以得到的信息为基础所做的判断。但是，估计毕竟是就现有资料对未来所做的判断，随着时间的推移，如果赖以进行估计的基础发生了变化，或者由于取得新的信息、积累更多的经验以及后来的发展变化，可能需要对会计估计进行修正，但会计估计变更的依据应当真实、可靠。

会计估计变更，是指由于资产和负债的当前状况及预期经济利益和义务发生了变化，从而对资产或负债的账面价值或者资产的定期消耗金额进行调整。

通常情况下，企业可能由于以下原因而发生会计估计变更：

（1）赖以进行估计的基础发生了变化　企业进行会计估计，总是要依赖于一定的基础，如果其所依赖的基础发生了变化，则会计估计也应相应做出改变。例如企业某项无形资产的摊销年限原定为15年，以后获得了国家专利保护，该资产的受益年限已变为10年，则应相应调减摊销年限。

（2）取得了新的信息，积累了更多的经验　企业进行会计估计是就现有资料对未来所做的判断，随着时间的推移，企业有可能取得新的信息、积累更多的经验，在这种情况下，也需要对会计估计进行修订。例如企业原对固定资产采用年限平均法按15年计提折旧，后来根据新得到的信息：使用5年后对该固定资产所能生产产品的产量有了比较准确的证据，企业改按工作量法计提固定资产折旧；再如企业原根据当时能够得到的信息，对应收账款每年按其余额的5%计提坏账准备，现在掌握了新的信息，判定不能收回的应收账款比例已达15%，企业改按15%的比例计提坏账准备。

会计估计变更并不意味着原来的会计估计是错误的，它只是表明，由于情况发生变化，或者掌握了新的信息，积累了更多的经验，对原来的会计估计进行修正可以更好地反映企业的财务状况和经营成果。如果原来的会计估计是错误的，则属于会计差错，应按会计差错更正的会计处理方法进行处理。

（三）会计估计的信息披露

企业应当在附注中披露与会计估计变更有关的下列信息：

1）会计估计变更的内容和原因。包括变更的内容、变更日期以及为什么要对会计估计进行变更。

2）会计估计变更对当期和未来期间的影响数。包括会计估计变更对当期和未来期间损益的影响金额，以及对其他各项目的影响金额。

3）会计估计变更的影响数不能确定的，披露这一事实和原因。

二、会计估计变更的会计处理

会计估计变更应采用未来适用法处理，即在会计估计变更当期及以后期间，采用新的会计估计。采用未来适用法不需要调整以前期间的估计金额，也不需要调整以前期间的报告结果。未来适用法的要求如下：

（1）如果会计估计的变更仅影响变更当期，有关估计变更的影响应于当期确认　例如企业原按应收账款余额的 5% 提取坏账准备，由于企业不能收回应收账款的比例已达 10%则企业改按应收账款余额的 10% 提取坏账准备。这类会计估计的变更，只影响变更当期。因此，应于变更当期确认。

（2）如果会计估计的变更既影响变更当期又影响未来期间，有关估计变更的影响在当期及以后各期确认　例如固定资产的使用寿命或预计净残值的估计发生变更，将影响变更当期及资产以后使用年限内各个期间的折旧费用。这类会计估计变更的会计处理，需要在变更当期进行会计处理，涉及的以后各期也需要进行会计处理。

为了使不同期间的财务报表可比，会计估计变更的影响数应计入变更当期与前期相同的项目中。如果会计估计变更的影响数在以前期间计入日常经营活动损益，则以后期间也应计入日常经营活动损益；如果会计估计变更的影响数在以前期间计入特殊项目，则以后期间也应计入特殊项目。

【例 15-3】　乙公司于 2018 年 1 月 1 日起对某管理用设备计提折旧，原价为 84 000 元，预计使用寿命为 8 年，预计净残值为 4 000 元，按年限平均法计提折旧。2022 年年初，由于新技术发展等原因，需要对原估计的使用寿命和净残值做出修正，修改后该设备预计尚可使用年限为 2 年，预计净残值为 2 000 元。乙公司适用的企业所得税税率为 25%。做出乙公司会计估计变更的会计处理，并判断其对公司报表产生的影响。

【解析】　乙公司对该项会计估计变更的会计处理如下：

1）不调整以前各期折旧，也不计算累积影响数。

2）变更日以后改按新的估计计提折旧。

按原估计，每年折旧额为 10 000 元，已提折旧 4 年，共计 40 000 元，该项固定资产账面价值为 44 000 元，则第 5 年相关科目的期初余额如下：

固定资产	84 000
减：累计折旧	40 000
固定资产账面价值	44 000

改变预计使用年限后，从2022年起每年计提的折旧费用为21 000[（44 000-2 000)÷2]元。2022年不必对以前年度已提折旧进行调整，只需按重新预计的尚可使用年限和净残值计算确定折旧费用，有关账务处理如下：

借：管理费用 21 000

贷：累计折旧 21 000

3）财务报表附注说明。例如，本公司一台管理用设备成本为84 000元，原预计使用寿命为8年，预计净残值为4 000元，按年限平均法计提折旧。由于新技术发展，该设备已不能按原预计使用寿命计提折旧，本公司于2022年年初将该设备的预计尚可使用寿命变更为2年，预计净残值变更为2 000元，以反映该设备在目前状况下的预计尚可使用寿命和净残值。此估计变更将减少本年度净利润8 250[（21 000-10 000)×(1-25%)]元。

（3）企业应当正确划分会计政策变更和会计估计变更，并按不同的方法进行相关会计处理 企业难以对某项变更区分为会计政策变更或会计估计变更的，应当将其作为会计估计变更处理。

三、会计政策、会计估计及其变更的划分

企业应当在符合我国现行会计准则、制度和其他相关法律法规要求的前提下，以一贯性、适用性和成本效益原则为基础，正确选择和确定本企业采用的会计政策与会计估计，并正确划分会计政策变更与会计估计变更，按照不同的方法进行相关会计处理。

企业应当以变更事项的会计确认、计量基础和列报项目是否发生变更作为判断该变更是会计政策变更还是会计估计变更的划分基础。

（1）以会计确认是否发生变更作为判断基础 《企业会计准则——基本准则》规定了资产、负债、所有者权益、收入、费用和利润6项会计要素的确认标准，是会计处理的首要环节。一般地，对会计确认的指定或选择是会计政策，其相应的变更是会计政策变更。会计确认的变更一般会引起列报项目的变更。例如，企业在前期将某项内部研究开发项目开发阶段的支出计入当期损益。而当期按照《企业会计准则第6号——无形资产》的规定，该项支出符合无形资产的确认条件，应当确认为无形资产，该事项的会计确认发生变更，即前期将研发费用确认为一项费用，而当期将其确认为一项资产，该事项中会计确认发生了变化，所以该变更是会计政策变更。

（2）以计量基础是否发生变更作为判断基础 《企业会计准则——基本准则》规定了历史成本、重置成本、可变现净值、现值和公允价值5项会计计量属性，是会计处理的计量基础。一般地，对计量基础的指定或选择是会计政策，其相应的变更是会计政策变更。例如，企业在前期对购入的价款超过正常信用条件延期支付的固定资产初始计量采用历史成本，而当期按照《企业会计准则第4号——固定资产》的规定，该类固定资产的初始成本应以购买价款的现值为基础确定。该事项的计量基础发生了变化，所以该变更是会计政策变更。

（3）以列报项目是否发生变更作为判断基础 《企业会计准则第30号——财务报表列

报》规定了财务报表项目应采用的列报原则。一般地，对列报项目的指定或选择是会计政策，其相应的变更是会计政策变更。例如，某商业企业在前期按原会计准则规定将商品采购费用列入营业费用，当期根据新发布的《企业会计准则第 1 号——存货》的规定，将采购费用列入存货成本。因为列报项目发生了变化，所以该变更是会计政策变更。

（4）以为取得与资产负债表项目有关的金额或数值是否发生变更作为判断基础　根据会计确认、计量基础和列报项目所选择的，为取得与资产负债表项目有关的金额或数值（如预计使用寿命、净残值等）所采用的处理方法，不是会计政策，而是会计估计，其相应的变更是会计估计变更。例如，企业需要对某项资产采用公允价值进行计量。而公允价值的确定需要根据市场情况选择不同的处理方法。相应地，当企业面对的市场情况发生变化时，其采用的确定公允价值的方法变更是会计估计变更，不是会计政策变更。

企业可以采用以下具体方法划分会计政策变更与会计估计变更：分析并判断该事项是否涉及会计确认、计量基础选择或列报项目的变更，当至少涉及上述一项划分基础变更时，该事项是会计政策变更；不涉及上述划分基础变更时，该事项可以判断为会计估计变更。例如，企业在前期按原会计准则规定将购建固定资产相关的一般借款利息计入当期损益，当期根据新的会计准则的规定，将其予以资本化、企业因此将对该事项进行变更。该事项的计量基础未发生变更，即都是以历史成本作为计量基础；该事项的会计确认发生变更，即前期将借款费用确认为一项费用，而当期将其确认为一项资产；同时，会计确认的变更导致该事项在资产负债表和利润表相关项目的列报也发生变更。该事项涉及会计确认和列报的变更，所以属于会计政策变更。又如，企业原采用双倍余额递减法计提固定资产折旧，根据固定资产使用的实际情况，企业决定改用直线法计提固定资产折旧。该事项前后采用的两种计提折旧的方法都是以历史成本作为计量基础，对该事项的会计确认和列报项目也未发生变更，只是固定资产折旧、固定资产净值等相关金额发生了变化。因此，该事项属于会计估计变更。

第三节　前期差错更正

▶▶ 一、前期差错的概念

前期差错，是指由于没有运用或错误运用下列两种信息，而对前期财务报表造成省略或错报：

1）编报前期财务报表时预期能够取得并加以考虑的可靠信息。

2）前期财务报告批准报出时能够取得的可靠信息。

前期差错通常包括以下三个方面：

1）会计记录错误。例如企业本期应计提折旧 50 000 000 元，但由于计算出现差错，得出错误数据为 45 000 000 元。

2）应用会计政策错误。例如根据《企业会计准则第 17 号——借款费用》，为购建固定资产而发生的借款费用，在固定资产达到预定可使用状态前发生的，满足一定条件时应予资本化，计入所购建固定资产的成本；在固定资产达到预定可使用状态后发生的，计入当期损益。如果企业将固定资产达到预定可使用状态后发生的借款费用，也计入该项固定资产成本，予以资本化，则属于应用会计政策错误。

3）疏忽或曲解事实以及舞弊产生的影响。例如企业销售一批商品，商品的控制权已经发生转移，商品销售收入确认条件均已满足，但企业在期末未将已实现的销售收入入账。

4）企业应当在附注中披露与前期差错更正有关的下列信息：

① 前期差错的性质。

② 各个列报前期财务报表中受影响的项目名称和更正金额。

③ 无法进行追溯重述的，说明该事实和原因以及对前期差错开始进行更正的时点和具体更正情况。

在以后期间的财务报表中，不需要重复披露在以前期间的附注中已披露的前期差错更正的信息。

二、前期差错的会计处理

前期差错按照重要程度分为重要的前期差错和不重要的前期差错。重要的前期差错，是指足以影响财务报表使用者对企业财务状况、经营成果和现金流量做出正确判断的前期差错。不重要的前期差错，是指不足以影响财务报表使用者对企业财务状况、经营成果和现金流量做出正确判断的前期差错。

前期差错的重要性取决于在相关环境下对遗漏或错误表述的规模和性质的判断。前期差错所影响的财务报表项目的金额或性质，是判断该前期差错是否具有重要性的决定性因素。一般来说，前期差错所影响的财务报表项目的金额越大、性质越严重，其重要性水平越高。

（1）不重要的前期差错的会计处理　对于不重要的前期差错，应调整发现差错当期与前期相同的相关项目的金额，不要求调整财务报表相关项目的期初数。属于影响损益的，应直接计入本期与上期相同的净损益项目。例如企业的存货盘盈，应将盘盈的存货计入当期损益。属于不影响损益的，应调整本期与前期相同的相关项目。

（2）重要的前期差错的会计处理　对于重要的前期差错，如果能够合理确定前期差错累积影响数，应采用追溯重述法，例如对于固定资产的盘盈，应当查明原因，采用追溯重述法进行更正。追溯重述法是指在发现前期差错时，视同该项前期差错从未发生过，从而对财务报表相关项目进行调整的方法。前期差错累积影响数是指前期差错发生后对差错期间每期净利润的影响数之和。主要通过以下处理进行追溯调整：

1）追溯重述差错发生期间列报的前期比较金额。

2）如果前期差错发生在列报的最早前期之前，则追溯重述列报的最早前期的资产、负债和所有者权益相关项目的期初余额。

对于发生的重要的前期差错，如影响损益，应根据其对损益的影响数调整发现当期的期初留存收益，财务报表其他相关项目的期初数也应一并调整；如果不影响损益，应调整财务报表相关项目的期初数。

如果确定前期差错累积影响数不切实可行，可以从可追溯重述的最早期间开始调整留存收益的期初余额，并对财务报表其他相关项目的期初余额一并进行调整，也可以采用未来适用法。当企业确定前期差错对列报的一个或者多个前期比较信息的特定期间的累积影响数不切实可行时，应当追溯重述切实可行的最早期间的资产、负债和所有者权益相关项目的期初余额（可能是当期）；当企业在当期期初确定前期差错对所有前期的累积影响数不切实可行时，应当从确定前期差错影响数切实可行的最早日期开始采用未来适用法追溯重述比较信息。

重要的前期差错的调整结束后，还应调整发现年度财务报表的年初数和上年数。在编制比较财务报表时，对于比较财务报表期间的重要的前期差错，应调整各该期间的净损益和其他相关项目；对于比较财务报表期间以前的重要的前期差错，应调整比较财务报表最早期间的期初留存收益，财务报表其他相关项目的数字也应一并调整。

需要注意的是，为了保证经营活动的正常进行，企业应当建立健全内部稽核制度，保证会计资料的真实、完整。对于年度资产负债表日至财务报告批准报出日之间发现的报告年度的会计差错及报告年度前不重要的前期差错、应按照《企业会计准则第29号——资产负债表日后事项》的规定进行处理。

值得关注的是，在实务中，会计估计变更与前期差错更正有时难以区分，尤其是难以区分会计估计变更和由于会计估计错误导致的前期差错更正。企业不应简单地将会计估计与实际结果对比就认定存在差错，如果企业前期做出会计估计时，未能合理使用报表编报时已经存在且能够取得的可靠信息，导致前期会计估计结果未恰当反映当时情况，则应属于前期差错，应当适用前期差错更正的会计处理方法；反之，如果企业前期的会计估计是以当时存在且预期能够取得的可靠信息为基础做出的，随后因资产和负债的当前状况及预期经济利益和义务发生了变化而变更会计估计的，则属于会计估计变更，应当适用会计估计变更的会计处理方法。

【例15-4】 2021年12月31日，甲公司发现2020年公司漏记一项管理用固定资产的折旧费用300 000元，所得税申报表中也未扣除该项费用。假定2020年甲公司适用所得税税率为25%，无其他纳税调整事项。该公司按净利润的10%和5%提取法定盈余公积和任意盈余公积。假定税法允许调整应交所得税。

【解析】

1）分析前期差错的影响数。2020年少计折旧费用300 000元；多计所得税费用75 000（300 000×25%）元；多计净利润225 000元；多计应交税费75 000（300 000×25%）元；多提法定盈余公积和任意盈余公积22 500（225 000×10%）元和11 250（225 000×5%）元。

2）编制有关项目的调整分录。

① 补提折旧。

借：以前年度损益调整——管理费用　　　　　　　　　　　300 000
　　贷：累计折旧　　　　　　　　　　　　　　　　　　　　　　300 000

② 调整应交所得税。

借：应交税费——应交所得税　　　　　　　　　　　　　　75 000
　　贷：以前年度损益调整——所得税费用　　　　　　　　　　　75 000

③ 将"以前年度损益调整"账户余额转入"未分配利润"账户。

借：利润分配——未分配利润　　　　　　　　　　　　　　225 000
　　贷：以前年度损益调整——本年利润　　　　　　　　　　　　225 000

④ 因净利润减少，调减盈余公积。

借：盈余公积——法定盈余公积　　　　　　　　　　　　　22 500

　　　　　　——任意盈余公积　　　　　　　　　　　　　11 250

　　贷：利润分配——未分配利润　　　　　　　　　　　　　　　33 750

　3）财务报表调整和重述（财务报表略）。甲公司在列报 2021 年度财务报表时，应调整 2020 年度财务报表的相关项目。

　①资产负债表项目的调整。调减"固定资产"300 000 元；调减"应交税费"75 000 元；调减"盈余公积"33 750 元，调减"未分配利润"191 250 元。

　②利润表项目的调整。调增"管理费用"300 000 元，调减"所得税费用"75 000 元，调减"净利润"225 000 元（需要对每股收益进行披露的企业应当同时调整"基本每股收益"和"稀释每股收益"）。

　③所有者权益变动表项目的调整。调减"前期差错更正"项目中"盈余公积"上年金额 33 750 元，"未分配利润"上年金额 191 250 元，"所有者权益合计"上年金额 225 000元。

　④财务报表附注说明。本年度发现 2020 年漏记固定资产折旧 300 000 元，在编制 2021 年和 2020 年比较财务报表时，已对该项差错进行了更正。更正后，调减 2019 年"净利润"225 000 元，调增"累计折旧"300 000 元。

参 考 文 献

［1］林钢.中级财务会计［M］.4版.北京：中国人民大学出版社，2020.

［2］中国注册会计师协会.会计［M］.北京：中国财政经济出版社，2021.

［3］吴福喜.初级会计实务应试指南［M］.北京：中国商业出版社，2020.

［4］财政部会计资格评价中心.中级会计实务［M］.北京：经济科学出版社，2020.

［5］张志凤.会计［M］.北京：北京科学技术出版社，2020.

［6］财政部会计资格评价中心.初级会计实务［M］.北京：经济科学出版社，2020.

［7］戴德明，林钢，赵西卜.财务会计学［M］.12版.北京：中国人民大学出版社，2020.

［8］中华人民共和国财政部.企业会计准则应用指南［M］.上海：立信会计出版社，2019.

［9］李雷，袁良荣.中级财务会计［M］.北京：中国人民大学出版社，2020.